현대인을 위한
어거스틴의 고백록

일러두기

1. 본서는 어거스틴의 『고백록』을 현대 독자들을 위해 편역한 책이다.
2. 영문 텍스트로는 Oxford World's Classics 중 *Confessions*(tr. Henry Chadwick, Oxford University Press, 1991)를 주 텍스트로, 그리고 *Nicene and Post Nicene Fathers of the Christian Church*, Vol. I.(tr. J. G. Pilkington)에 들어 있는 *Confessions*의 인터넷판 http://www.newadvent.org/fathers/1101.htm(re. & ed. Kevin Knight)을 보조 텍스트로 사용했다.
3. 한글 번역본으로는 『고백록』(최민순 옮김, 성바오로출판사, 1965), 『성 아우구스티누스 고백록—21세기를 위한 새로운 완역본』(김기찬 옮김, 크리스챤 다이제스트, 2000), 『성 아우구스티누스 고백록』(김평옥 옮김, 범우사, 2002), 『성 어거스틴의 고백록』(성한용 옮김, 대한기독교서회, 2003) 등을 참고했다.
4. 본서에 사용된 성경 본문은 《표준새번역》(대한성서공회, 1993)이다.
5. 다른 인물들의 이름은 라틴어식(암브로시우스, 알리피우스 등)으로 표기했으나, 어거스틴만은 익숙한 영어식 이름으로 표기했다.

현대인을 위한
어거스틴의
고백록

성 어거스틴 지음 | 김광남 옮김

| 역자 서문 |

『현대인을 위한 어거스틴의 고백록』을 위한 변명

역자가 어거스틴의 『고백록』을 처음 읽은 것은 대학 1학년 겨울방학 때였다. 밤새워 읽으며 감동에 휩싸였던 것이 엊그제 같은데 벌써 30여 년 전의 일이다. 한창 책 읽기에 재미를 붙인 역자가 그 책을 집어든 이유는 교회에서 자주 들었던 어거스틴과 그의 어머니 모니카 이야기를 직접 확인하고 싶어서였다.

어버이 주일마다 거의 빠짐없이 들었던 그 이야기에서 어거스틴은 허구한 날 술이나 퍼마시는 주정뱅이로, 결혼 전에 어린 여자에게서 아이를 낳은 난봉꾼으로, 이단에 심취해 엉뚱한 짓을 했던 얼빠진 광신자로 그려졌다. 반면에 그렇게 형편없는 자식을 뜨거운 신앙과 눈물의 기도를 통해 훌륭한 성직자로 키워낸 모니카는 세상 모든 어머니들의 귀감으로 묘사되었다. 그러므로 사실상 그 이야기의 주인공은 어거스틴이 아니라 모니카였고, 어거스틴은 모니카의 위대성을 드러내기 위해 악역을 맡은 조연에 불과했다. 그러니 역자가 『고백록』을 철부지 탕자와 그의 위대한 어머니가 만들어내는 감동적인 휴먼 드라마로 오해한 것도 무리는 아니었다.

그러나 막상 읽기 시작한 『고백록』(최민순 옮김, 성바오로출판사, 1965)의 내용은 역자의 예상과는 크게 달랐다. 어거스틴의 잘못된 행실과 모니카의 눈물의 기도 이야기가 나오기는 하나, 그것은 그 책에 실려 있는 여러 이야기들 중 일부에 불과했다. 더구나 회심 이전의 어거스틴은 그동안 들어왔던 것처럼 형편없는 탕자가 아니었다. 오히려 그는 진리에 대한 뜨거운 갈망을 지닌 사려 깊고 명민하며 장래가 촉망되는 젊은이였다. 기대가 컸던 그의 부모는 없는 살림에 돈을 마련해 그를 큰 도시로 유학을 보낼 정도였다.

설교자들이 회심 이전의 어거스틴의 타락상을 묘사할 때 언급하는 그의 성적 방종이나 마니교에 대한 탐닉은 4세기 후반의 북아프리카라는 시대적·문화적 정황을 고려하지 않은 설교용 수사(修辭)일 경우가 많다. 물론 어거스틴의 그런 잘못들은 어떤 이유로도 용납되거나 옹호되어서는 안 된다. 그럼에도 많은 설교자들이 그런 몇 가지 잘못을 이유 삼아 회심 이전의 어거스틴을 당대의 보통 사람들보다 훨씬 더 타락했던 수준 이하의 인물로 묘사하는 것은 죽은 자에 대한 산 자들의 횡포에 가깝다.

어쨌거나 『고백록』은 기대했던 것처럼 감동적인 이야기책은 아니었다. 오히려 그것은 알아듣기 힘든 진술들로 가득 찬 지루한 신학서적이었다. 처음 몇 장을 읽는 동안에는 "책 잘못 골랐다"는 후회가 들 정도였다. 그럼에도 역자가 그 책을 계속해서 읽어나간 것은 스무 살 청년의 오기(傲氣) 때문이었다.

그런데 어렵사리 읽어나가는 동안 역자는 점차 그 책의 매력에 빠져들었다. 그 책의 행간에는 한 인간이 일생 동안 진리를 추구하며 벌였던 치열한 내적 싸움에 관한 이야기가 숨어 있었다. 인습적인 신앙생활에 점차 회의를 느껴가던 청년에게 그런 치열한 싸움 이야기는 『삼국지』(三國志)의 그것 못지않게 흥미로웠다. 한참 싸움 구경을 하다가 문득 정신을 차려 사방을 둘러보면, 전에는 보이지 않던 것들이 보였다. 흐릿하게 보이던 것이 밝게 보이는 경우도 있었고, 그동안 전혀 보지 못했던 것들이 느닷없이 모습을 드러내는 경우도 있었다. 책 전체가 의미심장했으나, 특히 제8권에 나오는 어거스틴의 회심 이야기와 제11권에 나오는 시간과 영원의 문제에 관한 논의가 감동적이었다. 이미 오랜 세월이 흘렀음에도 아직도 그때의 감동을 생각하면 가슴이 설렌다.

* * *

그후 여러 해에 걸쳐 새로운 『고백록』 번역서들을 구입해 읽었다. 새로 읽을 때마다 조금씩 이해의 폭이 넓어진 것은 개인적 성숙의 결과일 수도 있으나 그보다는 우리말 번역이 그만큼 향상된 덕분일 것이다. 실제로 요즘은 우리말 『고백록』의 완결판으로 간주되는 책들이 나와 있고, 역자 자신이 주변 사람들에게 적극 추천하거나 선물하는 번역본도 있다. 그럼에도 역자가 상당히 오랜 시간을 들여 『고백록』을 다시 번역한 이유는 간단하다. 그 모든 훌륭한 책들이 여전히 읽기가 쉽지 않기 때문이다.

좋은 번역서들이 나와 있음에도 『고백록』 읽기가 어려운 이유는 무엇보다도 그 책 자체가 갖고 있는 문제 때문이다. 『고백록』은 397년부터 400년 사이에 라틴 문화권에서 쓰인 책이다. 따라서 독자들이 그 책의 내용을 이해하려면 만만치 않은 시간적·문화적 거리를 극복해야 한다. 또한 그 책 곳곳에는 그 무렵 그 지역에 큰 영향을 주었던 신플라톤주의와 마니교, 그리고 그 자신이 기독교 사상사의 거인(巨人)이었던 어거스틴의 독창적인 사상이 깃들어 있다. 사실 그 책 전체에 걸쳐 나타나는 복잡하고 추상적인 논의들은 어지간한 철학적 혹은 신학적 기초를 갖고 있지 않은 독자들로서는 이해는커녕 따라가기도 버거울 정도다. 따라서 대부분의 독자들은 훌륭하게 완역된 책들을 몇 장 읽지도 못한 채 포기할 수밖에 없다. 평신도는 물론이고 매해 어거스틴과 모니카에 대해 설교를 하는 목회자들 중에도 정작 그 이야기가 실려 있는 책을 직접 읽은 이가 많지 않은 이유가 거기에 있다.

이번에 펴내는 『현대인을 위한 어거스틴의 고백록』은 바로 그런 어려움을 겪고 있는 독자들을 위한 책이다. 이 책은 다음과 같은 방식으로 번역되었다. 첫째, 본문의 분량을 대폭 줄였다. 본문 중 없어도 책 전체의 문맥을 흐뜨리지 않을 만큼 주변적인 이야기들이나 반복해서 읽어도 이해가 힘들 만큼 어려운 주장과 논의들을 과감하게 삭제했다. 특히 많은 독자들이 읽다가 포기하는 제10-13권에 나오는 추상적인 논의와 관련된 부분들을 많이 줄였다.

둘째, 좀더 명확하고 쉬운 표현을 얻기 위해 복수의 번역 텍스트를 사용했다. 일러두기에서 언급한 두 개의 영문 텍스트를 비교한 후 이해하기 쉬운 쪽의 텍스트를 번역했다. 그리고 필요할 경우 역시 일러두기에서 언급한 네 개의 우리말 번역본을 참고했다. 그러므로 이 번역서에는 두 개의 영문 번역본과 네 개의 우리말 번역본의 글들이 섞여 있는 셈이다.

셋째, 번역된 문장들을 교정하는 과정에서 여전히 이해하기 어려운 부분들은 본문의 뜻을 해치지 않는 한도 내에서 문장을 자유롭게 고쳤다. 이해할 수 없는 정확한 직역보다는 이해할 수 있는 설명이 낫겠다는 생각에서였다. 그러나 실제로 그렇게 고친 문장들은 극소수에 불과하다. 어떤 의미에서든 이 책은 엄밀함을 추구하는 번역서이지 쉽게 풀어쓴 책이 아니기 때문이다.

넷째, 인용된 성경의 본문으로는 《표준새번역》의 본문을 사용했다. 이것은 그 본문에 대한 역자의 개인적 선호 때문이라기보다는 이 번역서의 기획 의도에 그것이 더 적합해 보였기 때문이다.

마지막으로, 번역 자체와는 상관이 없지만, 독자들의 본문 이해를 돕기 위해 본문 사이사이에 상상력을 자극할 만한 예쁜 그림들을 그려 넣었다.

* * *

역자가 이 책을 처음으로 기획한 것은 편집자 시절인 2002년 초였다. 동료 편집자들과 두 달여 동안 『고백록』을 함께 읽으며 본문 중 어느 부분을 삭제할지에 대해 열띤 토론을 벌였다. 그렇게 해서 번역할 부분과 삭제할 부분을 확정한 후 한 번역자에게 번역을 맡겼다. 그러나 두 달 후 건네받은 번역문은 그다지 마음에 들지 않았다. 하기야 쥐꼬리만 한 번역료를 지급하고서 그 어려운 책을 그럴듯하게 번역해 줄 것을 바라는 것 자체가 무리였다. 상황을 뻔히 아는 마당에 재번역을 요구하기도 쉽지 않았고, 재번역을 하더라도 만족스러운 결과가 나올 것 같지도 않았다. 결국 고민 끝에 직접 번역문을 고치기로 작정하고 틈틈이 원고를 교정했다. 그러나 문장이 워낙 어렵기도 했고 다른 일들도 많아서 좀처럼 진도가 나가지 않았다. 그러다가 결국 4년 동안이나 만지작거리던 원고를 책으로 펴내지 못한 채 다니던 출판사에서 나오게 되었다.

퇴사 후 번역자로 일하는 동안 계속해서 그 원고에 신경이 쓰였다. 그래서 다시 틈틈이 원고에 손을 댔다. 그러나 이번에는 단순한 교정이라기보다는 전면적인 재번역이었다. 앞에서 말한 복수의 영문 텍스트와 우리말 번역본들을 참조하는 작업은 이때부터 시작되었다. 그리고 그렇게 2년여 동안 작업한 끝에 나온 것이 현재의 번역문이다.

그러므로 엄밀한 의미에서 이 번역문은 역자 개인의 것이 아니다. 이 번역문 곳곳에는, 비록 거의 모든 문장에 손을 댔고 그 중 많은 부분은 완전히 새로 번역하기는 했으나, 이 책을 초역하신 분의 글들이 여전히 남아 있다. 또한, 비록 아무 수정없이 그대로 옮겨 놓은 것은 없으나, 이미 나와 있는 우리말 『고백록』의 좋은 문장들 역시 곳곳에 숨어 있다. 역자의 목표는 백지 상태에서 시작해 기존의 우리말 『고백록』들을 능가하는 책을 내는 것이 아니라, 선배들의 수고의 바탕 위에서 후배들이 좀더 쉽게 접근할 수 있는 『고백록』을 만드는 것이었다. 그러나 이런 장황한 설명에도 불구하고 이 책이 그런 원래의 목표를 이루지 못한다면, 그것은 전적으로 역자의 부족함 때문이리라.

  내심 아주 좋은 원고라고 믿었으나 출판하기가 쉽지 않았다. 몇 차례 실망을 겪은 후 혹시나 하는 마음으로 엔크리스토 박종태 사장님께 말씀을 드렸는데, 놀랍게도 선뜻 출판에 동의해 주셨다. 매번 어려운 책들만 들이미는 것 같아 송구하고, 그때마다 선뜻 응해 주시는 것에 감사하다. 어렵게 나오는 책이니만큼 귀하게 쓰이기를 바란다.

2009년 8월
역자

Contents for
St. Augustine's Confessions

| 차례 |

역자 서문 · 4

어거스틴의 간추린 연보(年譜) · 12

제1권 유아기와 소년기에 대한 고백 · 15

제2권 청년기에 대한 고백 · 51

제3권 카르타고 학생 시절에 대한 고백 · 69

제4권 방황의 세월 · 99

제5권 카르타고, 로마, 밀라노 · 131

제6권 세속적 야망과 갈등 · 161

제7권 신플라톤주의적 지식의 추구 · 197

제8권 회심 · 233

제9권 세례, 그리고 어머니의 죽음 · 275

제10권 기억과 절제 · 313

제11권 시간과 영원 · 363

제12권 무로부터의 창조 · 411

제13권 창세기 1장에 대한 풍유적 해석 · 437

어거스틴의 간추린 연보(年譜)

354년　　　　11월 13일에 북아프리카 타가스테(오늘날의 알제리 동쪽 지방)에서 출생함.

361년(7세)　　타가스테에서 초등교육을 받음.

367년(13세)　 마다우로스(타가스테 남쪽 30km)에서 수사학 공부를 시작함.

369년(15세)　 집안 사정으로 휴학함.

370년(16세)　 로마니우스의 도움으로 카르타고(오늘날의 튀니지의 수도)로 유학함.

　　　　　　이때 한 여자와 동거생활을 시작함.

　　　　　　아버지 파트리키우스가 사망함.

372년(18세)　 아들 아데오다투스를 낳음.

373년(19세)　 키케로의 『호르텐시우스』를 읽고 철학에 관심을 가짐.

375년(21세)　 타가스테로 돌아와 수사학을 가르침.

376년(22세)　 카르타고로 가서 수사학을 가르침.

　　　　　　마니교에 빠져듦.

380년(26세)　 처녀작 『아름다움과 조화에 관하여』를 저술함.

383년(29세)　 마니교 주교 파우스투스와 만남.

　　　　　　새로운 일터를 찾아 로마로 감.

384년(30세)　 밀라노의 수사학 교사로 임명되어 감.

　　　　　　암브로시우스를 만나 기독교에 대해 새로운 느낌을 갖게 됨.

385년(31세)	어머니 모니카의 뜻을 따라 동거하던 여인과 헤어지고 한 소녀와 약혼함.
386년(32세)	신플라톤주의자들의 책과 바울서신을 읽고 영적 세계에 대해 눈뜸.
	심플리키아누스를 방문하고 폰티키아누스의 방문을 받은 후 회심함.
	베레쿤두스 소유의 카시키아쿰 별장에서 휴식하면서 세례받을 준비를 함.
387년(33세)	부활절에 암브로시우스에게 세례를 받음.
	모니카가 사망함.
391년(37세)	히포의 주교 발레리우스에 의해 사제 안수를 받음.
395년(41세)	히포의 주교가 됨.
397-400년(46세)	『고백록』을 씀.
403-412년(58세)	도나투스파와 논쟁함.
412-421년(67세)	펠라기우스파와 논쟁함.
413-426년(72세)	『신국록』을 씀.
430년(76세)	8월 28일에 사망함.

제1권

유아기와 소년기에 대한 고백

하나님을 찬양함

주님은 위대하시고 크게 찬양 받으실 만합니다. 주님의 능력은 크고 주님의 지혜는 헤아릴 수 없습니다(시 147:5). 그렇기에 주님의 피조물의 일부인 인간이 주님을 찬양하기 원합니다. 인간은 죽어야 할 운명과 자기의 죄에 대한 증거와 주님이 교만한 자를 물리치신다는 증거를 자기 몸 안에 지니고 있습니다. 그럼에도 주님의 피조물의 일부인 인간이 주님을 찬양하기 원합니다. 주님은 우리를 일깨워 기뻐하며 주님을 찬양하게 하시는데, 그것은 주님이 우리를 주님 자신을 위해 지으셨기 때문입니다. 그러므로 우리의 마음은 주님 안에서 안식할 때까지 쉼을 얻지 못합니다.

주님, 내게 알려 주십시오. 주님을 부르는 것과 주님을 찬양하는 것 중 어느 것이 먼저입니까? 또 주님을 아는 것과 주님을 부르는 것 중 어느 것이 먼저입니까? 그런데 주님을 알지 못한다면 누가 주님을 부르겠습니까? 주님을 알지 못하는 자는 마땅히 불러야 할 주님 대신 다른 것을 부를 것입니다. 그러나 분명한 것은 우리가 주님을 알기 위해서는 주님을 기도하며 불러야 한다는 것입니다. 하지만 우리가 한 번도 믿은 적이 없는 분을 어떻게 부를 수 있겠습니까? 또 한 번도 들어본 적이 없는 분을 어떻게 믿겠습니까? 선포하는 사람이 없다면 어떻게 들을 수 있겠습니까?(롬 10:14).

주님을 찾는 사람은 누구라도 주님을 찬양할 것입니다(시 22:26). 왜냐하면 주님을 찾는 자는 주님을 만날 것이고(마 7:7), 주님을 만나는 자는 주님을 찬양할 것이기 때문입니다. 주님, 나는 주님을 찾고 주님의 이름을 부르렵니다. 주님을 부르는 것은 주님을 믿음에서 나오는 행위입니다. 주님은 우리에게 선포되셨습니다. 주님, 내 믿음이 주님을 부릅니다. 내 믿음은 주님이 주신 선물입니다. 주님은 주님의 아들을 통해, 그리고 주님을 선포하는 자들의 사역을 통해 내 안에 그것을 심어주셨습니다.

우리 안에 계신 하나님

내가 나의 하나님과 주님을 어떻게 부를 수 있을까요? 내가 주님을 부르는 것은 주님이 내 안에 들어오시게 하기 위함입니다. 그러나 도대체 내 안 어디에 주님이 들어오실 곳이 있단 말입니까? 태초에 주님이 천지를 창조하셨는데(창 1:1), 그런 주님이 도대체 내 안 어느 곳에 들어오실 수 있겠습니까?

주 나의 하나님이여, 내 안에 주님을 모실만 한 곳이 있습니까? 주님이 만드신, 그리고 나를 만들어 그 안에 두신 하늘과 땅이라도 주님을 담을 수 있겠습니까? 주님이 없다면 존재하는 아무것도 존재하지 못할 것입니다. 그렇다면 존재하는 그 무엇이 주님을 담을 수 있겠습니까? 나 역시 존재합니다. 주님이 내 안에 계시지 않는다면 나는 결코 존재할 수 없을 텐데, 그렇다면 어째서 내가 주님이 내게 오시기를 바라는 것입니까? 지금 나는 음부(陰府)에 사로잡혀 있지 않습니다. 그러나 거기에도 주님은 계십니다. 내가 음부에 내려갈지라도 주님은 거기에도 계실 것이기 때문입니다(시 139:8).

그러므로, 나의 하나님이여, 주님이 내 안에 계시지 않는다면, 나는 존재하지 않을 것입니다. 좀더 정확히 말한다면, 만약 내가 만물이 그에게서 나고 그로 말미암고 그에게로 돌아가는 (롬 11:36) 주님 안에 있지 않다면, 나는 존재하지 않을 것입니다. 참으로 그렇습니다, 주님. 내가 이미 주님 안에 있는데, 어떻게 내가 주님을 불러 내 속으로 들어오시게 할 수 있겠습니까? 또 주님은 어디로부터 와서 내 안에 거하시겠습니까? 주님은 "내가 하늘과 땅 어디에나 있는 줄을 모르느냐?"(렘 23:24) 하고 말씀하셨는데, 도대체 내가 하늘과 땅을 벗어나 어디로 가서 주님을 찾아 그곳으로부터 주님을 내게 모셔 올 수 있겠습니까?

하나님이 만물을 채우심

주님이 하늘과 땅에 충만하시기에 그것들이 주님을 담고 있는 것입니까? 아니면 하늘과 땅이 주님을 담을 수 없기에 주님이 그것들을 넘쳐흐르고 계시는 것입니까? 주님은 하늘과 땅을 가득 채우신 후 주님의 남는 부분을 어디에 두십니까? 혹시 주님은 주님 안에 모든 것을 담고 계시기에 그 어떤 것에도 담기실 필요가 없는 것입니까? 우리는 주님이 주님 자신으로 가득 채우신 그릇들 안에 담기신다고 생각할 수 없습니다. 왜냐하면, 설령 그 그릇들이 깨지더라도, 주님은 쏟아지지 않으실 것이기 때문입니다. 주님이 주님 자신을 우리에게 부으실 때(욜 2:28), 주님은 땅바닥으로 엎질러지시지 않고, 오히려 우리를 채워서 위로 올리십니다. 주님이 흩어지시는 게 아니라, 우리가 다시 주님께로 모아지는 것입니다.

그러나 주님이 만물을 채우시고 그것들을 주님의 전 존재로 채우시기에, 혹은 만물이라도 주님을 담아낼 수 없기에, 그것들이 주님의 일부분을 담되 그 모두가 주님의 동일한 부분을 담는 것입니까? 아니면 만물의 각각이 주님의 서로 다른 부분들을 담는 것입니까? 다시 말해, 무언가가 크면 클수록 주님의 더 큰 부분을 담고, 작으면 작을수록 주님의 더 작은 부분을 담는 것입니까? 주님의 어떤 부분은 더 크고, 어떤 부분은 더 작은 것입니까? 아니면 주님 전체는 모든 곳에 계시지만, 그 어느 것도 주님을 완전히 담지 못하는 것입니까?

하나님의 위엄

그렇다면 나의 하나님이여, 주님은 도대체 누구십니까? 주님 외에 누가 하나님이며, 우리 하나님 외에 누가 구원의 반석이십니까(시 18:31)? 주님은 가장 높으시고, 지극히 선하시고, 지극히 전능하시고, 가장 자비롭고 의로우시며, 깊이 숨어 계시지만 가장 친밀하게 현존하시며, 완벽하게 아름답고 강하시며, 안정되고 불가해하시며, 변하지 않으시나 만물을 바꾸시고, 결코 새롭지 않으시나 결코 낡지 않으시고, 만물을 새롭게 하시고, 교만한 자들을 그들이 알지 못한 채 늙게 만드십니다. 주님은 언제나 일하시나 언제나 쉬시고, 모든 것을 주님께 모으시나 부족함이 없으시고, 도우시고 채우시고 보호하시고, 만드시고 기르시고 성숙시키시고, 아무것도 모자람이 없으시나 찾으십니다. 주님은 욕심 없이 사랑하시고, 근심 없이 질투하시고, 슬퍼하지 않으며 뉘우치시고(창 6:6), 평정을 유지하신 채 분노하십니다. 주님은 계획을 변경하지 않은 채 변화를 일으키시고, 결코 잃어버리신 적이 없는 것을 찾아서 회복하십니다. 주님은 필요한 것이 없으심에도 얻으실 때 기뻐하시고(눅 15:7), 욕심이 없으심에도 이윤을 요구하십니다(마 25:27). 우리는 주님이 요구하시는 것 이상으로 주님께 바쳐서 주님을 우리에게 빚진 자로 만들려 하지만, 도대체 그 누가 주님의 것이 아닌 것을 갖고 있겠습니까(고전 4:7)? 주님은 아무에게 아무것도 빚지지 않으셨으나 빚을 갚으시고, 빚을 탕감해 주시나 손해 보지 않으십니다.

그러나, 나의 하나님이여, 나의 생명, 나의 거룩한 사랑이시여, 내가 하는 이런 말들은 도대체 무슨 뜻입니까? 누구든 주님에 관해 말함으로써 무언가를 설명한 적이 있습니까? 그러나 주님에 관해 침묵하는 자에게는 화가 있을 것입니다! 누군가 주님에 대해 아무리 장황하게 떠들지라도, 그는 주님에 대해 아무것도 말하지 못한 셈이기 때문입니다.

하나님 안에서 안식을 찾음

누가 나를 이끌어 주님 안에서 쉬게 하겠습니까? 누가 주님을 내 마음에 오시게 해 주님이 내 마음을 사로잡게 하시고 그로 인해 내가 악을 잊고 내 유일한 선이신 주님을 끌어안게 하겠습니까? 주님은 내게 무엇입니까? 내가 적당한 말을 찾도록 은혜를 베풀어 주십시오. 도대체 내가 주님에게 무엇이기에 주님이 내게 주님을 사랑하라고 명령하시고, 내가 주님을 사랑하지 않으면 화를 내시고, 엄청난 불행의 칼끝으로 나를 위협하시는 것입니까? 그러니, 만약 내가 주님을 사랑하지 않는다면, 그것이 그저 작은 불행이겠습니까?

아, 나는 얼마나 가련합니까! 주 하나님, 내게 자비를 베푸셔서 주님이 어떤 존재이신지 알려 주십시오. 내 영혼을 향해 "내가 너를 구원하겠다"(시 35:3)고 말씀해 주십시오. 내가 들을 수 있게 말씀해 주십시오. 주님 앞에 있는 내 마음의 귀를 보십시오. 내 귀를 여시고 내 영혼을 향해 "내가 너를 구원하겠다"고 말씀해 주십시오. 그렇게 하신다면, 나는 달려 나가 주님을 붙들겠습니다. 내게 주님의 얼굴을 숨기지 마십시오(시 27:9). 내 영혼이 죽지 않도록 나는 주님의 얼굴을 본 후에 죽고자 합니다.

내 영혼의 집은 주님이 들어 오시기에는 너무 좁으니 주님이 넓혀 주십시오. 그 집은 무너졌으니 주님이 고쳐 주십시오. 그 집에는 주님의 눈에 거슬리는 것들이 아주 많습니다. 인정합니다. 잘 알고 있습니다. 그러나 도대체 누가 그것을 깨끗이 해 주겠습니까? 내가 주님 외에 다른 누구에게 "주님, 미처 깨닫지 못한 죄까지도 깨끗하게 씻어 주십시오"(시 19:12)라고, 또 "그들이 몰래 쳐 놓은 그물에서 나를 건져내어 주십시오"(시 31:4)라고 애원해야 합니까? 나의 하나님이여, 내가 주님께 내 허물을 고백했더니 주님은 내 죄를 기꺼이 용서해 주셨습니다(시 32:5). 주님은 진리이시므로 나는 진리이신 주님과 논쟁하지 않으렵니다(욥 9:3). 나는 내 죄악이 나를 속이지 못하도록 스스로 거짓말하지 않으렵니다. 나는 소송하는 사람처럼 주님과 논쟁하지 않으렵니다. 주께서 죄를 지켜보시면, 주님 앞에서 누가 감히 버티어 설 수 있겠습니까(시 130:3)?

젖먹이 시절에 대한 기억

나는 먼지와 재에 불과하지만(창 18:27), 내가 자비하신 주님께 말씀드리도록 허락해 주십시오. 지금 나는 나를 비웃는 사람들이 아니라 자비하신 주님께 말씀드리고 있습니다. 주님마저 나를 조롱하실지 모르겠습니다. 그러나 주님, 돌이키셔서 내게 자비를 베풀어 주십시오. 내가 주님께 말씀드리려 하는 것은, 나는 내 자신이 어디로부터 와서 이 "죽어가는 삶" 혹은 (내 식대로 말씀드리면) 이 "살아 있는 죽음"에 이르게 되었는지 알지 못한다는 것입니다. 주님, 나는 내가 어디로부터 왔는지 모릅니다.

그러나 내가 육신의 부모로부터 들은 바로는, 주님은 주님의 자비하심으로 처음부터 나를 부양해 오셨습니다. 내가 기억할 수는 없지만, 주님은 때가 되었을 때 내 육신의 아버지를 통해 나를 내 어머니 안에서 지으셨습니다. 나는 인간의 젖이 주는 위로를 기뻐했습니다. 그러나 내 어머니나 유모들의 젖가슴을 젖으로 채운 것은 그들 자신이 아니라 주님이셨습니다. 주님이 주님의 법칙을 따라 그리고 자연의 질서 안에 있는 풍성함을 따라 그들을 통해 내게 젖먹이를 위한 음식을 주셨던 것입니다. 또 주님은 내가 주님이 주시는 것 이상으로 먹으려 들지 않게 하셨습니다. 그리고 내 유모들에게 주님이 그들에게 주신 것을 내게 주기를 원하게 하셨습니다. 주님이 그들에게 충동을 일으키셨기에 그들이 자기들이 주님으로부터 풍성하게 받은 것을 내게 주고자 하는 본능적인 갈망을 갖게 되었습니다. 그들이 내게 선을 베푼 것은 그들 자신을 위한 선이기도 했습니다. 하지만 그 선은 "그들로부터" 온 것이 아니라 "그들을 통해서" 온 것에 불과합니다.

오 하나님, 참으로 모든 선한 것들이 주님으로부터 옵니다. 내 모든 구원은 하나님으로부터 옵니다. 나는 이것을 훨씬 나중에, 즉 주님이 안으로는 내 마음에 그리고 밖으로는 내 몸에 주신 선물들을 통해 그 사실을 선포하셨을 때 비로소 알게 되었습니다. 젖먹이 시절에 나는 젖을 빠는 것과 몸이 편하면 만족스러워하고 몸이 불편하면 우는 것밖에는 아무것도 몰랐기 때문입니다.

그후 나는 웃기 시작했습니다. 처음에는 자면서 그후에는 깨어 있을 때 웃었습니다. 나는 그 사실을 사람들로부터 들었을 뿐이나 내가 정말로 그랬으리라고 믿습니다. 나는 다른 젖먹이들이 그렇게 하는 것을 보고 있기 때문입니다. 사실 나는 그때 내가 했던 일을 기억하지는 못합니다.

그후 나는 아주 조금씩 내가 어디에 있는지 알아차리기 시작했습니다. 그리고 내가 못하는 일을 해 줄 수 있는 사람들에게 내가 원하는 것을 표현하고자 했습니다. 내가 원하는 것들은 내 안에 있었고, 어른들은 내 영혼 안으로 들어올 길이 없었기 때문입니다. 그래서 나는 팔다리를 휘젓고 소리를 지르면서 내가 원하는 것을 표현했습니다. 내가 취할 수 있는 표식은 아주 적었으나, 내 능력으로 할 수 있는 일은 그 정도밖에 없었습니다. 사람들이 내 뜻을 이해하지 못하거나 그것이 해로운 것이어서 내가 원하는 대로 해주지 않으면, 나는 내 뜻을 따르지 않는 어른들에게 심통을 부리고 마구 울면서 그들에게 복수했습니다.

내가 살펴보아 알 수 있었던 젖먹이들의 삶의 방식은 그런 것이었습니다. 그것이 내 자신의 과거의 모습입니다. 젖먹이들은, 비록 그들이 그런 사실을 알지는 못하나, 내가 어떻게 행동했는가를 알고 있는 내 유모들보다 더 많은 것을 나에게 가르쳐 주었습니다.

내 젖먹이 시절은 오래 전에 죽었고, 나는 지금 살아 있습니다. 그러나 주님, 주님은 살아 계시고 주님 안에서는 아무것도 죽지 않습니다. 주님은 우리가 "이전"이라고 칭할 수 있는 모든 것보다 앞서, 즉 시간이 시작되기 전부터 계십니다. 주님은 하나님이시고 주님이 창조하신 모든 것의 주님이십니다. 주님 안에는 모든 불안정한 사물들의 원인들과, 모든 변하는 사물들의 변하지 않는 기원들과, 모든 불합리하고 순간적인 것들의 영원한 이치(理致)들이 있습니다.

하나님, 주님께 애원하는 내게 말씀해 주십시오. 오, 자비하신 주님, 이 불쌍한 자에게 말씀해 주십시오. 지금은 사라져 버린 내 유아기보다 앞선 시기가 있었습니까? 혹시 그 시기는 내가 어머니의 태 안에서 보낸 시기입니까? 나는 그 문제에 대해서도 얼마간 배웠습니다. 또 나는 아이를 밴 여인들도 보았습니다. 나의 사랑이신 나의 하나님이여, 그렇다면 그 이전은 어떠했습니까? 그때 나는 어디에 혹은 어떤 사람 안에 있었습니까? 내게 그것을 말해 줄 수 있는 사람은 아무도 없습니다. 내 부모도, 경험이 많은 사람들도, 심지어 내 자신의 기억도 그것에 대해 말해 줄 수 없습니다. 주님은 이런 문제를 제기하는 나를 보고 웃으실까요, 아니면 내가 알고 있는 것만으로 주님을 찬양하라고 명령하실까요?

나는 하늘과 땅의 주님이신 주님께 경의를 표하며, 내가 기억할 수 없는 내 자신의 첫 시간들과 젖먹이 시절 때문에 주님을 찬양합니다. 주님은 내게 다른 사람을 통해 내 자신을 이해하게 하시고 또 연약한 여인들의 권위에 의존해 자신에 관한 많은 것들을 믿게 해 주셨습니다. 그때조차 나는 존재와 생명을 갖고 있었고, 젖먹이 시절이 끝나갈 무렵에는 다른 이들에게 내 생각을 알리기 위한 방법들을 찾고 있었습니다.

주님, 주님으로부터가 아니라면, 이런 피조물이 어디에서 올 수 있겠습니까? 그 누가 자기 자신의 원인이 될 수 있겠습니까? 주님 안에서 존재와 생명은 다르지 않습니다. 주님 안에서 최고의 존재와 최고의 생명은 하나이며 동일합니다. 주님은 가장 높은 존재이시며 변하지 않으십니다. 그렇기에 주님 안에서 현재는 끝이 없지만, 그럼에도 끝이 있습니다. 만물은 주님 안에서 존재를 갖습니다. 주님이 만물에 한계를 정해 주시지 않는다면, 그것들은 절대로 사라지지 않을 것입니다. 주님은 언제나 한결같으십니다. "주님의 햇수에는 끝이 없습니다"(시 102:27). 주님의 날들은 항상 "오늘"입니다.

주님의 "오늘" 하루 동안에 얼마나 많은 우리의 날들과 우리 조상들의 날들이 지나갔습니까? 또 얼마나 많은 우리의 날들과 우리 조상들의 날들이 주님의 "하루"로부터 그 존재의 분량과 모양을 받았습니까? 다른 이들의 날들 역시 지나갈 것이고, 동일한 근원으로부터 그들의 존재의 조건을 얻을 것입니다. 그렇지만 주님은 언제나 동일하십니다. 그리고 주님은 모든 이전과 이후의 일들을 오늘의 일로 만드실 것입니다. 주님은 그 모든 일을 "오늘" 하십니다. 설령 어떤 이가 이 말을 이해하지 못할지라도, 그게 내게 무슨 상관이겠습니까? 그가 즐거워하며 "이것이 무슨 뜻인가?" 하고 묻게 하십시오. 그리고 그가 자신이 주님을 발견할 수 없다는 사실이 아니라, 주님을 발견하는 데 실패했을 뿐이라는 사실을 발견하고서 기뻐하게 하십시오.

젖먹이 때도 죄를 지음

하나님, 내 기도에 귀를 기울여 주십시오(시 55:1). 화로다, 사람의 죄여! 사람이 이처럼 탄식할 때 주님은 그를 불쌍히 여기십니다. 주님이 그를 만드셨기 때문입니다. 그러나 주님은 그 안에 있는 죄를 만들지는 않으셨습니다. 주님 앞에 있는 그 누구도 죄로부터 자유롭지 못합니다. 태어난 지 하루밖에 안 된 아기라도 마찬가지입니다. 누가 내게 그 무렵의 내 죄를 생각하게 해줍니까? 젖먹이들 아닙니까? 왜냐하면 나는 내 스스로 기억할 수 없는 것을 그 아기들 안에서 보기 때문입니다.

그렇다면 그때 나는 무슨 죄를 지었습니까? 젖을 빨기 위해 울어댄 것이 죄였습니까? 만약 지금 내가 내 나이에 걸맞은 음식을 먹기 위해 울어댄다면, 나는 웃음거리가 되고 비난을 받아야 마땅합니다. 젖먹이 때 내가 한 행동은 비난받아 마땅한 일이었습니다. 그러나 그때 세상의 관습을 알고 이성을 지니고 있던 사람들은 나를 꾸짖지 않았습니다. 그것은 그들이 그 무렵의 내가 자신을 꾸짖는 사람을 이해할 수 없다는 것을 알았기 때문입니다. 그러나 그렇게 어린아이가 자기에게 해를 끼칠 것이 분명한 무언가를 얻기 위해 눈물을 이용하고, 자신의 변덕을 받아주지 않는 이들—자유인들, 어른들, 부모님, 그리고 훌륭한 분별력을 가진 많은 이들—에게 불같이 화를 내고, 가능한 한 큰 상처를 입히기 위해 그들을 때리려고 했던 것을 과연 선하다고 할 수 있겠습니까?

나는 어떤 질투심 많은 아기를 살펴본 적이 있습니다. 그 아기는 아직 말을 할 나이가 아니었지만, 나는 그 아기가 질투를 하고 있음을 알았습니다. 아기는 자기 엄마의 젖을 나눠 먹는 형제를 노려보다가 얼굴이 창백해지면서 괴로운 표정을 지었습니다. 누가 이런 사실을 모르겠습니까? 어머니들과 유모들은 자기들이 어떻게든 아기들의 이런 버릇을 고친다고 말하는데, 그것은 나로서는 알 수 없는 일입니다. 그러나, 아무리 젖먹이에 불과할지라도, 어머니의 젖이 풍부하게 흘러넘치는 때에 그 젖이 꼭 필요하고 생명이 그 젖에 달려 있는 다른 아기에게 그것을 나눠주려 하지 않는 것은 결코 무죄일 수 없습니다. 그러나 사람들은 웃으면서 그런 행동을 용서합니다. 그것은 그런 행동이 대수롭지 않거나 사소해서가 아니라, 나이가 들면 자연스럽게 사라질 것이기 때문입니다.

주 나의 하나님이여, 주님은 젖먹이에게 생명과 몸을 주셨습니다. 또 우리가 알듯이 주님은 그 젖먹이의 몸에 감각과 사지(四肢)를 주셨고, 몸 전체의 통일성과 보존을 위해 생명체의 모든 본능들을 넣어 주셨습니다. 주님은 내게 이 모든 것으로 인해 주님을 찬양하라고, 주님께 감사하라고, 그리고 지극히 높으신 주님의 이름을 노래하라고 명령하십니다. 설령 주님이 이런 일만 하셨을지라도, 주님은 전능하고 선하신 분입니다. 그런 일은 주님이 아니면 누구도 할 수 없는 일이기 때문입니다. 만물이 주님으로부터 나왔습니다. 오, 지극히 높은 아름다움이시여, 주님은 만물에게 각기 다른 모양을 주시고, 주님의 법을 따라 만물에 질서를 세우십니다.

오, 주님, 나는 내 삶의 이 시기를 기억하지 못합니다. 다만 나는 다른 이들이 내게 말한 것을 믿고 젖먹이들을 관찰하면서 그 무렵에 내가 어떻게 행동했을지 추측할 뿐입니다. 그러나, 비록 이런 추측이 아주 타당할지라도, 나는 이 시기를 내가 이 세상에서 살아가는 삶의 일부로 여기고 싶지 않습니다. 그 시기는 내가 어머니의 태 안에서 살았던 때와 마찬가지로 망각의 어둠에 묻혀 있기 때문입니다. 만약 내가 날 때부터 그리고 어머니의 태속에 있을 때부터 죄인이었다면(시 51:5), 오, 나의 하나님이여, 주님께 묻겠습니다, 도대체 좋은 언제 어디에서 순결했던 것입니까? 하지만 나는 그 시기에 대해서는 더 이상 말씀드리지 않겠습니다. 내가 아무 기억도 할 수 없는 시절이 나와 무슨 상관이란 말입니까?

부모를 통해 말하는 법을 배움

그후 나는 유년기를 벗어나 소년기로 접어들었습니다. 아니, 그보다는 소년기가 다가와 유년기를 이어받았다고 말해야 옳을 것입니다. 내 유년기는 내게서 떠난 것이 아닙니다(사실 그것이 어디로 가겠습니까?). 그렇다고 그것이 남아 있는 것도 아니었습니다. 왜냐하면 이제 나는 더 이상 아무 말도 못하는 젖먹이가 아니라, 재잘거리는 소년이 되어 있었기 때문입니다. 나는 그것을 기억합니다. 그리고 훗날 나는 내가 어떻게 처음으로 말하기를 배웠는지 알게 되었습니다. 어른들이 내게 말을 가르쳤는데, 그때 그들은 훗날 내게 글자를 가르칠 때처럼 일련의 공식들을 사용해 가르치지 않았습니다. 나는 주님이 내게 주신 지성으로 말하는 능력을 스스로 익혔습니다. 나는 사람들에게 내 뜻에 따르라고 요구하기 위해 끙끙거리며 여러 소리를 내고 사지를 이리저리 움직이며 내 뜻을 표현하려고 애썼습니다. 하지만 나는 내가 원하는 모든 것을 표현할 능력도 없었을 뿐 아니라, 모든 사람에게 내 뜻을 이해시킬 수도 없었습니다.

사람들이 어떤 물체의 이름을 부를 때, 또 그들이 그렇게 말하면서 그 물체를 향해 몸을 움직일 때, 나는 그들이 하는 말이 그들이 가리키는 물체의 이름이라고 여겨 그것을 기억했습니다. 그렇게 나는 여러 다양한 문장들 안에서 나타나 내 귀에 들려왔던 단어들의 뜻을 모았습니다. 또 나는 그 소리들을 내기 위해 입을 훈련함으로써 내가 원하는 것을 똑똑하게 발음하는 법을 배웠습니다. 그런 식으로 나는 내 주변의 사람들에게 기호들을 사용해 내가 원하는 것을 알릴 수 있었고, 그렇게 하면서 점차 인생이라는 풍랑이 이는 사회 속으로 보다 깊이 들어갔습니다. 그러나 나는 여전히 부모님의 권위와 어른들의 지도에 의존하고 있었습니다.

공부를 게을리 해 매를 맞음

오, 나의 하나님이여, 소년 시절에 나는 나를 가르치던 이들에게 순종해야 한다고 여겼습니다. 그것은 그들에게서 웅변술을 익혀 이 세상에서 성공하고, 사람들로부터 명성을 얻고, 남을 속여 부를 얻기 위함이었습니다! 그리고 그로 인해 나는 아주 많은 고통을 겪어야 했습니다. 나는 학교에 가서 읽고 쓰기를 배워야 했습니다. 가련하게도 그때 나는 그런 지식이 무엇에 유용한지 이해하지 못했습니다. 그러나 배우는 일에 게으름을 피우면 매를 맞아야 했습니다. 그것은 어른들이 인정하는 방법이었고, 우리보다 오래 전에 살았던 많은 이들 역시 억지로 따라야 했던 수고스러운 과정이었습니다.

그런데 주님, 그 무렵에 나는 주님께 기도하는 사람들을 보았고 그들을 통해 주님에 관해 생각하는 법을 배웠습니다. 나는 제한된 방식으로나마 주님을 권능을 지닌 어떤 위대한 분으로, 또 비록 감각적으로 느낄 수는 없지만 우리의 기도를 들으시고

우리를 도와주시는 분으로 생각하게 되었습니다. 소년이었던 나는 나의 도움과 피난처가 되시는 주님께 기도하기 시작했습니다. 그리고 그렇게 하기 위해 묶여 있던 혀를 풀었습니다. 나는 비록 어린 소년이었지만 학교에서 매를 맞지 않게 해달라고 간절히 기도할 때 어떤 심오한 감정을 느꼈습니다. 그리고 주님이 내 기도를 들어주시지 않았을 때 (그것은 나를 어리석음에 내어주시지 않기 위함이었습니다) 어른들은—내게 그 어떤 악한 일도 일어나지 않기를 바라던 내 부모님까지 포함해—내 몸에 난 매 자국을 보고 웃음을 터뜨렸습니다. 그들의 그런 행동은 당시 내게는 매우 고통스런 악이었습니다.

그러나 나는 놀기를 좋아했습니다. 어른들은 노는 아이들에게 벌을 주었지만, 사실 그들도 자기들의 놀이에 열중하고 있었습니다. 그들의 놀이는 "사업"이라고 불렸습니다. 그런데 그들은 아이들이 그런 놀이를 하면 벌을 주었습니다. 아무도 소년들에 대해, 또는 어른들에 대해, 또는 참으로 그 둘 모두에 대해 유감을 느끼지 않았습니다. 소년이었던 나는 공놀이를 했습니다. 그리고 그 공놀이는 내가 어른이 되어 보다 명예롭지 못한 놀이를 할 때 이용하게 될 문자를 익히는 속도를 떨어뜨렸습니다. 내게 매질을 했던 교사는 나보다 나을 게 없었습니다. 그는 어떤 동료 교사가 좀 현학적인 질문으로 자신을 논박하자 내가 공놀이에서 졌을 때 그랬던 것보다 더한 시기와 질투로 고통스러워했으니 말입니다.

부모의 명령을 소홀히 여김

주 하나님, 나는 죄를 지었습니다. 나는 내 부모와 선생들이 하는 말을 듣지 않는 죄를 지었습니다―그들이 내게 글을 배우게 했던 의도가 무엇이든, 훗날 그들 덕분에 글자를 사용하게 되었음에도 말입니다. 내가 그들에게 순종하지 않은 이유는 내가 공부보다 귀한 것을 원해서가 아니라 단지 공부보다 놀이를 더 좋아했기 때문입니다. 나는 경기에서 이긴 후 고개를 높이 쳐들고 어깨를 으쓱거리며 자랑하는 것을 좋아했습니다. 나는 내 욕망을 자극하는 허탄한 이야기로 귀를 간질이기를 좋아했습니다. 나는 동일한 호기심 때문에 공공장소에서 열리는 연극들을 쫓아다녔습니다. 연극은 어른들의 놀이였습니다. 연극을 연출하는 사람들은 굉장한 명성을 얻었기에 거의 모든 부모들이 자기 자식들도 그런 명성을 얻기를 바랐습니다. 그러나 부모들은, 바로 그 연극 때문에 자기 자녀들이 훗날 그런 연극을 연출하는 위치에 오르기 위해 필요한 공부를 못하게 되면, 기꺼이 자녀들이 매를 맞게 했습니다.

주님, 이 어리석은 자들을 불쌍히 여겨 주십시오. 그리고 주님께 부르짖는 우리를 구원해 주십시오. 또 아직도 주님께 기도하지 않는 자들도 구원하셔서 그들도 주님을 부르며 구원에 이르게 해 주십시오.

세례를 연기함

아직 소년이었을 때 나는 영생에 대해 들었습니다. 영생이란 교만 가운데 있는 우리에게 내려오신 우리 주 하나님의 겸손을 통해 우리에게 약속된 것이었습니다. 그리고 나는 주님을 크게 신뢰하는 자였던 어머니의 태에서 나오자마자 십자가의 표식을 받았고 소금으로 절여졌습니다(당시에는 아이가 태어나면 그의 몸 위에 십자가를 그었고, 귀신을 쫓는 상징으로 혀에 소금을 놓았다 - 역주).

주님, 주님이 아시는 것처럼, 나는 소년시절 어느 날 가슴에 압박을 느끼고 갑자기 열이 나서 죽음의 문턱까지 간 적이 있습니다. 나의 하나님이여, 주님은 보셨습니다. 그 당시 이미 내 보호자이셨던 주님은 내가 어떤 열정과 믿음으로 나의 하나님이요 주님이신 그리스도의 세례를 받기를 간구했는지 아실 것입니다. 나는 내 어머니와 우리 모두의 어머니인 교회에 세례를 베풀어 달라고 재촉했습니다. 내 육신의 어머니는 놀라서 넋이 나갔습니다. 주님에 대한 순전한 믿음을 갖고 있던 어머니는 내가 영원한 구원을 얻게 하기 위해 사랑의 산고를 겪었습니다. 어머니는 내가 죄의 용서를 얻기 위해 주 예수님께 고백하고 세례를 받도록 서둘러 입교를 비롯한 구원의 성례들의 일정을 조정했습니다. 그런데 갑자기 나는 병에서 회복되었습니다. 그리고 내 세례는 연기되었습니다. 그것은, 만약 내가 살아난다면 그후에 자신을 더럽히게 될 것이 분명하고, 또 내가 그 엄숙한 세례를 받은 후에 다시 죄로 자신을 더럽힐 경우 그 죄가 이전에 지은 죄보다 크고 위험하리라는 가정 때문이었습니다(당시에는 세례 후에 지은 죄는 용서 받을 수 없다는 생각이 퍼져 있었다-역주).

그렇게 해서 나와 우리 가족은, 아버지만 제외하고, 모두 신자가 되었습니다. 아버지는 아직 믿음에 이르지 못했지만, 내가 그리스도를 믿지 않게 하기 위해 어머니의 믿음을 따르지 못하게 하지는 않았습니다. 어머니는 내가 자기 남편보다 주님을 내 아버지로 믿게 만들고자 애썼습니다. 이 싸움에서 주님은 내 어머니가 아버지를 이기도록 도우셨습니다. 아버지보다 도덕적으로 탁월했던 어머니는 아버지를 순종하며 섬겼는데, 이것은 어머니가 주님의 권위에 순종했기 때문입니다.

나의 하나님이여, 주님께 간청합니다. 나는 내 세례가 연기된 것이 주님의 뜻이었는지 알고 싶습니다. 그때 주님이 내 세례를 연기하신 까닭이 무엇입니까? 죄의 고삐가 풀렸던 것이 내게 좋은 일이었습니까? 아니면 실제로는 그 고삐가 풀리지 않았던 것입니까? 지금도 내 귀에는 사방에서 이런저런 소리가 들려옵니다. "내버려둬, 그가 맘대로 하게 놔둬, 그는 아직 세례를 받지 않았어." 그러나 우리는 몸의 건강과 관련해서는 "그가 더 상처를 입게 놔둬, 그는 아직 치료를 받지 않았어"라고 말하지 않습니다. 만약 그때 내가 좀더 빨리 고침을 받았다면, 또 가족들의 성실한 보살핌과 내 자신의 결심을 통해 세례를 받아 영혼의 건강을 얻고 주님의 보호 아래에서 안전하게 지낼 수 있었다면, 그것은 내게 훨씬 더 좋은 일이 되었을 것입니다.

유년기 이후 내게는 여러 차례 크고도 위협적인 시험의 파도가 덮쳐왔습니다. 어머니는 이미 그것에 대해 알고 있었습니다. 어머니의 계획은 내 소년기를 그 파도들에 맡기는 것이었습니다. 어머니는 내가 완전한 형상을 갖추기 전에 진흙과 같은 상태에서 그런 파도들에 노출되기를 바랐던 것입니다.

억지로 공부에 힘씀

그러나 나는 청년기에 비한다면 딱히 무서워할 이유가 없었던 소년기 동안 공부를 좋아하지 않았고, 억지로 공부하는 것을 몹시 싫어했습니다. 그러나 나는 억지로 공부를 해야 했고, 그것은 결국 내게 유익했습니다. 내가 열심히 공부했던 것은 내 자신의 의도가 아니었습니다. 나는 누가 시키지 않으면 아무것도 배우려 하지 않았습니다. 비록 어떤 이가 선을 행하고 있을지라도, 만약 그것이 그 사람 자신의 뜻과 거슬러서 하는 것이라면, 그것은 옳은 것이 아닙니다.

그러나 내게 공부를 강요했던 사람들 역시 옳지 않았습니다. 내게 선을 행하신 분은 오직 나의 하나님이신 주님뿐이셨습니다. 사람들은 내게 공부를 강요하면서도 내가 그렇게 배운 것들을 어떻게 사용할지에 대해서는 관심이 없었습니다. 그들이 염두에 두었던 것은 단지 부와 영광에 대한 욕망을 만족시키는 것 뿐이었는데, 그 욕망은 만족을 모르고, 그 부는 영혼의 빈곤이요, 그 영광은 부끄럽게 여겨야 할 것에 불과했습니다. 그러나 우리의 머리카락까지 세시는 주님은(마 10:30) 내게 배움을 강요했던 그 모든 사람들의 잘못을 내게 유익한 것이 되게 해 주셨습니다.

소년시절에 했던 공부

지금도 나는 어째서 내가 소년시절에 헬라어를 그토록 싫어했는지 모르겠습니다. 반면에 라틴어는 무척 좋아했는데, 특히 초등교사들이 아니라 문법교사라고 불리던 이들이 가르치던 중등학교 수준의 라틴어를 좋아했습니다. 그러나 읽기, 쓰기, 셈하기 같은 기초 학습은 헬라어만큼이나 무거운 짐이었습니다. 하지만 나는 그 학습을 통해 기록된 글을 읽고 원하는 것을 쓸 수 있는 능력을 얻었고, 지금도 여전히 그 능력을 갖고 있습니다.

다른 한편으로 나는 시(詩)를 배워야 했습니다. 그리고 시를 통해 (내 자신의 방황에 대해서는 알지 못한 채) 에이네아스라는 이름의 한 전설적인 인물의 방랑에 대해 배웠고, 그를 사랑했기에 자살했던 여인 디도에 대해 슬퍼했습니다(어거스틴은 로마 시인 버질 Virgil의 서사시 『에이네이드』Aeneid에 대해 말하고 있다—역주). 오, 하나님, 나의 생명이여, 나는 그 시를 읽는 동안 내 자신이 주님을 떠나 죽어가고 있었음에도 그것에 대해 슬퍼하지 않았습니다.

그 무렵에 나는 주님을 사랑하지 않았고 주님을 떠나 음탕한 삶을 살고 있었습니다(시 73:27). 그러는 동안 내 곁에 있는 사람들이 내게 "잘했다, 잘했어!" 하고 말했습니다(시 35:21, 40:16). 세상과 벗함은 곧 주님을 등지는 것입니다(약 4:4). "잘했어!"라는 소리는 사람들이 자기들과 함께하지 않는 이들을 부끄럽게 만들기 위해 하는 말입니다. 그러나 나는 그것에 대해 슬퍼하며 울지 않았습니다. 오히려 나는 칼 위에 엎어져 죽은 디도를 위해 울었습니다. 나는 주님이 지으신 세상에서 가장 저급한 것을 따르기 위해 주님을 떠났던 것입니다. 나는 흙을 향해 가는 흙이었습니다. 만약 그때 누가 내게 그런 이야기를 읽지 못하게 했다면, 나는 나를 슬프게 만드는 것을 읽지 못하는 것 때문에 슬퍼했을 것입니다. 나는 그런 허망한 것을 읽기나 쓰기보다 고상하고 유익한 문학 교육으로 여겼습니다.

라틴어와 헬라어 공부

그런데 도대체 나는 왜 그와 비슷한 시(詩)들을 갖고 있는 헬라어를 싫어했던 것입니까? 호머(Homer, 고대 그리스 시인으로 『일리아드』 Illiad와 『오디세이』 Odyssey의 작가다 — 역주)는 그런 이야기들을 엮어내는 솜씨가 빼어났고, 허무맹랑한 이야기들로 순전한 기쁨을 얻게 하는 능력을 갖고 있었습니다. 그러나 호머는 소년이었던 내게 아주 불쾌했습니다. 만약 헬라 소년들이 내가 헬라어로 호머를 배우던 방식 그대로 라틴어로 버질(Virgil)을 배우도록 강요당한다면, 나는 그들 역시 버질을 불쾌하게 여길 것이라고 확신합니다. 어려움은 거기에 있었습니다. 즉 그것은 외국어를 배우는 데 따르는 어려움이었습니다. 그 어려움이 헬라인들의 모든 달콤한 이야기들 위에 쓰디쓴 쓸개즙을 뿌렸습니다. 나는 헬라어를 전혀 알지 못하는 상태에서 무섭고 잔인한 벌의 압력을 받으면서 억지로 그것을 배워야 했던 것입니다.

물론 유아 시절에 나는 라틴어도 전혀 알지 못했습니다. 하지만 나는 그것을 나를 달래 주던 유모들, 농담하며 웃던 사람들, 놀이를 하며 즐거워하던 사람들을 통해 별다른 두려움이나 고통 없이 배웠습니다. 나는 그것을 내게 그것을 배우라고 강요했던 사람들이 주는 벌이 무서워서 배웠던 게 아닙니다. 내 마음이 나를 재촉해 스스로 라틴어의 개념들을 잉태하고 출산하게 했습니다. 그런 일은 내가 몇 개의 단어들을 배우지 못했다면 불가능했을 것입니다. 나는 그 단어들을 공식적인 교육을 통해서가 아니라 사람들이 하는 말을 듣고 배웠고, 그들은 내가 그것들을 발음하는 소리를 들어 주었습니다. 이 경험은 배우는 일에서는 혹독한 강요보다 자유로운 호기심이 더 큰 효과를 거둔다는 것을 분명하게 보여 줍니다.

그럼에도, 하나님, 주님의 법은 지나친 호기심의 자유로운 흐름을 통제합니다. 우리는 주님의 법을 통해 훈련을 받습니다. 그 법은 학교 선생들의 매질에서 순교자들이 받았던 시련에 이르기까지 다양합니다. 주님의 법은 비통한 경험을 건설적으로 완화하는 힘을 갖고 있습니다. 주님의 법은 우리를 주님에게서 멀어지게 했던 값싼 위안을 주는 해로운 삶에서 다시 주님께 돌려보냅니다.

소년 시절에 배운 것을 주님께 바치기 원함

주님, 내 기도를 들어주십시오(시 54:2). 주님의 징계를 받을 때 내 마음이 약해지지 않게 해 주십시오(시 61:2). 내가 모든 악한 길에서 나를 구해 주신 주님의 자비하심을 인정하는 데 지치지 않게 해 주십시오. 그동안 내가 추구하던 모든 매력적인 기쁨을 능가하는 달콤함을 주십시오. 내가 온 마음으로 주님의 손을 붙잡고, 온 힘으로 주님을 사랑할 수 있게 해 주십시오. 끝까지 모든 시험에서 나를 구원해 주십시오.

주님, 주님은 나의 왕이시고 나의 하나님이십니다! 내가 소년 시절에 배운 것들 중 쓸 만한 것은 무엇이든 주님을 섬기는 데 사용하게 해 주십시오. 말하고, 읽고, 쓰고, 셀 수 있는 능력을 주님을 섬기는 일에 바치게 해 주십시오. 주님은 내가 헛된 것들을 배웠을 때 나를 징계하셨으나, 내가 그런 헛된 것들로부터 기쁨을 누리려 했던 죄는 용서해 주셨습니다. 나는 그런 헛된 것들을 통해 여러 가지 유익한 말들을 익혔지만, 사실 그런 말들은 헛되지 않은 것들을 통해서도 얼마든 배울 수 있습니다. 그리고 그것이야말로 아이들이 마땅히 따라가야 할 안전한 길입니다.

교육 방법에 대한 비판

화로다, 너, 인간의 격한 풍습의 물결이여! 누가 너를 막아서겠는가? 언제야 네가 바싹 말라붙겠는가? 거칠게 흐르는 너는 언제까지 하와의 자녀들을 크고 두려운 바다로 쓸어 넣을 참이냐? 그 바다는 오직 나무 십자가(방주-역주)를 탄 사람들만 어렵게 건너갈 수 있을 뿐이다. 내가 벼락을 내리치는 자인 동시에 간음하는 자였던 제우스에 대해 읽었던 것이 바로 너, 즉 풍습의 물결 속에서가 아니냐? 물론 그는 한꺼번에 그런 두 가지 존재가 될 수는 없다. 하지만 그가 그렇게 묘사된 것은, 인간이 거짓 벼락을 망토 삼아 실제 간음을 모방하게 하려는 것이었다.

만약 어떤 학생이 큰 소리로 "호머는 이런 이야기들을 지어내 인간의 잘못을 신들에게 전가했다. 그러나 차라리 그가 신들의 일을 우리에게 돌렸다면 좋았을 텐데……"라고 말한다면, 긴 가운을 입은 수사학 교사들 중 누가 그 말을 순순히 들어주겠는가? 그러나 차라리 그가 다음과 같이 말한다면, 그것이 훨씬 더 옳을 것이다. "참으로 이것은 호머가 지어낸 이야기다. 그러나 그는 신들의 속성을 악한 인간의 탓으로 돌렸다. 그로 인해 범죄는 범죄로 간주되지 않고, 그 어떤 죄를 지은 사람이라도 타락한 인간이 아니라 천상의 신들을 모방하는 것처럼 보이게 되었다."

그러나, 너, 지옥으로 이어지는 풍습의 강이여, 사람의 아들들은 너에게 뛰어들고 그런 이야기를 배우기 위해 값을 지불한다. 어떤 이가 광장에서 교사들에게 학생들의 수업료 외에 공공기금에서 급료를 지급하게 하는 법률을 지지하는 연설을 할 때, 그것은 사회적으로 큰 관심거리가 된다. 그렇기에 풍습의 강은 바위를 치며 외친다. "바로 이것이 우리가 말을 배우는 이유다. 바로 이것이 우리가 자기의 확신을 전달하고 자기 생각을 발전시키기 위해 웅변술을 배워야 하는 이유다."

사실, 만약 테렌티우스(Terrentius, 195-159 B.C., 카르타고의 극작가 – 역주)가 어느 쓸모없는 젊은이를 무대 위로 올려 보내 제우스의 역할을 하게 하면서 그를 자신이 저지른 간음의 모델로 제시하지 않았더라면, 아마도 우리는 "황금 소나기", "젖가슴", "속임수", "하늘의 신전들" 및 여타의 다른 말들에 대해 알지 못했을 것이다. 그 젊은이는 벽에 붙은 그림(제우스Zeus가 황금 소나기가 되어 다나에 Danae의 무릎 위로 내려앉는 그림 – 역주)을 보며 말한다. "위대한 제우스, 천둥소리로 하늘의 신전들을 뒤흔드는구나. 그런데 나 같은 가련한 사내는 그런 일을 해서는 안 되는가? 참으로 내가 그렇게 했도다, 아주 즐겁게 했도다!"

우리가 이런 외설적인 글을 통해 더 쉽게 말을 배울 수 있다는 주장은 터무니없다. 그리고 그렇게 배운 말들은 수치스러운 행동을 더 큰 확신을 갖고 하도록 부추길 뿐이다. 나는 세련되고 소중한 그릇 같은 말들을 비난하지 않는다. 그러나 술주정뱅이 교사들이 우리를 위해 그 말들 속에 오류의 포도주를 쏟아 부었다. 그 포도주를 마시지 못하면 우리는 매를 맞았고, 술에 취하지 않아 분별력이 있는 재판관에게 호소할 수도 없었다.

그러나, 나의 하나님이여, 나는 주님 앞에서 또렷하게 회상합니다. 나는 그런 글을 기뻐하며 배웠고, 그 글을 즐겼습니다. 나는 참으로 가련한 사람이었습니다. 사람들이 그것 때문에 나를 장래가 촉망되는 소년이라 치켜세웠으니 말입니다.

사람들이 문법은 지키면서 하나님의 법은 무시함

내가 본받아야 할 모델로 내 앞에 제시되었던 사람들을 생각해 보면, 내가 그들처럼 헛된 일에 빠져들고 나의 하나님이신 주님을 떠났던 것은 놀랄 일도 아닙니다. 그들은 자신들이 했던 어떤 괜찮은 행동을 설명하다가 세련되지 않거나 어법에 맞지 않는 말이 나오면 당황해서 얼굴을 붉혔습니다. 그러나 그들은 자신들의 음탕한 행동을 풍부한 어휘와 화려한 문체로 묘사하다가 사람들로부터 칭찬을 받으면 크게 기뻐했습니다.

오, 주님, 참으로 주님은 오래 참고, 노하기를 더디 하시고, 진실하십니다. 이런 일들을 보시고도 침묵하셨으니 말입니다. 그러나 주님은 늘 침묵만 하시는 분입니까? 아닙니다. 주님은 지금 이 순간에도 주님을 찾는 이들과, 주님이 주시는 기쁨에 목말라 하는 이들과, 마음을 다해 "주의 얼굴을 숨기지 말아주십시오"(시 27:9)라고 부르짖는 자들의 영혼을 어둡고 깊은 구덩이에서 건져 주십니다.

주님의 얼굴에서 멀어지는 것은 곧 욕정의 어둠에 빠지는 것을 의미합니다. 사람이 주님을 떠나거나 주님에게 돌아오는 것은 걸어서나 어떤 공간상의 움직임을 통해서가 아닙니다. 복음서에 나오는 방탕한 작은아들이 그의 너그러운 아버지가 준 재산을 탕진하기 위해 먼 나라로 갔을 때, 그는 말이나 마차나 배를 타고 가거나, 눈으로 볼 수 있는 날개를 달고 날아가거나, 다리를 움직여서 그렇게 했던 것이 아닙니다. 음탕한 정욕에 빠져서 사는 삶이야말로 어둠 속에서 사는 것이며, 그것이 곧 주님의 얼굴로부터 멀어지는 것입니다.

오, 주 하나님, 언제나 그러하시듯 굽어 살펴 주십시오. 사람의 아들들은 자기들보다 앞서 말했던 사람들로부터 전해 받은 문자와 음절들의 규칙을 지키려고 무진 애를 씁니다. 그러나 주님에게서 받은 영원한 구원에 관한 영원한 계약들은 무시합니다. 만약 어느 지식인이나 전통적인 발음을 가르치는 선생이 문법과 달리 초성 기식음 '흐'를 발음하지 않고 "호모"(homo, 인간)를 "오모"(omo)라고 발음한다면, 그는 주님의 계명을 거역하고 자신의 동료들을 미워할 때보다도 사회적으로 더 큰 비난을 받습니다. 오, 하나님, 높은 곳에 고요히 거하시는 주님은 얼마나 신비로우신지요(사 33:5). 주님만이 홀로 위대하십니다. 주님은 소멸되지 않는 주님의 법을 통해 옳지 않은 욕망에 대해 "맹목"(盲目)이라는 형벌을 내리십니다.

웅변을 통해 명성을 즐기는 사람은 사람들에게 둘러싸여 재판관 앞에 서서 지독한 적대감을 갖고서 상대를 공격합니다. 그는 말에 실수하지 않기 위해 아주 조심합니다. 가령 그는 "인테르 호미네스"(inter homines: 사람들 안에)라고 해야 할 것을 "인테르 호미부스"(inter homibus: 세상 안에)라고 말하지 않기 위해 무진 애를 씁니다. 하지만 그는 자신의 분노가 다른 사람을 "세상으로부터"(ex homibus) 끊어버릴 가능성에 대해서는 철저히 무관심합니다.

어린 시절의 잘못에 대한 고백

그것이 가련한 소년인 내가 발을 들여 놓았던 세상의 도덕적 관습이었습니다. 그것은 내가 그 안에서 씨름해야 했던 경기장이었습니다. 나는 문법적으로 틀린 말을 했을 경우 그런 실수를 하지 않은 사람을 부러워하기보다는 내가 잘못한 것에 대해 더 걱정했습니다.

나의 하나님이여, 나는 그런 일들을 주님께 아뢰고 고백합니다. 나는 바로 그런 말재주 때문에 사람들에게서 칭찬을 받았습니다. 그리고 나는 그런 칭찬을 훌륭한 삶의 기준으로 삼고 있었습니다. 당시에 나는 내가 빠져들었던 수치의 소용돌이를 보지 못했습니다. 나는 그런 말재주와 관련해서라면 가장 저급한 사람들 중에서도 가장 저급했습니다. 나는 수많은 거짓말로 나를 학교까지 데려다 주었던 하인들과 선생들과 부모님을 속였습니다. 그것은 놀이에 대한 애착, 하찮은 구경거리들에 대한 갈망,

그리고 연극 장면들을 흉내 내고자 하는 충동 때문이었습니다.

또 나는 자주 부모님의 식료품 저장실과 식탁에서 음식을 훔쳐 주머니에 집어넣었습니다. 먹기 위해서일 때도 있었으나, 그것을 다른 아이들에게 내주고 대신에 그들의 것을 얻어내기 위해서일 때도 있었습니다. 다른 아이들과의 놀이에서조차 나는 남을 이기려는 헛된 욕망에 정복당했습니다. 그리고 자주 남들을 속이는 죄를 범했습니다. 나는 다른 아이들이 규칙을 어기는 것을 허락하지 않았습니다. 그리고 그런 경우가 발생하면 불같이 화를 냈습니다. 나도 다른 아이들에게 똑같이 하면서 말입니다. 그리고 만약 들켜서 비난을 받으면, 사실을 인정하지 않고 오히려 길길이 날뛰며 화를 냈습니다.

과연 이것이 어린애다운 순진함입니까? 주님, 그렇지 않습니다. 오, 나의 하나님이여, 주님께 자비를 간구합니다. 왜냐하면 이런 죄는 우리가 나이를 먹어도 변하지 않으며, 다만 그 대상을 가정교사와 학교 선생들과 갖고 놀던 호두나 공이나 참새들로부터 장관들과 왕들과 황금과 재산과 노예들에게로 옮길 뿐이며, 또한 그 죄에 대한 징벌이 회초리에서 모진 형벌로 바뀔 뿐이기 때문입니다.

어린 시절에 받은 은혜에 대한 감사

그러나 주님, 설령 주님이 나를 소년기에 그냥 머물러 있게 하셨을지라도, 나는 가장 탁월하시고 지극히 선하신 창조주이시며 우주를 다스리는 분이신 하나님께 감사드리지 않을 수 없습니다. 왜냐하면 그때에도 나는 존재하고, 살고, 생각하고, 내 자신의 안녕에 유의하고 있었기 때문입니다.

내적인 본능이 내게 감각 전체를 주의하여 보전하라고 말해 주었습니다. 또 나는 사소한 문제들에 대해 유치한 생각을 하면서도 진리를 기뻐했습니다. 나는 속는 것이 싫었기에 좋은 기억력을 계발했고 말재간으로 무기를 삼았습니다. 우정은 나를 온화하게 만들어 주었습니다. 나는 슬픔과 낙담과 무지를 피하려 했습니다. 이런 정도의 사람이라면 감탄과 찬양을 얻을 만하지 않습니까?

하지만 그 모든 것은 하나님이 내게 주신 선물이었지 내가 자신에게 준 것이 아닙니다. 그것들은 선한 자질이며, 그것을 다 합친 것이 내 자신입니다. 그러므로 나를 만드신 주님은 선하십니다. 주님은 나의 선이십니다. 나는 내가 소년시절에 가졌던 모든 선한 것들로 인해 주님을 찬양합니다(시 9:2). 내 죄는 내가 하나님이 아니라 그분의 피조물, 즉 내 자신과 다른 것들 안에서 즐거움과 고상함과 진리를 얻으려 했던 것에 있습니다. 내가 불행과 혼란과 오류에 빠진 것은 그것 때문이었습니다.

나의 하나님이여, 나의 달콤한 기쁨의 근원, 나의 영광, 그리고 나의 확신이신 주님께 감사드립니다. 주님이 주신 선물들로 인해 주님께 감사드립니다. 내 안에 있는 그 선물들을 지켜주십시오. 그리 하시면 내 존재는 잘 보존될 것이고, 주님이 내게 주신 은사들은 풍성하고 완전해질 것이고, 나는 주님과 함께 있게 될 것입니다. 왜냐하면 내 존재 자체가 주님에게서 왔기 때문입니다.

제2권

청년기에 대한 고백

젊은 시절의 방황

이제 나는 지난날의 내 불결함과 육적인 타락을 회상하고자 합니다. 오, 하나님, 이것은 내가 지금도 그것들을 사랑해서가 아니라, 그렇게 함으로써 주님을 사랑하기 위해서입니다. 지금 내가 비통한 마음으로 내 악한 행위들을 회상하는 것은 오직 주님만을 복되고 만족스러울 만큼 달콤한 분으로 알기 위해서입니다. 주님은 내가 속절없이 빠져들었던 분열 상태에서 나를 건져 주셨습니다—나는 주님 안에 있는 단일성을 떠나 여러 가지 것들 속에서 자신을 잃었습니다. 청년기로 접어들면서 나는 사악한 쾌락을 얻고자 했고, 관능적 사랑이라는 어두운 숲속을 헤매며 나날이 황폐해졌습니다. 나는 쾌락을 추구하고 사람들에게 인정을 받고자 애쓰는 과정에서 내 자신의 아름다움을 잃어갔고 주님 앞에서 타락해갔습니다.

16세 때 방탕한 생활에 탐닉함

그 무렵에 내가 가장 갈망했던 것은 사랑을 주고 사랑을 받는 것이었습니다. 그러나 나는 그 사랑을 마음과 마음을 나누는 우정이라는 밝은 길에 국한시키지 못했습니다. 육체의 어두운 욕정과 끊임없이 발산하는 젊은 혈기가 내 마음을 어둡게 만들었기에 나는 순수한 애정과 추잡한 욕망을 구별하지 못했습니다. 그 두 가지가 내 안에서 혼란스럽게 뒤엉키면서 나를 파렴치한 행위의 수렁 속으로 밀어 넣었습니다.

주님의 진노가 무겁게 내렸건만, 나는 그것을 깨닫지 못했습니다. 나는 나를 죽음으로 이끌어가는 운명의 쇠사슬이 철거덕거리는 소리에 귀가 먹었는데, 그것은 내 영혼의 교만에 대한 형벌이었습니다. 나는 주님으로부터 크게 멀어졌지만, 주님은 나를 막지 않으셨습니다. 나는 이리저리 내던져지고 음탕한 생활을 지속하면서 부서지며 말라갔지만, 주님은 침묵하셨습니다. 아, 그때 나는 내 기쁨을 발견하는 일에서 얼마나 느렸습니까! 그때 주님은 아무 말씀도 없으셨습니다. 그리고 나는 더욱더 주님에게서 멀어져 무익한 일들 속으로 빠져들었는데, 그것은 불행과 오만한 자기 연민과 지쳐서 쉬지 못하는 상황을 낳았을 뿐입니다.

그때 누구든 한 사람만이라도 내 무질서한 삶을 제어하고, 그런 저급한 일들에서 기쁨을 얻고자 했던 내 헛된 노력을 선한 목적을 위한 노력으로 바꿔주고, 그런 헛된 것들에 탐닉하지 않도록 한계를 정해 주었다면, 내 젊음의 격한 파도는 결혼이라는 해변에 도달했을 것입니다.

그때 나는 구름을 통해 들려오는 주님의 말씀에 더 주의해야 했습니다. 주님의 종 바울은 우리에게 다음과 같이 주님의 뜻을 전했습니다. "결혼하더라도 그것이 죄를 짓는 것은 아닙니다. 그리고 처녀가 결혼하더라도, 그것이 죄를 짓는 것은 아닙니다. 그러나 그들이 살림살이로 몸이 고달플 것이므로, 내가 아껴서 하는 말입니다"(고전 7:28). "남자는 여자를 가까이하지 않는 것이 좋습니다"(고전 7:1). "결혼하지 않은 남자는, 어떻게 하면 주님을 기쁘게 해 드릴 수 있을까 하고, 주님의 일에 마음을 씁니다. 그러나 결혼한 남자는, 어떻게 하면 자기 아내를 기쁘게 할 수 있을까 하고, 세상일에 마음을 쓰게 되므로, 마음이 나뉘어 있습니다"(고전 7:32-34). 만약 내가 이런 말씀들에 주의해 "하늘나라 때문에 스스로 고자된 사람"(마 19:12)이 되었더라면, 나는 주님의 품 안에서 만족을 누리며 보다 행복했을 것입니다.

그러나 가련하게도 나는 욕망으로 끓어오르며 주님을 떠나 충동에 휩쓸렸습니다. 나는 주님이 법으로 정하신 모든 한계들을 넘어섰고, 그로 인해 주님의 징계를 피하지 못했습니다―사실 죽을 인생 중 아무도 그렇게 할 수 없습니다. 주님은 늘 나와 함께 계시고, 나를 자비롭게 질책하시고, 내 모든 부정한 쾌락에 비통한 마음을 섞어 주셨습니다. 주님의 의도는 내가 부정한 것에 구역질이 나서 썩지 않는 기쁨을 찾고, 또 내가 그런 기쁨을 어디에서 찾을까 고민하다가 주님 안에서 그것을 발견하게 하시는 것이었습니다. 주님은 우리에게 교훈을 주시기 위해 고통을 주십니다(시 119:71). 주님은 우리를 고치시기 위해 치십니다. 주님은 우리가 주님을 떠나 죽지 않게 하시기 위해 우리를 죽이십니다(신 32:39).

내 나이 열여섯 살 때 나는 어디에 있었습니까? 그때 나는 기쁨이 있는 주님의 집을 떠나 방황하고 있었습니다(미 2:9). 관능적인 욕정이 나를 지배했습니다. 나는 내 자신을 추잡한 인간들은 허락하지만 주님의 법은 허락하지 않는 욕정에 전적으로 내맡겼습니다. 내 가족은 결혼이라는 방법을 써서 망해가는 나를 구해낼 생각을 하지 않았습니다. 그들의 유일한 관심사는 내가 효과적으로 말하는 법을 배워서 능란한 웅변가가 되는 것뿐이었습니다.

어머니의 충고를 무시함

열여섯 살 때 나는 공부를 중단한 적이 있습니다. 나는 마다우로스를 떠나 집으로 돌아왔습니다. 마다우로스는 내가 문학과 수사학을 배우기 위해 처음으로 집을 떠나 머물던 인근 마을이었습니다. 공부를 중단하고 있는 동안 내가 보다 먼 카르타고에서 공부하는 데 필요한 돈이 모아졌습니다. 그것은 아버지의 계획이었는데, 가난한 타가스테의 시민이었던 그는 가진 돈보다 열정이 앞섰던 사람이었습니다.

그때 동네 사람 누구나 아버지를 칭찬했습니다. 아버지가 오랜 시간이 필요한 아들의 교육을 위해 자기 수입 이상의 돈을 썼기 때문입니다. 아버지보다 잘사는 사람들도 자녀들에게 그렇게까지 하지는 않았습니다. 그러나 아버지는 내가 주님 앞에서 어떤 사람으로 성장하고 있는지에는 관심이 없었습니다. 아버지는 내 말솜씨만 훌륭하다면 내 마음이 얼마나 순결한지에는 신경 쓰지 않았습니다.

돈이 모자라서 학교를 쉬었던 열여섯 살 때 나는 부모님과 함께 지냈습니다. 그때 정욕의 가시들이 내 머리 위로 솟아올라 왔습니다. 그러나 그것들을 뽑아줄 손이 없었습니다. 언젠가 아버지는 목욕탕에서 내 생식력의 징표를 본 후 이제 곧 손자를 볼 수 있겠다 싶어 무척 기뻤다고 어머니에게 말했습니다. 그러나 아버지의 그런 기쁨은 세상 사람들로 하여금 주님을 잊고 주님 대신 주님의 피조물을 사랑하도록 만드는 술 취함에서 오는 기쁨에 불과했습니다. 아버지는 "열등한 것들을 향한 비뚤어진 의지"라는 눈에 보이지 않는 술에 취했던 것입니다. 그러나 그때 주님은 이미 내 어머니의 마음 안에 주님의 전(殿), 즉 주님이 거하실 거룩한 집을 세우기 시작하셨습니다. 아버지는 아직 교리문답을 받고 있던 세례지원자에 불과했습니다. 그 세례문답도 최근에 시작했을 뿐이었습니다. 그래서 어머니는 경건한 불안과 거룩한 두려움에 휩싸였습니다. 그때 나는 아직 세례를 받지 않은 상태였으나, 어머니는 내가 주님께 얼굴 대신 등을 돌리는 사람들(렘 2:27)이 걷는 굽은 길을 따라 걷지 않을까 걱정했기 때문입니다.

가여운 나여! 과연 나는 내가 주님을 떠나 헤매는 동안 주님이 침묵하셨다고 말할 수 있습니까? 그때 주님은 정말로 내게 침묵하셨습니까? 그렇다면 주님의 충성스러운 종인 내 어머니를 통해 내 귀에 들려 주셨던 말씀은 누구의 말씀이었습니까? 그러나 그 말씀들 중 아무것도 내 행동을 변화시키지 못했습니다. 어머니의 관심은 내가 음행에 빠지지 않는 것, 무엇보다도 다른 사람의 아내와 간통하지 않는 것이었습니다. 그러나 내게 어머니의 그런 충고는 신경 쓸 필요조차 없는 아낙네의 충고로밖에 보이지 않았습니다. 하지만 그것은 주님이 주신 충고였고, 당시 나는 그것을 깨닫지 못했습니다. 나는 주님이 침묵하신다고 믿었습니다. 그리고 주님이 어머니를 통해 내게 말씀하실 때, 나는 내게 말하고 있는 이가 단지 어머니에 불과하다고 믿었습니다. 그로 인해 주님은 내게서, 즉 그녀의 아들 곧 "주의 종, 주님의 여종의 아들"(시 116:16)에게서 조롱을 받으셨습니다.

그러나 나는 이것을 깨닫지 못했고, 그로 인해 눈이 먼 채 계속해서 곤두박질쳤습니다. 내 또래의 청년들이 자신들의 성적 방탕에 대해 자랑하는 것을 들을 때, 나는 내가 그들과 동일한 수치스런 행위를 하지 못했던 것이 부끄러웠습니다. 그들의 자랑은 자기들의 행동이 공격적일수록 여자들을 더 잘 유혹할 수 있었다는 것이었습니다. 그들은 단지 그 정욕적인 행동에서뿐만 아니라, 그런 행동이 초래하는 남들의 감탄에서 즐거움을 찾았습니다. 악보다 더 비난받아야 할 것이 무엇이겠습니까? 그러나 나는 멸시당하는 것이 싫어서 그 악 속으로 더욱더 깊이 들어갔습니다. 타락한 친구들과 경쟁할 만큼 대담한 성적 행동에 대해 떠벌릴 수 없었을 때 나는 내가 하지 않은 일을 마치 한 것처럼 꾸며대곤 했습니다. 친구들이 내 순진함을 용기가 없는 것으로, 또 내 순결함을 열등한 것으로 여기지 않게 하기 위해서였습니다.

나와 함께 바벨론처럼 타락한 거리를 쏘다녔던 친구들이 바로 그런 자들이었습니다. 나는 그들과 함께 바벨론의 똥 덩어리 안에서 뒹굴었습니다. 마치 값비싼 향료와 기름 안에서 뒹굴듯이 말입니다. 보이지 않는 원수는 나를 바벨론의 골짜기로 끌어내리기 위해 나를 발로 짓누르며 유혹했습니다. 내가 유혹을 받을 만큼 호락호락했기 때문이었습니다.

그 무렵에 내 육신의 어머니는 이미 바벨론 중심가에서는 달아났지만(렘 51:6) 여전히 그 도시의 외곽에서 서성거렸습니다. 어머니는 내게 순결을 지키라고 권했지만, 아버지가 나에 대해 말했던 것에 대해서는 심각하게 유념하지 않았습니다. 어머니는 그것이 내 미래를 위험하게 만들 수도 있다고 느꼈습니다. 그러나 어머니는, 어차피 내 성적 충동을 뿌리째 뽑아낼 수 없는 노릇이라면, 굳이 그것을 결혼이라는 굴레로 제한할 필요는 없다고 여겼습니다.

어머니가 내 결혼에 그다지 관심을 두지 않았던 이유는, 내게 걸었던 자신의 소망이 내 아내 때문에 방해를 받게 되지나 않을까 염려했기 때문입니다. 어머니가 품었던 소망은 오는 세상에 대한 것이 아니라 대부분의 부모가 자식에게 품는 소망, 즉 내가 공부에서 두각을 나타내는 것이었습니다. 내가 아는 한, 내 부모님은 두 분 모두 나와 관련해 큰 야심을 갖고 있었습니다. 내 아버지는 주님에 대해서는 전혀 생각하지 않았기에 그저 헛된 것들에만 관심을 두었습니다. 내 어머니는 내가 전통적 형태의 교육을 받는 것이 해로울 게 없고, 오히려 그것이 내가 주님을 향해 가는 데 도움이 되리라고 생각했습니다. 적어도 내가 내 부모님의 성품을 회상하면서 추측하는 바로는 그렇습니다.

나는 아무런 제약도 받지 않았기에 마음대로 행동했습니다. 나를 제어하는 그 어떤 엄격한 규율도 없었습니다. 그로 인해 나는 여러 가지 무절제한 방탕에 빠지고 말았습니다. 그리고 그 모든 일 속에는 나의 하나님이신 주님의 얼굴의 밝은 빛을 보지 못하게 만드는 짙은 안개가 드리워 있었습니다. 또 그 모든 일 속에는 내 죄악이 있었는데, 그것은 마치 피둥피둥 살이 쪄서 솟아오르는 눈두덩이 같았습니다(시 73:7).

도둑질

주님, 도둑질은 주님의 율법이, 그리고 불의한 자조차 지워 버릴 수 없을 만큼 인간의 마음 깊은 곳에 새겨진 법이 분명하게 금지하고 있는 죄입니다(출 20:15; 롬 2:14). 그 어떤 도둑이 다른 도둑이 자기 물건을 훔치는 것을 알고도 모른 체하겠습니까? 설령 그가 큰 부자이고 그의 물건을 훔친 자가 아주 가난할지라도, 그는 그런 일을 참지 못합니다. 나는 도둑처럼 훔치고 싶었고 실제로 그렇게 했습니다. 그것은 그 훔친 물건이 필요했기 때문이 아니라, 내 안에 정의에 대한 의식이나 감정이 없었기 때문입니다. 사악함이 나를 채웠습니다. 나는 더 좋은 것을 가졌으면서도 남이 가진 것을 훔쳤습니다. 훔치는 물건이 좋아서가 아니라, 단지 훔치는 일과 잘못된 일을 하는 것이 재미있어서 그렇게 했습니다.

우리 집 포도밭에서 가까운 곳에 배나무 한 그루가 있었습니다. 열매를 주렁주렁 달고는 있었으나 모양이나 빛깔이 따먹고 싶을 만큼 좋지는 않았습니다. 나와 다른 건달들은 거리에서 놀다가 밤이 깊었을 때 그 나무로 다가갔습니다. 그리고 나무를 흔들어 배를 땄습니다. 우리는 엄청나게 많은 양의 배를 훔쳤습니다. 비록 조금 베어 먹기는 했으나, 우리가 그 배를 훔친 것은 잔치를 벌이기 위해서가 아니라 돼지에게 던져주기 위해서였습니다. 그때 우리가 즐거워한 것은 금지된 일을 하는 것 그 자체였습니다.

그랬습니다, 오 하나님, 그때 내 마음이 그랬습니다. 주님은 내 마음이 심연의 밑바닥에 떨어져 있었을 때 그것을 불쌍히 여기셨습니다. 이제 나는 그때 내가 아무 이유도 없이 악한 일을 하면서 무엇을 얻고자 했는지에 대해 고백하려 합니다. 나는 악 그 자체를 좋아했습니다. 악은 나쁜 것이었고, 그렇기에 나는 악을 사랑했습니다. 나는 내 자신의 파멸을 사랑했습니다. 내

자신의 타락을 사랑했습니다. 나는 타락을 통해 무언가를 얻고자 했던 것이 아니라, 타락 그 자체를 사랑했던 것입니다. 타락한 내 영혼은 주님이 계시는 하늘에서 멸망의 심연 속으로 뛰어내렸습니다. 내가 수치스러운 방법을 통해 얻으려 했던 것은 수치 그 자체였습니다.

도둑질을 즐긴 이유

가련한 나여, 내가 내 나이 열여섯 살 시절 어느 날 밤에 도둑질을 하면서 사랑했던 것은 과연 무엇인가? 도둑질 자체에는 아름다운 것이 아무것도 없다. 그렇다면 참으로 그것이 무엇이기에 내가 그것에 대해 말하는 것인가?

주님, 우리가 훔친 배들은 아름다웠습니다. 그것들은 모든 존재들 중 가장 아름다우신 분, 만물의 창조자, 선하신 하나님, 지극히 선하시며 나의 참된 선이신 하나님의 피조물이었기 때문입니다. 그러나, 비록 그 배들이 아름다웠을지라도, 내 가련한 영혼이 탐낸 것은 그것들이 아니었습니다. 나는 그것들보다 훨씬 더 좋은 배들을 이미 갖고 있었기 때문입니다. 나는 다만 도둑질을 즐기기 위해 그것들을 땄고, 그렇게 딴 것들을 내버렸습니다. 나의 향연(饗宴)은 내가 기뻐했던 악 위에서 벌어졌을 뿐입니다. 비록 훔친 배들 중 몇 개가 내 입 속으로 들어갔을지라도, 내 입맛을 자극했던 것은 그 배가 아니라 내가 저지른 범

죄 행위였습니다.

주 나의 하나님이여, 도대체 내가 그 도둑질에서 얻었던 즐거움의 본질은 무엇이었습니까? 도둑질이라는 행위에는 사랑할 만한 것이 아무것도 없습니다. 거기에는 공정함과 신중함 안에서 발견되는, 또는 기억을 통해서든 감각을 통해서든 인간의 마음 안에서 발견되는, 또는 육체적 활력 안에서 발견되는 사랑스러움 같은 것이 아무것도 들어 있지 않았습니다. 그것은 궤도를 도는 별들이나 죽은 것들의 빈자리를 채우며 태어나는 새로운 피조물들로 가득 찬 땅이나 바다처럼 아름답지도 않았습니다. 심지어 특별히 악한 행동이 갖고 있는 훼손된 아름다움 같은 것조차 들어 있지 않았습니다.

그렇다면 내가 그 도둑질을 통해 얻고자 했던 것은 무엇입니까? 내 즐거움은 주님의 법을 깨뜨리는 것이었는데, 힘으로는 그렇게 할 수가 없었기에 그런 짓을 통해 그렇게 하려고 했던 것입니까? 혹시 나는 제한된 자유밖에 없는 죄수였음에도 자기에게 허락되지 않은 일을 하고도 벌을 받지 않은 것 때문에 자신이 전능하다고 주장했던 것 아닙니까? 나는 어둠을 좇기 위해 자기 주인에게서 도망치는 종이나 다름없었습니다. 그것은 얼마나 부패한 일이었습니까! 그것은 얼마나 무서운 삶이었고, 또 얼마나 깊은 죽음의 심연이었습니까! 그것이 허락되지 않았다는 이유 때문에 그 불법한 일에서 쾌락을 취하는 것이 도대체 있을 수 있는 일입니까?

주님의 은혜로 더 큰 죄를 피함

내가 이런 일을 상기하면서도 내 영혼이 그로 인해 두려워하지 않으니 주께서 내게 베푸신 모든 은혜를 내가 무엇으로 갚을 수 있겠습니까(시 116:12)? 주님, 내가 주님을 사랑하며 주님의 이름에 감사와 찬송을 드립니다. 주님은 내 그런 큰 죄와 못된 짓들을 용서해 주셨습니다. 주님은 은혜와 자비로 내 죄들을 얼음처럼 녹여버리셨습니다. 내가 어떤 악한 일을 하지 않았던 것 역시 모두 주님의 은혜 때문이었습니다. 그렇지 않았다면, 까닭 없이 죄짓기를 사랑했던 내가 무슨 짓인들 하지 않았겠습니까? 나는 내 모든 죄, 즉 내가 알고서 지은 죄와 주님의 인도 때문에 저지르지 않은 죄 모두가 주님께 용서 받았음을 고백합니다.

자신의 약함을 아는 사람은 아무도 자신의 순결과 결백을 감히 자신의 능력 때문이라고 주장하지 못합니다. 혹시 그런 자가 있다면, 그는 주님을 덜 사랑할 수밖에 없습니다. 왜냐하면 그에게는 주님을 향해 돌아선 자들의 죄를 용서해 주시는 주님의 자비가 필요 없을 테니 말입니다. 설령 어떤 이가 주님의 부르심을 받아 주님의 음성을 따르고 내가 내 삶을 회상하며 고백하는 것과 같은 일들을 하지 않았을지라도, 그는 어느 병자(어거스틴 자신 - 역주)가 의사이신 주님께 고침을 받은 것을 조롱하지 말아야 할 것입니다. 왜냐하면 바로 그분께서 그가 병에 걸리지 않도록, 또는 적어도 그의 병이 심해지지 않도록 도와 주셨던 것이기 때문입니다. 그는 나만큼이나 아니 나보다 더 주님을 사랑해야 합니다. 왜냐하면 이제 그는 자신을 죄라는 질병의 희생자가 되지 않도록 구해 주신 분이 나를 그 병에서 구해 주신 분임을 알 것이기 때문입니다.

죄 자체를 즐김

가련한 청년이었던 내가 지금 다시 떠올리기도 부끄러운 일들에서, 그리고 무엇보다도 내가 오직 그 행위 자체를 사랑했던 도둑질에서 거둔 열매는 무엇이었습니까? 사실 도둑질 자체는 아무것도 아니었습니다. 그리고 바로 그 이유 때문에 나는 더욱 비참해질 수밖에 없습니다. 만약 나 혼자였다면, 나는 그 일을 하지 않았을 것입니다. 당시 내 마음 상태를 떠올려 보면, 나는 나 혼자였다면 결코 그 일을 하지 않았을 것입니다. 그러므로 내가 그런 행동을 한 것은 나와 함께 그 일을 한 패거리들과 사귀기 위해서였습니다.

그렇다면 이것은 내가 도둑질이 아닌 다른 무언가를 사랑했다는 뜻입니까? 아닙니다, 내가 사랑한 것은 도둑질 외에 다른 무엇이 아니었습니다. 왜냐하면 당시 내게는 패거리들과의 사귐 역시 아무것도 아니었기 때문입니다. 그렇다면 도대체 내가 사랑했던 것은 무엇입니까? 내 마음에 빛을 비추셔서 그 속에 있는 어둠을 흩으시는 분 외에 누가 내게 그것을 가르쳐 주겠습니까? 그분 외에 누가 내 마음을 움직여 이런 문제들에 관해 묻고 토론하고 생각하게 하겠습니까? 만약 내가 그 훔친 배들을 좋아했고 실제로 그 배들을 먹고자 했다면, 또 그렇게 해서 내가 원하던 즐거움을 충분히 얻을 수 있었다면, 나는 나 혼자서도 그 악한 행동을 할 수 있었을 것입니다. 나는 다른 이들과 함께 죄를 짓는 일을 통해 얻는 흥분으로 내 죄의 공모자들을 자극할 필요가 없었을 것입니다. 그러나 내 즐거움은 그 배들에 있었던 것이 아니라, 악한 무리들과 함께 저질렀던 죄 자체에 있었습니다.

남을 속이며 느낀 기쁨

그때 내 마음의 상태는 어떠했습니까? 사실 그것은 아주 부끄러운 일이었고, 그런 부끄러운 마음을 지니고 있던 나는 참으로 가련한 자였습니다. 그러나 그것이 어떻든 도대체 당시의 내 마음의 상태는 어떠했습니까? "그러나 어느 누가 자기 허물을 낱낱이 알겠습니까?"(시 19:12). 사실 그 모든 일은 낄낄거리며 웃기 위한 것이었습니다. 우리는 우리가 그런 짓을 하리라고는 생각하지 못했을 사람들, 또 우리가 그런 짓을 한 것을 안다면 크게 분노했을 사람들을 속이고 있다는 생각에 마음이 간지러워 낄낄거렸습니다.

그러면 나는 왜 혼자서는 하지 않았을 행동을 하면서 쾌감을 느꼈던 것입니까? 아무도 혼자 있을 때는 쉽게 웃을 수 없기 때문인가요? 분명히 아무도 혼자 있을 때는 잘 웃지 않습니다. 그러나 때로 우리의 감각이나 마음에 아주 우스꽝스런 것이 떠오르면, 우리는 우리 곁에 아무도 없더라도 웃음을 터뜨립니다. 그러나 나는 혼자서는 도둑질을 하지 않았을 것이고, 아마 할 수도 없었을 것입니다. 나의 하나님이여, 내 영혼이 주님 앞에서 생생하게 기억하는 것을 살펴보십시오. 나는 나 혼자였다면 그런 죄를 범하지 않았을 것입니다. 내 즐거움은 내가 훔치고 있던 과일이 아니라 도둑질에 있었습니다. 그러나, 만약 나 혼자였더라면, 그 도둑질은 내게 아무런 즐거움도 주지 않았을 것이고, 나는 그 일을 저지르지 않았을 것입니다.

그러므로 우정은 위험한 적, 즉 통제할 수 없는 마음의 유혹이 될 수 있습니다. 단순한 놀이와 농담으로부터 개인적 이득을 얻거나 원한을 갚고자 하는 동기 없이 다른 누군가에게 손실을 입히려는 광적인 갈망과 욕구가 나왔습니다. 우리는 "가서 그 일을 하자"라는 말이 떨어지자마자 부끄러움을 모르는 자가 되지 않는 것을 부끄럽게 여겼습니다.

주님 안에 있는 완전한 평화

누가 이 꼬이고 뒤엉킨 매듭을 풀 수 있겠습니까? 그것은 아주 불쾌한 일이어서 나는 그것에 관심을 두고 싶지도 않고 생각하기도 싫습니다. 내가 갈망하는 것은 공의롭고 죄가 없으신 주님뿐입니다. 주님은 정직한 사람의 눈에 사랑스럽고 아름다우십니다. 주님의 사랑을 즐기는 일에는 만족이 없습니다. 주님께는 방해받지 않는 완전한 평화와 생명이 있습니다. 주님 안으로 들어가는 사람은 주님의 기쁨 안으로 들어가는 것이며(마 25:21), 따라서 그는 아무것도 두려워하지 않을 것입니다. 그는 존재하는 것이 지극히 선한 일이 되는 곳인 지극히 선하신 주님 안에 있게 될 것입니다. 그 무렵에 나는 나의 하나님, 즉 흔들림 없이 안전한 터이신 주님을 떠나 방황했고, 스스로 황폐한 땅이 되었습니다.

제3권

카르타고 학생 시절에 대한 고백

방탕에 빠짐

내가 공부를 위해 카르타고에 갔을 때 그곳에는 온통 부정(不淨)한 사랑의 가마솥들이 펄펄 끓고 있었습니다. 그때까지 나는 사랑을 해 본 적이 없었고, 그렇기에 사랑을 갈망하고 있었습니다. 또 나는 내가 그런 경험을 해보지 못했기에 그것의 결핍을 더 강렬하게 느끼지 못하는 것을 혐오했습니다. 나는 사랑할 대상을 찾고 있었습니다. 나는 사랑에 대한 사랑에 빠졌고, 안전한 혹은 덫이 놓여 있지 않은 길을 싫어했습니다.

나는 내적으로 굶주리고 있었습니다. 그때 내게는 내면의 양식, 즉 나의 하나님이신 주님이 없었습니다. 그러나 나는 주님에 대해 아무런 허기도 느끼지 않았습니다. 내게는 썩지 않는 양식에 대한 그 어떤 욕구도 없었습니다. 그 양식에 배가 불렀기 때문이 아니라, 내 속이 공허할수록 더욱더 그 양식에 대해 입맛을 잃어갔기 때문입니다. 그렇게 해서 내 영혼의 건강은 지독히 나빠졌습니다. 종기투성이가 된 내 영혼은 바깥의 것들에 관심을 쏟았고, 가련하게도 감각적인 세상과 접촉하는 것을 통해 가려운 곳을 긁고자 했습니다. 그러나 그런 것들은 영혼을 갖고 있지 않았습니다.

사랑은 무한정 널려 있었습니다. 나로서는 사랑하고 사랑받는 것이 달콤했습니다. 사랑하는 사람의 육체를 즐길 수 있다면 더욱더 그랬습니다. 그 결과 나는 우정의 샘물을 색욕(色慾)으로 더럽혔습니다. 정욕의 더러움으로 그 맑은 시내를 더럽혔습니다. 나는 부정하고 비도덕적이었음에도 엄청난 허세를 부리며, 또한 고상한 표정을 지으며 마을을 휘젓고 다녔습니다. 나는 내가 사로잡히기를 갈망하던 사랑 속으로 돌진했습니다.

나의 하나님이여, 나의 긍휼이시여, 주님은 주님의 선하심 때문에 그 달콤한 것 안에 여러 가지 쓴 것들을 섞어 넣으셨습니다. 나는 사랑을 받았을 뿐 아니라, 나도 모르게 사랑에 속박되었습니다. 나는 기꺼이 속박되었고 성가신 사슬들에 묶였습니다. 그 결과 나는 시기, 의심, 두려움, 분노, 그리고 다툼이라는 빨갛게 달궈진 쇠막대기로 매질을 당했습니다.

연극을 보고 허망한 감정에 빠짐

나는 연극에 사로잡혔습니다. 연극은 내 자신의 비참함을 보여 주는 것들로 가득 차 있었고, 내 욕정의 불꽃에 기름을 끼얹었습니다. 어째서 사람은 자신이 몸소 당하고 싶어 하지 않는 비통하고 비극적 사건들을 보면서 고통을 경험하려 하는 것입니까? 사람은 고통을 목도하는 관객이 되어 특정한 고통을 경험하려고 합니다. 그리고 그 고통 자체가 그의 즐거움이 됩니다. 이 얼마나 어처구니없을 만큼 어리석은 일입니까? 누구든 그런 장면들에 감동을 받을수록, 그는 더욱더 그런 고통의 감정들로부터 빠져나오지 못하니 말입니다. 그는 자신이 고통을 받으면 그것을 "불행"이라고 부르고, 고통을 당하는 자들에게 연민을 느끼면 그것을 "자비"라고 부릅니다. 그러나 꾸며낸 연극적 허구들 안에서 느끼는 자비란 도대체 어떤 성질의 자비입니까?

관객들은 연극 속에서 고통당하는 자를 돕도록 자극을 받는 게 아니라, 슬퍼하도록 초대 받을 뿐입니다. 그들은 자기들이 느끼는 고통이 클수록, 배우들을 향해 더 큰 박수를 칩니다. 인간의 불행에 관한 연극이—그것이 고대 역사를 토대로 한 것이든 꾸며낸 신화들을 토대로 한 것이든 간에—관객들에게 고통을 주지 못할 경우, 관객들은 비판적인 태도를 보이며 극장을 떠납니다. 그러나 그것이 그들에게 고통을 줄 경우, 그들은 자리에 박힌 듯 앉아서 슬픔을 즐깁니다.

그러므로 관객들이 사랑하는 것은 눈물과 아픔입니다. 확실히 모든 사람은 즐거움을 원합니다. 그렇다면 이것은 아무도 스스로 불행하게 되기를 원하지 않지만 연민을 느끼는 것은 좋아한다는 의미입니까? 연민은 고통을 떠나서 존재할 수 없습니다. 그렇다면 바로 그것이 우리가 고뇌를 사랑하는 이유입니까? 이런 연민은 우정의 물줄기로부터 흘러나옵니다. 그런데 그것은 어디로 흘러갑니까? 또 어째서 그것은 부글거리는 욕정의 급류에 휩쓸려 검은 욕망의 기괴한 열기로 변질되는 것입니까? 천상적 순결함을 지닌 우정은 그 급류 안에서 뒤틀리고 찌그러집니다. 그렇다면 우리는 연민을 거부해야 하는 것입니까? 전혀 그렇지 않습니다. 오히려 우리는 다른 이의 고통을 동정해야 합니다.

물론 지금도 내게 동정심이 없는 것은 아닙니다. 그러나 그때 극장에서 나는, 비록 연극을 위해 거짓으로 그렇게 한 것이기는 하나, 연인들로 분장한 이들이 서로에게서 부정한 기쁨을 찾을 때 그 연인들의 기쁨에 공감했습니다. 그리고 그들이 헤어지면 연민의 감정을 갖고 그들과 함께 슬퍼했습니다. 그러나 어느 경우든 나는 기쁨을 느꼈습니다. 그러나 지금 나는 해로운 쾌락을 얻지 못하거나 비통한 행복을 잃어버려서 불행하다고 느끼는 사람보다는 악한 행위를 하며 기뻐하는 사람을 더 동정합니다. 확실히 이것이야말로 진정한 의미의 동정입니다.

비록 우리가 자비에 대한 의무감 때문에 불행에 빠진 누군가를 가엾게 여기는 것을 칭찬할 수는 없으나, 만약 우리가 정말로 형제다운 연민을 지니고 있다면, 우리는 차라리 아무에게도 슬퍼할 이유가 없기를 바랄 것입니다. 만약 어떤 이가 정말로 그리고 진지하게 남을 동정하는 마음을 갖고 있는데, 혹시 그가 누군가를 동정하기 위해 어떤 이가 불행에 빠지기를 바란다면, 그것은 악한 선의(善意)입니다. 그리고 그런 일은 불가능합니다. 그러므로 어떤 불행을 보고 슬퍼하는 것은 칭찬할 만하지만, 우리가 그런 것을 사랑해서는 안 됩니다.

그러나 그 무렵에 나는 가련했습니다. 나는 고통 받는 것을 사랑했고, 고통 받을 기회를 찾았습니다. 그래서 어느 배우가 무대 위에서 어떤 이의 불행에 대해 연기할 때 나는 아주 즐거워했습니다. 그리고 그 배우의 연기가 강렬할수록 나는 더 많은 눈물을 흘렸습니다. 그러니 주님의 보호를 싫어해 양떼를 떠나 방황했던 가련한 양이 더러운 병에 감염된 것은 놀랄 일이 아니었습니다.

고통에 대한 내 사랑은 그렇게 시작되었습니다. 그러나 내가 사랑한 고통은 실제로 나를 깊게 찌르는 고통이 아니었습니다. 나는 연극에서 본 불행을 직접 겪기를 바라지는 않았습니다. 다만 나는 고통에 대한 이야기들을 듣고 내 감정의 표면을 긁어대고 싶었을 뿐입니다. 그러나 그것들은 실제 손톱자국들처럼 내 영혼 위에 빨간 반점과 고름과 불쾌한 염증들을 낳았습니다. 그것이 당시의 내 삶이었습니다. 그러나 나의 하나님이여, 진정 우리가 그것을 삶이라고 부를 수 있는 것입니까?

공부에서 두각을 나타냄

주님의 자비는 내 머리 위 먼 곳에 신실하게 머물러 있었습니다. 아, 그때 나는 큰 죄에 빠져 내 자신을 허비하고 있었습니다. 나는 지식을 얻기 위한 신성 모독적인 탐색을 시도했습니다. 주님을 떠난 나는 그 탐색 때문에 깊은 불신앙의 심연에 빠져 악한 귀신들을 섬겼습니다. 내가 그 귀신들에게 올렸던 희생 제물은 내 악한 행동이었습니다. 그리고 그럴 때마다 주님은 나를 징계하셨습니다. 심지어 나는 교회의 예배당에서 엄숙한 의식이 거행되는 동안 한 소녀에게 색정을 느꼈고 죽음의 열매를 낳을 일을 시작했습니다. 그로 인해 주님은 나를 무겁게 내리치셨지만 내 죄에 합당할 만큼은 아니었습니다.

오, 자비하신 나의 하나님이여, 주님은 내가 방황하며 빠져 있던 무서운 일들에서 피해 달아날 나의 피난처이십니다. 나는 교만 때문에 주님에게서 멀어졌습니다. 나는 주님의 길이 아닌 내 자신의 길을 사랑했습니다. 그러나 그때 내가 사랑한 자유는 도망자의 자유였을 뿐입니다.

내가 사람들에게 부러움을 사며 열심히 공부했던 것은 법정에서 두각을 나타내는 변호사가 되기 위함이었습니다. 어떤 이가 법정에서 얻는 명성은 그가 다른 사람들을 얼마나 잘 속이느냐에 달려 있습니다. 사람은 너무나 심각하게 눈이 멀어 있어서 자기의 눈이 먼 것을 자랑할 정도입니다. 나는 수사학 학교에서 수석(首席)을 차지했기에 자신이 몹시 대견했고 따라서 자만심으로 잔뜩 부풀어 있었습니다.

그러나 주님이 아시다시피 나는 다른 학생들보다 조용한 편이었습니다. 그리고 "파괴자들"(어거스틴은 자신의 동료들을 그렇게 부르고 있다-역주)이 늘 저지르는 만행에는 참여하지 않았습니다. 그러나 나는 그 패거리의 일원이 되지 못한 것을 부끄러워했습니다. 나는 그들과 사귀었고, 비록 항상 그들의 행동을 혐오했지만, 때로는 그들의 우정 안에서 기쁨을 얻었습니다.

파괴자들은 수줍어하는 신입생들을 이유 없이 괴롭혔습니다. 그들의 목적은 그 신입생들을 조롱하고 괴롭히는 것을 통해 심술궂은 재미를 얻는 것이었습니다. 그런 태도보다 더 마귀를 닮은 것은 아무것도 없었기에 그들에게는 그야말로 "파괴자들"이라는 이름이 적합했습니다. 악한 영에 의해 누구보다도 먼저 파괴되고 타락했던 것은 그들 자신이었으니 말입니다. 사실 악한 영은 그들이 다른 이들을 조롱하고 유혹하기 위해 했던 일들을 통해 누구보다도 그들 자신을 조롱하고 유혹했습니다.

키케로의 『호르텐시우스』를 읽음

유혹에 빠지기 쉬운 시기에 있던 나는 바로 그런 자들 사이에서 웅변술(수사학) 교과서들을 공부해야 했습니다. 나는 웅변가로서 탁월해지고 싶었는데, 그것은 가증하고 교만한 목적 때문이었습니다. 즉 나는 인간적 허영을 기뻐했던 것입니다.

나는 통상적인 교과과정을 이수하던 중에 키케로(Cicero, 106-43 B.C., 로마시대의 정치가, 웅변가, 문학가, 철학자다-역주)가 쓴 책을 읽게 되었습니다. 키케로는 그의 탁월한 언어 구사력—그의 정신이 아니라―때문에 거의 모든 이들에게 칭송을 받는 자였습니다. 그 책의 내용은 철학에 대한 권면이었고, 책의 제목은 『호르텐시우스』(Hortensius)였습니다. 그 책은 내 생각들을 확 바꿔 놓았습니다. 주님, 그 책은 내가 주님을 향해 기도하게 만들었고, 내게 전과는 다른 가치와 우선순위를 제공했습니다. 나는 갑자기 내 모든 희망들이 공허하게 느껴졌습니다. 그리고 믿을 수 없을 만큼 큰 열정을 품고서 불멸하는 지혜를 갈망하기 시작했습니다. 나는 주님께 돌아가기 위해 일어섰습니다. 당시 나는 열아홉 살이었고 아버지는 이 년 전에 돌아가셨기에 어머니의 재정적 지원으로 공부하고 있었습니다. 내가 그 책을 감명 깊게 읽은 것은 그것이 내 웅변 스타일과 문학적 표현에 끼친 영향력 때문이 아니라 그 책의 내용 때문이었습니다.

나의 하나님이여, 그때 내가 얼마나 불타올랐습니까? 세상적인 것들을 떠나 주님께 돌아가고자 하는 갈망으로 얼마나 불타올랐습니까? 그때 나는 주님이 나를 위해 무엇을 하고 계신지 몰랐습니다. 참으로 지혜는 주님의 것이었습니다 (욥 12:13, 16). 헬라어 필로소피아(philosophia, 철학)는 "지혜에 대한 사랑"을 의미하는데, 그 책은 내게 그런 사랑을 위한 불을 지폈습니다.

철학을 이용해 사람을 타락시키는 자들이 있습니다. 그들은 위대하고 달콤하고 명예로운 철학의 이름을 이용해 자신들의 오류를 채색하고 자신들의 잘못에 덧칠을 합니다. 『호르텐시우스』의 저자는 그의 시대와 그 이전 시대에 그렇게 행동했던 이들 거의 모두를 지목해 반박했습니다. 또 그 책은 성령께서 주님의 선하고 헌신된 종인 바울을 통해 주신 유익한 권고, 즉 "누가 철학이나 헛된 속임수로, 여러분을 노획물로 삼을까 조심하십시오. 그런 것은 사람들의 전통과 세상의 유치한 원리를 따른 것이요, 그리스도를 따른 것이 아닙니다. 그리스도 안에서는 하나님의 모든 신성이 몸이 되어서, 충만하게 머물러 있습니다"(골 2:8-9)라는 권고에 대한 한 가지 예를 아주 분명하게 보여 주었습니다.

내 마음의 빛이신 주님, 주님이 아시다시피, 그 무렵에 나는 아직 그 사도의 말씀을 몰랐기에 키케로의 충고들 중 하나에서 기쁨을 얻었습니다. 그것은 특별히 한 가지 분야만 공부하지 말고, 지혜가 어디서 발견되든 그것을 사랑하고, 찾고, 추구하고, 단단히 붙들고, 강하게 끌어안으라는 것이었습니다. 그러나 내 열심에 제동을 건 것이 하나 있었는데, 그것은 그 책에 그리스도의 이름이 들어 있지 않았다는 것입니다.

주님, 주님의 자비 때문에 나는 젖먹이 시절에 나의 구주이신 주님의 아들의 이름을 내 어머니의 젖과 함께 경건하게 들이마셨고 그것을 마음 깊은 곳에 담아 놓고 있었습니다. 그렇기에 그 이름을 담고 있지 않은 책은, 그것이 아무리 잘 쓰이고 세련되고 진실하다 할지라도, 나를 완전히 사로잡지는 못했습니다.

성경을 우습게 여김

그래서 나는 성경에 관심을 갖고 그것이 어떤 책인지 알아보고자 결심했습니다. 그리고 나는 다음과 같은 사실을 알게 되었습니다. 즉 그 책에는 교만한 자들에게는 열려 있지 않고 어린아이들에게는 확실하지 않은 무언가가 있다는 것이었습니다. 그 책은 초심자들에게는 쉬워 보이지만, 읽어나갈수록 그 내용이 산만큼이나 높고 신비에 싸인 듯 보였습니다. 그 무렵에 나는 성경을 이해할 만한 상태에 있지 않았고, 그 계단들을 오르기 위해 머리를 숙일 만큼 겸손하지도 않았습니다.

그러나 사실 그것이 내가 처음으로 성경에 관심을 가졌을 때 내 머릿속에 떠오른 생각은 아니었습니다. 당시 성경은 내게 키케로의 책이 갖고 있는 위엄과 비교할 때 하찮아 보였습니다. 교만으로 잔뜩 부풀어 올라 있던 나는 성경의 소박한 문체(文體)가 아주 못마땅했습니다. 또한 내 눈은 성경의 내적 의미를 전혀 꿰뚫어 보지 못했습니다. 그러나 성경은 초심자들이 성장함에 따라 그들과 더불어 그 의미가 커지는 방식으로 쓰여 있었습니다. 나는 어설픈 초심자가 되는 것을 경멸했습니다. 교만으로 잔뜩 부풀어 올라 있던 나는 자신을 성숙한 어른이라고 여겼습니다.

마니교의 오류에 빠짐

그래서 나는 교만으로 가득 차 매끄럽고 교묘하고 세속적이고 수다스럽게 떠벌리는 자들(마니교도*-역주)과 한패가 되었습니다. 그들의 입에는 주님과 주 예수 그리스도와 보혜사 성령님의 이름의 음절들을 뒤섞어 만든 마귀의 덫과 올가미가 들어 있었습니다. 그들의 입술에서는 그 이름들이 떠나는 적이 없었습니다. 그러나 그것은 단지 혀로 만들어내는 소음에 불과했습니다. 그들의 마음에는 진리가 들어 있지 않았기 때문입니다. 그들은 늘 "진리, 진리" 하고 말했습니다. 그러나 그들 안에는 그 어떤 진리도 없었습니다. 그들은 참된 진리이신 주님에 대해서뿐 아

마니교(摩尼敎)는 고대 페르시아의 현인 마니(Mani, 216-274)가 조로아스터교, 그리스도교, 불교, 바빌론 지역의 원시 신앙을 뒤섞어 만든 혼합주의 종교다. 마니교의 교리는 선과 악의 극단적 분리를 전제하는 이원론(二元論)에서 출발한다. 마니교는 구원의 3단계를 시간의 3단계와 연계해 설명한다. 첫째는 영혼과 물질, 선과 악, 빛과 어둠처럼 서로 상반되는 요소들이 분리되어 있던 과거다. 둘째는 그 두 요소들이 뒤섞여 혼란을 겪고 있는 현재다. 그리고 셋째는 혼란을 극복하고 원래의 이원성을 회복하는 미래. 신자들 중 일부는 엄격한 금욕생활을 하는 공동체를 이루고 살았다. 이 공동체는 엄격한 규칙을 포용할 수 있는 "선택된 자"(the Elect)와 그 선택된 자를 노동과 기부를 통해 지원하는 "듣는 자"(the Hearer)로 나누어진다. 마니교의 주된 규율은 기도·자선·단식이며, 죄의 고백과 찬미도 중요하다. 4세기 초에 북아프리카와 로마에까지 퍼진 마니교는 젊은 시절의 어거스틴에게 많은 영향을 주었다. 어거스틴은 『고백록』에서 거듭 마니교의 주장을 반박하는데, 이것은 그가 마니교로부터 받은 영향의 크기를 반증한다.

니라 주님의 피조물인 세상의 기본 요소들에 대해서도 잘못 설명했습니다.

오, 진리, 진리시여, 그들이 단순한 방식으로 또 방대한 책들에 의지해 자주 그리고 반복해서 내게 주님에 관해 떠들어댔을 때, 내 영혼 가장 깊은 곳에 있는 내 골수가 주님을 얼마나 갈망했는지요! 그들은 내 허기를 채워주기 위해 내 앞에 주님 대신 주님의 아름다운 작품인 태양과 달이라는 음식을 들이밀었습니다. 그러나 그것들은 주님의 작품에 불과할 뿐 주님 자신이 아니며 주님의 첫 번째 작품조차 아닙니다. 비록 그것들이 하늘에 있고 빛으로 가득 차기는 하나, 그것들보다는 영적인 피조물들이 먼저 존재했기 때문입니다. 그러나 내 허기와 갈증은 그런 영적인 피조물들을 향한 것도 아니었습니다. 오히려 그것은 진리, 즉 그 안에 "변하는 것이나 움직이는 그림자가 없는"(약 1:17) 주님을 향한 허기와 갈증이었습니다.

그들이 내 앞에 차려놓은 접시들에 담겨 있던 것은 그럴 듯한 환상(幻想)들에 불과했습니다. 참으로 우리는 우리의 마음을 현혹하는 거짓 신화들보다는 적어도 우리가 눈으로 분명하게 볼 수 있는 태양을 사랑하는 편이 나을 것입니다. 그러나 당시 나는 그것들을 주님이라고 믿었기에 그것들을 받아먹었습니다. 사실 그때 나는 그것들을 썩 맛있게 먹었던 것도 아닙니다. 맛을 보니 주님의 맛이 아니었기 때문입니다. 주님은 그렇게 헛되게 꾸며낸 것들이 아닙니다. 나는 그것들에서 아무런 영양분도 얻지 못했고, 오히려 전보다 더 허기진 채 남겨졌습니다. 꿈

속에서 먹는 음식들은 실제 음식과 아주 흡사하지만, 잠에 빠진 자들은 그저 잠을 잘뿐 그 음식에서 아무런 영양분도 얻지 못합니다. 마니교도의 환상들은 지금 내게 말씀하시는 주님과 조금도 닮지 않았습니다. 그것들은 물질적 형상들, 즉 꾸며낸 모양들에 불과했기 때문입니다.

그때 주님은 어디에 계셨습니까? 그때 주님은 내게서 멀리 떨어져 계셨습니다. 참으로 나는 주님을 멀리 떠나 방황했습니다. 나는 주님과 분리되어 있었습니다. 심지어 나는 돼지들이 먹다 남긴 쥐엄 열매 찌꺼기조차 먹을 수 없었습니다(눅 15:16). 마니교도의 그런 기만적인 덫들보다는 문학 교사나 시인들이 들려주는 우화들이 훨씬 더 나았습니다! 확실히 시와 노래들 그리고 "메데아의 비행"(오비디우스Ovidius의 『변신』Metamorphoses에 나오는 이야기로 메데아Medea라는 공주가 마법을 사용해 마차를 타고 하늘을 나는 이야기 - 역주) 같은 것들이 마니교도들이 주장하는 "다섯 가지 요소들"(세상을 이루는 5가지 선한 요소들과 5가지 악한 요소들 - 역주)보다 더 유용했습니다.

나는 내 입으로 "메데아가 하늘을 날았네" 하고 노래할 때조차 그것을 사실이라고 주장하지 않았습니다. 또한 누군가 그 구절을 노래하는 소리를 들었을 때라도, 그것을 그대로 믿지 않았습니다. 그러나 나는 마니교의 신화들은 믿었습니다. 아, 그러니 나는 얼마나 불쌍한 자였습니까? 도대체 그때 나는 어떤 계단을 따라 지옥 깊은 곳으로 내려가 그곳에서 진리의 결핍으로 인해 애를 쓰고 땀을 흘렸던 것입니까? 당시 나는 나의 하나님이신 주님을 찾고 있었습니다. 그러나 주님을 찾는 동안 나는

주님이 나를 짐승들보다 뛰어나게 하시려고 허락하신 지성 대신 육체적 감각을 따라갔습니다. 그러나 주님은 나의 가장 내밀한 부분보다 더 깊은 곳에 계셨고, 내 안에 있는 가장 고귀한 요소보다 더 높은 곳에 계셨습니다.

당시 나는 마치 어느 뻔뻔스러운 여인에게 걸려 넘어진 듯했습니다. 그 여인은, 마치 솔로몬의 비유에 나오는 여인이 자기 집 문 밖 의자에 앉아 "훔쳐서 마시는 물이 더 달고, 몰래 먹는 빵이 더 맛있다"(잠 9:17)고 말하는 것처럼, 나를 유혹했습니다. 그녀가 나를 유혹한 것은 내가 제 정신이 아닌 것을 알았기 때문입니다. 사실 그때 나는 모든 것을 육체의 눈으로만 보고 있었고, 그런 눈으로 삼킨 것들을 내 속에서 되새김질하고 있었습니다.

마니교의 헛된 가르침

그 무렵에 나는 참으로 존재하는 또 다른 실재에 대해 알지 못했습니다. 그리고 어리석은 사기꾼들(마니교도들-역주)이 내게 "악은 어디서 오는가? 하나님은 육체적 형태에 제한되어 있는가? 하나님은 머리카락과 손톱을 갖고 있는가? 동시에 여러 아내를 거느리고, 사람을 죽이고, 동물들을 희생 제물로 바쳤던 자들도 옳다고 할 수 있는가?"라고 질문했을 때, 나는 그들에게 동의하도록 어떤 날카로운 예지(叡智)에 의해 설득당하고 있는 느낌을 받았습니다. 진리에 대해 무지했던 나는 그런 질문들 앞에서 당황스러웠습니다.

나는 진리에서 멀어지고 있었건만 자신이 진리를 향해 가고 있다고 생각했습니다. 나는 악이란 선의 결핍, 즉 선이 존재하지 않는 상태라는 것을 알지 못했습니다. 당시 나는 "봄"(seeing)이란 눈으로 보고 마음에 어떤 이미지를 형성하는 신체적 행동을 의미한다고 여기고 있었으니, 그런 내가 어찌 그것을 알 수 있었겠습니까? 나는 하나님이 길이와 넓이, 즉 일정한 부피를 갖고 있는 어떤 형체(形體)가 아니라 영(靈)이시라는 사실을 깨닫지 못했습니다(요 4:24).

모든 부피의 한 부분은 전체보다 작습니다. 그리고, 설령 어떤 부피가 무한할지라도, 만약 그것이 어떤 주어진 공간에 국한되어 있다면, 그것은 무한한 연장(延長) 안에 있을 경우보다 작습니다. 그러므로 모든 부피는 영이나 하나님처럼 모든 곳에 충만해 있을 수 없습니다. 그리고 나는 무엇이 우리 안에서 우리에게 존재를 주는지에 대해, 또 우리가 "하나님의 형상대로"(창 1:27) 지음을 받았다고 말하는 성경이 얼마나 옳은지에 대해 완전히 무지했습니다.

또한 나는 진정한 의(義), 즉 관습이 아니라 전능하신 하나님의 가장 공정한 법을 따라 판단하는 의에 대해서도 알지 못했습니다. 그 법은 서로 다른 지역과 시대의 윤리적 관습들을 그들의 자리와 시간에 적합하도록 만들지만, 그 법 자체는 언제 어디서든 변하지 않고 남아 있기에 이 장소와 시간에서는 이렇게 그리고 저 장소와 시간에서는 저렇게 변하지 않습니다. 그러므로 아브라함, 이삭, 야곱, 모세, 다윗, 그리고 하나님으로부터 칭찬을 받았던 모든 이들은 의로웠습니다. 어리석은 자들이 그들을 악하다고 판단하는 것은 사람의 기준을 따라 판단하는 것이며, 모든 종족들의 관습을 그들 자신의 윤리적 기준에 비추어 평가하는 것입니다.

이것은 마치 갑옷의 어느 부분이 몸의 어느 부분을 위해 고안된 것인지 알지 못하는 사람이 머리에 정강이받이를 쓰거나 발에 투구를 신고서 갑옷이 잘 안 맞는다고 투덜거리는 것과 같습니다. 또는 마치 어느 장사꾼이 오후에는 물건을 사고파는 것이 금지된 공휴일에 장사하러 나와서는 왜 아침에는 자유스럽게 팔 수 있었던 것을 오후에는 팔지 못하게 하느냐며 투덜대는 것과도 같습니다. 사람들이 과거에는 허락되었던 일이 오늘날에는 허락되지 않는다는 말을 들을 때, 또는 고대와 현대의 모든 사람들이 동일한 정의에 순복해야 함에도 하나님께서 역사적 상황의 변화를 이유로 이 시대에는 이렇게 명령하시고 저 시대에는 저렇게 명령하신다는 말을 들을 때, 그들은 바로 그런 식으로 화를 냅니다.

그렇다면 이것은 의가 변형과 변화를 면할 수 없다는 의미입니까? 아닙니다, 다만 의의 지배를 받는 시간들이 같지 않을 뿐입니다. 그것은 그것들이 시간들이라는 단순한 이유 때문입니다. 지상에서 사는 날이 얼마 되지 않는 인간은 단일한 몸이나 동일한 시간이나 같은 집에서는 무엇이 어느 때 모두에게 또는 각 부분이나 각 사람에게 적합한지 쉽게 알 수 있으나, 자신이 경험해 보지 않은 시대나 나라들에서는 타당한 것으로 간주되었을 원인과 결과들을 조화시킬 만큼 유능하지는 못합니다.

당시 나는 이런 것들에 대해 몰랐고 관심도 없었습니다. 그것들은 사방에서 눈에 띄었으나, 나는 그것들을 보지 못했습니다. 시를 지을 때만하더라도 나는 내가 원하는 곳에 멋대로 각운(脚韻)을 붙여서는 안 되었습니다. 나는 여기서는 이렇게 그리고 저기서는 저렇게 각운을 붙여야 했습니다. 심지어 동일한 구절에서도 모든 곳에 동일한 각운을 붙여서도 안 되었습니다. 그러나 시작법(詩作法)은 서로 다른 장소마다 서로 다른 규칙을 갖고 있었던 것이 아니고 늘 동일했습니다.

나는 선하고 경건한 자들이 추구했던 의가 그 원리들 안에 하나님이 명령하신 모든 것들을 보다 뛰어나고 숭고한 방법으로 포함하고 있다는 것을 알지 못했습니다. 또 나는 그 의가 비록 어떤 식으로든 변형되지는 않으나 한 번에 모두 제공되지는 않으며, 오히려 다양한 때에 다양한 상황 속에서 무엇이 그 상황에 적절한지를 규정한다는 것에 대해서도 알지 못했습니다. 눈이 멀어 있던 나는 그 거룩한 조상들이 하나님께서 그들에게 명령하시고 영감을 주신 대로 행동했다는 이유로, 또한 하나님께서 그들에게 계시해 주신 대로 미래에 대해 예언했다는 이유로 그들을 비난했습니다.

하나님의 법을 해치는 자들에 대한 비난

"네 마음을 다하고, 네 목숨을 다하고, 네 뜻을 다하여, 주 너의 하나님을 사랑하여라 … 네 이웃을 네 몸과 같이 사랑하여라"(마 22:37, 39). 도대체 이런 명령을 불의한 것으로 여기는 시대나 장소가 있을까요? 그러므로 소돔 사람들의 행위(창 19:5 이하)처럼 인간의 본성을 거스르는 수치스런 행동은 언제 어디서나 혐오스럽고 벌 받을 만한 짓으로 간주될 것입니다. 설령 세상의 모든 사람들이 그런 짓을 할지라도, 그들은 모두 하나님의 법에 의해 동일하게 정죄될 것입니다. 왜냐하면 하나님의 법은 사람들이 그런 식으로 서로를 해치는 것을 허락하지 않기 때문입니다. 하나님이 지으신 인간의 본성이 성적 욕구 때문에 더럽혀진다면, 하나님과 우리 사이에 존재하는 결합은 깨지게 될 것입니다.

우리는 인간의 관습에 어긋나는 악한 행동을 피해야 한다고 말할 때 다양한 관습들을 고려해야 합니다. 그것은 어느 도시나 국가의 구성원들이 합의하고 그들의 관습이나 법으로 승인한 것들을 몇몇 시민들이나 외국인들이 그들의 욕심 때문에 훼손하지 않게 하기 위해서입니다. 물론 사회 전체의 양식에 맞지 않는 그 어떤 요소도 용납되어서는 안 됩니다. 그러나 만약 하나님이 사람의 관습이나 법에 반대되는 무언가를 명령하신다면, 비록 전에는 그런 전례가 없었을지라도, 그것은 반드시 수행되어야 합니다. 만약 그것이 관습으로 확립되어 있지 않다면, 그것은 관습으로 확립되어야 합니다. 만약 한 나라의 왕이 그의 영토 안에서 그의 전임자들 중 아무도 선포하지 않았던 법을 선포하는 것이 타당하다면, 또 그 법을 따르는 것이 공공의 이익을 해치는 것이 아니고 오히려 그 법에 복종하지 않는 것이 공공의 이익에 위배되는 것이라면, 어째서 우리가 모든 피조물의 통치자이신 하나님이 무엇을 명령하시든 그것에 지체 없이 순종해서는 안 되는 것입니까? 인간 사회에서 높은 계급을 지닌 자가 낮은 계급을 지닌 자에게 순종을 명령할 수 있듯이, 하나님도 그렇게 모든 것 위에 뛰어나십니다.

우리는 언어적 모욕을 통해서든 물리적 폭력을 통해서든 타인에게 해를 입히려는 충동 때문에 나타나는 해로운 행동에 대해서도 생각해 볼 수 있습니다. 우리에게 그런 충동이 일어나는 것은 적들이 서로 맞서고 있는 경우처럼 복수하고자 하는 동기 때문일 수도 있고, 강도가 여행자를 공격하는 경우처럼 다른 누군가의 재산을 탈취하려는 동기 때문일 수도 있고, 어떤 이가 자기를 해칠까봐 두려워하면서 그를 공격할 때처럼 악을 피하려는 마음 때문일 수도 있고, 덜 가진 자가 더 가진 자를 공격할 때처럼 질투심 때문일 수도 있고, 또는 검투사들의 경기를 지켜보는 구경꾼들의 경우처럼 다른 사람의 고통을 바라보는 즐거움을 느끼고자 하는 단순한 동기 때문일 수도 있습니다. 그것은 권력욕, 안목의 정욕, 육신의 정욕으로부터 나오는 중대한 죄악입니다. 그것은 때로는 홀로, 때로는 둘이, 그리고 때로는 모두가 동시에 나타나기도 합니다. 그러므로, 지극히 높고 감미로우신 주님, 악을 행하는 인간은 늘 주님에 대한 세 가지 의무 명령과 동료 인간들에 대한 일곱 가지 의무 명령으로 이루어진 "열 줄 거문고"(시 33:2)인 십계명을 훼손하며 살아가는 셈입니다.

그러나 주님, 도대체 인간이 어떤 악한 행동으로 주님을 해칠 수 있습니까? 주님은 해를 받으실 수 없습니다. 그러니 해를 받으실 수 없는 주님이 인간에게서 어떤 상처를 입으실 수 있겠습니까? 주님은 그런 인간에게 그가 스스로 자신을 해치게 하는 벌을 내리십니다. 비록 인간이 주님께 죄를 지을지라도, 그의 사악한 행동은 그 자신의 영혼을 해칠 뿐입니다. 인간이 주님이 만드시고 질서를 정하신 그의 본성을 부패시키거나 왜곡할 때, 또는 자기에게 허락된 것을 무절제하게 사용할 때, 또는 자기에게 금지된 것을 향해 돌아서면서 본성을 거슬러 부끄러운 욕정을 불태울 때, 그의 머리 위에는 죄악이 쌓입니다.

이것은 우리 인간이 생명의 샘이시며 온 우주의 참된 창조자이시며 통치자이신 주님을 버린 결과입니다. 또한 우리 인간이 자기중심적인 교만에 빠져 부분을 전체인 양 헛되이 사랑한 결과입니다. 주님께 돌아가는 길은 경건과 겸손의 길입니다. 주님은 우리의 악한 습관을 정화하시고, 우리가 고백하는 죄에 대해 자비를 베푸시고, 갇힌 자들의 신음소리를 들으시고, 우리를 스스로 얽어맨 굴레에서 구해 주십니다. 우리가 모든 것을 잃어버릴 위험에 처해서도, 더 갖고자 하는 탐욕 때문에, 존재하는 모든 것들의 선이신 주님보다 자신의 개인적 이익을 더 사랑함으로써 주님을 향해 거짓된 자유라는 뿔을 세우지만 않는다면 말입니다.

어리석은 생각

그러나 나는 이런 원리들에 대해 알지 못했고, 그로 인해 주님의 거룩한 종들과 예언자들을 비웃었습니다. 그런 조롱을 통해 나는 주님에게 웃음거리가 되었을 뿐입니다. 나는 점차 그리고 무의식적으로 터무니없이 어리석은 것들을 믿는 데까지 나아가게 되었습니다. 나는 누군가 무화과 열매를 따면 그것의 어머니인 무화과나무가 우유처럼 흰 눈물을 흘린다고 믿었습니다. 그럼에도 또한 나는 만약 어떤 마니교 성인(선택된 자 the Elect-역주)이 자기 손이 아니라 다른 사람(듣는 자 the Hearer-역주)의 손으로 딴 무화과를 먹으면, 그가 그것을 그의 위(胃)에서 소화시킨 후 숨을 내쉬면서 천사들을 내뿜거나, 아니면 신음하며 기도하면서 하나님의 부분들을 토해낸다고 믿었습니다. 또한 나는 무화과 안에 들어 있는 지고하시고 참되신 하나님의 그런 부분들은, 만약 그것들이 마니교의 선택된 자들의 이(齒)와 배(腹)에 의해 부서져 해방되지 않는다면, 그 안에 갇힌 채 남아 있게 된다고 믿었습니다. 그렇게 비참한 상태에 있던 나는 무화과 열매를 얻으러 온 사람들보다 그 열매 자체에 더 많은 자비를 보여야 한다고 믿었습니다. 그래서 나는 마니교도들이 아닌 자가 와서 배가 고프다며 무화과 열매를 달라고 간청할 경우 그에게 그 열매 하나라도 주면 극형을 받을 것처럼 생각했습니다.

어머니의 꿈

주님은 높은 곳에서 주님의 손을 내미셨습니다(시 144:7). 그리고 그 깊은 어둠(마니교-역주)으로부터 내 영혼을 구해 주셨습니다. 그것은 주님의 충성스런 종인 내 어머니가 어미들이 자신의 죽은 아이를 애도하며 우는 것 이상으로 나를 위해 주님 앞에서 울었기 때문입니다. 어머니는 주님으로부터 받은 믿음과 영적 분별력을 통해 당시 나를 사로잡고 있던 죽음을 알아보았습니다. 그리고 주님, 주님께서는 어머니의 기도를 들으셨습니다. 주님은 어머니의 기도를 들으셨고, 어머니가 기도할 때마다 땅을 적실만큼 쏟아냈던 눈물을 멸시하지 않으셨습니다. 주님은 어머니에게 꿈을 꾸게 하셨습니다. 그리고 어머니는 그 꿈 때문에 겨우 내가 다시 집에 들어와 어머니와 함께 식탁에 앉는 것을 허락했습니다. 그 전까지 어머니는 내가 저지르고 있던 신성모독적인 잘못을 혐오하고 미워한 나머지 나와 함께 사는 것을 거부하고 있었습니다.

어머니의 꿈은 이랬습니다. 어머니는 "나무로 된 자[尺]" (wooden rule, 고대 교회가 갖고 있던 신앙의 기준regula fidei을 의미한다 - 역주) 위에 홀로 서 있었습니다. 그때 어느 잘 생긴 젊은이 하나가 환하게 웃으면서 어머니에게 다가왔습니다. 그때 어머니는 슬펐고 비통함으로 짓눌려 있었습니다. 그 젊은이는 어머니에게 어째서 그토록 날마다 슬퍼하며 눈물로 지내는지 물었습니다. 그 질문은 그런 환상들에서 보통 그런 것처럼 답을 얻고자 하는 것이라기보다는 어머니를 가르치고자 함이었습니다. 어머니는 내가 멸망하는 것이 안타까워 우는 것이라고 대답했습니다. 그러자 그 젊은이는 어머니에게 걱정하지 말라며 눈을 돌려 어머니가 서 있는 곳에 나 역시 서 있는 것을 보라고 말했습니다. 그리고 어머니는 어머니와 내가 같은 자(尺) 위에 서 있는 것을 보았습니다. 주님, 주님이 어머니의 기도에 귀를 기울이지 않으셨다면 어머니가 어떻게 그런 꿈을 꿀 수 있었겠습니까? 우리 모두를 돌보시는 주님은 선하시고 능력이 충만하십니다. 주님은 우리 모두를 마치 주님이 오직 한 사람에게만 관심이 있는 듯 돌보시고, 또한 모든 사람을 각각의 사람인 양 돌보십니다.

어머니가 내게 그 꿈에 대해 설명해 주었을 때, 나는 그 뜻을 왜곡해 그것은 어머니가 나의 현재 상태에 실망하지 말아야 한다는 것을 의미한다고 주장했습니다. 그러자 어머니는 조금도 주저하지 않고 즉각 대답하셨습니다. "그 젊은이가 내게 한 말은 '그가 있는 곳에 너도 또한 있게 될 것이다'가 아니라, '네가 있는 곳에 그도 또한 있게 될 것이다' 였단다!" 주님, 주님께 고백합니다. 전에도 자주 말씀드렸지만, 내가 분명히 기억하는 바로는, 당시 나는 어머니의 꿈보다 그 사려 깊은 어머니를 통해 주셨던 주님의 대답에 더욱 감동했습니다. 내 잘못된 해석은 아주 그럴 듯해 보였습니다. 그러나 어머니는 나의 그런 말에 방

해받지 않고 재빨리 자신이 보아야 할 것을 보았습니다. 나는 어머니가 그것을 말해 주기 전까지는 그것을 분명히 알지 못했습니다.

주님은 그 꿈을 통해 그 경건한 여인이 근심에 빠져 있던 시기에 훗날 그녀가 누리게 될 기쁨을 예고해 주셨습니다. 나는 그 깊은 수렁, 즉 거짓의 어둠(마니교-역주)에 빠진 채 무려 아홉 해를 지냈기 때문입니다. 그곳에서 빠져나오려는 잦은 노력에도 불구하고, 나는 더욱더 무겁게 그 쓰레기더미 속으로 내던져졌고, 그 안에서 허우적거렸습니다. 그 시기 동안 순결하고 경건하며 소박한 그 과부는 이미 소망의 위로를 받았음에도 기도와 탄식을 그치지 않았고, 주님 앞에서 나를 위해 애통하며 간구하는 일을 중단하지 않았습니다. 어머니의 기도는 주님께 상달되었습니다. 그렇지만 주님은 계속해서 내가 그 어둠 속에서 뒹굴도록 내버려두셨습니다.

어머니의 근심에 대한 어느 주교의 대답

나는 내가 그러고 있는 동안 주님이 어머니에게 또 다른 응답을 주셨던 것을 기억합니다. (나는 주님께 특별히 고백해야 할 것들을 서둘러 고백하기 위해 많은 것들을 생략했습니다. 또 내가 기억하지 못하는 것도 많이 있습니다.) 주님은 주님의 사제들 중 한 사람을 통해 어머니에게 또 다른 답을 주셨습니다. 그 사람은 교회 안에서 성장하고 주님의 책들에 정통했던 어느 주교(主敎)였습니다. 어머니는 그에게 나를 만나 이야기를 나누고, 내 잘못을 꾸짖고, 내가 믿는 악한 교리들을 바로잡아 주고, 선한 교리들을 가르쳐 달라고 부탁했습니다(당시 그는 사람들이 그럴 준비가 되어 있을 경우 종종 그런 일을 했습니다). 그러나 그는 어머니의 부탁을 정중히 거절했습니다. 그가 그렇게 한 것은 현명한 처사였습니다. 그는 어머니에게 내가 이교(異敎)의 진기한 교리들로 우쭐해 있고, 또 (어머니가 그에게 알려준 대로) 여러 가지 하찮은 질문들로 미숙한 사람들을 미혹한 경험이 있기에, 아직은 진리를 가르쳐 주어도 소용이 없다고 대답했습니다. 또 그는 어머니에게 다음과 같이 말했습니다. "그를 그냥 내버려 두고 그를 위해 기도나 하시오. 그는 독서를 통해 그 모든 것이 얼마나 큰 잘못이고 얼마나 불경한 것인지 깨닫게 될 것이오."

이어서 그 주교는 어머니에게 자신의 이야기를 해 주었습니다. 그는 자기도 소년이었을 때 마니교에 빠진 그의 어머니에 의해 마니교도에게 넘겨졌고, 마니교의 책들을 거의 전부 읽었을 뿐 아니라, 그 책들을 손으로 복사하기까지 했다고 했습니다. 하지만 그는, 비록 당시에는 자기와 논쟁할 사람도 자기를 반박할 사람도 없었지만, 그 이교가 반드시 피해야 할 대상임을 알게 되었고, 그로 인해 스스로 그것을 떠났다고 했습니다.

주교가 어머니에게 그렇게 말했음에도, 어머니는 그의 거절을 받아들이려 하지 않았습니다. 어머니는 하염없이 눈물을 흘리면서 주교에게 제발 한번만 나를 만나서 말을 해달라고 졸라

댔습니다. 그러자 약간 짜증도 나고 난처하기도 한 그 주교는 어머니에게 다음과 같이 말했습니다. "돌아가시오! 당신이 살아 있는 한, 이런 눈물의 자식이 망하는 일은 없을 것이오!" 훗날 어머니는 나와 대화를 하다가 자신이 그때 그 말을 마치 하늘에서 들려온 말씀처럼 받았다고 말했습니다.

제4권

방황의 세월

유혹당하고 유혹하기

열아홉부터 스물여덟까지 아홉 해 동안 내 삶은 숱한 갈망 안에서 유혹당하고 유혹하고, 속고 속이는 삶이었습니다. 나는 공적으로는 소위 "자유학예"(liberal arts, 문학·수사학·철학·산수·기하학·음악·천문학 등의 기본 과목들-역주)를 가르치는 교사였고, 은밀하게는 거짓 종교(마니교-역주)의 신자였습니다. 나는 교사로서는 거들먹거렸고 신자로서는 미신에 빠져 있었는데, 사실 그 모든 것이 헛일이었습니다. 나는 한편으로는 덧없는 명예를 추구했습니다. 나는 극장에서 관중들의 박수갈채를 받고 곧 시들어 버릴 풀잎으로 만든 관을 받고 싶어서 시(詩) 경연대회에 참가했습니다. 그때 응모했던 내 시들은 대중들의 어리석은 오락거리와 무절제한 욕정들로 가득 차 있었습니다. 그리고 다른 한편으로 그런 더러움을 닦아내기 위해 "선택된 자"라고 불리는 자들에게 음식을 가져다 바쳤습니다. 나는 그 음식이 그들의 뱃속에서 나를 해방시켜 줄 천사와 신들로 변화되기를 바랐습니다. 당시 내 삶은 그런 식으로 허비되고 있었습니다. 그것이 당시의 내 삶이었고, 나 때문에 나와 함께 유혹당했던 내 친구들의 삶이었습니다.

나의 하나님이여, 아직 주님이 보내신 채찍과 절망을 통해 영적 건강을 얻지 못한 교만한 자들은 나를 비웃을지도 모르겠습니다. 그럼에도 나는 주님의 영광을 위해 내 부끄러운 일들을 주님께 고백하렵니다. 내가 이미 지나간 내 삶의 잘못들을 기억하고 그것들을 주님 앞에 기쁨의 제물을 삼아 바치게 해 주십시오. 주님이 계시지 않다면, 나는 자신을 파멸로 이끄는 안내자 외에 무엇이 되겠습니까? 내 모든 일이 순조로울 때, 나는 썩지 않는 양식인 주님의 젖을 빨고 주님께 의지해 살아가는 젖먹이 외에 무엇이겠습니까? 인간으로서 나는 도대체 어떤 존재입니까? 그러므로, 설령 강하고 힘 있는 자들이 내 기쁨의 제사를 비웃을지라도, 나는 내 연약함과 가련함을 주님께 고백하렵니다.

수사학 교사 시절의 경험

그때 나는 수사학(修辭學)을 가르치고 있었습니다. 돈에 대한 욕심에 정복된 나는 상대를 제압하는 말솜씨를 팔아먹었습니다. 주님, 주님도 아시다시피, 당시 나는 정직한 학생들을 뽑았습니다. 그리고 어떤 속임수에도 의존하지 않은 채 그들에게 수사학적 속임수들을 가르쳤습니다. 그것은 죄 없는 사람의 삶을 위태롭게 하기 위해서가 아니라, 때로 죄 있는 사람의 생명을 구하게 하려는 것이었습니다. 하나님, 주님은 멀리서 내가 미끄러운 길 위에서 넘어지는 것을 보고 계셨고, 또한 내가 연기가 자욱한 곳에서 헛된 것을 사랑하고 거짓을 뒤쫓는 이들을 가르치면서 보였던 성실함의 불꽃을 보고 계셨습니다.

그 무렵에 나는 한 여인을 알게 되었습니다. 나는 그녀와 합법적으로 결혼한 것은 아니었습니다. 나는 방랑하던 시절의 욕구와 신중하지 못함으로 인해 그녀와 동거했습니다. 그러나 그녀는 내게 유일한 여자였고, 나는 그녀에게 성실했습니다. 그녀와 함께 살면서 나는 결혼을 통해 가정을 이룬 동반자 관계와 단순히 육체적 사랑에 국한된 사람들의 관계가 서로 얼마나 다른지 배웠습니다. 육체적 관계에 국한된 사람들에게 자녀의 출생은 그들의 의사에 반하는 것입니다. 설령 그 아기가 그들에게 사랑을 강요할지라도 말입니다.

또 나는 이런 일도 기억합니다. 언젠가 나는 극장에서 열리는 시 경연대회에 나갈 생각을 하고 있었습니다. 그때 한 점쟁이가 내게 다가와서는 만약 자기가 내게 상을 타게 해 준다면 얼마를 주겠느냐고 물었습니다. 그러나 나는 그에게 내가 추악한 굿판을 아주 싫어한다고 말했습니다. 그리고, 설령 승리의 관이 불멸하는 황금으로 만들어졌다고 할지라도, 나는 그 상을 타기 위해 파리 한 마리도 죽이지 않겠노라고 말했습니다. 왜냐하면 그는 내가 상을 탈 수 있도록 굿판을 벌이고 동물을 죽여 제물로 삼아 귀신들을 달랠 계획이었기 때문입니다.

그러나 나는, 비록 내 자신을 위해 귀신들에게 동물을 제물로 바치는 것은 거절했지만, 거짓 종교의 미신에 빠져 내 자신을 귀신들의 제물로 바치고 있었습니다. 우리가 자신의 오류 때문에 마귀들에게 기쁨과 조롱의 대상이 된다면, 그것이야말로 "바람을 먹는 것"(호 12:1) 아니겠습니까?

점성술에 몰두함

당시 나는 점성술사라고 불리는 사기꾼들을 찾아다녔습니다. 적어도 그들은 미래를 예견하기 위해 제사를 드리거나 귀신들에게 도움을 요청하지는 않았기 때문입니다. 그러나 그리스도인들과 참으로 경건한 자들은 점성술도 마땅히 거부하고 정죄해야 합니다.

주님, 우리가 주님께 죄를 고백하면서 "주님, 나에게 은혜를 베풀어 주셔서, 나를 고쳐 주십시오. 내가 주님께 죄를 지었습니다"(시 41:4)라고 말하는 것은 선한 일입니다. 우리는 주님의 자비를 죄를 짓기 위한 허가로 여겨 남용해서는 안 됩니다. 오히려 우리는 다음과 같은 주님의 말씀을 기억해야 합니다. "이제 네가 말끔히 나았다. 다시는 죄를 짓지 말아라. 그렇지 않으면 더 심한 병으로 고생할지도 모른다"(요 5:14).

그러나 점성술사들은 "네가 죄를 지은 것은 천체(天體) 때문이다. 금성이나 토성이나 화성이 네 죄에 대해 책임이 있다"고 하면서 이 모든 구원의 말씀을 깨뜨리려고 합니다. 그들은 사람들에게 그들의 잘못에 대한 책임을 지우지 않습니다. 그렇게 함으로써 하늘과 별들을 창조하시고 그것들에게 질서를 주신 분께 비난의 화살을 돌립니다. 그러나 그 창조주는 다름 아니라 달콤함과 정의의 근원이신 하나님, 즉 "각 사람을 그가 행한 일에 따라 갚아 주시고"(롬 2:6) "뉘우치는 겸손한 마음을 멸시하지 않으시는"(시 51:17) 주님이십니다.

그 무렵에 의술이 뛰어나 그 방면에서 이름을 떨치던 아주 총명한 사람이 있었습니다. 그는 내가 참가했던 시 경연대회에서 의사가 아닌 지방총독의 자격으로 내 병든 머리에 관을 씌워 주었습니다. 나를 괴롭히던 병을 고치실 이는 "교만한 자를 물리치시고 겸손한 사람에게 은혜를 주시는"(벧전 5:15) 주님밖에는 없습니다. 그러나 주님은 그 노인을 통해 나를 도우셨고 내 영혼을 치료할 기회를 놓치지 않으셨습니다. 나는 그와 친하게 되었고 그가 하는 말을 정기적으로 그리고 열심히 들었습니다. 그는 말솜씨는 별로였으나 독창적인 의견을 갖고 있었고, 그런 의견을 즐겁고 진지한 방식으로 표명했습니다.

그는 나와 대화를 나누던 중에 내가 점성술과 관련된 책들에 빠져 있음을 알게 되었습니다. 그는 내게 그 책들을 집어던지고 그따위 말도 안 되는 것에 시간을 낭비하지 말라고 충고했습니다. 그리고 내 관심과 노력을 꼭 필요한 것에 기울이라고 아주 친절하게 그리고 마치 아버지처럼 자애롭게 말해 주었습니다. 그는 자신도 젊은 시절에 한때 생계의 수단을 삼기 위해 점성술을 공부한 적이 있다고 했습니다. 히포크라테스(Hippocrates, 460-377 B.C., 그리스의 의학자—역주)를 이해할 능력이 있으니 점성술 책들도 이해할 수 있겠거니 생각했던 것입니다. 그러나 그는 곧 점성술 공부를 그만두고 의학에만 전념하기로 했습니다. 이유는 단순했습니다. 점성술이 아주 엉터리라는 것을 발견했기 때문입니다. 진지한 사람이었던 그는 사람들을 속여서 돈을 벌고 싶지 않았던 것입니다. 그는 내게 말했습니다. "그런데 자네는 생활비를 벌 수 있는 수사학 교사라는 직업을 갖고 있으니, 자네가 이런 허황된 것을 공부하는 것은 돈을 더 벌고 싶어서가 아니라 자유로이 공부나 해보려는 생각인 것 같구먼. 그러니 자네는 내 말을 더욱 믿어야 하네. 나는 생활비를 벌 요량으로 그것을 공부했었으니 말일세."

나는 그에게 그렇다면 어째서 점성술사들의 많은 예견이 그토록 정확하게 들어맞는 것인지 물었습니다. 그는 내게 자연의 모든 질서에 편재된 우연의 힘이 그런 현상을 낳을 뿐이라고 대답해 주었습니다. 그것은 마치 우리가 어느 시인의 시를 읽을 때, 설령 그 시가 실제로는 우리의 상황과 아주 다른 주제에 관한 것일지라도, 종종 그 시구들이 우리의 상황에 놀랄 만큼 적합하다고 느끼는 것과 같다는 것이었습니다. 또한 그는 다음과 같이 말했습니다. "그러므로, 설령 자기 안에서 무슨 일이 벌어지고 있는지 모르는 이가 어떤 보다 고차원적인 본능에 의지해 자기에게 질문을 던진 사람의 일이나 행동에 적합한 답을 제시할지라도, 그것은 크게 놀랄 일이 아니라네."

주님은 그를 통해 내게 그런 가르침을 주셨습니다. 훗날 나는 주님이 내 기억에 새겨 놓으신 점성술에 대한 의심들을 되짚어 보았습니다. 하지만 그 당시에는 그 노인도 또한 나의 가장 친한 친구였던 네브리디우스(Nebridius)도 내가 점성술을 포기하도록 설득하지 못했습니다. 내 생각에 그들의 주장은 점성술에 관한 책을 쓴 이들의 권위에 비한다면 그다지 인상적이지 않았기 때문입니다. 더구나 그때까지도 나는 점성술사들이 제공하는 예견이 별에 대한 그들의 연구 결과가 아니라 우연이나 운에 의한 것이라는 그 노인의 주장을 믿어야 할 확실한 증거를 찾지 못했기 때문입니다.

친구의 죽음

그즈음 나는 고향(타가스테 - 역주)에서 첫 번째 교편생활을 시작했는데, 그곳에서 나와 동일한 관심사를 갖고 있던 한 친구를 만났습니다. 또래였던 우리는 막 피어나는 젊음을 함께 나누었습니다. 사실 그와 나는 소년 시절에 함께 자랐고, 같은 학교에 다녔고, 함께 놀았습니다. 그 시절에 우리는 별로 친하지 않았는데, 이제 비로소 절친한 친구가 되었습니다. 그러나 그것은 진정한 우정보다는 못한 것이었습니다. 진정한 우정이란 우리가 하나님이 보내신 성령을 통해 우리 마음에 주어지는 사랑(롬 5:5) 안에서 하나가 될 때만 가능하기 때문입니다.

하지만 그 친구와의 우정은 아주 달콤했고 동일한 관심사에 대한 열정 때문에 견고해졌습니다. 내 어머니는 내가 그 친구를 참된 믿음에서 떠나 미신과 해로운 신화들을 향해 돌아서게 한 것 때문에 눈물을 흘렸습니다. 그의 마음은 나 때문에 오류에 빠져 헤매고 있었고, 나는 그 친구 없이는 살 수 없을 정도가 되었습니다. 그러나 주님은 주님에게서 도망치던 우리들 등 뒤에 서 계셨습니다. 주님은 복수하시는 하나님이실 뿐 아니라(시 94:1) 또한 자비를 베푸시는 하나님이십니다. 주님은 아주 놀라운 방법으로 우리를 주님께 돌아가게 하십니다. 우리의 우정이 꽃 핀 지 일 년이 채 못 되었을 때 주님은 그 친구의 목숨을 거두어 가셨던 것입니다. 그 친구와의 우정은 내가 살면서 경험했던 다른 모든 것보다 더 달콤한 것이었습니다.

그 누가 자기가 경험한 하나님의 은혜를 다 열거할 수 있겠습니까? 나의 하나님이여, 그때 주님은 무엇을 하셨습니까? 아, 주님의 심판의 심연은 너무나 깊어서 아무도 그것을 헤아릴 수 없습니다! 그 친구는 열병에 걸려 오랫동안 의식을 잃고 땀을 흘리며 누워 있었습니다. 그는 살아날 가망이 없었기에 자리에 누운 채 그리고 (내가 보기에) 그 사실을 알지도 못한 채 세례를 받았습니다. 사실 그것은 내게 관심거리가 되지 않았습니다. 나는 그 친구가 자신도 모르는 사이에 그에게 행해진 세례보다는 내게서 받은 것들을 기억하리라고 확신했습니다.

그러나 나의 그런 생각은 완전히 잘못된 것이었습니다. 그가 잠시 의식을 회복했을 때 나는 그와 이야기를 나눌 수 있었습니다. 왜냐하면 나는 그의 곁을 떠나지 않았고, 우리는 서로 깊이 의지하고 있었기 때문입니다. 나는 그 친구 역시 자기가 무의식 상태에서 받은 세례에 관해 나처럼 낄낄거리리라고 상상하면서 그에게 농담을 했습니다. 그러나 그는 자신이 세례를 받았다는 사실을 알고 있었습니다. 그리고 그는, 마치 내가 자기의 적이라도 되는 양 무서워하며, 놀랄 만큼 솔직하게 또 아주 직접적으로 내게 충고했습니다. "만약 자네가 내 친구로 남고 싶다면, 내게 그런 식으로 말하지 말게." 나는 기가 막히고 당황스러웠지만, 그가 건강을 회복할 때까지 내 감정을 드러내지 않는 편이 낫겠다고 생각했습니다. 나는 그때 가서 그에게 내가 하고 싶은 말을 할 계획이었습니다. 그러나 그는 나의 그런 광기를 겪지 않았습니다. 며칠 후 내가 없는 사이에 열병이 재발해 죽었기 때문입니다.

내 마음은 슬픔으로 캄캄해졌습니다. 눈에 보이는 것은 모두 죽음뿐이었습니다. 고향은 고통스러운 곳이 되었고, 아버지의 집은 낯선 불행의 세계로 변했습니다. 그 친구와 나눴던 모든 것이 그가 죽자마자 잔인한 고통거리가 되었습니다. 내 눈은 어디서든 그 친구를 찾았으나, 그는 아무데도 없었습니다. 나는 모든 것이 싫어졌습니다. 그 친구가 없었기 때문입니다. 나는 내 자신에게 큰 문젯거리가 되었습니다. 나는 내 영혼에게 물었습니다. "너는 왜 슬퍼하는가, 너는 왜 비탄에 빠져 있는가?" 그

러나 내 영혼은 뭐라 답해야 할지 몰랐습니다. 설령 그때 내가 내 영혼을 향해 "하나님을 기다려라"(시 42:5) 하고 말했을지라도, 그것 역시 아무 소용이 없었을 것입니다. 내가 잃어버린 그 사랑스러운 친구는 내가 줄곧 내 영혼을 향해 믿으라고 말해 왔던 마니교의 환영보다 훌륭하고 실제적이었기 때문입니다. 당시 내게는 오직 눈물만이 달콤했습니다.

인간의 비참함에 대한 인식

나는 비참했습니다. 사라질 것을 사랑하다가 그것을 잃고서 괴로워하는 모든 인간의 상태는 비참합니다. 나는 비통하게 울었고 그런 비통함 가운데서 안식을 얻으려 했습니다. 나는 너무나 비참했기에 내 자신이 죽은 친구보다 자신의 비참함에 더 집착하고 있다고 느낄 정도였습니다. 상황이 달리 되기를 바라기는 했으나, 나는 그 친구를 잃는 것보다도 내 비참함을 잃는 것을 더 꺼려했습니다.

그러나 나는 과연 내가 오레스테스(Orestes, 아이스킬로스Aeschylos의 희곡 『오레스테이아』Oresteia의 등장인물로 트로이 공략군 총사령관 아가멤논의 아들이다—역주)와 필라데스(Pylades, 오레스테스의 절친한 친구다—역주)의 경우처럼 친구를 위해 목숨을 포기할 수 있을지 확신이 서질 않았습니다(그들은 자기들이 함께 살지 못한다면 죽는 것이 낫다고 여겼기에 서로 기꺼이 죽으려고 했습니다). 오히려 내 안에서는 그들의 감정과는 상반되는 이상한 감정이 솟아나왔습니다. 나는 삶에 지쳐 있었으나 죽는 것을 두려워하고 있었습니다. 나는 친구를 사랑했던 것만큼 내게서 친구를 빼앗아간 죽음을 사나운 원수마냥 증오하고 두려워하고 있었습니다. 죽음이 내 친구를 집어삼켰던 것처럼 갑자기 다른 모든 것도 집어삼킬 것만 같았습니다.

하나님, 내 마음을 살펴 주십십시오. 그 일을 기억하는 내 마음 안에 무엇이 들어 있는지 살펴 주십시오. 나의 소망이신 주님, 나를 이 상처받은 감정으로부터 깨끗하게 해 주십시오. 내 눈을 주님께 돌리게 하시고, 내 발을 그 덫에서 건져주십시오. 나는 다른 이들이 살아 있다는 것이 놀라웠습니다. 내가 결코 죽지 않을 것처럼 사랑했던 친구가 죽었기 때문입니다. 또 나는 분신과도 같았던 친구가 죽었음에도 내가 여전히 살아 있다는 것이 놀라웠습니다. 어떤 이가 친구에 대해 잘 말하기를 "친구는 한 영혼의 반쪽"이라고 했습니다. 나는 내 영혼과 친구의 영혼이 두 몸을 가진 한 영혼이라고 여겼습니다. 그래서 친구가 죽자 내 삶은 소름끼치는 괴물처럼 느껴졌습니다. 나는 절반만으로 살기가 싫었습니다. 그러나 내가 죽음을 그토록 두려워했던 이유는, 만약 내가 죽는다면, 내가 그토록 사랑했던 친구의 모든 것이 없어질 것 같아서였습니다.

슬픔을 잊기 위해 다시 카르타고로

 인간의 상황이 그렇다는 것을 알면서도 인간을 적절하게 사랑하는 법을 알지 못하는 광기여! 인간의 운명을 인정하면서도 감정을 억누르지 못하는 어리석음이여!

 주님, 당시 내 상태가 그러했습니다. 나는 분노하고, 한숨을 쉬고, 눈물을 쏟으며 어찌할 바를 몰랐습니다. 나는 안정을 찾지 못했고 깊이 생각할 힘도 없었습니다. 나는 찢겨 피 흘리는 내 영혼을 이리저리 끌고 다녔습니다. 그러나 그것을 내려놓을 만한 곳을 찾지 못했습니다. 상쾌한 숲에서도, 흥겨운 놀이에서도, 경쾌한 노래에서도, 달콤한 향기가 진동하는 곳에서도, 멋진 축제에서도, 향락으로 가득 찬 침실에서도, 심지어 책과 시에서도 쉼을 얻지 못했습니다. 모든 것이 증오의 대상이었습니다. 심지어 빛조차 싫었습니다. 그 친구가 아닌 모든 것이 나를 아프게 그리고 불쾌하게 만들었습니다. 한숨과 눈물만은 달랐습니다. 나는 그것들 안에서만 약간의 안식을 얻었습니다. 하지만 한숨과 눈물이 그친 후에는 더 무거운 슬픔이 엄습했습니다.

 나는 치료를 얻기 위해 주님께 나아가야 했습니다. 그러나 머리로는 그것을 알고 있었지만, 내 마음은 그렇게 하기를 원하지 않았고 그럴 만한 힘도 없었습니다. 주님을 생각할 때 내 마음에 떠오르는 이미지는 견고하지도 확실하지도 않았습니다. 사실 그 이미지는 주님이 아니라, 내가 만들어낸 허깨비에 불과했습니다. 그러므로 내 영혼이 그 허깨비 안에서 쉴 자리를 찾으려 했을 때, 그것은 허공에서 미끄러져 다시 내 위로 떨어졌습니다. 나는 스스로 견딜 수 없을 만큼 불행한 곳이 되었습니다. 내 마음이 내 자신을 피해 달아나고 싶을 때, 그것은 어디로 갈 수 있습니까? 내가 자신을 피해 어디로 갈 수 있겠습니까? 내가 자신을 괴롭힐 수 없는 곳이 어디에 있겠습니까? 그러나 나는 고향을 떠나 도망쳤습니다. 그 친구를 보는 일에 익숙하지 않은 곳이라면 그 친구를 덜 찾을 것 같아서였습니다. 그렇게 해서 나는 고향을 떠나 다시 카르타고로 갔습니다.

카르타고에서 친구들의 위로를 받음

시간은 무기력하지 않으며 흘러가는 동안 반드시 우리에게 영향을 줍니다. 시간은 지나가며 우리의 마음에 큰 영향을 끼칩니다. 보십시오. 시간은 매일 내게 다가왔다 지나갔고, 그러면서 내 안에 새로운 희망과 기억해야 할 다른 경험들을 제공했습니다. 시간은 내가 즐기던 이런저런 기쁨들로 서서히 나를 고쳐 나갔습니다. 내 슬픔은 그런 기쁨들에 항복했습니다. 그러나 그런 기쁨 뒤에는, 새로운 슬픔까지는 아닐지라도, 새로운 슬픔의 원인들이 뒤따랐습니다. 새로운 슬픔의 원인들이 내 속으로 그렇게 쉽고 깊게 파고들었던 것은, 내가 죽을 수밖에 없는 사람을 결코 죽지 않을 것처럼 사랑함으로써 내 영혼을 모래밭에 쏟아 부었기 때문입니다.

치료와 회복의 가장 큰 원천은 다른 친구들의 위로였습니다. 그들과 더불어 나는 내가 주님 대신에 좋아하는 것들을 사랑했습니다. 그것은 헛된 신화와 장황한 거짓말이었습니다. 간지럼을 잘 타는 귀를 가졌던 내 영혼은 그것들의 음란한 애무 때문에 썩어갔습니다. 헛된 신화는 내 친구와 함께 죽지 않았습니다.

친구들과 있는 동안 내 마음을 사로잡았던 또 다른 것들이 있었습니다. 대화를 나누는 것, 농담을 주고받는 것, 서로에 대해 친절하게 대하는 것, 좋은 책을 함께 읽는 것, 하찮은 일이나 심각한 일을 공유하는 것, 마치 자신과 논쟁하듯 원한 없이 의견을 달리하는 것, 가끔 있는 견해 차이를 재치 있게 조율하는 것, 서로 가르치고 배우는 것, 아직 오지 않은 친구를 인내하며 기다리는 것, 그리고 그가 도착했을 때 기쁨으로 맞이하는 것 등이었습니다. 서로 사랑하는 이들의 마음에서 나오는 이런 우정의 표현들은 우리의 입과 혀와 눈을 통해 그리고 서로의 마음에 불을 지르는 땔감과도 같은 수천 가지 기쁨의 몸짓들을 통해 표현되었습니다.

하나님을 사랑하는 자는 친구를 잃지 않음

우리가 친구를 사랑하는 이유가 바로 그것 때문입니다. 그렇기에 우리는 친구가 죽으면 크게 슬퍼합니다. 그때 우리의 기쁨은 고통으로 변하고, 우리의 마음은 눈물로 홍수를 이룹니다.

죽은 친구가 잃어버린 생명은 남은 자의 죽음이 됩니다.

주님을 사랑하고, 주님 안에서 친구를 사랑하고, 주님 때문에 원수를 사랑하는 자는 복됩니다! 오직 그런 자만이 자기가 사랑하는 이를 잃어버리지 않기 때문입니다. 그는 결코 잃어버려질 수 없는 분 안에서 모든 이를 사랑합니다. 그리고 그분은 하늘과 땅을 만드시고 그것들을 채우신 하나님이 아니라면 누구겠습니까? 주님은 하늘과 땅을 채우셔서 그것들을 만드셨기에, 아무도 자기 스스로 주님을 떠나지 않는 한 주님을 잃어버릴 수 없습니다. 사람이 주님을 떠나 어디로 가며, 어디로 날아가 주님을 피하겠습니까? 그가 어디로 가야 주님이 주님의 법을 따라 내리시는 형벌을 피할 수 있겠습니까? 주님의 법은 진리이며, 진리는 주님 자신입니다 (요 14:6).

만물의 한계

"만군의 하나님, 우리를 회복시켜 주십시오. 우리가 구원을 받을 수 있도록, 주님의 빛나는 얼굴을 보여 주십시오" (시 80:7). 우리의 영혼이 주님이 아니라 우리 자신을 향해 돌아선다면, 그것은 슬픔에 빠지고 맙니다. 비록 그것이 주님이나 그 자신 바깥에 있는 어떤 아름다운 것들을 추구할지라도 사정은 마찬가지입니다. 왜냐하면 그것들은 주님으로부터 존재를 얻지 않는다면 아무것도 아니기 때문입니다.

사물은 나타났다가 사라집니다. 사물은 나타나면서부터 존재하기 시작하고 성장을 통해 완전한 형태에 이릅니다. 그리고 완전히 자란 후에는 늙어 죽습니다. 모든 것이 늙는 것은 아니지만, 모든 것이 죽습니다. 그러므로 사물들이 나타나 존재하기 시작할 때, 그것들은 빨리 자라면 자랄수록 그만큼 빨리 비존재를 향해 달려가는 셈입니다. 그들의 존재를 규정하는 법칙이 그렇습니다.

이렇듯 잠시 있다 사라질 것들로 인해 내 영혼이 만물의 창조자이신 주님을 찬양하게 해 주십시오. 그러나 내 영혼이 육체적 감각을 통한 사랑 때문에 잠시 있다 사라질 것들에 집착하지 않게 해 주십시오. 잠시 있다 사라지는 것들에는 우리가 쉴 곳이 없습니다. 사물에는 영속성이 없습니다. 그것들은 사라집니다. 그리고 육체적 감각은 그것이 감각인 탓에 느리고 제한적입니다. 그런 감각은 다른 목적을 위해서는 충분하지만, 정해진 시작에서부터 정해진 끝까지 잠시 존재하다가 사라지는 사물을 붙잡아 두는 데는 충분하지 않습니다. 모든 사물은 그것을 창조하신 주님이 하시는 다음과 같은 말씀을 듣습니다. "여기까지는 와도 된다. 그러나 더 넘어서지는 말아라"(욥 38:11)!

불변하시는 하나님

내 영혼아, 어리석게 되지 말라. 헛된 소리로 네 마음의 귀를 멀게 하지 말라. 잘 들어라. 말씀이 너를 향해 돌아오라고 외치신다. 내 영혼아, 너는 왜 고집을 부리면서 육체가 이끄는 대로 끌려 다니는 것이냐? 네가 육체로부터 돌아서면 육체가 너를 따를 것이다. 네가 육체를 통해 경험하는 것은 모두 부분적인 것에 불과하다. 너는 그 부분들이 속해 있는 전체를 알지 못한다. 그러나 그 부분들은 너를 기쁘게 한다. 만약 네 육체의 감각이 우주의 어느 한 부분에만 제한되지 않고 전체를 이해할 수 있다면, 너는 전체를 통해 보다 큰 기쁨을 누리기 위해 지금 존재하는 모든 것이 얼른 지나가기를 바랄 것이다. 만물을 만드신 분은 만물보다 뛰어나시다. 그리고 그분은 우리의 하나님이시고 사라지지 않으신다. 따라서 아무것도 그분을 대신할 수 없다.

참된 사랑의 대상

만약 육체적 대상들이 네게 기쁨을 주거든 그것 때문에 하나님을 찬양하라. 너를 기쁘게 하는 사물들 때문에 하나님을 노엽게 하지 말라. 죄인들아, 정신을 바짝 차리고 너를 지으신 분께 꼭 붙어 있으라. 그분과 함께 서라. 그러면 굳게 설 수 있으리라. 그 안에 누우라. 그러면 쉼을 얻을 수 있으리라. 너는 이 험난한 길을 따라 어디로 가고 있느냐? 네 여행의 목적은 무엇이냐? 네가 사랑하는 좋은 것들은 모두 그분으로부터 왔다. 그것들이 좋고 달콤한 것도 오직 그분과 관계를 맺고 있을 때만 그렇다. 네가 구하는 것을 구하라. 그러나 그것은 네가 그것을 찾는 곳에 있지 않다. 너는 죽음의 땅에서 행복한 삶을 찾고 있으나 그것은 거기에 없다. 생명이 없는 곳에 어찌 행복한 삶이 있겠는가?

그러나 생명 자체이신 분이 이 땅에 오셨다. 그분은 우리의 죽음을 경험하시고 자신의 풍성한 생명으로 그 죽음을 죽이셨다. 그분은 우레 같은 목소리로 우리에게 자신이 거기에서 나오신 은밀한 곳으로 돌아오라고 권하셨다. 그분은 그곳으로부터 동정녀의 태 속으로 들어와 우리와 연합하심으로써 우리가 영원히 죽지 않게 하셨다. 그후 그분은 마치 신방에서 나오는 신랑처럼 그곳에서 나와서 용사처럼 기뻐하며 자신의 길을 달려가셨다(시 19:5). 그분은 지체하지 않고 말씀과 행함, 죽음과 삶, 그리고 강생과 승천을 통해 우리를 부르며 달려가셨다. 그리고 그분은 우리가 우리의 마음으로 돌아가 거기에서 자신을 만나게 하시기 위해 우리의 시야에서 사라지셨다. 그분은 가셨다. 그러나 보라, 그분은 여기에 계시다! 그분은 우리 곁에 오래 머물기를 원하지 않으셨다. 그러나 그분은 우리를 버리지 않으셨다. 그분은 자신이 결코 떠난 적이 없는 곳으로 가셨다. 지금 내 영혼의 고백은 그분을 향한 것이다. 비록 내 영혼이 그분께 죄를 지었을지라도. 그분은 내 영혼을 고쳐 주실 것이다.

『아름다움과 조화에 관하여』라는 책을 씀

그때 나는 그런 것에 대해 몰랐기에 저급한 사물들의 아름다움을 사랑했고, 그로 인해 깊은 수렁 속으로 빠져들었습니다. 나는 친구들에게 다음과 같이 말했습니다. "우리는 오직 아름다운 것들만 사랑하지 않는가? 그렇다면 아름다움이란 무엇인가? 우리가 사랑하는 것들에 대해 매력을 느끼게 하고 우리를 그것들로 이끄는 것은 무엇인가? 그것은 그 안에 있는 우아함과 사랑스러움이리라. 그렇지 않다면 그것은 결코 우리 마음을 끌지 못할 것이다."

나는 그 주제를 골똘히 생각해 보았습니다. 그러다가 나는 우리가 사람의 몸 안에 있는 서로 다른 아름다움들을 구별해야 한다는 것을 알게 되었습니다. 즉 사람의 몸에는 한편으로는 온전한 아름다움, 즉 그 자체로 인한 아름다움이 있고, 다른 한편으로는 알맞음으로 인한 아름다움, 즉 몸의 일부가 마치 신발이 발에 맞을 때처럼 몸 전체에 들어맞아 발생하는 아름다움이 있습니다. 이런 생각은 내 마음 깊은 곳에서 샘물처럼 솟아올라왔습니다. 그리고 나는 『아름다움과 조화에 관하여』(*On the Beautiful and the Fitting*)라는 제목으로 두 세 권의 책을 썼습니다. 그러나 지금 나는 그 책들을 갖고 있지 않습니다. 어쩌다가 잃어버렸는지도 모르겠습니다.

그 책을 히에리우스에게 헌정함

나의 하나님이여, 내가 어째서 그 책을 로마의 웅변가 히에리우스(Hierius, 4세기경 로마에서 활동한 철학자 겸 웅변가—역주)에게 헌정(獻呈)했던 것입니까? 나는 그를 한 번도 보지 못했습니다. 그러나 나는 그가 높은 교양을 지닌 자로 알려져 있었기에, 또한 사람들이 그가 한 말을 인용하는 소리를 들으며 기쁨을 느꼈기에 그를 좋아했습니다. 그러나 무엇보다도 내가 그를 사랑한 이유는 사람들이 그를 아주 크게 찬양했기 때문입니다. 어떤 이는 우리와 멀리 떨어져 있으면서도 우리에게 칭찬과 사랑을 받을 수 있습니다. 물론 이런 사랑이 그를 칭찬하는 사람의 입에서 그 칭찬의 소리를 듣는 사람의 마음으로 옮겨진다고 생각하는 것은 어리석은 일입니다. 그러나 한 사람 안에 있는 사랑은 다른 사람 안에 있는 사랑에 불을 붙이는 전염성이 있습니다. 우리가 그 칭찬이 진실한 마음에서 나온다고 믿을 때, 즉 그 칭찬이 그를 진실로 사랑하는 사람의 입에서 나온다고 믿을 때, 우리는 그런 칭찬을 받는 사람을 사랑하게 됩니다.

그러므로 그때 나는 아무도 속이지 않으시는 내 하나님이신 주님이 아니라 다른 사람들의 판단을 근거로 그를 사랑했던 것입니다. 만약 사람들이 그를 칭찬하기는커녕 헐뜯고 그의 업적을 비판하거나 비웃었다면, 나는 그를 그렇게 뜨겁게 사랑하지 않았을 것입니다. 물론 이 경우에 그와 관련된 실제적 사실이 달라지거나 그 사람 자신에게 어떤 변화가 생기는 것은 아닐 것입니다. 다만 유일한 변화는 그에 대해 말하는 사람들의 기분뿐일 것입니다. 우리의 영혼이 진리라는 견고한 반석에 붙어 있지 않을 때, 그것은 얼마나 연약한지요! 그때 우리 마음은 사람들이 하는 험담이라는 바람에 흔들립니다. 또 그로 인해 우리의 영혼은 이리저리 끌려 다니고 거꾸러지고 왜곡됩니다. 검은 구름이 빛을 가리기에 우리의 영혼은 진리를 보지 못합니다. 그러나, 보십시오, 진리는 우리 앞에 있습니다!

그 무렵에 내 관심사는 그에게 내 작품과 학문 활동을 알리는 것이었습니다. 만약 그가 그것들을 인정한다면, 나는 크게 흥분했을 것입니다. 그러나 만약 그가 그것을 인정하지 않는다면, 당신이 주시는 견고함을 갖고 있지 않던 내 헛된 마음은 상처를 받았을 것입니다. 게다가 내가 그에게 헌정한 책의 주제인 "아름다움과 알맞음"은 내가 줄곧 곱씹으며 즐기던 것이었습니다. 비록 아무도 그 책에 대해 감탄하지 않았지만, 나는 그 책에 대해 혼자서 감탄하고 있었습니다.

영적인 것에 대한 오해

그렇지만 나는 이 위대한 주제의 핵심이 전능하신 주님의 창조 행위에 있다는 것을 아직 깨닫지 못했습니다. 오직 주님만이 놀라운 일을 행하십니다(시 136:4). 내 마음은 물질적 형태라는 테두리 안에서 움직였습니다. 나는 "아름다움"과 "알맞음"에 대한 정의를 내리고 그 둘을 구별할 것을 제안했습니다. 나는 "아름다움"은 그 자체로 기쁨을 주는 것으로, 또 "알맞음"은 무언가 다른 것에 잘 어울리기에 기쁨을 주는 것으로 정의했습니다. 그리고 우리의 몸에서 예를 찾아서 그런 정의의 타당성을 입증하고자 했습니다.

더 나아가 나는 마음의 본질에 대해 관심을 가졌습니다. 그러나 영적인 것들에 대해 잘못된 견해를 갖고 있던 나는 진리를 이해할 수 없었습니다. 진리가 큰 힘을 발휘하며 내 눈앞으로 다가왔으나 나는 영적 실체 대신 선과 색 그리고 큰 규모의 물질적 형체 등에 눈을 돌렸습니다. 그리고 내 마음 안에서는 그런 것들을 찾을 수 없었기에 나는 우리가 우리의 마음을 볼 수 없다고 생각했습니다.

나는 덕(德)에서 오는 평화를 사랑하고 악(惡)에서 오는 부조화를 미워했기에 덕에는 일치가 있고 악에는 분열이 있다고 여겼습니다. 나는 일치 안에는 이성적인 정신 및 진리와 최고선이라는 본성이 있고, 반면에 분열 안에는 비이성적인 삶과 최고악이라는 본성이 있다고 생각했습니다. 나는 이 악이 실체일 뿐만 아니라 생명까지 갖고 있다고 여겼습니다. 그러나, 나의 하나님이여, 악은 만물의 근원이신 주님 없이는 존재할 수 없었습니다. 내 생각은 비참할 정도로 우둔했습니다. 나는 덕을 성별 구분이 없는 정신과 같은 단원자(Monad, 單元子)라고 불렀고, 반면에 악을 어떤 해로운 행동에 내포된 분노나 사악한 행동에 내포된 욕망과 같은 이원자(Dyad, 二元子)라고 불렀습니다.

그러나 사실 나는 내가 무슨 말을 하는 것인지 몰랐습니다. 왜냐하면 그때 나는 악이 실체가 아니며 우리의 마음이 가장 탁월하고 변하지 않는 선도 아니라는 것을 배우지도 알지도 못했기 때문입니다.

행동을 위한 자극을 제공하는 마음의 동기가 부패해 아주 거만하고 혼란스러운 방식으로 자기를 주장할 때 범죄가 발생합니다. 마찬가지로 강박증이 우리의 정신의 감상적인 부분을 사로잡아 육체적 쾌락을 추구하도록 만들 때 악한 행동이 일어납니다. 또 이성적인 마음에 결함이 생길 때 온갖 오류와 그릇된 견해들이 나타나 우리의 삶을 더럽힙니다. 당시 내 상태가 그랬습니다. 나는 영혼 자체는 진리가 아니므로 그것이 진리에 참여하려면 밖에 있는 빛에 의해 조명을 받아야 한다는 것을 몰랐습니다. "아 주님, 주님은 진실로 나의 등불을 밝히십니다. 주 나의 하나님은 어둠을 밝히십니다"(시 18:28). 그리고 "우리는 모두 그의 충만한 데서 은혜 위에 은혜를 받습니다"(요 1:16). 주님은 이 세상에 오셔서 만민에게 빛을 비추시는 참 빛이십니다(요 1:9). 왜냐하면 아버지께서는 변하는 것이나 움직이는 그림자가 없기 때문입니다(약 1:17).

나는 주님께 다가가고자 했습니다. 그러나 주님이 나를 밀치셨기에 나는 죽음을 맛보아야 했습니다. 주님은 교만한 자를 물리치십니다(벧전 5:5). 놀랄 만한 광기에 싸여 있던 나는 내 자신이 본질상 주님과 같다고 주장했으니 이보다 더 큰 교만이 있을 수 있습니까? 나는 쉽게 변할 수 있는 존재였습니다. 그것은 내가 자신이 더 현명하게 되기를 그리고 나쁜 상태에서 좋은 상태로 변화되기를 바랐던 것을 통해 분명하게 드러났습니다. 그러나 나는 내가 주님과 같은 존재가 아니라고 생각하기보다는 오히려 주님이 변할 수 있는 존재라고 생각하기를 더 좋아했습니다. 그것이 내가 주님께 거절당한 이유였으며, 주님이 한껏 부풀어 오른 나의 오만함을 물리치신 이유였습니다.

나는 계속해서 물질적 형상들에 몰두했습니다. 나는 내 자신이 육체이면서 육체를 비난했습니다. 방황하는 영혼이었던 나는 여전히 주님께 돌아가는 길 위에 서지 않았고, 계속해서 주님 안에도, 내 안에도, 몸 안에도 존재하지 않는 것들을 찾아 헤매고 다녔습니다. 그것들은 주님의 진리가 아니라 물질적인 것들을 토대로 내 헛된 자부심이 만들어낸 것이었습니다.

경박하게 그리고 어리석게 나는 주님의 신실한 자녀들을 향해―나는 나도 모르는 사이에 그들과 멀어져 있었습니다―다음과 같이 물었습니다. "어째서 하나님이 만드신 인간이 오류에 빠지는가?" 그러나 나는 사람들이 다음과 같이 말하는 소리는 들으려 하지 않았습니다. "어째서 하나님이 오류를 범하시는가?" 그러면서 나는 나의 변하기 쉬운 본성이 내 자신의 선택에 의해 정도(正道)에서 벗어났고 그것에 대한 징벌이 오류(誤謬)라고 고백하기보다는, 불변하는 주님의 본체가 어쩔 수 없이 오류에 빠진다고 주장했습니다.

내가 시끄러운 소리로 내 마음의 귀를 두드리던 물질적 형상들에 마음을 쓰면서 그 책을 쓴 것은 내 나이 스물여섯 아니면 스물일곱 때였습니다. 오 달콤한 진리시여, 나는 아름다움과 알맞음에 대해 생각하는 동안 그런 소리들로 주님이 들려주시는 아름다운 소리를 억누르려 했습니다. 나는 굳게 서서 주님의 말씀을 듣고 신랑의 음성에 크게 기뻐하기를 바랐습니다(요 3:29). 그러나 그것은 불가능했습니다. 왜냐하면 나는 잘못된 음성에 붙들려 외적인 것들에 몰두했고, 내 오만함의 무게 때문에 어두운 심연 속으로 빠져들었기 때문입니다. 주님은 내가 즐겁고 기쁜 소리를 듣지 못하게 하셨고, 내 뼈가 즐거워하지 못하게 하셨습니다. 그것들이 아직 겸손하게 낮아지지 않았기 때문이었습니다.

아리스토텔레스의 책을 읽고 이해함

나는 스무 살 즈음에 아리스토텔레스(Aristoteles)가 쓴 『열 가지 범주』(Ten Categories)라는 책을 읽은 적이 있습니다. 그런데 그 책이 내게 무슨 유익이 되었던가요? 카르타고에 있는 나의 수사학 선생들과 학식 있는 자들은 그 책에 대해 언급할 때마다 자신이 그 책을 읽었다는 자부심을 드러냈습니다. 그래서 나는 그 책을 읽는 동안 무언가 위대하고 거룩한 것을 접하듯 긴장하며 숨을 헐떡였습니다. 나는 해설자의 도움 없이 그 책을 읽고 이해했습니다. 나는 가장 박식한 선생들이 땅에 여러 가지 도표를 그리며 설명을 해 준 후에야 어렵사리 그 책의 내용을 이해했다고 말하는 자들과 그 책에 대해 토론을 벌였습니다. 그러나 그들은 내가 그 책을 그 어떤 해설자의 도움 없이 혼자 읽고서 알아낸 것 이상을 내게 말해 주지 못했습니다.

그 책은 인간과 같은 실체(實體, substances)와 그 속성들(qualities), 즉 어떤 모습을 하고 있는지(質), 키는 얼마나 되는지(量), 가족 관계는 어떠한지(關係), 사는 곳은 어디인지(場所), 언제 태어났는지(時間), 서 있는지 앉아 있는지(狀態), 신을 신고 있는지 무장을 하고 있는지(所有), 무엇을 하고 있는지(能動), 어떤 일을 겪었는지(受動) 등에 대해 아주 분명하게 말하는 듯 보였습니다(이상에서 한자로 표기된 것들이 아리스토텔레스가 말한 열 가지 범주들이다—역주).

그러나 그 모든 것이 내게 무슨 도움이 되었습니까? 그것은 내게 방해만 되었을 뿐입니다. 나는 존재하는 모든 것들이 절대적으로 그 열 가지 범주 안에 포함된다고 생각했습니다. 그래서 놀랍도록 단순하고 변함없으신 나의 하나님이신 주님 역시 광대함과 아름다움이라는 속성을 갖고 있는 어떤 실체라고 이해하려 했습니다. 나는 물체들의 경우처럼 주님 안에도 그런 속성들이 있을 거라고 생각했습니다. 그렇지만 사실은 주님 자신이 광대함과 아름다움 자체이십니다. 주님에 대한 내 생각은 잘못이었고, 진리가 아니었으며, 내 비참한 상태가 지어낸 허구였습니다. 주님은 내가 수고함으로 떡을 먹게 하시기 위해 땅더러 나를 향해 찔레와 가시를 내라고 명령하셨고, 그 명령은 내 안에서 그대로 이루어졌습니다(창 3:19).

더 나아가 당시 나는 가장 불의한 정욕의 노예가 되어 있었

으니, 그런 상태에서 내가 소위 자유학예(自由學藝)와 관련해 얻을 수 있었던 모든 책들을 혼자 힘으로 읽고 이해했다 한들, 그것이 내게 무슨 유익이 되었겠습니까? 나는 그 모든 책들을 읽는 것을 즐겼습니다. 그러나 나는 그 책들에 들어 있는 소위 진리와 확실성이 어디에서 오는 것인지 알지 못했습니다. 나는 빛을 등진 채 그 빛을 반사하는 것들만 보고 있었을 뿐입니다. 그렇기에 내 얼굴은 그 빛을 받지 못했습니다. 나는 수사학·논리학·기하학·음악·대수 등을 선생들의 가르침을 받지 않고 별 어려움 없이 혼자서 깨우쳤습니다. 주 나의 하나님이여, 주님이 아시다시피, 나의 그 신속한 이해력과 날카로운 분석력은 주님이 주신 선물이었습니다. 그러나 그런 능력조차 내 마음을 움직여 주님을 예배하도록 만들지 못했습니다. 그렇기에 나의 그런 재능들은 내게 도움보다는 해를 끼쳤을 뿐입니다.

진리이신 주 하나님, 나는 주님은 엄청나게 크고 빛나는 몸과 같으며 내 자신은 그 몸의 한 조각이라고 생각했습니다. 아, 이 얼마나 어처구니없는 오해입니까! 그러나 그것이 당시의 나의 실제 모습이었습니다. 주 하나님, 나는 주님이 내게 베푸신 자비를 고백하고 주님의 이름을 부르는 것을 부끄러워하지 않습니다. 그때 나는 사람들 앞에서 내 참람함을 자랑하고 개처럼 주님을 향해 짖어대는 것을 부끄러워하지 않았습니다. 신앙에 대한 나의 이해가 왜곡되고, 뒤틀리고, 부끄러움을 모를 만큼 불경했던 상태에서 내가 선생들의 도움 없이 그런 주제들에 관한 어려운 책들을 어렵지 않게 섭렵한 것이 내게 무슨 유익이 되었겠습니까? 그것은 지력이 모자라는 주님의 어린 자녀들에게 얼마나 심각한 해를 끼쳤습니까? 그들은 지력이 모자라기는 하나 주님을 떠나 방황하지는 않았습니다. 이제 막 깃이 난 새끼 새들 같은 그들은 교회라는 둥지 안에서 안전하게 자랄 수 있었고, 건전한 믿음의 양식을 먹고 자비의 날개를 키울 수 있었으니 말입니다.

오, 주 우리 하나님이시여, 우리가 "주의 날개 그늘에"(시 17:8) 소망을 두게 해 주십시오. 우리를 보호하시고 붙들어 주십시오. 우리를 인도하실 분은 주님뿐이십니다. 주님은 우리가 어릴 적부터 늙을 때까지 우리를 품어 주십니다(사 46:4). 주님이 우리의 견고한 터가 되실 때 그 터는 참으로 견고합니다. 그러나 우리가 우리 자신의 힘에 의지할 때 우리는 연약합니다. 우리에게 가장 좋은 것은 영원히 주님과 함께 있는 것입니다. 그러나 우리는 그렇게 하지 않았기에 비뚤어지고 말았습니다. 이제 우리가 멸망하지 않도록 주님께 돌아가는 것을 허락해 주십시오. 우리에게 가장 좋은 것은 주님과 함께 있는 것입니다. 그럴 때 우리에게는 아무것도 부족하지 않습니다. 왜냐하면 주님 자신이 선이시기 때문입니다. 우리는 우리 스스로 그곳을 떠나왔기에 더 이상 돌아갈 집이 없을까 걱정할 필요가 없습니다. 우리의 집은 우리가 그곳을 떠나 있을지라도 무너지지 않습니다. 왜냐하면 그 집은 바로 주님의 영원하심이기 때문입니다.

제5권

카르타고, 로마, 밀라노

파우스투스와 철학자들

이제 나는 주님께 내 나이 스물아홉 시절에 대해 말씀드리려 합니다. 그 무렵에 파우스투스(Faustus)라는 이름의 마니교 주교가 카르타고에 도착했습니다. 그는 마귀가 놓은 큰 덫이었습니다. 많은 사람들이 그의 유창한 연설에 사로잡혔습니다. 나 역시 그의 부드러운 웅변에 감탄했지만, 나는 그가 주장하는 내용이 내가 열심히 배우고자 했던 문제들의 실상과 다르다는 것을 알았습니다. 나는 그의 화려한 웅변에는 관심이 없었고, 다만 마니교도들이 크게 존경하는 그가 내 앞에 펼쳐 놓는 지식에만 관심이 있었습니다. 내가 그를 만나기 전에 들은 바로는, 그는 고상한 사람들이 배우는 모든 학문들, 특히 자유학예(自由學藝)에 정통하다고 했습니다.

나는 철학자들(고대 그리스의 자연철학자들 – 역주)의 책들을 많이 읽어 기억하고 있었기에 그들의 가르침을 마니교의 지루한 우화들과 비교해 보았습니다. 내게는 마니교의 주장보다는 철학자들의 가르침이 더 합리적으로 보였습니다. 왜냐하면 철학자들은, 비록 그들이 이 세계의 주인을 발견하지는 못했지만, 그들의 이성을 통해 이 세계를 인식하고 판단할 수 있었기 때문입니다.

오, 주님, 주님은 높은 곳에서 낮은 자를 굽어 살피시며 멀리서도 교만한 자를 아십니다(시 138:6). 비록 교만한 자들이 그들의 호기심과 기술을 통해 별과 모래들을 세고, 별자리들을 계산하고, 별들의 길을 추적할지라도, 그들은 결코 주님을 발견하지 못합니다. 그들은 주님이 주신 마음과 지성으로 그런 것들을 연구합니다. 그러나 그들의 불신앙적인 교만은 그들을 주님에게서 멀리 떨어지게 만들고, 그로 인해 주님의 위대한 빛이 그들에게 도달하지 못하도록 막아 버립니다. 그들은 미래에 일어날 일식(日蝕)을 예견할 수 있습니다. 그러나 그들은 현재 일어나고 있는 자신들의 소멸은 보지 못합니다. 왜냐하면 그들은 자기들이 그런 것들을 연구할 수 있게 해 주는 지성의 근원을 탐구하지 않기 때문입니다.

그러나 나는 철학자들이 창조 세계와 관련해 수행한 여러 가지 참된 관찰들을 떠올렸습니다. 특히 나는 사물의 합리적이고 수학적인 질서, 계절의 순서, 별들의 가시적인 증거 등에 대한 그들의 설명에 주목했습니다. 그리고 그것들을 마니가 했던 말들과 비교해 보았습니다. 그는 이런 주제들에 관해 아주 많은 것을 썼습니다. 그러나 나는 그의 책들에서는 내가 철학자들의 책에서 읽었던 하지(夏至)나 동지(冬至), 춘분(春分)이나 추분(秋分), 일식(日蝕)이나 월식(月蝕) 등에 관한 합리적 설명을 찾을 수 없었습니다. 그럼에도 마니교도들은 내게 마니를 믿으라고 강요했습니다. 하지만 마니의 주장은 내가 계산을 통해 증명하고 내 눈으로 확인한 것들과 일치하지 않았습니다. 그의 설명은 그것들과는 아주 달랐습니다.

하나님에 대한 지식

진리의 주이신 하나님, 어떤 이가 자연에 대한 과학적 지식을 갖고 있을지라도, 그가 그것만으로 주님을 기쁘게 해드릴 수는 없습니다. 어떤 이가 그런 문제들에 관해 모든 것을 알지라도, 만약 그가 주님에 대해 알지 못한다면, 그는 불행한 사람입니다. 그러나, 설령 어떤 이가 자연과학에 대해 무지할지라도, 만약 그가 주님을 안다면, 그는 행복한 사람입니다. 참으로 어떤 이가 주님과 자연을 모두 알지라도, 그가 그것 때문에 더 행복해지는 것은 아닙니다. 주님만이 행복의 근원이시기에 주님을 아는 자는 주님을 찬양하고 주님께 감사드릴 것입니다. 그리고 자기가 상상하여 만들어낸 헛된 생각 안에서 길을 잃지 않을 것입니다.

사과나무 한 그루를 소유하고 주님이 자기에게 그것을 갖게 해 주셨음을 감사하는 사람은, 설령 그가 그 나무의 정확한 높이와 넓이를 알지 못할지라도, 그 높이와 넓이를 정확히 잴 수 있고 그 모든 가지들을 셀 수 있으면서도 그 나무를 소유하지 않고 그 나무를 만드신 창조자를 알지도 사랑하지도 않는 사람보다 훨씬 더 행복합니다. 비유로 말하면, 주님을 믿는 사람은, 비록 그가 아무것도 갖고 있지 않을지라도, 만물이 섬기는 주님과 연합함으로써 세계의 모든 풍성한 것들을 소유합니다. 그는 북두칠성의 회전에 대해서 아무것도 모를 수 있습니다. 그러나 그가 하늘의 부피를 계산하고 별들을 세고 원소들의 무게를 재면서도 정작 만물을 부피와 수와 무게를 따라 배열하신 주님에 대해 무지한 사람보다 훨씬 더 행복하다는 것은 의심의 여지가 없습니다.

마니의 헛된 자기주장

누가 이 정체가 불분명한 마니라는 자에게 이런 것들, 즉 경건을 연습하는 데 필요치 않은 지식들에 대해 써달라고 요청했던 것입니까? 주님은 우리에게 말씀하셨습니다. "주를 경외하는 것이 지혜다"(욥 28:28). 마니는 자연과학에 대해 잘 알고 있었을지 모르나 신앙에 대해서는 무지했던 것이 틀림없습니다. 왜냐하면 그는 감히 자기가 이해하지도 못하는 것을 가르치려 했을 만큼 뻔뻔했으니 말입니다.

어떤 이가 과학의 문제들을 이해하고 있을지라도, 그가 자기 입으로 자기가 그것들을 안다고 말하는 것은 허영입니다. 경건은 주님을 향해 고백하는 것입니다. 그러나 마니는 이 원리에서 떠났습니다. 그는 세상에 대해 아주 많은 것을 말했습니다. 그러나 그는 정말로 그런 것들을 이해하는 이들로부터 무식하다는 판정을 받았습니다. 그리고 이로써 우리는 보다 이해하기 어려운 다른 문제들에 대해 그가 갖고 있던 지식이란 게 어떤 것인지 미루어 짐작할 수 있습니다.

마니는 세상이 자신의 능력을 하찮게 보는 것을 원치 않았습니다. 그래서 그는 사람들에게 성령 곧 주님의 신실한 백성들을 위로하고 풍성케 하시는 분이 자기 안에 권능으로 임재하신다고 주장했습니다. 그래서 그가 하늘과 해와 달과 별의 운행에 관해 말한 것이 아주 잘못된 것이었음이 밝혀지자, 그의 그런 담대한 주장은 신성 모독이 되고 말았습니다. 그는 자기가 모르는 것들에 대해 썼을 뿐 아니라, 광기에 가까운 허세와 오만으로 가득 차 자신에 관해 거짓말을 했습니다. 그는 사람들 앞에서 마치 자기가 하나님이 보내신 사람인 것처럼 행세했던 것입니다.

어떤 그리스도인 형제가 실제로는 자연과학에 대해 잘 모르면서도 그른 것을 옳다고 주장할 경우, 나는 그의 의견을 인내하며 듣습니다. 왜냐하면, 만약 그가 만물의 창조자이신 주님에게 합당치 않은 것을 믿지만 않는다면, 설령 그가 창조물의 상태와 성질에 대해 잘 알지 못할지라도, 나는 그것이 그에게 해가 된다고 보지 않기 때문입니다. 그러나, 만약 그가 자신의 자연관이 정통 교리에 속한다고 생각하고 자신이 이해하지 못하는 무언가를 고집스럽게 주장한다면, 그것은 그에게 해가 됩니다. 그렇지만 신앙의 유아기에 나타나는 이런 약함은 교회의 사랑 안에서 관용되어야 합니다. 그가 "온전한 사람이 되어" 더 이상 "온갖 교훈의 풍조에 흔들리거나 이리저리 밀려다니거나 하지 않을 때까지" 말입니다 (엡 4:13-14).

그러나 마니는 스스로 선생, 저자, 지도자, 그리고 그가 지어낸 교리를 믿는 자들의 두목이 되었습니다. 그리고 그들로 하여금 자기들이 한 인간이 아니라 주님의 성령을 따르고 있다고 착각하도록 만들었습니다. 그러니 그가 거짓을 퍼뜨려 왔던 것이 분명해진 이상, 나는 마땅히 그런 거짓들을 혐오하며 포기했어야 하지 않았습니까? 그럼에도 여전히 나는 과연 마니의 말들이 낮과 밤의 장단의 변화, 일식과 월식, 그리고 그런 종류의 다른 현상들과 관련해 내가 다른 책들에서 읽은 것과 일치하는지 여부를 판단하지 못했습니다. 그리고, 설령 그렇다고 할지라도, 내게는 여전히 과연 그의 이론들이 옳은 것인지에 대한 의문이 남아 있었습니다. 그러나 나는, 그런 불확실함에도 불구하고, 그의 명성에 대한 믿음에 기초해 그의 권위를 계속해서 내 신앙의 토대로 여기고자 했습니다.

파우스투스에 대한 실망

나는 거의 아홉 해 동안이나 불안한 마음으로 마니교도들의 말에 귀를 기울이면서 파우스투스가 오기만을 간절히 기다렸습니다. 내가 그동안 만났던 마니교도들은 내가 던진 질문에 시원스레 대답을 해 주지 못했는데, 그들은 내게 만약 내가 파우스투스를 만나 이야기를 나누기만 한다면 그런 의문들뿐 아니라 내가 갖고 있는 더 큰 문제들도 쉽게 그리고 확실하게 풀릴 것이라고 장담했기 때문입니다.

파우스트스가 왔을 때(그가 카르타고에 온 것은 382년이었다-역주) 나는 그가 자애롭고 상냥하게 말한다는 것을 알았습니다. 그는 다른 마니교도들이 늘 말하던 것들을 말했지만 그들보다는 더 납득할 만하게 말했습니다. 그러나 가장 우아하게 차려 입은 하인이 아무리 값진 술을 바칠지라도, 그것이 어떻게 내 갈증을 풀어줄 수 있겠습니까? 내 귀는 이미 그런 식의 말재주에 질려 있었습니다. 내게 그런 말은 아무리 우아하게 표현되더라도 더 나아 보이지 않았습니다. 세련된 방식이 무언가를 진리로 만들지는 않습니다. 어떤 이가 잘 생긴 얼굴과 훌륭한 언변을 갖고 있다고 해서 그가 반드시 현명한 정신을 갖고 있는 것도 아닙니다. 파우스투스가 잘 가르쳐 줄 것이라고 내게 장담했던 이들은 그다지 좋은 판단력을 갖고 있지 않았습니다. 그들은 파우스투스의 말솜씨에 매혹되었기에 그를 신중하고 총명하다고 느꼈을 뿐입니다.

나는 오랫동안 파우스투스를 간절히 기다렸습니다. 그가 왔을 때 나는 그가 자기의 주장을 펼치며 보였던 힘과 감정, 그리고 그가 자기 생각에 옷을 입히기 위해 사용했던 적절한 언어에 매료되었습니다. 나는 아주 기뻐하며 그를 칭찬했습니다. 그러

나 나는 그의 공개강연 장소에서 그동안 나를 괴롭혀 왔던 문제들에 대해 질문하는 것이 허락되지 않아 실망했습니다. 그러나 마침내 그렇게 할 수 있는 시간이 찾아 왔습니다. 그때 나는 가까운 친구들과 함께 잠시 그의 눈을 끌 수 있었고, 그에게 그동안 나를 괴롭혀 왔던 몇 가지 문제들을 제기했습니다. 그리고 그때 나는, 비록 그가 문법과 문학에는 얼마간의 지식을 갖고 있지만, 자유학예에는 무지하다는 것을 알게 되었습니다. 또 그가 알고 있는 내용들조차 아주 진부하다는 사실도 알게 되었습니다. 그는 키케로(Cicero)의 웅변집 몇 권, 세네카(Seneca)의 책 몇 권, 시집 몇 권, 그리고 좋은 문체의 라틴어로 쓰인 마니교에 관한 책을 서너 권 읽었을 뿐이었습니다. 내가 보기에 그는 매일 웅변 연습을 했고, 세련된 정신력과 타고난 은덕을 바탕으로 그럴듯하고 매력적인 말솜씨를 얻게 된 것 같았습니다.

내 양심의 심판자이신 나의 하나님이여, 나의 이런 기억이 맞는 것입니까? 나는 주님 앞에 내 마음과 기억을 내놓습니다. 그때 주님은 은밀한 섭리로 나를 다루고 계셨습니다. 그리고 내 부끄러운 잘못들을 내 얼굴 앞에 세우셔서 내가 그것들을 바라보고 미워하게 하셨습니다.

마니교를 떠남

나는 파우스투스가 자유학예 분야에서 높은 학식을 갖췄을 것으로 여겼으나 그는 그 분야에 대한 무지를 분명하게 드러냈습니다. 따라서 나는 그가 오랫동안 나를 괴롭혀 왔던 어려운 문제들을 분석하고 설명해 주리라는 기대를 완전히 포기해야 했습니다. 물론 우리는 자유학예에 대해 무지할지라도 참된 경건을 유지할 수 있습니다. 그러나 마니교도의 경우라면 이야기가 달라집니다. 왜냐하면 그들의 책들은 하늘과 별과 해와 달에 관한 길고긴 우화들로 가득 차 있었기 때문입니다. 나는 파우스투스가 마니교의 책들에 들어 있는 이야기가 옳은지, 아니면 적어도 그렇게 될 여지가 있는지를, 내가 다른 책들에서 읽었던 수학적인 설명들과 비교하면서 알려 주기를 바랐습니다.

나는 그가 그런 문제들에 대해 설명해 줄 만큼 현명하다고 생각하지는 않았지만, 그래도 내가 고민하는 문제들에 대해 함께 토론해 보자고 제안했습니다. 그러나 그는 나의 그런 제안을 조심스럽게 거절했습니다. 그는 자신이 그런 문제들에 대해 잘 모른다고 부끄럼 없이 고백했습니다. 그는 나를 가르치려 들었지만 실제로는 가르칠 만한 것을 갖고 있지 않았던 오만한 사람들―그동안 나는 그런 사람들을 여럿 겪어야 했습니다―과는 달랐습니다. 적어도 그는, 비록 주님께 대해서는 아니었지만, 자신에 대해서는 아주 조심스러운 마음을 갖고 있었습니다. 그는 지식의 모자람을 처리하는 데 아주 서툴지는 않았기에, 자신이 빠져나가거나 후퇴할 방도가 없는 문제들에 대한 논쟁에 휘말리려 하지 않았습니다. 그것이 내가 그를 좋게 여겼던 이유입니다. 자신의 한계를 인정하는 자가 갖고 있는 절제된 신중함은 내가 알고자 애썼던 것들보다 더 아름다웠습니다. 어렵고 미묘한 문제들을 대하는 파우스트의 자세가 그러했습니다.

그렇게 해서 내가 마니의 책들에 대해 가졌던 열정은 식어 버리고 말았습니다. 나는 나를 괴롭히던 여러 문제들에 대해 마니교의 유명한 선생인 파우스투스의 견해를 듣고 난 후 다른 선생들에게 배우는 것에 대해 큰 절망감을 느꼈습니다. 그럼에도 나는 그와 함께 시간을 보내기 시작했습니다. 내가 카르타고의 수사학 교사로서 젊은이들에게 가르치던 것을 그가 무척 사랑했기 때문입니다. 나는 그가 듣기를 원하거나 내가 판단하기에 그의 능력에 적당할 것 같은 책들을 그와 함께 읽었습니다. 그러나 일단 그 사람을 알게 된 후 나는 마니교에서 보다 큰 진전을 이루기 위해 내가 결심했던 모든 노력을 완전히 포기하고 말았습니다. 하지만 나는 무언가 보다 나은 것이 나타나기 전까지는 그것으로 만족하기로 했습니다. 그래서 많은 사람에게 "죽음의 덫"(시 18:5)이었던 그 유명한 파우스투스는 자기도 모르는 채 나를 얽매고 있던 사슬을 풀어 주기 시작했습니다.

오, 나의 하나님이여, 은밀한 섭리 안에서 움직이는 주님의 손길은 내 영혼을 버려두지 않으셨습니다. 주님은 내 어머니가 밤낮 눈물과 마음의 피로 드린 제사를 받으시고 나를 놀라운 방법으로 다루셨습니다. 나의 하나님이여, 그 모든 일은 주님이 하신 것입니다. 우리가 걷는 길이 주님이 기뻐하시는 길일 경우, 주님이 우리의 발걸음을 지켜주십니다(시 37:23). 그러니 주님이 주님의 손으로 만드신 것을 주님의 손으로 다시 만드시는 일이 없다면, 우리가 어떻게 구원을 얻겠습니까?

로마로 감

주님은 내가 카르타고에서 가르치던 것을 로마로 가서 가르치게 하셨습니다. 나는 주님이 나를 설득하신 경위를 빼놓지 않고 고백하고자 합니다. 왜냐하면 나는 주님이 그 과정에서 내게 심오하고 신비로운 섭리와 자비를 베푸셨던 것을 기억하고 말씀드리지 않을 수 없기 때문입니다. 내가 로마로 가고자 했던 것은 친구들이 내게 그곳에서는 보다 높은 지위와 보수를 얻을 수 있을 거라고 말했기 때문이 아니었습니다. 물론 그런 제안이 내 마음에 전혀 영향을 주지 않은 것은 아니었습니다. 그러나 당시 내가 가장 중요하게 여겼던 것은 그곳 젊은이들은 조용히 공부하며 엄한 규율도 잘 지킨다는 소문이었습니다. 내가 들은 바로는, 그곳 학생들은 카르타고의 학생들처럼 수강신청도 않은 채 갑자기 교실로 몰려들거나 교사가 수업이 끝났다고 말하기도 전에 자리를 뜨는 일이 없다고 했습니다.

사실 카르타고 학생들의 행동은 수치스러울 뿐 아니라 통제할 수도 없었습니다. 그들은 무례하고 광적인 행동을 통해 교사들이 학생들의 유익을 위해 세운 규율들을 깨뜨렸습니다. 그들은 관습의 보호가 아니었다면 처벌을 받았을 것이 분명한 파괴적인 일들을 서슴없이 자행했습니다. 그들은 주님의 영원한 법에 의하면 결코 하지 못했을 일들을 마치 그렇게 하도록 허가라도 받은 것처럼 거리낌없이 행했습니다. 그러나 사실 그들은 자기들이 다른 이들에게 끼치는 것과는 비교도 할 수 없을 만큼 큰 해를 자신들에게 끼침으로써 벌을 받고 있었습니다. 나는 학생 시절에 그런 행동을 하지 않았습니다. 그런데 교사가 된 내가 그런 행동을 참아야 했던 것입니다. 그래서 나는 사정을 아는 사람마다 로마에서는 그런 문제가 일어나지 않는다고 하기에 그곳으로 가기로 결심했던 것입니다.

그러나 내가 내 영혼의 구원을 위해 세상에서 거처를 바꾸기를 원하셨던 분은 주님 곧 "나의 피난처, 사람 사는 세상에서 내가 받은 몫"(시 142:5)인 주님이셨습니다. 주님은 죽음의 삶을 사랑하던 자들을 사용하셔서 내가 카르타고를 떠나 로마로 가도록 이끄셨습니다. 주님은 내 발걸음을 바로잡아 주시기 위해 그들과 나의 잘못을 교묘히 이용하셨습니다. 내 마음의 평안을 어지럽히던 자들은 수치스러운 광기에 눈이 멀어 있었고, 내가 다른 곳으로 가도록 부추겼던 자들은 오직 세상적인 것에만 골몰하고 있었습니다. 그리고 내 자신은 카르타고에서 겪고 있는 현실적인 불행을 미워하면서 로마에서 누리게 될 헛된 행복을 추구하고 있었습니다.

오, 하나님, 주님은 내가 카르타고를 떠나 로마로 간 이유를 아셨으나 내게도 그리고 내 어머니에게도 그것에 대해 아무런 암시도 주지 않으셨습니다. 어머니는 내가 로마로 가겠다고 말씀드리자 몹시 당황하면서 해안까지 따라 내려왔습니다. 어머니는 두려워하면서 나를 붙잡고는 로마로 가는 것을 취소하던가 아니면 자기와 함께 가자고 간청했습니다. 그러나 나는 어머니를 속였습니다. 나는 어머니에게 내 친구가 순풍을 만나 출항하기 전까지는 해안을 떠나고 싶지 않다고 말했습니다. 나는 어머니에게 거짓말을 했습니다. 나는 어머니를 따돌리고 도망쳤습니다. 그러나 주님은 그것까지도 용서해 주셨습니다. 자비롭게도 주님은 나를 주님의 은혜의 물(세례-역주)로 데려가시기 위해 나를 바닷물로부터 구해 주셨습니다. 그 은혜의 물은 나를 깨끗하게 해 줄 뿐 아니라, 날마다 주님 앞에서 자신의 얼굴 밑에 있던 땅을 적시던 어머니의 눈물의 강을 마르게 해 줄 물이었습니다.

어머니는 나와 함께가 아니면 집으로 돌아가려고 하지 않았기에 나는 어렵게 어머니를 설득해 내가 타고 갈 배 가까이 있던 키프리아누스(Cyprianus, 200-258 A.D., 카르타고의 유명한 감독이자 순교자였다-역주) 기념 성당에서 밤을 지내도록 했습니다. 그리고 그 밤에 나는 몰래 출항했습니다. 어머니는 떠나지 못했고 그곳에 남아 계속 울며 기도했습니다. 그때 어머니가 홍수 같은 눈물을 흘리며 나의 하나님이신 주님께 구했던 것은 무엇이었습니까? 내가 떠나지 못하게 해달라는 것 아니었습니까? 그러나 주님은, 비록 어머니가 그때 나를 위해 끊임없이 기도했던 것을 허락하지는 않으셨지만, 주님의 신중한 계획 속에서 어머니의 가장 큰 소망을 들어주셨습니다. 주님은 나를 어머니가 계속 기도해 왔던 사람으로 만들어 주셨던 것입니다.

바람은 배의 돛을 가득 채웠고, 해안은 시야에서 사라졌습니다. 날이 밝자 어머니는 슬픔으로 미칠 지경이 되어 주님의 귀에 비난과 불평을 쏟아 부었습니다. 그러나 주님은 어머니의 부르짖음을 외면하셨습니다. 주님은 내 야심찬 욕망을 그 욕망에 마침표를 찍는 방법으로 사용하고 계셨습니다. 또 어머니의 인간적인 욕심을 슬픔의 채찍으로 적절하게 응징하고 계셨습니다. 내 어머니는 모든 어머니들처럼, 아니 대부분의 어머니들보다 훨씬 더, 자식과 함께 있고 싶어 했습니다. 그러나 어머니는 주님이 내가 어머니 곁을 떠나는 것을 어머니에게 기쁨을 가져다 줄 방법으로 사용하시리라는 것을 알지 못했습니다. 어머니는 그것을 몰랐습니다. 그래서 울고 탄식했습니다. 그 고통은 어머니 안에 아직도 자신이 슬픔 속에서 낳은 아이를 찾는 하와의 흔적이 남아 있다는 증거였습니다. 그러나 어머니는 내 속임수와 무정함을 비난한 후 다시 돌이켜 나를 위해 기도했고 일상의 삶이 있는 집으로 돌아갔습니다. 그러는 동안 나는 로마에 도착했습니다.

로마에서 병에 걸림

나는 로마에 도착하자마자 병에 걸려 벌을 받았습니다. 나는 내가 주님에게, 내 자신에게, 그리고 다른 사람들에게 행한 모든 죄의 짐을 지고 죽음을 향해 가고 있었습니다. 우리를 아담 안에서 죽게 만든 원죄의 사슬 외에도 내가 저지른 죄들은 많고도 무거웠습니다. 주님은 아직 나의 그런 죄들을 그리스도 안에서 용서하지 않으셨고, 내 죄로 인한 주님과의 원수됨(엡 2:15)을 그리스도의 십자가를 통해 없애 주시지도 않았습니다. 만약 그분의 십자가가 내가 믿었던 대로 허깨비에 불과했다면, 그분이 어떻게 나를 그런 죄들로부터 구해줄 수 있었겠습니까? 내가 그분의 육체의 죽음을 비실제적이라고 믿었던 것만큼 내 영혼의 죽음은 실제적이었습니다. 그리고 그분의 육체의 죽음이 실제였던 것만큼 그것을 믿지 않았던 내 영혼의 삶은 실제가 아니었습니다.

내 몸의 열은 더욱 높아졌고 나는 거의 죽어가고 있었습니다. 만약 그때 내가 죽었다면, 나는 주님의 참된 공의로 인해 내 행위에 합당한 지옥불과 고통 외에 무엇을 당했겠습니까? 어머니는 내가 아프다는 사실을 몰랐지만, 먼 곳에서나마 나를 위해 기도하고 있었습니다. 그리고 어디에든 계신 주님은 어머니가 카르타고에서 올리는 기도를 들으셨고, 내가 있던 로마에서 자비를 베푸셔서 내 몸의 건강을 회복시켜 주셨습니다.

그러나 나는 그렇게 아픈 상태에서도 여전히 불경한 마음을 품고 있었습니다. 그런 큰 위험에 처해 있으면서도 주님의 세례를 받으려 하지 않았기 때문입니다. 내 상태는, 내가 이미 고백한 것처럼, 소년 시절에 어머니의 신앙을 따라 세례를 간청했던 때가 더 나았습니다. 그후 나는 점점 더 수치스러운 일들을 행했고, 어리석게도 주님의 치료법을 비웃었습니다. 그러나 주님은 내 몸과 마음이 모두 이렇게 안타까운 상황에 처한 채 죽는 것을 허락하지 않으셨습니다. 만약 내가 그런 상태로 죽어 어머니의 마음에 상처가 생겼다면, 그 상처는 결코 회복되지 않았을 것입니다. 나는 나를 향한 어머니의 사랑을 말로 표현할 수 없습니다. 어머니는 내 육신을 낳으며 견뎌야 했던 고통보다 큰 고통을 나를 영적으로 낳으면서 견뎌야 했습니다.

만약 내가 그런 상태로 죽어서 사랑으로 가득 찬 어머니의 마음을 아프게 했다면, 나는 어머니가 어떻게 회복될 수 있었을지 상상조차 할 수 없습니다. 그랬다면, 어머니가 오직 주님을 향해 드렸던 그 간절하고, 빈번하고, 중단되지 않았던 기도는 어찌되었겠습니까? 자비로우신 하나님, 과연 주님께서 그토록 정숙하고 신중한 과부가 겸손한 마음으로 회개하며 드렸던 기도를 멸시하실 수 있었겠습니까? 어머니는 불쌍한 이들에게 자신의 것을 아낌없이 나누어 주고, 성인들을 받들어 섬기고, 하루에 두 번 아침과 저녁으로 주님의 교회에 나아가 예배하고 봉헌하는 일을 거르지 않고, 헛된 험담과 늙은 과부들의 수다에 끼어들지 않고, 설교를 통해 주님의 음성을 듣기를 원하고, 기도를 통해 주님께 말씀드리기를 원했는데, 주님께서 그토록 겸손한 과부의 마음을 외면하실 수 있었겠습니까? 어머니에게 그런 성품을 주신 분이 주님이신데, 그런 주님께서 금이나 은을 구하지 않고, 변하기 쉬운 것이나 잠시 있다 사라져 버리는 이익을 구하지도 않고, 오직 자기 아들의 영혼을 구원하기 위해 주님만을 찾았던 내 어머니의 눈물을 어떻게 멸시하실 수 있었겠습니까?

아닙니다, 주님, 주님은 결코 그러실 수 없었습니다. 분명히 주님은 어머니 곁에 계셨고, 어머니의 탄원을 듣고 계셨습니다. 그리고 주님이 미리 정하신 일들을 차례대로 이뤄가고 계셨습니다. 주님은 어머니에게 (내가 이미 말씀드리거나 말씀드리지 않은) 여러 가지 환상과 응답들을 주셨는데, 그 모든 것이 어머니를 속이기 위한 것일 리는 없습니다. 어머니는 신실한 마음으로 주님이 주신 그 모든 환상과 응답들을 고이 간직하고 있었고, 계속되는 기도를 통해 주님 앞에 주님이 주신 약속의 신표(信標)를 내밀었습니다. 주님은 영원히 인자하실 뿐 아니라(시 118:1), 또한 우리의 모든 빚을 탕감해 주신 후에도 주님 자신의 약속을 통해 스스로 빚진 자가 되기까지 하십니다.

마니교 안에 남아서 아카데미 학파와 접촉함

주님은 내 병을 고쳐주셨습니다. 그리고 주님이 "주의 여종의 아들"(시 116:16)의 건강을 회복시켜 주신 것은 내게 보다 좋고 확실한 건강을 주시기 위한 중간 단계였습니다. 그러나 나는 로마에서 보낸 이 기간에도 거짓되고 기만적인 마니교 성자들과 어울려 지냈습니다. 나는 병들어 누워 있는 동안 살았던 집의 주인과 같은 "듣는 자들"(Hearers)뿐 아니라, 소위 "선택된 자들"(Elects)과도 어울려 지냈습니다.

여전히 나는 죄를 짓는 것은 우리가 아니라 우리 안에 있는 어떤 다른 본성이라고 생각했습니다. 그런 생각은 내 오만함을 부추겨 내게는 잘못이 없다고 생각하게 만들었고, 또한 내가 무언가 잘못된 일을 했을 때조차 영혼의 치유를 얻기 위해 주님께 그 잘못을 고백하지 않게 만들었습니다. 이런저런 변명을 하면서 나는 나와 함께 있기는 하나 내 자신은 아닌, 그래서 확인할 수 없는 어떤 힘에게 내 모든 죄를 덮어씌우려 했습니다. 그러나 사실 그 모든 것은 내 자신이었으며, 내 자신을 그렇게 분열시켰던 것은 바로 나의 악함이었습니다. 그것은 내가 자신을 죄인으로 생각하지 않았기에 더욱 구제하기가 어렵게 된 나의 죄였습니다.

혐오스러울 만큼 악했던 나는 구원을 얻기 위해서 주님께 항복하기보다는, 내가 멸망에 이르는 한이 있더라도, 전능하신 주님을 내 안에서 패배시키려 했습니다. 주님은 아직 "내 입 언저리에 파수꾼을 세우시고, 내 입술 문 앞에는 문지기를 세워"(시 141:3) 주시지 않으셨습니다. 그런 까닭에 내 마음은 여전히 "악한 일을 하는 자들과 어울려서"(시 141:4) 내 죄에 대한 변명거리나 찾고 있었습니다. 바로 그것이 내가 마니교의 거짓 주장을 통해 높은 곳에 이르려는 희망을 이미 잃어버렸음에도 여전히 그 "선택된 자들"과 가깝게 지냈던 이유입니다. 나는 보다 나은 무언가를 발견하기 전까지는 그들과 함께 지내는 것에 만족하기로 했습니다. 그러나 그들에 대한 내 태도는 점차 부주의하고 무심해졌습니다.

그 무렵에 나는 아카데미 학파(Academics, 확실한 진리라는 개념을 부정하고 진리의 개연성을 주장하던 회의론자들-역주)라고 불리는 철학자들이 다른 철학자들보다 더 현명하다는 생각이 들었습니다. 그들은 모든 것을 의심해 보아야 한다고 가르쳤습니다. 그리고 진리에 대한 이해는 인간의 능력을 넘어서는 것이라고 가르쳤습니다. 그들의 견해는 분명히 그렇게 보였고, 일반적으로 그들은 그렇게 생각하는 것으로 간주되고 있었습니다. 그러나 나는 여전히 그들의 의도를 이해하지 못했습니다.

나는 내가 묵고 있던 집 주인에게 마니교의 책들을 가득 채우고 있는 허황된 말들을 과도하게 믿지 말라고 충고해 주었습니다(내가 보기에 그는 그렇게 믿고 있었습니다). 그럼에도 여전히 나는 그 이단에 빠지지 않은 사람들보다는 마니교도들과 더 친밀한 교제를 나누고 있었습니다. 물론 나는 예전처럼 열성적으로 그 이단을 옹호하지는 않았습니다. 그럼에도 나와 그들의 친밀한 교제는 내가 진리를 찾기 위해 다른 곳을 살피는 일을 지체하도록 만들었습니다. 특히 나는 하늘과 땅의 주인이시며 모든 보이는 것들과 보이지 않는 것들을 만드신 주님의 교회에서 진리를 발견할 수 있으리라는 희망을 갖지 않았습니다. 마니교도들은 나를 그 희망으로부터 돌아서게 만들었습니다. 나는 주님이 사람의 형상을 가지셨고 우리처럼 지체(肢體)의 형태 안에 갇혀 계시다고 믿는 것은 부끄러운 일이라고 여겼습니다. 나는 주님에 대해 생각할 때 주님을 어떤 거대한 물체로밖에는 달리 상상할 수가 없었습니다. 나는 그 어떤 것이든 물질적인 것이 아닌 것은 존재하지 않는다고 생각했습니다. 그것이 내가 피할 수 없었던 오류의 가장 큰 그리고 거의 유일한 원인이었습니다.

그런 이유로 나는 악(惡)을 어떤 더럽고 일그러진—사람들이 땅이라고 부르는 것처럼 견고하거나, 공기처럼 가늘고 엷은— 형태의 물체라고 믿었습니다. 마니교도들은 악을 땅 위를 기어 다니는 악한 뜻으로 가득 찬 마음이라고 상상했습니다. 그러나 내가 갖고 있던 신앙은 (비록 얼마간 기괴하기는 했지만) 선하신 하나님이 악한 속성을 창조하셨다고 믿는 것을 방해했습니다. 따라서 나는 서로 대립되는 두 가지 물체가 있고, 그 둘 다 무한하기는 하지만, 악한 것은 좀더 작고 선한 것은 좀더 크다고 결론을 내렸습니다. 이렇게 해로운 전제로부터 다른 신성모독적인 관념들이 나오는 것은 당연한 일이었습니다. 나는 훗날 기독교 신앙으로 돌아가려는 마음을 먹었을 때 내가 선과 악에 대해 갖고 있던 그런 관념들 때문에 주저했습니다. 기독교 신앙은 내가 생각하던 것이 아니었기 때문입니다.

자비하셔서 내가 고백하는 것을 가능하게 하시는 나의 하나님이여, 나는 우리가 주님이 모든 부분에서 사람의 육체의 모양에 제한되신다고 생각하기보다는 한 가지 측면, 즉 악한 물체가 주님과 맞서고 있다는 측면만을 제외하고는 모든 면에서 무한하시다고 믿는 편이 더 경건한 것이라고 느꼈습니다. 나는 악의 속성이 주님으로부터 나왔다고 믿기보다는 주님이 그 어떤 악도 창조하지 않으셨다고 믿는 편이 더 좋다고 생각했습니다. 어리석게도 나는 악이 어떤 실체(實體)일 뿐 아니라 또한 물질적인 존재[物體]라고까지 생각했습니다. 그럴 수밖에 없었던 것이, 당시에 나는 인간의 마음도 공간에 두루 퍼진 엷은 물체라고밖에는 달리 생각할 수가 없었기 때문입니다.

나는 우리의 구원자이신 주님의 독생자께서 우리를 구원하시기 위해 주님의 빛나는 몸으로부터 나온다고 상상했습니다. 나는 그분과 관련해 내 헛된 상상력이 그려낼 수 있는 것만 믿었습니다. 그리고 나는 그분의 그런 본성은 인간의 육체와 뒤섞이지 않고서는 동정녀 마리아를 통해 태어날 수 없으리라고 생각했습니다. 그러나 나는 그분이 어떻게 우리와 섞이면서도 오염되지 않을 수 있는지 알 수가 없었습니다. 그래서 나는 그분이 육체에 의해 더럽혀졌다고 믿지 않기 위해 그분이 육신이 되셨다는 것을 믿지 않으려 했습니다. 오늘날 주님의 영적인 신자들은 나의 이런 고백을 읽으면서 친절하고 사랑스럽게 웃을 것입니다. 그러나 그것이 당시 내 마음의 상태였습니다.

마니교도의 성경관을 논박한 엘피디우스

나는 성경에 대한 마니교도들의 비판에 맞설 만한 답변이 있을 수 있다고 생각하지 않았습니다. 하지만 때로 나는 주님의 성경에 정통한 사람들과 특별한 문제들을 놓고 토론하면서 그들이 그런 문제들에 대해 어떻게 생각하는지 알고 싶었습니다. 언젠가 카르타고에서 엘피디우스(Elpidius)라는 사람이 마니교도와 맞서 공개 토론을 벌인 적이 있는데, 그의 말이 내게 깊은 인상을 주었습니다. 그가 성경에서 인용하는 내용은 쉽게 대답할 수 없었습니다. 내가 보기에 그에 대한 마니교도들의 대응은 빈약했습니다. 그들은 그런 문제들에 대해 여러 사람들 앞에서 쉽게 대답하지 못했고, 우리에게만 사적으로 대답했습니다. 그들은 신약 성경이 기독교 신앙에 유대교 율법을 끼워 넣고자 했던 사람들에 의해 위조되었다고 주장했습니다. 그러나 그들은 위조되지 않은 사본(寫本)을 내놓지는 못했습니다.

로마의 학생들

나는 수사학을 가르치는 일로 바빠지기 시작했습니다. 그것이 내가 로마에 온 이유였습니다. 먼저 나는 내가 묵고 있던 하숙집으로 학생 몇 명을 불러들여 가르쳤습니다. 그들에게 그리고 그들을 통해 점차 내 이름이 알려지기 시작했습니다. 그러나 곧 나는 로마의 학생들은 내가 아프리카에서라면 참아내지 못했을 행동을 한다는 것을 알게 되었습니다. 로마에서는 젊은 불량배들이 교실로 들이닥치는 파괴적인 행동은 벌어지지 않았습니다. 그러나 사람들이 말하기를, 로마에서는 많은 학생들이 교사에게 수강료 내는 것을 피하기 위해 갑자기 떼를 지어 다른 교사에게 옮겨간다고 했습니다. 그들은 돈을 사랑하기에 약속을 어기고 공정함을 비웃음거리로 여긴다는 것이었습니다. 나는 증오까지는 아니었으나 정말로 그들을 미워했습니다. 그러나 내가 그들을 싫어했던 것은 그들이 다른 이들에게 행하는 잘못 때문이 아니라, 혹시라도 그들이 내게 줄지도 모를 고통 때문이었습니다.

그들은 헛되이 시간을 낭비하는 오락들과 그들의 손을 더럽히는 부정한 이득을 사랑했습니다. 그들은 덧없는 세상을 끌어안고 있었습니다. 주님은 영원히 집에 머물러 계시면서 집을 나간 탕자를 향해 돌아오라고 부르시고, 그가 돌아올 때면 매춘부에게 팔아넘긴 그의 영혼을 용서해 주시는 분임에도, 그들은 그런 주님을 경멸했습니다. 오늘날에도 나는 그런 악하고 뒤틀린 사람들을 미워합니다―물론 내가 그들을 돈보다 학문을 사랑하도록, 또한 학문보다 진리이시며 모든 선의 근원이시며 가장 순결한 평화이신 주님을 더 사랑하도록 고쳐 줄 필요가 있다는 점에서는 사랑하지만 말입니다. 그러나 당시에 나는 악한 행동을 하는 그들을 더는 참지 않기로 결심했는데, 그것은 주님을 위해 그들이 선하게 되기를 바라서가 아니라, 내 자신의 이익을 위해서였습니다.

암브로시우스와의 만남

얼마 후 밀라노로부터 로마 시장 앞으로 공문 하나가 도착했습니다. 수사학 교사 한 사람을 선발해 공금으로 밀라노로 보내달라는 내용이었습니다. 나는 허망한 마니교에 빠져 있던 이들의 도움을 받아 그 자리에 지원했습니다. 내가 밀라노로 이주함으로써 나와 마니교도 사이의 교제는 끝나고 말았습니다. 그러나 나도 그들도 일이 그렇게 되리라는 것을 알지 못했습니다. 나는 주어진 주제에 대해 연설을 했는데, 당시 로마 시장이던 심마쿠스(Symmachus)가 내 연설을 인정해 주었습니다. 그리고 그는 나를 밀라노로 보냈습니다.

그렇게 해서 나는 밀라노로 갔습니다(384년, 어거스틴의 나이 30세 때의 일이다—역주). 그곳에는 암브로시우스(Ambrosius, 340-397, 서방 교회의 4대 교부들 중 한 명으로 어거스틴의 회심에 결정적인 영향을 준 사람이다—역주)라는 주교가 있었습니다. 그는 전 세계에서 주님을 예배하는 일에 헌신하는 사람들 중 가장 뛰어난 자로 알려져 있었습니다. 당시 그는 설교를 통해 주님의 백성들에게 주님의 풍부한 양식과 기쁨의 기름과 포도주의 건전한 취기를 힘껏 공급하고 있었습니다. 나는 앞으로 내가 그를 통해 주님께 가게 될 것을 꿈에도 모른 채 주님에게 이끌려 그에게 갔습니다. 그 하나님의 사람은 마치 아버지처럼 나를 맞아주었습니다. 또한 주교에게 어울리는 친절로 내가 도착한 것을 환영해 주었습니다. 나는 그를 좋아하게 되었습니다. 처음에는 진리를 가르치는 교사로서가 아니라—당시에 나는 내가 주님의 교회에서 진리를 발견하리라고 믿지 않았습니다—내게 친절을 베푸는 사람으로서 좋아했습니다.

나는 그의 설교를 열심히 들었습니다. 그러나 그것은 설교

에 대해 마땅히 가져야 할 마음 때문이 아니라, 그의 웅변술이 과연 소문대로 뛰어난지 그리고 그의 언변이 소문만큼 유창한지 알아보려는 마음 때문이었습니다. 나는 그의 어법(語法)에만 신경을 곤두세웠을 뿐 그가 말하는 주제에 대해서는 무지하기도 했고 경멸하기도 했습니다. 나는 그의 말의 매력을 즐길 뿐이었습니다. 그의 말은 파우스투스의 그것보다 지적이었으나, 파우스투스의 그것보다 재치가 있거나 재미있지는 않았습니다. 그러나 그 내용에서는 비교가 되지 않았습니다. 파우스투스는 마니의 속임수에 끌려 방황했습니다. 하지만 암브로시우스는 건전한 구원의 도리를 가르쳤습니다. 구원은 당시의 나 같은 죄인들과는 한참 멀리 떨어져 있었습니다. 그러나 나는, 비록 당시에 내가 그 사실을 알아차리지는 못했지만, 점차 구원을 향해 다가서고 있었습니다.

진리의 서광

나는 암브로시우스가 말하는 내용을 배우려 하지 않고 그가 말하는 방식에만 관심을 두었습니다. 그것은 당시에 내가 인간은 주님께 이르는 확실한 길을 찾을 수 없다고 믿었기 때문입니다. 그런데 그의 어법을 즐기는 사이 내가 무시하던 그의 말의 내용이 조금씩 내 마음 속으로 들어오기 시작했습니다. 나는 그 둘을 갈라놓을 수 없었습니다.

먼저 나는 그가 말하는 내용이 옹호할 만한 가치가 있다고 느끼기 시작했습니다. 또 나는 전에는 마니교의 비판 앞에서 변호될 수 없으리라고 여겼던 기독교 신앙을 주장하는 것이 생각만큼 교양 없는 일은 아니라고 여기게 되었습니다. 무엇보다도 나는 그가 구약성경의 여러 어려운 구절들을 풍유적으로(allegorically, 훗날 어거스틴 자신의 주된 성경해석 방식이 된다. 426쪽 주 참조 – 역주) 해석하는 소리를 들었습니다. 그동안 나는 그 구절들을 문자적으로만 해석했기에 그것들이 사람을 죽이는 것으로만 알았습니다(고후 3:6). 그러나 그가 구약의 몇 구절들을 영적으로 해석하는 소리를 듣고서 나는 율법서와 선지서들은 그것들에 대해 적대적인 비판자들의 조롱 앞에서 전혀 방어될 수 없다고 믿었던 내 자신이 틀렸다는 것을 알게 되었습니다.

하지만 나는, 비록 어떤 이들이 기독교 신앙을 풍부한 논증을 통해 불합리하지 않게 주장하고 또 그 신앙에 대한 반대의견들을 논리적으로 반박할 수 있다고 할지라도, 그것이 곧 내가 그 신앙을 받아들여야 할 이유가 될 수는 없다고 생각했습니다. 그런 것은 내가 붙들고 있던 것을 정죄하기에는 충분하지 않았습니다. 양측 모두에게 동등하게 타당한 변증이 있을 수 있었습니다. 그래서 기독교 신앙은 내게 패배한 것으로도, 그렇다고 승리한 것으로도 보이지 않았습니다.

이제 나는 내 비판 능력을 사용해 마니교의 오류를 입증할 결정적인 근거들을 찾아보려 애썼습니다. 만약 그때 내가 영적 실체를 이해할 수만 있었다면, 마니교의 상상력이 꾸며낸 이야기들은 한꺼번에 무너졌을 것이고, 내 마음은 그 헛된 것들을 거부할 수 있었을 것입니다. 그러나 나는 그런 실체를 이해할 수 없었습니다. 하지만 나는 인간의 육체적 감각을 통해 접근할 수 있는 물질적 세계와 자연의 질서에 대해 생각하고 비교해 보는 동안 철학자들이 마니교도들보다는 합리적인 견해를 갖고 있다고 확신하게 되었습니다.

그래서 나는 아카데미 학파의 방법을 따라 모든 것을 의심해 보았습니다. 그리고 한동안 판단을 유보하고 머뭇거리다가 마침내 마니교를 떠나겠다고 결심했습니다. 나는 회의에 빠져 있던 시기에도 내가 철학자들보다 못한 종파에 더 이상 머물러 있어서는 안 된다고 생각습니다. 그러나 나는 구원자이신 그리스도의 이름을 갖고 있지 않은 이런 철학자들에게 내 영혼의 치료를 맡기는 것만큼은 전적으로 물리쳤습니다. 그래서 나를 인도해 줄 분명한 빛이 비출 때까지 당분간 내 부모가 그토록 권했던 교회의 세례지원자 상태로 남아 있기로 결심했습니다.

제6권

세속적 야망과
갈등

어머니가 밀라노로 찾아옴

이때 신앙심이 강했던 어머니가 온갖 위험 속에서도 주님을 의지하며 바다와 땅을 건너 나를 찾아 밀라노로 왔습니다. 위험한 항해를 하는 동안 어머니는 깊은 바다에 대한 경험이 없는 여행자들의 두려움을 무마하는 데 익숙해 있던 선원들을 오히려 격려했습니다. 어머니는 선원들에게 그들이 안전하게 항구에 닿을 것이라고 보장했습니다. 주님이 환상 속에서 그렇게 약속하셨기 때문입니다.

어머니는 내가 심각할 정도로 위험한 절망에 빠진 것을 알았습니다. 나는 진리를 발견할 수 있으리라는 모든 희망을 잃었습니다. 내가 어머니에게 나는 기독교인이 아니지만 더 이상 마니교도도 아니라고 말하자 어머니는 예기치 않았던 소식을 들은 것처럼 기뻐하지는 않았습니다. 이미 어머니는 나의 그런 가련한 상황에 대해 염려하는 일에서 자유로워져 있었습니다. 어머니는 내가 이미 죽은 사람이지만 주님이 다시 살려 주실 것으로 믿으며 기도하고 있었습니다. 마음속으로 어머니는 나를 관대(棺臺)에 실어 주님 앞에 드리고 있었습니다. 주님이 과부의 죽은 아들에게 말씀하셨던 것처럼 나를 향해서도 "젊은이야, 내가 네게 말한다, 일어나라"(눅 7:14)라고 말씀하시고 그로 인해 내가 다시 일어나 어머니에게 말을 건넬 수 있기를 바라는 마음으로 말입니다.

그러므로 어머니는 자신이 날마다 눈물로 기도했던 것 중 상당 부분이 이미 응답을 받았다는 소식을 듣고도 크게 흥분하지는 않았습니다. 나는 아직 진리에 도달하지는 못했지만 거짓으로부터는 구출되었습니다. 어머니는 주님이 모든 것을 이루어주시기로 이미 약속하셨기에 나머지도 허락하시리라고 확신하고 있었습니다. 그래서 어머니는 내게 자신은 세상을 떠나기 전에 내가 세례를 받고 기독교인이 되는 것을 보리라는 믿음을 갖고 있다고 조용하게 그러나 확신에 차서 말했습니다. 참으로 어머니는 내게 그렇게 말했습니다.

어머니는 자비의 샘이신 주님이 서둘러 도움을 베푸셔서 내 어둠을 밝혀주시기를 더욱 간절하게 그리고 더 많은 눈물을 흘리며 간구하기 시작했습니다. 어머니는 마치 그것이 "영생에 이르게 하는 샘물"(요 4:14)인 양 암브로시우스의 입에서 나오는 말을 듣기 위해 열심히 교회로 달려가곤 했습니다. 어머니는 내가 흔들리며 회의하는 상태가 된 것이 암브로시우스 때문이었다는 것을 알고는 그를 마치 "하나님의 천사"(갈 4:14)처럼 사랑했습니다. 나는 질병에서 벗어나 건강한 상태에 이르기 위해 그런 상태를 겪어야 했습니다. 그 상태는 의사들이 "중요한 징후"라고 부르는 회복 전 단계에서 일어나는 높은 열과 같은 것이었습니다.

어머니가 낡은 습관을 버림

어머니는 아프리카에서 하던 습관대로 성인들을 기념하는 작은 성당에 케이크와 빵과 포도주를 가지고 갔는데 그만 문지기에게 저지당했습니다. 어머니는 암브로시우스 주교가 그런 일을 금지시켰다는 것을 알고는 그 금지명령을 진심으로 유순하게 받아들였습니다. 나는 어머니가 주교의 금지명령에 반대하지 않고 그렇게 쉽게 자신의 습관이 잘못 되었음을 인정한 것이 놀라웠습니다. 사실 어머니 영혼은 과음에 사로잡혀 있지도 않았고, 술에 대한 사랑이 그녀로 하여금 진리를 거스르도록 부추길 정도도 아니기는 했습니다. 어머니는 교회의 의식(儀式)에 쓸 음식 바구니를 가지고 갈 경우 먼저 자신이 조금 맛을 본 후 나머지를 다른 사람들에게 나눠주었는데, 그때도 단지 자기 입에 맞도록 물로 희석시킨 포도주를 작은 잔에 따라 조금 마셨을 뿐입니다. 어머니의 관심은 헌신에 있었지 쾌락에 있지 않았습니다.

그러나 어머니는 그 유명한 설교가요 믿음의 지도자가 그런 의식이 마치 이방의 미신처럼 죽은 영혼들을 달래는 제물과 같다는 이유로, 또 그런 헌물(獻物)들이 술을 좋아하는 사람들이 취할 수 있는 핑계거리로 변질되는 것을 막기 위해서 술을 마시지 않는 사람들도 그런 헌물을 하지 말라고 명령했다는 것을 알고는 기꺼이 그 일을 그만두었습니다. 이로써 어머니는 땅에서 난 열매 바구니 대신 순수한 맹세로 가득 찬 마음을 순교자들의 무덤으로 가져가는 것을 배웠습니다.

일이 많았던 암브로시우스

나는 아직도 주님께 도움을 구하는 기도를 드리지 못했습니다. 내 마음은 지식 획득에 골몰했고 논쟁 때문에 분주했습니다. 나는 세상의 기준을 따라 암브로시우스가 행복한 사람에 속한다고 여겼습니다. 그는 위대하고 권력 있는 자들에게 존경을 받고 있었기 때문입니다. 다만 내가 보기에 그의 독신생활은 고통스러울 것 같았습니다. 그러나 나로서는 그가 어떤 소망을 갖고 있는지, 그의 특별한 지위 때문에 찾아오는 유혹들과 어떻게 싸우고 있는지, 역경 속에서 어떤 위로를 받는지, 그리고 그의 삶의 드러나지 않는 부분은 어떠한지, 즉 무슨 생각을 하는지, 주님이 주시는 양식을 먹고 소화시킬 때 어떤 달콤한 기쁨을 느끼는지 등을 판단할 만한 능력이나 경험을 갖고 있지 않았습니다.

그 역시 나의 정신적 위기와 나를 위협하는 위험의 깊이에 대해 알지 못했습니다. 나는 그에게 내가 하고 싶었던 질문을 할 수가 없었습니다. 많은 이들이 그에게 송사(訟事)거리들을 가져왔기에 그와 대화를 나눌 틈이 없었던 것입니다. 그는 사람들과 함께 있지 않을 때면—그런 시간은 아주 짧았습니다—음식과 독서를 통해 몸과 마음을 회복했습니다. 그가 독서할 때 보면, 그의 눈은 책장 위를 달리고 그의 마음은 뜻을 새기는 듯 보였으나, 그의 음성과 혀는 침묵을 지켰습니다. 그는 누군가 자기를 찾아오는 것을 막지 않았고, 방문객이 왔다는 사실을 큰소리로 알리게 하지도 않았습니다.

우리는 가끔 그를 찾아갔는데, 그때 대개 그는 조용히 책을 읽고 있었습니다. 그러면 우리는 한동안 조용히 앉아 있다가 그곳을 물러나왔습니다. 사실 그처럼 독서에 열중해 있는 이를 누가 감해 방해할 수 있겠습니까? 우리는 그가 다른 사람들의 문제로 인한 소란으로부터 자유로운, 그리고 자신의 정신을 새롭게 할 수 있는 그 짧은 시간에 또 다른 문제에 대해 생각하고 싶어 하지 않으리라고 생각했습니다.

우리는 그가 소리를 내지 않고 책을 읽는 이유가 혹시라도 어떤 사람이 자신이 책을 읽는 소리를 듣고 그 문제에 관심을 갖게 되어 자기가 그에게 그 책에 포함된 어려운 문제들에 대해 설명하거나 그와 더불어 그 문제들에 대해 토론을 벌여야 할 경우를 막고 싶어서가 아닌가 하는 생각을 했습니다(만약 그의 시간이 그런 식으로 사용된다면, 그는 그가 원하는 것만큼 책을 읽지 못할 것입니다). 아니면 그는 쉽게 쉬어버리는 그의 목청을 보호해야 할 필요 때문에 소리를 내지 않고 책을 읽었을 가능성도 있었습니다. 그가 그런 습관을 갖게 된 동기가 무엇이든, 그에게는 그렇게 해야 했던 충분한 이유가 있었을 것입니다.

짧은 면담만으로 충분했던 경우를 제외하고는, 나는 주님의 신탁(信託)이라고도 할 수 있는 그에게 내가 하고 싶었던 질문을 할 기회를 얻지 못했습니다. 그에게 내 속에서 들끓고 있던 문제들을 털어놓으려면 많은 시간이 필요했는데, 나는 그런 시간을 얻지 못했습니다. 그러나 나는 매주일 그가 "진리의 말씀을 올바르게 가르치는"(딤후 2:15) 소리를 들었습니다. 그로 인해 나는 어쩌면 우리가 우리를 속이는 자들(마니교도-역주)이 성경에 대해 제기했던 곤란한 문제들과 교활한 비방들을 모두 해결할 수도 있겠다는 확신을 갖게 되었습니다.

주님의 형상에 대해 고민함

또 나는 주님이 교회를 통해 은혜 안에서 다시 태어나게 하신 주님의 자녀들은 인간이 주님의 형상을 따라 창조되었다는 성경 본문을 나와는 다르게 이해한다는 것을 알게 되었습니다. 그들은 그 본문이 주님께서 사람의 몸의 형상에 묶여 있음을 의미한다고 믿거나 생각하지 않았습니다. 나는 내가 영적 실체가 어떻게 존재할 수 있는지에 대해서는 생각하거나 짐작해 본 적도 없으면서도 여러 해 동안 소리치며 반대했던 것이 사실은 기독교 신앙이 아니라 물질적 형상과 관련해 내 자신이 만들어 낸 허상이었음을 발견하고 부끄럽기도 하고 기쁘기도 했습니다. 나는 내가 깊은 연구를 통해 밝혀내야 할 것을 그저 비난할 것으로 단언했다는 점에서 아주 경솔하고 불경건했습니다.

가장 높이 계시지만 가장 가까이 계시고 가장 은밀한 가운데 계시지만 언제나 현존하시는 주님은 어떤 것은 크고 어떤 것은 작은 지체들을 갖고 계시지 않습니다. 주님은 어디에서나 전체로서 계시며 결코 공간에 제한되지 않으십니다. 분명히 주님은 우리와 같은 물질적 형체가 아니십니다. 그러나 주님은 인간을 주님의 형상대로 만드셨고, 인간은 머리부터 발끝까지 공간 안에 존재합니다.

자신의 견해가 틀렸음을 깨달음

나는 주님의 형상이 우리 안에 어떻게 존재하는지 알지 못했습니다. 따라서 나는 그런 믿음의 의미를 모욕하고 대적할 것이 아니라 오히려 그것에 대해 고민하고 탐구했어야 했습니다. 나는 확실하게 믿을 수 있는 것을 찾고자 하는 열망 때문에 내 영혼을 갉아먹고 있었습니다. 나는 자신이 오랫동안 마니교에 미혹되었다는 사실이 부끄럽고 괴로웠습니다. 확실성에 대한 약속에 속았던 나는 어린애처럼 어설프고 조급하게 여러 가지 불확실한 것들에 대해 마치 그것들이 확실한 것인 양 지껄여댔던 것입니다.

나는 훗날에야 그들의 주장이 틀렸다는 사실을 알게 되었습니다. 그러나 주님의 교회를 맹목적으로 대적하던 시기에 나는 그것들이 확실하지 않았음에도 마치 확실한 것처럼 간주했습니다. 교회가 진리를 가르치고 있는지는 아직 분명하지 않았습니다. 하지만 교회가 내가 함부로 비난했던 것과 같은 내용들을 가르치고 있지 않다는 것은 분명했습니다. 그래서 나는 부끄럽고 당황스러웠습니다. 그리고, 하나님, 나는 주님의 독생자의 몸인 주님의 교회가 그렇게 유치하고 어리석은 가르침을 갖고 있지 않다는 것, 그리고 그것이 건전한 교리를 통해 만물의 창조자이신 주님이 광대한 공간을 점유하고 계시다고도 또한 모든 면에서 인간의 몸과 같은 형태 안에 제한되어 계시다고도 주장하지 않는다는 것이 기뻤습니다.

또 나는 율법과 선지자들에 관한 오래된 책들(구약성경을 일컫는 말, 어거스틴 당시에는 한 권으로 된 성경전서가 존재하지 않았다 - 역주)을 읽을 때 이제 더 이상 그것들을 주님의 성도들이 그것들을 불합리하게 읽고 있다는 의심의 눈을 갖고 읽지 않게 된 것이 기뻤습니다. 전에 나는 주님의 성도들이 (실제로는 그렇게 하고 있지 않았음에도) 그것들을 불합리하게 읽고 있다고 비난했습니다. 또 나는 암브로시우스가 사람들에게 설교하면서 "문자는 사람을 죽이지만, 영은 사람을 살린다"(고후 3:6)는 말씀을 규범으로 삼아 추천하는 것을 보고 기뻤습니다. 그는 문자적으로 해석할 경우 잘못된 가르침을 제공할 수도 있는 본문들을 마치 신비스러운 베일을 벗기듯 영적으로 해석해냈습니다.

그는 내가 어렵다고 느낄 만한 것을 하나도 말하지 않았습니다. 그러나 나는 그가 말하는 것이 참으로 진리인지는 아직 몰랐습니다. 또다시 오류에 빠질까봐 두려웠던 나는 어떤 동의도 하지 않기로 작정했습니다. 그리고 그런 판단 중지 상태 속에서 더 심한 죽음의 고통을 겪었습니다. 나는 일곱에 셋을 더하면 열이라는 것을 확신할 수 있듯이 보이지 않는 것들에 관해 확신을 얻기를 바랐습니다(나는 일곱 더하기 셋이 열이라는 것도 그렇게 확실하지는 않다고 생각할 만큼 정신이 없지는 않았습니다). 그리고 나는 다른 것들도—그것들이 감각을 통해 직접 접근할 수 없는 물질적 대상이든, 혹은 물질적 용어로밖에는 묘사할 수 없는 영적인 문제이든 간에—그런 진리만큼 확실하게 이해할 수 있기를 바랐습니다.

만약 그때 내가 믿기만 했다면, 나는 치유될 수 있었을 것입니다. 그리고 그렇게 해서 내 마음의 눈이 깨끗해졌다면, 나는 어느 정도까지는 영원하고 완전한 주님의 진리를 발견할 수 있었을 것입니다. 그러나 돌팔이 의사에게 당한 경험이 있는 사람이 명의(名醫)에게도 자기 몸을 맡기려 하지 않는 것처럼, 마니교도에게 당했던 내 영혼 역시 마찬가지였습니다. 내 영혼은 오직 믿음을 통해서만 치유될 수 있었으나, 나는 또 다시 거짓을 믿게 되지 않을까 하는 두려움 때문에 고침 받는 것을 거절하고 있었습니다. 주님은 믿음이라는 치료약을 준비하시고, 세상의 온갖 병들에 그 약을 처방하시고, 그 약에 효능을 부여해 주셨지만, 내 영혼은 여전히 주님의 치료의 손길을 거부하고 있었던 것입니다.

믿음과 성경의 중요성을 깨달음

그러나 그때부터 나는 기독교 신앙을 마니교보다 좋아하게 되었습니다. 나는 기독교 신앙은 증명될 수 없는 것—그것에 대한 증명은 존재하지만 모두가 그 증명을 이해할 수는 없기 때문이거나, 아니면 문제 자체가 이성적인 증명이 불가능하기 때문이거나 간에—을 "믿으라"고 권한다는 점에서 마니교보다 훨씬 더 온건하고 정직하다고 느꼈습니다. 마니교는 지식에 대한 대담한 약속에 의지해 경신(輕信)을 조롱했고, 사람들에게 그것의 사실성 여부를 증명할 수 없는 수많은 터무니없고 우스꽝스런 신화들을 믿으라고 강요했던 것입니다.

그후 주님은 부드럽고 자비로운 손길로 조금씩 내 마음을 어루만지고 달래주셨습니다. 나는 내가 보지 않고도 믿고 있는 많은 것들, 즉 내가 태어나기도 전에 일어난 수많은 사건들, 한 번도 보지 못한 장소와 도시들에 관한 여러 가지 사실들, 그리고 친구나 의사나 사람들의 말만 듣고서 믿고 있는 여러 가지 것들에 대해 생각해 보았습니다. 귀로 들은 것을 믿지 않는다면 우리는 이 세상에서 아무 일도 할 수 없을 것입니다. 결국 나는 내가 내 부모에게서 태어났다는 것을 확신하고 있다는 사실에 생각이 미쳤는데, 그것은 내가 사람들에게서 들은 것을 믿지 않고서는 불가능한 일이었습니다.

그렇게 해서 주님은 내게 주님의 책(성경-역주)을 믿는 사람이 잘못이 아니라 오히려 그것을 믿지 않는 사람들이 잘못임을 가르쳐 주셨습니다. 사람은 오직 순수한 이성적 사고만으로 진리를 발견하기에는 너무 약하며, 그렇기에 성경의 권위에 의지해야 합니다. 만약 주님이 성경을 통해 사람들을 주님께 대한 믿음으로 이끌고 그것을 주님을 찾는 수단으로 삼으려는 뜻을 갖고 계시지 않았다면, 주님은 성경에 그처럼 탁월한 권위를 부여하시지도, 그것을 온 땅에 퍼뜨리지도 않으셨을 것입니다. 성경의 여러 구절들에 대해 설득력 있는 설명을 듣고 난 후, 나는 그동안 불합리한 것으로 여겼던 구절들의 심오하고 신비로운 의미를 이해할 수 있게 되었습니다.

즐거워하는 거지를 보고 괴로워함

그때 나는 명예와 돈과 결혼을 갈망하고 있었고, 주님은 그런 나를 비웃으셨습니다. 나는 그런 갈망 가운데서 큰 어려움을 겪었습니다. 그러나 사실 그것은 주님의 큰 은혜였습니다. 내가 주님이 아닌 것에서 달콤한 쾌락을 얻을 기회를 갖지 못하게 하셨다는 점에서 주님은 내게 아주 큰 은혜를 베푸셨던 것입니다. 오, 주님, 내 마음 속을 살펴주십시오. 내가 주님의 뜻에 순종해 이 모든 것을 회상하며 주님께 고백합니다. 주님이 내 영혼을 죽음의 끈끈이로부터 떼어주셨으니, 이제 내 영혼이 주님께만 붙어 있게 해 주십시오.

황제(Valentinian II, 375-392 – 역주)에게 바치는 찬사(讚辭)를 준비하던 날(384년 11월 경 – 역주), 나는 참으로 불행했으며, 주님은 내가 자신의 비참함을 아주 크게 느끼게 하셨습니다! 나는 그 찬사를 통해 많은 거짓말을 하고, 또한 그로 인해 그것이 진실이 아님을 알고 있는 사람들로부터 좋은 평판을 얻게 될 참이었습니다. 나는 그 일에 대한 염려 때문에 가슴이 두근거렸고, 근심으로 인한 고열 때문에 식은땀을 흘리며 밀라노 거리를 걷고 있었습니다. 그때 나는 한 불쌍한 거지를 보았는데, 그는 거나하게 취해 히죽히죽 웃고 있었습니다. 나는 그 모습을 보며 한숨을 지었고, 동행하던 친구들과 더불어 우리의 어리석음 때문에 초래된 여러 가지 고통들에 대해 이야기했습니다. 그 무렵에 우리는 그날 우리를 근심하게 만들었던 것과 같은 일을 하는 과정에서 야망의 회초리에 얻어맞으며 아주 힘겹게 불행이라는 짐을 끌고가고 있었습니다. 그리고 그 짐을 끌고가는 동안 우리의 사정은 더욱 나빠졌습니다.

우리의 유일한 목적은 걱정 없는 즐거움이었는데, 그 거지가 우리보다 앞서 이미 그런 상태에 도달해 있었습니다. 하지만 우리는 결코 그 상태에 이르지 못할 것 같았습니다. 왜냐하면 우리

는 그 거지가 구걸을 통해 얻은 동전 몇 개로 얻어낸 상태-일시적이지만 더 없이 행복한 즐거움-에 이르기 위해 고통스러울 만큼 비뚤어지고 우회하는 길을 걷고 있었기 때문입니다.

물론 그는 진정한 기쁨을 갖고 있지 않았습니다. 그러나 야망을 이루고자 하는 나의 추구는 그 거지의 기쁨보다 훨씬 더 헛된 것이었습니다. 그는 행복했고, 나는 염려 때문에 고통스러웠습니다. 그는 아무 근심이 없었고, 나는 번민하고 있었습니다. 만약 누군가 내게 즐거워하기를 원하는지 아니면 걱정으로 번민하기를 원하는지 묻는다면, 나는 "즐거워하기를 원한다"라고 대답했을 것입니다. 그러나 만약 그가 내게 그 사람 같은 거지가 되기를 원하는지 아니면 그 무렵의 나와 같은 부류의 사람이 되기를 원하는지 묻는다면, 나는 즉시 나와 같은 사람, 즉 걱정과 근심으로 가득 찬 사람이 되기를 원한다고 대답했을 것입니다. 이 얼마나 어리석은 선택입니까! 분명히 그것은 올바른 선택일 수 없을 것입니다. 왜냐하면 나는 내가 그 거지보다 많은 교육을 받았다는 이유로 자신을 그보다 높여서는 안 되었기 때문입니다.

내 영혼을 향해 다음과 같이 말하는 자들이 내게서 떠나게 해 주십시오. "기쁨의 근원의 질이 다르다. 거지는 술에서 기쁨을 찾았고, 너는 영광에서 기쁨을 찾고자 했다." 그러나 주님, 주님 안에 있는 것이 아니라면, 그 어떤 영광이 존재하겠습니까? 거지의 영광이 진짜가 아니었듯이 나의 영광도 마찬가지였습니다. 그리고 나의 거짓 영광은 내 머리를 주님으로부터 더 멀리 돌려놓았습니다. 그날 그 거지는 잠을 자고 일어나 숙취를 털어냈을 것입니다. 그러나 나는 숙취와 함께 잠을 자고 숙취와 함께 일어났습니다. 그리고 그후로도 여러 날 동안 그렇게 해야 했습니다.

물론 나도 사람의 기쁨의 근원에는 차이가 있다는 것을 압니다. 믿음으로 인한 소망의 기쁨은 헛된 기쁨과 비교할 수 없을 만큼 큽니다. 그러나 그때 거지와 나 사이에는 또 다른 차이가 있었습니다. 그는 나보다 훨씬 더 행복했습니다. 그것은 단순히 그가 기쁨에 취해 있을 때 나는 근심에 빠져 있었기 때문만은 아니었습니다. 오히려 그것은 그가 행인들에게 행운을 빌어주면서 포도주를 얻는 동안 나는 거짓을 말하면서 오만한 성공을 얻으려 하고 있었기 때문입니다. 이것이 내가 그때 나와 동행한 친구들에게 했던 말의 요지였습니다. 나는 그들의 상황이 내 상황과 닮았음을 자주 보았습니다. 나는 내 상태가 좋지 않다는 것을 알고 있었습니다. 그것은 나를 더 고통스럽게 했고 자신의 무익함을 더 깊이 느끼게 했습니다.

알리피우스를 변화시켰던 일

친구로서 함께 지내던 우리들은 종종 그런 생각을 하면서 한탄했습니다. 특별히 나는 알리피우스(Alypius)와 네브리디우스(Nebridius)와 함께 그런 문제들에 대해 자주 토론을 벌였습니다.

알리피우스는 나와 같은 고향 출신이었습니다. 그의 부모는 지역의 유지였습니다. 알리피우스는 나보다 어렸고 내가 고향에서 그리고 나중에 카르타고에서 교사노릇을 할 때 내 수업에 참석했습니다. 그는 내가 선하고 교양 있게 보인다며 나를 잘 따랐고, 나는 그의 변함없이 덕스러운 성품 때문에 그를 아꼈습니다. 그의 그런 성품은 어린 시절부터 이미 두드러졌습니다.

그러나 한때 그는 헛된 구경거리에 열을 올리던 카르타고 사람들에게 휩쓸려 원형극장에서 열리는 어리석은 경기에 빠져 있었습니다. 그가 안타깝게도 그런 것에 빠져 있었을 때, 나는 그곳의 수사학 선생으로 학생들을 가르치고 있었습니다. 그는 나와 자기 아버지 사이에 있었던 불화 때문에 내 수업을 듣지는 않고 있었습니다. 나는 그가 원형극장에서 열리는 경기에 아주 깊이 빠진 것이 걱정스러웠습니다. 그는 그 경기에 미쳐서 그의 전도양양한 미래를 포기하려 하거나 어쩌면 이미 포기한 듯 보였습니다. 하지만 나로서는 우정을 통해서든 교사의 권위를 통해서든 그에게 압력을 행사해 그가 정신을 차리게 할 방법이 없었습니다. 더구나 나는 그가 나에 대해 품고 있는 생각이 그의 아버지의 그것과 같으리라고 어림짐작하고 있었습니다. 그러나 사실 그는 나를 그렇게 생각하지 않았습니다. 그래서 그는 자기 아버지의 뜻을 무시한 채 내게 인사를 하기 시작했고, 내 강의실을 찾아와 얼마간 강의를 듣다가 나가기도 했습니다.

나는 그에게 분별없이 헛된 경기에 열중하느라 좋은 능력을 망치지 말라고 설득하려 했지만, 어찌된 일인지 그만 깜빡 잊고서 그 충고를 하지 못했습니다. 그러나 주님, 창조하신 모든 것을 다스리고 주관하시는 주님은 주님의 아들들 중에서도 주님께 드리는 예배를 주관하는 사제가 될 그를 잊지 않으셨습니다. 비록 나를 대리자로 사용하셨을지라도, 그의 삶을 고쳐 주신 분은 참으로 주님이셨습니다.

어느 날 나는 학생들 앞에 있는 내 자리에 앉아 가르치고 있었는데 알리피우스가 들어와 인사를 하더니 자리에 앉아 내 강의에 귀를 기울였습니다. 그때 나는 학생들에게 어느 책의 본문을 풀어서 설명해 주고 있었습니다. 설명을 하는 동안 나는 내 말의 요점을 분명히 하기 위해 원형극장의 검투경기를 예로 드는 것이 적절할 것 같다고 생각했습니다. 그래서 나는 그 사악한 일에 빠진 사람들을 신랄하게 비꼬았습니다.

그러나 주님은 아실 것입니다. 당시 내가 알리피우스를 그 전염병으로부터 구하겠다는 생각을 했던 것이 아니라는 것을 말입니다. 하지만 그는 내 말을 마음에 새겼고, 내가 그 말을 자기에게 한 것으로 믿었습니다. 그 훌륭한 젊은이는 다른 사람 같으면 화를 낼 수도 있을 말을 듣고도 오히려 그것을 자신에게 화를 내고 나를 더 뜨겁게 사랑할 계기로 삼았습니다.

주님은 오래 전에 말씀하셨습니다. "지혜로운 사람은 꾸짖어라. 그가 너를 사랑할 것이다"(잠 9:8). 나는 그를 꾸짖지 않았습니다. 그러나 주님은 모든 사람을, 그가 그런 사실을 알든 모르든, 주님이 정하신 질서를 따라 사용하십니다. 주님은 내 마음과 혀를 불타는 숯불로 만드셨고, 그것을 사용해 밝은 미래를 갖고 있으면서도 헛것에 사로잡혀 있던 사람의 마음에 뜸을 뜨셨습니다.

내 말을 들은 알리피우스는 자기가 빠져들었던, 그리고 그 안에서 놀라운 쾌락 때문에 눈이 멀었던 구덩이로부터 뛰쳐나왔습니다. 그는 자기를 엄격하게 통제하면서 정신을 차렸고, 원형극장에서 묻었던 모든 더러운 것들을 털어버렸습니다. 그리고 그곳을 찾아가는 일을 그만두었습니다. 또 그는 썩 내켜하지 않는 자기 아버지를 설득해 내 강의를 들어도 좋다는 허락을 받아냈습니다. 그의 아버지는 고집을 꺾고 아들의 요구를 허락했습니다. 그는 내 강의에 참석하기 시작했고, 나와 함께 마니교라는 미신에 빠져들었습니다. 그는 마니교도들의 금욕적인 모습에 감탄했습니다. 그는 그것이 참되고 거짓이 없는 것이라고 생각했습니다. 그러나 그들의 금욕은 깊이 있는 덕에 이르지 못하고 피상적인 것들에 쉽게 속아 넘어가는 귀한 영혼들을 사로잡는 미혹하는 함정이었습니다. 그것은 덕의 그림자와 흉내에 불과했습니다.

알리피우스는 그의 부모가 그에게 늘 강조하던 세상적인 성공을 포기하지 못했습니다. 그래서 그는 법률을 공부하기 위해 나보다 앞서 로마로 떠났습니다.

알리피우스의 탁월한 성품,
네브리디우스의 진리 추구

훗날 나는 로마에서 알리피우스와 다시 만났습니다. 그곳에서 그는 마치 강력한 끈에 묶인 듯 나를 따랐습니다. 그리고 나와 헤어지지 않기 위해, 그리고 자신이 공부한 법과 관련된 일을 하기 위해 밀라노까지 나를 따라왔습니다. 그는 이미 세 번이나 재판보좌관 역할을 했는데(로마의 법원에서는 숙련되지 않은 법관들이 재판보좌관 자격으로 숙련된 법관 곁에 앉는 관행이 있었다-역주), 그때 그는 다른 이들에게 놀랄 만한 청렴함을 보여 주었습니다. 그는 사람들이 정직함보다 돈을 좋아하는 것을 보고 놀랐습니다.

로마에서 그는 이탈리아 재무장관의 재판보좌관이었습니다. 그때 아주 막강한 원로원 의원 하나가 있었는데, 그는 많은 사람들을 뇌물이나 협박을 통해 통제하고 있는 자였습니다. 그는 늘 그랬던 것처럼 불법으로 무언가를 얻기 위해 알리피우스에게 영향력을 행사하려 했습니다. 그러나 알리피우스는 그에게 맞섰습니다. 뇌물에 대한 약속이 있었으나, 그는 그것을 단호하게 거절했습니다. 협박이 가해졌으나, 그는 그것을 무시했습니다. 알리피우스는 다른 사람들에게 이익을 줄 수도 있고 해를 끼칠 수도 있는 그 원로원 의원과 친구가 되기를 바라지 않았을 뿐 아니라 적이 되는 것까지도 두려워하지 않았기에 많은 이들이 그의 비범한 성품에 놀랐습니다. 알리피우스가 보좌하던 재무장관도 그 의원의 청원을 기각하고 싶었습니다. 하지만 그는 드러내놓고 그렇게 하지는 못하고 알리피우스에게 책임을 전가했습니다. 그는 자신이 그 청원을 받아들이는 것을 알리피우스가 허락하지 않으리라고 핑계를 대면서 빠져나갔던 것입니다. 사실, 만약 그가 그 청원을 받아들였다면, 알리피우스는 사표를 던졌을 것입니다.

한 가지 일이 그를 빗나가게 할 뻔 했는데, 그것은 책에 대한 그의 열정 때문에 일어난 일이었습니다. 그는 자신이 개인적으로 사용할 책들의 사본을 정부의 특별 가격으로 만들 수 있었습니다. 그는 그렇게 하는 것이 공정한가를 곰곰이 생각했습니다. 그리고 그는, 비록 그것이 자기에게 허락된 특권이기는 하나, 그렇게 하지 않는 것이 더 고결한 일이라고 판단했습니다. 결국 그는 그 특권을 사용하지 않고 보다 나은 쪽을 택했습니다.

사실 그것은 아주 작은 일이었습니다. 그러나 "지극히 작은 일에 충실한 사람은 큰일에도 충실합니다"(눅 16:10). 주님의 진리의 입에서 나온 말씀은 결코 헛되지 않습니다. "너희가 불의한 재물에 충실하지 못하였으면, 누가 너희에게 참된 것을 맡기겠느냐? 또 너희가 남의 것에 충실하지 못하였으면, 누가 너희에게 너희의 몫인들 내주겠느냐?"(눅 16:11-12). 바로 그것이 당시 나를 따르면서 나와 더불어 어떤 삶의 방식을 택해야 할지 토론하며 방황하던 알리피우스의 성품이었습니다.

네브리디우스 역시 카르타고 인근에 있는 그의 고향, 그가 대부분의 시간을 보냈던 카르타고, 그리고 자기 아버지의 많은 유산과 어머니를 뒤로 한 채 밀라노로 왔습니다. 진리와 지혜를 향한 열정으로 불타오르던 그가 밀라노까지 온 유일한 이유는 나와 함께 지내기 위함이었습니다. 그는 나처럼 탄식했고, 나처럼 방황했습니다. 그는 행복한 삶을 추구하는 일에 열심이었고, 아주 어려운 문제들을 날카롭게 파고드는 사람이었습니다.

그렇게 해서 밀라노에는 허기진 입이 셋이나 있었습니다. 우리는 우리의 빈궁한 상태를 걱정하며 함께 한숨을 내쉬었고, 주님이 때를 따라 먹을거리를 주시기를 기다리고 있었습니다(시 145:15). 주님의 자비 때문에 당시 우리가 수행하던 세상일들에는 늘 고통이 뒤따랐고, 그로 인해 우리는 우리가 왜 그런 일을 겪어야 하는지에 대해 생각했습니다. 우리 주변에는 온통 어둠뿐이었고, 그로 인해 우리는 실망하며 말했습니다. "이런 상태가 얼마나 오랫동안 계속될까?" 우리는 자주 그런 식으로 말했습니다. 그러나, 비록 그렇게 말하기는 했으나, 우리는 그런 일들을 포기하지는 않았습니다. 그런 일들을 포기한 후에 붙잡을 수 있는 확실한 진리가 아직 없었기 때문입니다.

계속되는 방황

열아홉 살 때 나는 지혜를 발견하기만 하면 모든 헛된 희망과 무의미하고 어리석은 욕심을 버리겠노라고 결심한 적이 있습니다. 그러나 그렇게 지혜에 대한 열정으로 불타올랐던 때로부터 얼마나 많은 시간이 흘렀는지를 회상하자 나는 무척 걱정이 되었습니다. 나는 이미 삼십대로 접어들고 있었으나 여전히 아무것도 결정하지 못한 채 과거와 동일한 늪에 빠져 헐떡이고, 나의 집중력을 분산시키는 덧없는 쾌락을 갈망하고 있었습니다. 그러면서 나는 다음과 같이 혼잣말을 했습니다.

"내일이면 지혜를 발견하게 될 것이다. 보라, 그것은 명백하게 드러날 것이고, 그러면 나는 그것을 붙들 것이다. 파우스투스가 와서 모든 것을 설명해 줄 것이다. 오, 위대한 아카데미 학파 철학자들이여, 삶의 질서와 관련해 확실한 것이 아무것도 없다는 것은 사실이다. 그러나 우리는 더 부지런히 그것을 찾아야 하고 낙심하지 말아야 한다. 보라, 이제 나는 교회의 책들이 엉터리가 아니라는 것을 안다. 엉터리 같아 보이던 그것들은 교화를 위한 또 다른 방식으로 이해될 수 있다. 그러므로 확실한 진리를 발견할 때까지 나는 소년 시절에 부모님이 나를 인도해 갔던 교회의 계단 위에 발을 붙이고 서 있겠다.

"그러나 그 진리를 언제 어디에서 찾을 수 있을까? 암브로시우스는 바쁘다. 나 역시 독서할 시간조차 없다. 필요한 책들은 어디에서 찾아야 하는가? 언제 어디에서 그것들을 얻을 수 있을까? 그것들을 누구에게서 빌릴 수 있을까? 영혼의 건강을 위해 일정한 시간을 비워 두어야 한다.

"커다란 희망이 솟아올랐다. 교회의 신앙은 내가 생각했던 것을 가르치지 않는다. 그러므로 내가 그것을 비판했던 것은 실수였다. 교회 안에 있는 박식한 사람들은 하나님이 인간의 몸의 형태에 묶여 있다고 믿는 것이 잘못이라고 주장한다.

"왜 나는 다른 모든 곳으로 통하는 길을 열어 줄 문을 두드리기를 주저하는가? 학생들은 우리의 아침 시간만 차지하고 있을 뿐이다. 그러니 우리는 나머지 시간에 무엇을 해야 하는가? 왜 우리는 우리의 문제를 탐구하지 않는가? 그러나 그런 문제들을 탐구하느라 시간을 쓴다면, 우리는 언제 우리를 후원해 주는 영향력 있는 이들에게 인사를 드리러 가야 하는가? 학생들이 수업료를 지불하는 강의는 언제 준비해야 하는가? 또 언제 긴장된 근심거리들로부터 벗어나 휴식을 취할 수 있는가?

"이런 모든 생각들을 떨쳐버리자. 헛되고 공허한 모든 야망들을 밀쳐두고, 오직 진리를 탐구하는 일에만 집중하자. 인생은 비참하고, 죽음의 때는 불확실하다. 죽음은 우리를 갑자기 데려갈 수 있다. 우리는 어떤 상태에서 이생과 이별하게 될까? 우리는 이생에서 게을리 했던 것들을 다른 어디에서 배울 수 있을까? 오히려 우리는 이런 게으름 때문에 벌을 받아야 하지 않을까? 죽음이 정신을 멸절함으로써 모든 근심을 끝낸다면 어떻게 되겠는가? 이것 역시 면밀한 탐구가 필요한 문제이지만, 실제로 그렇지는 않을 것이다.

"기독교 신앙의 권위가 드높고 온 세상에 퍼져 있는 것은 아무것도 아닌 게 아니며, 의미가 없는 것도 아니다. 만약 육체의 죽음과 함께 영혼의 생명도 멸절되는 것이라면, 하나님은 우리를 위해 아무것도 하실 수 없을 것이다. 그렇다면 왜 우리는 속된 희망을 버리고 자신을 전적으로 하나님과 행복한 삶에 바치기를 주저하는 것인가?

"그러나 잠깐만! 세속적인 성공은 달콤하다. 그 성공의 맛은 여간 달콤한 게 아니다. 우리는 피상적인 결정을 통해 그런 성공을 멀리하려고 해서는 안 된다. 왜냐하면 나중에 다시 그것으로 돌아가는 것은 수치스러운 일이 될 것이기 때문이다. 고위직에 오를 생각을 하는 것은 굉장한 일이다. 어떤 세상적 상급이 그보다 더 바람직할 수 있겠는가? 우리에게는 여러 명의 영향력 있는 친구들이 있다. 그러니 우리가 한 마음으로 뭉쳐서 밀어붙인다면, 작은 지방의 지사 자리 하나 꿰차는 것은 가능할 것이다. 무거운 생활비 부담을 덜려면 돈 많은 여자와 결혼할 필요가 있다. 그리고 그것이야말로 우리가 가장 바라는 것이다. 본받을 만한 가치가 있는 수많은 위인들이 결혼생활과 지혜에 대한 탐구를 결합시키지 않았는가?"

그것이 그 무렵에 내가 중얼거리던 혼잣말이었습니다. 이런 갈망들은 내 마음을 이리저리 흔들어놓았습니다. 그러면서 시간이 흘러갔습니다. 나는 주님께 돌아가는 일을 늦췄고, 주님 안에서 생명을 찾는 일을 날마다 미뤘습니다. 그러나 나는 내가 매일 내 자신 안에서 죽어가고 있다는 사실만은 미루지 못했습니다. 나는 참으로 행복한 삶을 바랐습니다. 그러나 나는 행복한 삶이 있는 곳을 두려워했고, 그곳으로부터 달아나면서 동시에 그곳을 찾고 있었습니다.

그 무렵에 나는 만약 내가 여인의 품을 빼앗긴다면 아주 불행해질 거라고 생각했습니다. 나는 주님이 주시는 자비라는 치료약이 나의 그런 연약함을 고칠 수 있으리라고 생각하지 않았습니다. 그 약효를 시험해 보지 않았기 때문입니다. 나는 개인적인 노력을 통해 절제를 행할 수 있다고 믿었습니다. 나는 너무도 어리석었기에 주님이 허락하시지 않으면 아무도 절제할 수 없다는 것을 몰랐습니다. 만약 내 영혼의 신음소리가 주님의 귀를 울렸다면, 그리고 내가 확고한 믿음을 갖고서 주님께 내 근심을 내려놓았다면, 주님께서는 분명히 내게 절제의 능력을 주셨을 것입니다.

알리피우스와 독신생활에 관해 토론함

알리피우스는 내가 결혼하는 것을 만류했습니다. 그는 만약 내가 결혼을 한다면 우리가 함께 살 수 없을 뿐 아니라, 또한 우리가 오랫동안 꿈꿔 왔던 대로 아무 근심 없이 지혜에 대한 사랑에만 매진할 수 없을 거라고 했습니다. 사실 그 무렵에 그는 성 문제와 관련해 놀랄 만큼 완벽한 생활을 하고 있었습니다. 물론 그 역시 청년기에 들어서면서 성 경험을 했지만 그것을 계속하지는 않았습니다. 오히려 그는 그것에 대해 혐오감을 느끼고 그것을 경멸하게 되었습니다. 그리고 그후로 그는 완전히 금욕하며 살았습니다.

나는 그런 그에게 결혼을 하고서도 여전히 지혜를 연마하고, 하나님을 기쁘게 하고, 충실하고 사랑스런 우정을 유지했던 사람들의 예를 들면서 맞섰습니다. 물론 나는 영혼의 위대함이라는 측면에서 그들에게 훨씬 못 미쳤습니다. 육체의 병적인 충동과 치명적인 쾌락에 족쇄가 채워진 나는 그 족쇄를 절그럭거리며 끌고 다녔지만 그것으로부터 해방되려고 하지 않았습니다. 나는, 마치 누군가에게 얻어맞아 상처를 입은 사람이 그렇게 하듯이, 나를 묶고 있던 족쇄를 풀어 주고자 했던 이의 좋은 충고를 무시했습니다. 게다가 내가 알리피우스에게 한 말은 뱀의 유혹이나 다름없었습니다. 나는 알리피우스의 정직하고 족쇄가 채워지지 않은 발을 걸어 넘어뜨리기 위해 내 혀를 이용해 그의 길 위에 올가미를 설치했기 때문입니다.

그는 자기가 그토록 존경하는 내가 성적 쾌락에 단단히 붙들려 있는 것에 놀랐습니다. 그 주제에 대해 토론할 때마다 나는 그에게 금욕적 삶을 살아가는 것은 내 능력을 넘어서는 일이라고 주장했습니다. 나는 그가 깜짝 놀라는 것을 보고 자신을 변호했습니다. 나는 그에게 이제는 기억조차 희미하기에 별 어려움 없이 무시해 버릴 수 있는 그의 어설펐던 성 경험과 이미 습관화된 쾌락이 되어버린 나의 성 경험 사이에는 큰 차이가 있다고 말했습니다. 또 나는 그에게, 만약 현재의 내 삶에 결혼이라는 영예로운 이름이 붙어있다면, 내가 그 삶을 포기하지 못하는 것에 대해 그가 놀랄 이유는 없을 것이라고 말했습니다.

그렇게 해서 그는 결혼을 꿈꾸기 시작했습니다. 그것은 성적 쾌락에 대한 열망 때문이 아니라 호기심 때문이었습니다. 그는 내게 말하기를, 자기는 내가 그것이 없다면 내 삶을 삶이 아니라 고문으로 여기도록 만드는 성 생활이란 게 도대체 무엇인지 알고 싶다고 했습니다. 성의 사슬에서 자유로웠던 그는 내가 그 사슬에 묶여 있는 것에 놀랐습니다. 또 그는 그런 놀람을 넘어서 스스로 그것을 경험해 보고자 하는 욕구를 갖게 되었습니다. 만약 그가 실제로 그렇게 했다면, 그는 그를 놀라게 했던 그리고 내가 빠져 있던 수렁 속으로 조금씩 빠져 들었을 것입니다. 그는 "죽음과 언약을"(사 28:15) 맺고자 했는데, "위험을 사랑하는 자"(집회서 3:26)는 그 안에 빠지기 마련입니다.

그러나 그나 나나 결혼의 아름다움이 결혼의 규율을 존중하고 자녀들을 양육하는 의무를 수행하는 데 있다는 생각은 하지 못했습니다. 나를 가장 괴롭혔던 것은 만족을 모르는 성욕을 채우고자 하는 나의 습관이었습니다. 그리고 알리피우스는 단지 호기심 때문에 그런 포로 상태를 향해 끌려가고 있었습니다. 오, 가장 높으신 주님, 바로 그것이 진흙과도 같은 우리를 버리지 않으시는 주님이 가엾은 우리를 불쌍히 여기셔서 놀랍고 신비로운 방법으로 도우시기 전까지의 우리의 실상이었습니다.

어머니의 성화 때문에 한 약혼

결혼을 하라는 압력은 만만치가 않았습니다. 나는 어머니의 성화 때문에 어느 소녀에게 청혼을 하고 결국 그녀와 약혼을 했습니다. 어머니는 내가 결혼을 하면 구원에 이르는 세례의 물로 죄를 씻게 되리라고 믿었습니다. 그러므로 어머니는 날마다 내가 결혼할 마음을 굳혀가고 있는 것을 보고 기뻐했습니다. 또 어머니는 내 신앙 안에서 자신의 서원과 주님의 약속이 성취되어 가는 것을 보았습니다.

그때 어머니는 나의 요청 때문에 그리고 어머니 자신이 원해서 날마다 마음에서 우러나오는 통렬한 울음으로 주님께 간구했습니다. 어머니가 간구했던 것은 주님이 환상을 통해 내가 결혼 후에 어떤 일이 일어날지 보여 달라는 것이었습니다. 그러나 주님은 그것을 허락하지 않으셨습니다. 어머니는 어떤 허망하고 환상적인 이미지들을 보았는데, 그것은 응답을 바라는 절실한 관심 때문에 나타나는 인간의 영혼의 노력의 산물에 불과했습니다.

어머니가 내게 해 준 설명은 전에 주님이 어머니에게 미래에 일어날 일을 보여 주셨을 때와 같은 확신을 갖고 있지 않았습니다. 어머니는 자신이 본 것에 대해 그저 대수롭지 않은 듯 말했습니다. 어머니는 자기가 말로는 표현할 수 없는 어떤 느낌을 통해 주님이 주신 환상과 그저 자신의 영혼이 꾼 꿈을 구별할 수 있다고 말했습니다. 그럼에도 결혼에 대한 압박은 계속되었습니다. 내가 청혼했던 여자는 결혼할 수 있는 나이에서 두 살이나 모자랐습니다(당시 결혼을 위한 최소 연령은 12세였다-역주). 그러나 그녀는 나를 마음에 들어 했고, 나는 그녀가 나이가 찰 때까지 기다리기로 했습니다.

제6권 세속적 야망과 갈등

친구들과 공동생활을 하려던 계획

나와 어울리던 친구들 사이에서 한 가지 계획에 대한 논의가 시작되었습니다. 인간의 삶의 소란함과 괴로운 문제들을 혐오했던 우리들은 속세를 떠나 한적한 명상의 삶을 살아가자는 데 의견을 모았고, 그렇게 하기로 거의 결심을 굳혔습니다. 우리가 그런 한적한 생활을 시작할 방법은 다음과 같았습니다. 우리는 각자의 소유를 다 모아 공동 재산을 만들고 그것으로 하나의 단일한 가족을 이루기로 했습니다. 우리는 신실한 우정을 통해 아무것도 개인의 재산으로 여기지 않고, 모든 재산을 각자의 것인 동시에 모두에게 속한 것으로 만들 참이었습니다.

우리는 이 공동체에 열 명 정도의 사람들을 끌어들일 수 있으리라고 생각했습니다. 우리 중 몇 사람은 아주 부자였습니다. 그들 중에 내 고향 출신인 로마니아누스(Romanianus)가 있었는데, 당시 그는 그의 재산과 관련된 몇 가지 심각한 사건들 때문에 그 도시에 와서 법정에 출입하고 있었습니다. 그는 어릴 적부터 나의 절친한 친구였고, 우리가 세운 계획에 대한 든든한 후원자였습니다. 또한 그는 우리 중에서 가장 부자였기에 그의 의견은 우리를 설득하는 데 큰 영향을 주었습니다.

우리는 우리 중 두 사람을 1년 임기의 관리인으로 선출해 그들로 하여금 우리에게 필요한 모든 것들을 책임지게 하고 나머지 사람들은 그런 문제들에 대한 근심에서 해방시키고자 했습니다. 그러나 우리 중 몇 사람은 이미 결혼한 상태였고 나와 알리피우스는 결혼을 원하고 있었기에 과연 그런 생각이 우리의 아내들에게 수용될 수 있을지에 대한 의문이 제기되었습니다. 그렇게 해서 우리가 그토록 훌륭하게 계획을 세웠던 모든 일이 우리 자신에 의해 와해되고 말았습니다. 그후 우리는 탄식하고 신음하면서 다시 세상이 잘 다져놓은 넓은 길을 따르게 되었습니다. 우리의 마음에 많은 생각이 있을지라도, "주의 도모는 영원히 흔들리지 않으며, 마음에 품으신 뜻은 대대로 끊어지지 않습니다"(시 33:11). 주님은 그런 도모(圖謀)를 통해 우리의 계획을 비웃으셨고, 우리를 위한 주님 자신의 계획을 이루실 준비를 하셨습니다. 주님의 계획은 때를 따라 우리에게 먹을거리를 주시고 우리의 영혼에 은혜를 내리시는 것이었습니다(시 145:15-16).

동거하던 여자를 버리고 다른 여자와 동거함

그러는 동안 내 죄는 더욱 커져갔습니다. 나는 습관적으로 잠자리를 같이 하던 여인과 억지로 헤어져야 했습니다. 그녀가 내 결혼에 걸림돌이 되었기 때문입니다. 그 여인을 향한 내 마음은 심각한 상처를 입어 피를 흘려야 했습니다. 그녀는 절대로 다시는 남자를 사랑하지 않으리라고 맹세하며 아프리카로 돌아갔습니다. 그녀는 내게 아들 하나를 남겼습니다. 그러나 비참하게도 나는 그 여인이 한 맹세를 따라 할 능력조차 없었습니다. 내가 약혼한 소녀와 잠자리를 하려면 적어도 두 해를 기다려야

했는데, 나는 그렇게 오랫동안 참을 수가 없었습니다. 나는 결혼을 사랑하는 자가 아니라 정욕의 노예였기에 결국 또 다른 여자를 얻었습니다. 물론 아내로 얻은 것은 아니었습니다. 이 간통으로 인해 내 영혼의 병은 계속되었을 뿐 아니라 더 심해졌습니다. 그렇다고 이전의 여인과의 이별 때문에 생긴 상처가 치유된 것도 아니었습니다. 염증이 생기고 날카로운 고통이 있은 후 그 상처는 곪기 시작했습니다. 그리고 그로 인해 나는 고통에 대해서는 무감각해졌으나 더 절망적인 상태가 되었습니다.

죽음과 심판에 대한 공포

자비의 샘이시여, 주님께 찬양과 영광을 돌립니다! 내가 비참해질수록 주님은 내게 더 가까이 다가오셨습니다. 주님은 이미 주님의 오른 팔로 나를 수렁에서 건져낼 준비를 하고 계셨으나 나는 그것을 몰랐습니다. 내가 더 깊은 성적 방종의 소용돌이 속으로 빠져들지 않은 것은 내가 한 번도 잊어본 적이 없는 죽음과 다가오는 주님의 심판에 대한 두려움 때문이었습니다.

그 무렵에 나는 자주 알리피우스와 네브리디우스와 함께 선과 악의 궁극적 본질에 대해 토론했습니다. 만약 그 무렵에 내가 사람이 죽은 후에도 그의 영혼은 살아남아서 그가 이 세상에서 한 일의 결과에 따라 상이나 벌을 받는다고 믿지 않았다면, 아마도 에피쿠로스(Epicurus, 341-270 B.C., 쾌락주의를 주창했던 그리스 철학자—역주)가 나를 누르고 승리의 월계관을 받았을 것입니다. 에피쿠로스는 그런 믿음을 거부했기 때문입니다.

나는 그 친구들에게 물었습니다. "만약 우리가 불멸하면서 육체적 쾌락을 누리되 그것을 잃어버릴 염려가 없다면, 어째서 우리가 행복해져서는 안 되는 것인가? 어째서 우리가 행복 외에 다른 무언가를 찾아야 하는가?" 나는 바로 그것이 우리의 비참함을 보여 주는 것임을 깨닫지 못했습니다. 진흙탕 속에 너무 깊이 빠져서 눈이 멀어 있던 나는 그 자체가 목적이 되어야 하는 윤리적 선과 아름다움의 빛에 대해 생각할 수 없었습니다. 왜냐하면 그 빛은 육체의 눈이 아니라 오직 내적 분별력을 통해서만 볼 수 있는 것이기 때문입니다.

어둠에 빠져 있던 나는, 내가 친구들과 즐겁게 논의했던 그런 문제들이(사실 그것들은 아주 혐오스러운 것이었습니다) 얼마나 헛된 것에서 유래하는지에 대해 생각해 보지 않았습니다. 또 나는 만약 내 곁에 친구들이 없다면 내가 아무리 큰 육체적 쾌락에 빠질지라도 행복해질 수 없다는 것에 대해서도 생각해 보지 않았습니다. 그러나 나는 내 친구들을 진실로 사랑했습니다. 그리고 그 친구들 역시 나를 그렇게 사랑한다고 느꼈습니다.

아, 구부러진 길이여, 주님을 떠나면 좀더 좋은 것을 발견하리라고 생각했던 분별없는 영혼에 화가 있으라! 내 영혼이 등으로, 옆구리로, 배로 돌아누우며 엎치락뒤치락 했을지라도, 내게는 모든 것이 불편했을 뿐입니다. 쉼은 오직 주님께만 있습니다. 주님은 늘 우리 곁에 계시고 비참한 오류로부터 우리를 해방시켜 주십니다. 그리고 주님은 우리를 주님의 길 위에 올려놓으시고 위로하며 말씀하십니다. "내가 너희를 안고 다니고, 너희가 백발이 될 때까지 내가 너희를 품고 다니겠다"(사 46:4).

제7권

신플라톤주의적 지식의 추구

하나님이 공간을 차지하는 것으로 생각함

이제 악하고 무도했던 청년시절은 지나가고 나는 어느덧 장년이 되었습니다. 그러나 부끄럽게도 나는 나이가 들어갈수록 더욱더 공허한 생각에 빠져들었습니다. 나는 눈으로 볼 수 있는 것 외에는 그 어떤 다른 실체에 대해서도 생각할 수 없었습니다. 오, 하나님, 나는 주님이 인간의 몸의 형체를 갖고 계시다고 생각할 수가 없었습니다. 철학을 공부하기 시작한 후 나는 늘 그런 생각을 멀리해 왔습니다. 그리고 나는 영적인 어머니인 교회의 신앙 안에서 이와 동일한 생각을 발견했을 때 매우 기뻤습니다. 그러나 나는 여전히 주님을 달리 어떤 방식으로 생각해야 할지 몰랐습니다. 단순할 뿐 아니라 심각한 결함을 지닌 인간인 나는 주님을 가장 높으시고, 유일하시고, 참되신 하나님이라고 생각하고자 했습니다. 나는 진심으로 주님은 썩지 않으시고, 상처받지 않으시고, 변하지 않으신다고 믿었습니다. 비록 어째서 그리고 어떻게 그런 것인지 알 수는 없었지만, 나는 썩을 수 있는 것은 썩을 수 없는 것보다 못하다고 확신했습니다. 또한 상처받을 수 없는 것은 상처받을 수 있는 것보다, 변하지 않는 것은 변할 수 있는 것보다 더 높은 존재라고 주저 없이 믿었습니다.

내 마음은 내 상상력이 만들어낸 모든 환상들을 맹렬하게 거부했습니다. 그리고 나는 위에서 말씀드린 확신을 갖고서 내 마음의 눈 주위를 맴돌고 있는 불결한 파리 떼를 일거에 쫓아내고자 했습니다. 그러나 그렇게 쫓겨났던 관념들은 다시 내 앞으로 떼를 지어 달려와 내 시야를 가렸습니다.

나는 주님이, 비록 사람의 육체처럼은 아니지만, 이 세상 안에 혹은 심지어 이 세상 바깥의 무한한 공간에 퍼져서 그 공간을 점유하고 있는 "물질적인 그 무엇"이라고 상상했습니다. 확실히 나는 그 "무엇"을 썩지 않고 훼손되지 않고 변하지 않는 것으로 생각했고, 그것을 썩고 훼손되고 변하는 것보다 높이 평가했습니다. 나는 공간을 차지하지 않는 것은 그 어떤 것이라도 비존재, 즉 절대적 무(無)라고 생각했습니다. 나는 그것은 진공(眞空)조차 아니라고 생각했습니다. 왜냐하면 진공이란 어떤 공간에서 물체가 제거되고 그 공간이 물질적인 그 어떤 것도—그것이 땅이든 물이든 공기든 하늘이든 간에—갖고 있지 않은 채로 남아 있는 것이기 때문입니다.

그렇게 나는 내 생명의 생명이신 주님까지도 아주 커다란 존재, 즉 무한한 공간 속으로 스며들고, 세상의 모든 곳과 세상

너머의 끝없이 펼쳐진 공간 속으로 퍼져나가는 존재라고 생각했습니다. 그래서 나는 땅과 하늘과 세상 만물이 주님을 담고 있고, 주님과의 관계에서는 모든 것이 유한하며, 오직 주님만이 무한하시다고 생각했습니다. 나는 주님은 마치 햇빛이 공기를 장애로 여기지 않아 그것을 부수거나 깨뜨리지 않은 채 꿰뚫고 나가듯이 하늘이나 공기나 바다나 땅의 모든 것을 관통하신다고 생각했습니다. 또 나는 가장 크거나 가장 작은 모든 것들 안에 있는 물질적 틀이 주님의 현존을 받아들이기 위해 열려 있고, 따라서 주님께서는 신비로운 생명의 호흡을 통해 주님이 창조하신 모든 것들을 안팎으로 다스리신다고 생각했습니다. 나는 달리 생각할 능력이 없었기에 그렇게 생각했습니다. 그러나 그것은 잘못된 생각이었습니다.

나는 이런 억측에 근거해 땅의 큰 부분은 주님을 더 많이 담고, 작은 부분은 주님을 더 적게 담는다고 생각했습니다. 즉 나는 주님이 세상 만물에 현존하시되, 코끼리의 몸은 크고 많은 공간을 차지하기에 주님을 더 많이 차지하고, 참새의 몸은 주님을 덜 차지하는 식으로 현존하신다고 상상했습니다. 따라서 조각조각 나누어지신 주님은 주님의 다양한 부분들을 세상의 부분들에게 드러내시되, 주님의 큰 부분은 세상의 큰 부분에게, 그리고 주님의 작은 부분은 세상의 작은 부분에게 드러내신다고 생각했습니다. 하지만 주님은 그런 분이 아니십니다. 그러나 주님은 그때까지도 나의 어두움 속으로 빛을 비춰 주시지 않았습니다.

마니교의 이원론을 비판함

오, 주님, 그 무렵에 나는 남들을 속이면서 스스로 속고 있던 벙어리 웅변가들—그들의 입에서 나오는 소리는 당신의 말씀이 아니었기에 그들은 벙어리였습니다—을 반박할 수 있는 충분한 논거(論據)를 갖고 있었습니다. 그들을 논박하는 것은 오래 전에 네브리디우스가 카르타고에서 우리를 놀라게 하며 물었던 질문을 다시 묻는 것만으로도 충분했습니다. 그때 네브리디우스는 우리에게 다음과 같이 물었습니다. "마니교도들은 주님과 맞서는 어둠의 족속이 있다고 가정한다. 그러나 만약 주님이 그 어둠과 싸우기를 거부하신다면, 그 족속이 주님께 무엇을 할 수 있겠는가?"

만약 이 질문에 대해 그들이 "그러면 주님이 상처를 입으실 것이다"라고 대답한다면, 그것은 주님을 훼손되고 파괴될 수 있는 분으로 만드는 셈이 될 것입니다. 그러나 만약 그들이 "아무것도 주님을 해칠 수 없다"라고 대답한다면, 주님은 그 어둠과 싸우셔야 할 아무런 이유도 없을 것입니다. 왜냐하면 그 싸움은 주님의 일부인 주님의 지체 혹은 주님의 본체로부터 나온 자손이 주님에 의해 창조되지 않은 주님의 반대 세력 및 자연과 뒤섞이고, 그것들에 의해 부패되고, 상황이 더 나빠져 지복(至福)의 상태에서 비참한 상태로 전락함으로써 구출과 정화가 필요해졌음을 전제해야 가능한 것이기 때문입니다. 마니교도들은 주님의 본체로부터 나온 이 자손(인간의 영혼)은 노예화되고 오염되고 부패했기에 그것을 구하기 위해 자유롭고 순전하고 온전한 주님의 말씀이 오셨다고 말합니다. 그리고 그들의 말에 따르면, 주님의 말씀도 부패할 수 있는데, 그것은 그 말씀이 인간의 영혼과 동일한 실체를 갖고 있기 때문입니다.

그러므로 만약 그들이 주님이—그들이 생각하는 주님이 어떤 분이든 간에—부패할 수 없다고 말한다면, 그들의 모든 주장은 거짓이요 거부되어야 마땅합니다. 왜냐하면 그들은 주님의 본체에서 나온 인간의 영혼이나 주님의 말씀이 부패할 수 있다고 주장하기 때문입니다. 그러나, 만약 그들이 주님이 부패할 수 있다고 말한다면, 그런 주장은 더 논쟁할 것도 없이 거짓이고 혐오스러운 것이 될 것입니다. 네브리디우스가 제기했던 이런 논거는 내가 그동안 너무 많이 들어왔기에 토해 버려야 했던 주장을 하는 자들을 반대하기에 충분했습니다.

자유의지와 악

그러나 한 가지 문제가 여전히 나를 괴롭혔습니다. 나는 비록 우리의 영혼과 몸만이 아니라 모든 이성적 존재와 만물을 지으신 참되신 하나님의 신성은 더럽혀지거나 변할 수 없다고 믿었고 분명히 그렇게 선포했지만, 악(惡)의 원인에 대해서는 확실히 알지 못했습니다. 그러나 나는, 그 원인이 무엇이든, 만약 내가 그것 때문에 변할 수 없는 하나님을 변할 수 있는 분으로 믿게 되는 상황을 피하려면, 그것을 탐구해야 한다는 것을 알았습니다. 그렇게 하지 않는다면, 내 자신이 내가 탐구하고 있던 악이 될지도 모를 일이었습니다. 나는 마니교도들의 말이 진리가 아니라고 확신했기에 마음이 편했습니다. 나는 악의 원인을 탐구하는 동안 전력을 다해 마니교도들을 피했습니다. 왜냐하면 나는 그들이 자기들이 적극적으로 악을 행하는 것이 아니라 주님의 본체가 악에 의해 고통을 당한다고 주장하는 편이 훨씬 더 그럴듯하다고 생각한다는 점에서 악의(惡意)로 가득 차 있다는 것을 알았기 때문입니다.

나는 당시 내가 듣고 있던 말, 즉 인간이 잘못된 일을 하고 그로 인해 주님의 공의의 심판을 받는 것은 우리의 의지(意志)의 자유로운 선택 때문이라는 말을 이해하고자 애를 썼지만, 그 말의 의미를 분명하게 이해할 수가 없었습니다. 나는 마음의 눈을 높이 들어 그 난해한 문제의 심연에서 벗어나고자 애썼으나 다시 그 속으로 곤두박질쳤습니다. 나는 거듭 노력해 보았으나 그때마다 다시 수렁 속으로 빠져들었습니다. 그런데 한 가지 사실이 나를 점차 주님의 빛 안으로 들어가게 해 주었습니다. 그것은 바로, 나는 내가 살아 있는 것만큼이나 확실하게 의지를 갖고 있다는 사실에 대한 인식이었습니다. 그러므로 내가 무언가를 원하거나 원하지 않을 때, 나는 그것을 원하거나 원하지 않는 것이 다른 누군가가 아니라 내 자신이라는 것을 확실히 알게 되었습니다. 그리고 이제 나는 내 죄의 원인이 바로 거기에 있음을 알게 되었습니다.

내가 내 의지와 달리 행동할 경우 나는 내가 그것을 행한다기 보다는 오히려 다른 무언가에 의해 그런 일을 당하는 것이라고 여겼습니다. 또 그 상황을 죄가 아니라 벌이라고 여겼습니다. 그런 상황을 인정하는 것은 어렵지 않았습니다. 왜냐하면 주님은 공의로우시기에 내가 징계를 당하는 것은 불공정한 것으로 보이지 않았기 때문입니다.

그러나 나는 다시 다음과 같은 질문을 해보았습니다. "누가 나를 만들었는가? 단순히 선하실 뿐 아니라 가장 뛰어난 선이신 하나님이 아니신가? 그렇다면 어째서 그런 분이 만드신 내 안에 악을 원하고 선을 거부하는 마음이 있는 것일까? 그것은 내가 벌을 받아야 할 정당한 이유를 제공하기 위함인가? 자비로우신 하나님이 내 모든 것을 창조하실 때 도대체 누가 내 안에 그런 의지와 고통의 씨앗을 뿌려놓은 것일까? 만약 마귀가 그랬다면, 그 마귀는 도대체 어디서 왔을까? 만약 그가 선한 천사로 시작했다가 그의 의지가 변질되어 마귀가 된 것이라면, 온전하게 선하신 창조주께서 만드신 그를 마귀로 만든 사악한 의지는 도대체 어디에서 온 것일까?"

나는 이런 생각들 때문에 다시 한 번 숨이 막혔습니다. 그러나 나는 오류의 지옥, 즉 사람들이 악을 자신들의 행위가 아니라 주님이 당하시는 그 무엇으로 여기기에 그것을 주님께 고백하지 않는 상태까지 곤두박질하지는 않았습니다.

부패할 수 없는 하나님

이미 나는 부패할 수 없는 것이 부패할 수 있는 것보다 우월하다는 것을 알고 있었기에 다른 문제들 역시 그런 맥락에서 풀어보고자 했습니다. 당시 나는 주님은—주님이 어떤 존재이시든 간에—부패할 수 없는 분이라고 고백하고 있었습니다. 우리는 가장 탁월하고 가장 높은 선이신 주님보다 훌륭한 것을 생각할 수 없고, 그런 것은 존재할 수도 없습니다. 내가 이미 결론을 내렸듯이, 부패할 수 없는 것이 부패할 수 있는 것보다 우월하다는 것은 아주 참되고 확실하기에, 만약 주님이 부패할 수 없는 존재가 아니라면, 나는 하나님보다 나은 무언가를 생각해 냈을 것입니다.

그러므로 나는 부패할 수 없는 것이 부패할 수 있는 것보다 훌륭하다는 것을 알았을 때 마땅히 주님을 찾아야 했고, 또 그 원리를 통해 악의 근원, 즉 그것으로는 주님의 존재에 상처를 줄 수 없는 부패의 근원을 추론해야 했습니다. 부패가 우리의 하나님을 해칠 수 있는 방법은 결코 없습니다. 그 어떤 의지에 의한 행동도, 그 어떤 필요도, 그 어떤 예측할 수 없는 우연도 주님을 해치지 못합니다. 왜냐하면 주님은 하나님이시고, 주님이 원하시는 것은 선하며, 주님 자신이 선이시기 때문입니다. 그러나 부패할 수 있는 것은 선하지 않습니다.

더 나아가 주님은 주님이 원치 않는 일을 강요당하실 수 없습니다. 주님의 뜻은 주님의 능력보다 크지 않기 때문입니다.

오직 주님이 주님 자신보다 크실 때만 주님의 뜻이 주님의 능력보다 클 것입니다. 하나님의 뜻과 능력은 하나님 자신이십니다. 그리고 모든 것을 아시는 주님이 보지 못하실 것이 있겠습니까? 주님이 아시지 않고서는 그 어떤 것도 존재할 수 없습니다. 우리가 하나님은 부패할 수 없다는 사실을 증명하기 위해 더 많은 말을 할 필요가 있습니까? 부패한다면, 그것은 하나님이 아닐 것이니 말입니다.

악의 근원에 대한 연구

나는 악의 근원에 대해 연구했습니다. 그러나 나는 그 문제를 잘못된 방식으로 연구하면서도 내 방식에 어떤 잘못이 있다고 여기지 않았습니다. 나는 내 영혼 앞에 모든 창조물을 펼쳐 놓았습니다. 우리가 우리의 감각으로 인식할 수 있는 모든 것들(땅, 바다, 공기, 별들, 나무들, 죽을 수밖에 없는 모든 동물들)과 우리의 감각으로 인식할 수 없는 모든 것들(하늘의 창공, 모든 천사들, 모든 영적 존재들)을 말입니다. 나는 그 모든 존재들을 특정한 공간에 배치되어 있는 물체들로 상상했습니다. 나는 주님의 창조계가 다양한 유형의 형체들—그것들이 실제적인 형체이건 혹은 내 상상력이 영적인 것들에 부여한 형체이건 간에—로 구분되어 있는 하나의 큰 덩어리라고 생각했습니다.

나는 그 덩어리가 얼마나 큰지 정확하게 헤아릴 수 없었습니다. 하지만 나는 그것을 상당히 크지만 모든 면에서 한계가 있는 것으로 상상했습니다. 그리고 주님, 나는 주님을 모든 면에서 창조계를 둘러싸고 그 속으로 침투하시지만, 또한 모든 면에서 무한하신 분으로 그려보았습니다. 주님은 내게 마치 모든 방향으로 멀리까지 펼쳐 있는 바다, 즉 그 안에 아주 커서 모든 방향에서 엄청난 바닷물을 빨아들이지만 여전히 한계가 있는 해면(海綿)을 품고 있는 바다와 같은 분이셨습니다. 나는 무한한 주님으로 가득 찬 유한한 창조계를 그런 식으로 생각했습니다. 그리고 다음과 같이 혼잣말을 했습니다.

"여기에 하나님이 계시다. 그분이 창조하신 것을 보라. 하나님은 선하시고, 피조물과는 비교할 수 없을 만큼 강하고 우월하시다. 하나님은 선하시기에 모든 것을 선하게 만드셨다. 그분이 그것들을 어떻게 포괄하시고 충만케 하시는지 보라. 그렇다면, 도대체 악은 어디에서 오는 것인가? 그것은 어떻게 창조계 안으로 들어온 것일까? 그것의 뿌리와 씨앗은 무엇인가? 혹시 그것은 아무런 존재도 갖고 있지 않은 것은 아닐까? 만약 그렇다면, 우리는 어째서 아무런 존재도 갖고 있지 않은 것을 두려워하고 피하는 것일까? 만약 우리의 두려움이 헛것이라면, 두려움 자체가 악한 것이고, 우리의 마음은 아무 이유 없이 혼란과 고통을 겪고 있음이 분명하다.

"확실히 가장 크고 가장 탁월한 선이신 분이 보다 열등한 선들을 만드셨다. 그러나 창조주와 그분이 창조하신 모든 것은 선하다. 그렇다면 악의 근원은 무엇인가? 그분이 선한 것을 창조하며 사용하셨던 재료가 악했던 것일까? 하나님이 그 재료에 형체와 질서를 주시기는 했으나, 그 안에 자신이 선으로 변화시킬 수 없는 어떤 요소를 남겨놓으셨던 것일까? 그렇게 하셨다면, 왜 그렇게 하셨는가? 하나님은 전능하시지만, 모든 재료를 그 안에 어떤 악도 남아 있지 않을 만큼 변화시킬 만한 힘은 갖고 있지 않으셨던 것일까?"

그런 의문들이 내 불행한 가슴 속에서 맴돌았습니다. 나는 진리를 찾기 전에 죽을 것 같아 두려웠고, 그 두려움이 나를 내리눌렀습니다. 그러나 어느덧 내 마음 속에는 교회가 갖고 있는 "우리의 주님이시며 구세주이신 예수 그리스도"(벧후 2:20)에 대한 확고한 믿음이 자리를 잡아가고 있었습니다. 그 믿음은 여전히 여러 측면에서 모양을 갖추지 못했고 교회의 표준적 교리를 받아들이기를 주저했습니다. 그러나 나는 그 교리를 아주 버리지는 않았고 오히려 날마다 조금씩 그것을 들이마셨습니다.

치유의 손길

나는 여전히 악의 근원을 찾고 있었으나 여전히 그것을 찾지 못하고 있었습니다. 하지만 주님께서는, 내가 그렇게 번잡한 생각을 하고 있었음에도, 그 무렵에 내가 갖고 있던 믿음에서 벗어나지는 않게 해 주셨습니다. 그 무렵에 나는 주님은 존재하시고, 변하지 않는 실체이시고, 우리를 돌보시고, 우리를 심판하신다는 것을 믿었습니다. 또 나는 주님은 주님의 아들이시자 우리의 구주이신 그리스도 안에서 그리고 교회가 보증하는 주님의 성경을 통해서 사후에 있을 영원한 삶에 이르는 구원의 길을 보여 주셨다고 믿었습니다.

내가 악의 근원을 열심히 찾고 있는 동안에도 이러한 믿음은 내 마음 안에서 안전하고 견고한 성을 쌓아가고 있었습니다. 나의 하나님이여, 그 무렵에 내가 이런 생각을 하면서 얼마나 많은 고통을 겪고 얼마나 많은 신음을 했습니까! 그러나, 비록 나는 그것을 몰랐지만, 그때 주님의 귀는 내 신음소리를 듣고 계셨습니다.

주님은 내가 그런 고통을 겪고 있는 것을 아셨지만, 사람들은 누구도 그것을 몰랐습니다. 가장 허물없는 친구들조차 내가 말하는 고통을 이해하지 못했습니다! 나는 아무리 시간을 들여 매끈한 말솜씨로 말을 해도 그들에게 내 영혼이 겪고 있는 고통에 대해 다 말할 수가 없었습니다. 그러나 내 영혼의 고통은 고스란히 주님의 귀에 이르렀습니다. 당시 내 모든 소원은 주님 앞에 있었고, 내 탄식은 주님께 상달되었고, 내 심장은 뛰었고, 내 기력은 쇠했고, 내 눈은 빛을 잃고 말았습니다(시 38:9-10). 그 빛은 내 안에 있었으나, 나는 여전히 밖을 향하고 있었습니다. 그 빛은 어느 한 공간 안에 머물러 있지 않았음에도, 나는 공간을 차지하고 있는 것들에만 열중했습니다. 그러나 나는 그것들에서 쉴 곳을 찾지 못했고 그것들 역시 나를 받아들이지 않았기에 나는 "좋아, 만족스러워"라고 말할 수 없었습니다.

그러나 주님, 영원하신 주님은 우리에게 영원히 화를 내지 않으십니다. 주님은 먼지나 재 같은 우리에게 자비를 베푸십니다. 주님은 주님이 보시기에 불구나 다름없던 나를 회복시키려 하셨습니다. 주님은 내가 내면의 인식을 통해 주님을 확신하게 될 때까지 평안을 얻지 못하도록 내면의 가시로 나를 찌르셨습니다. 그리고 주님의 치유의 손길로 내 붓기를 가라앉혀 주셨습니다. 혼란스럽고 어두웠던 내 마음의 눈은 주님이 제공하신 유익한 슬픔이라는 안약(眼藥) 때문에 점차 건강을 회복했습니다.

신플라톤주의자들의 책을 통해 주님의 말씀을 읽음

무엇보다도 주님이 내게 가르쳐 주고자 하셨던 것은 주님은 교만한 자를 물리치시고 겸손한 자에게 은혜를 베푸신다는 것(벧전 5:5)과 주님은 사람에게 겸손의 도를 보이시기 위해 큰 자비를 베푸셔서 주님의 말씀이 육신이 되어 사람들 가운데 거하게 하셨다는 것이었습니다(요 1:14). 주님은 어느 괴상하고 거만한 사람(밀라노의 세력가 만리우스 데오도루스Manlius Theodorus로 어거스틴의 후원자였다-역주)을 통해 그리스어에서 라틴어로 번역된 플라톤주의자들의 책들을 전해 주셨습니다.

나는 그 책들에서 다음과 같은 내용을 읽었습니다. 그 내용은 여기에 쓴 그대로는 아니지만 여러 가지 논증을 통해 동일한 것을 설명하고 있었습니다. "태초에 말씀이 계셨다. 그 말씀은 하나님과 함께 계셨다. 그 말씀은 하나님이셨다. 그는 태초에 하나님과 함께 계셨다. 모든 것이 그로 말미암아 창조되었으니, 그가 없이 창조된 것은 하나도 없다. 창조된 것은 그에게서 생명을 얻었으니, 그 생명은 사람의 빛이었다. 그 빛이 어둠 속에서 비치니, 어둠이 그 빛을 이기지 못하였다." 더 나아가, 그 빛에 대하여 증거한 사람도 "그 빛이 아니었다." 그러나 하나님이신 말씀 자신은 세상에 와서 모든 사람을 비추는 "참 빛이시다." 더 나아가, 그는 "세상에 계셨다. 세상이 그로 말미암아 생겨났는데도, 세상은 그를 알아보지 못하였다. 그가 자기 땅에 오셨으나, 그의 백성은 그를 맞아들이지 않았다." 하지만 나는 거기에

엄격히 말하면 신플라톤주의자들이었다. **신플라톤주의**(Neoplatonism)는 3세기의 플로티노스(Plotinus, 204-270 A.D.)가 발전시키고 그 후계자들이 수정해 나간 그리스 철학의 마지막 형태다. 신플라톤주의자들은 플라톤 철학을 성서의 가르침을 이해하기 위한 가장 훌륭한 도구로 생각했다. 또한 플라톤의 합리적 사변이 확보했던 모든 것이 그리스도교의 계시와 완전히 일치한다고 확신했다. 그들은 세계 속의 신의 현존(내재성)을 인정하면서도 신의 초월성을 강조했으며, 영혼과 육체의 이원론을 통해 신이 창조한 물질세계의 선함을 역설하면서도 정신적인 것의 우월성을 강조했다. 어거스틴은 빅토리누스(Victorinus)가 라틴어로 번역한 신플라톤주의자 플로티누스와 포르피리(Porphyry, 234-305 A.D.)의 책들을 읽고 큰 영향을 받았다. 특히 그는 이들의 책을 통해 하나님이 물질적 실체가 아닌 "영적 실체"라는 사실에 눈을 뜨게 되었다. (Nate 백과사전에서 발췌 요약함).

서 "그를 맞아들인 사람들, 곧 그 이름을 믿는 사람들에게는, 하나님의 자녀가 되는 특권을 주셨다"는 내용은 읽지 못했습니다(요 1:1-12 참조).

또 나는 거기에서 이런 것들을 읽었습니다. "하나님이신 그 말씀은 혈통을 통해서나 육정에서나, 사람의 뜻에서 나지 않고, 하나님에게서 나셨다." 그러나 나는 거기에서 "그 말씀이 육신이 되어 우리 가운데 사셨다"는 내용은 읽지 못했습니다(요 1:13-14 참조).

또 나는 그 책들에서 "그는 하나님의 모습을 지니셨으나, 하나님과 동등함을 당연하게 생각하지 않으셨다"는 말씀이 다양한 말과 형식들을 통해 표현되는 것을 보았습니다. 그러나 나는 거기에서 "그가 오히려 자기를 비워서 종의 모습을 취하시고, 사람과 같이 되셨다. 그는 사람의 모양으로 나타나셔서, 자기를 낮추시고, 죽기까지 순종하셨으니, 곧 십자가에 죽기까지 하셨다. 그러므로 하나님께서는 그를 지극히 높이시고, 모든 이름 위에 뛰어난 이름을 그에게 주셨다. 그리하여 하늘과 땅 위와 땅 아래 있는 모든 것들이 예수의 이름 앞에 무릎을 꿇고, 모두가 예수 그리스도는 주님이시라고 고백하여, 하나님 아버지께 영광을 돌리게 하셨다"라는 내용은 읽지 못했습니다(빌 2:6-11 참조).

또 나는 그 책들에서 주님의 독생자는 모든 시간 전에 그리고 모든 시간을 초월해서 주님과 함께 거하시고, 사람들은 "그의 충만한 데서 은혜 위에 은혜를 받고"(요 1:16), 그들 안에 거하시는 지혜에 참여함으로써 새로워지고 지혜롭게 된다는 것을

읽었습니다. 하지만 거기에는 "그리스도께서 때를 맞추어서 경건하지 못한 사람을 위하여 죽으셨다"(롬 5:6)는 내용과 주님이 "당신의 아들을 아끼지 않으시고 우리 모두를 위하여 내주셨다"(롬 8:32)는 내용은 들어 있지 않았습니다.

또 나는 다음과 같은 말씀도 읽었습니다. "그들은 썩지 않는 하나님의 영광을 썩어 없어질 사람이나 새나 네 발 짐승이나 기어다니는 동물의 형상으로 바꾸어 놓았다"(롬 1:23). 그 형상은 곧 에서가 장자권과 바꾸어 먹은 애굽의 음식이었습니다(창 25:33). 주님의 장자인 백성들은 그들의 마음을 애굽으로 돌려서 주님 대신 동물의 머리를 향해 예배를 드렸습니다. 그리고 주님의 형상인 자기들의 영혼을 풀을 뜯는 황소 앞에 엎드리게 했습니다. 나는 이런 내용을 그 책들에서 발견했지만 그것을 받아들이지는 않았습니다.

주님, 주님은 야곱에게서 어린 자의 불명예를 벗겨주셨고(롬 9:13), 이방인을 불러 주님의 것을 상속하게 하셨습니다. 나 역시 이방에서 주님께로 나아온 자였습니다. 그리고 나는 주님이 주님의 백성들에게 애굽으로부터 취해서 나가라고 하셨던 황금에 마음을 쏟았습니다. 황금은 그것이 어디에 있든 주님의 것이기 때문입니다. 주님은 주님의 사도를 통해 아테네 사람들에게 말씀하셨습니다. "우리는 하나님 안에서 살고, 움직이고, 존재한다"(행 17:28). 그리고 플라톤주의자들의 책들은 아테네에서 나왔습니다. 나는 사람들이 "하나님의 진리를 거짓으로 바꾸고, 창조주 대신에 피조물을 숭배하고 섬겼던"(롬 1:25) 황금으로 만든 애굽의 우상들에게 관심을 두지 않았습니다.

신플라톤주의자들의 책들로부터 출애굽

나는 플라톤주의자들의 책을 통해 내 자신에게 돌아가라는 권면을 받았습니다. 나는 주님의 안내를 따라 내 영혼의 가장 깊은 곳으로 들어갔습니다. 내가 그렇게 할 수 있었던 것은 주님이 나를 도우셨기 때문입니다. 그리로 들어간 나는 영혼의 눈을 통해 내 마음보다 높이 있는 변하지 않는 빛을 보았습니다. 그 빛은 누구나 볼 수 있는 것이 아니었습니다. 그 빛은 사람이 만들어 낼 수 있는 모든 종류의 빛들과 완전히 달랐습니다. 그 빛은 내 지성보다 높이 있었습니다. 하지만 그것은 기름이 물 위에 떠 있고 하늘이 땅 위에 있는 것과 동일한 방식으로 높은 것은 아니었습니다. 그 빛이 나보다 뛰어난 것은 그 빛이 나를 만드셨기 때문입니다. 내가 그 빛보다 열등한 것은 내가 그 빛에 의해 만들어졌기 때문입니다. 진리를 아는 사람은 그 빛을 알고, 그 빛을 아는 사람은 영원을 압니다.

오, 영원한 진리요, 진정한 사랑이요, 사랑스러운 영원이신 주님, 주님은 나의 하나님이십니다. 나는 밤낮으로 주님을 향해 탄식합니다. 내가 처음으로 주님을 뵈었을 때, 주님은 나를 일으켜 세우셔서 내가 보고 있는 것이 "존재"(Being)라는 것과 그것을 보고 있는 내가 아직 존재가 아니라는 것을 알게 해 주셨습니다. 주님은 주님의 빛의 강한 번쩍임으로 내 약한 시력에 충격을 주셨습니다. 그리고 나는 사랑과 두려움으로 떨었습니다. 나는 주님에게서 멀리 떠난 내 자신을 발견했고, 높은 곳에서 들려오는 주님의 음성을 들었습니다. "나는 성인(成人)들을 위한 음식이다. 성장하거라, 그러면 너는 나를 먹게 될 것이다. 그러나 그때 너는 나를 네 몸을 위한 음식으로 변화시키는 것이 아니라, 오히려 네 자신을 나처럼 변화시키게 될 것이다."

존재와 비존재

또 나는 주님 아래 있는 다른 것들도 살펴본 후 그것들이 완전히 존재하는 것도 아니고, 그렇다고 완전히 존재하지 않는 것도 아니라는 사실을 알게 되었습니다. 그것들은 주님으로부터 왔기에 존재하나, 주님이 존재하는 것처럼 존재하지는 않았습니다. 참으로 존재하는 것은 변함이 없는 존재입니다. 그러므로 나로서는 하나님께 붙어 있는 것이 유익합니다. 하나님 안에 거하지 않는다면, 나는 아무것도 할 수 없기 때문입니다(요 15:5). 그러나 자기 자신 안에 거하시는 분은 만물을 새롭게 하십니다. 주님이 나의 주님이신 것은 주님은 나의 선을 필요로 하지 않으시기 때문입니다.

악은 실체가 아님

그리고 나는 부패할 수 있는 사물들 역시 선하다는 것을 분명히 알게 되었습니다. 만약 그것들이 지극히 선하거나 전혀 선하지 않다면, 그것들은 부패할 수 없을 것입니다. 만약 그것들이 지극히 선하다면 그것들은 부패할 수 없을 것이고, 또 만약 그것들 안에 선한 것이 아무것도 없다면 그것들은 부패할 수 있는 것을 아무것도 갖고 있지 않은 셈이기 때문입니다.

부패는 해를 끼칩니다. 그리고 부패가 선을 감소시키지 않는다면, 그것은 해가 되지 않을 것입니다. 그러므로 부패는 (그럴 수는 없겠지만) 해가 되지 않거나, 아니면 (이것은 분명한데) 부패하는 모든 것들은 얼마간 선을 빼앗기거나 할 것입니다. 만약 사물들이 모든 선을 빼앗긴다면, 그것들은 전혀 존재할 수 없을 것입니다. 만약 그것들이 계속해서 존재하면서 부패하지 않는다면, 그것들은 부패하지 않은 채 남아 있기에 더 훌륭한 것이 될 것입니다. 그러나 사물들이 모든 선을 잃음으로써 더 좋아진다고 말하는 것보다 터무니없는 말이 있겠습니까? 사물들이 모든 선을 빼앗기면, 그것들은 전혀 아무것도 아닌 것이 될 것이기 때문입니다. 그러므로 사물들이 존재하는 한 그것들은 선하며, 따라서 존재하는 모든 것은 선합니다.

그렇다면, 내가 그 근원을 탐구해 왔던 악은 실체가 아닐 것입니다. 만약에 악이 어떤 실체라면 그것은 선할 것이기 때문입니다. 악은 부패하지 않는 실체 곧 아주 선한 실체이든지, 아니면 선하기 때문에 부패할 수 있는 실체이든지 둘 중 하나일 것입니다. 그러므로 내게는 주님이 만물을 선하게 만드셨고, 주님이 만들지 않으신 실체는 있을 수 없다는 사실이 아주 분명해졌습니다. 그리고 주님은 만물을 똑같이 만들지 않으셨기에, 그것들은 개별적으로 선하다는 의미에서 그리고 그것들의 총합이 매우 선하다는 의미에서 선합니다. 우리의 하나님께서는 만물을 아주 선하게 만드셨기 때문입니다(창 1:31).

주님에 대한 새로운 인식

내가 주님이 만드신 많은 것들을 불쾌하게 여길 때 내 안에 건강함이 없는 것처럼, 주님의 창조계 안에 있는 어떤 요소에 대해 불쾌하게 여기는 사람에게는 건강함이 없습니다. 나는 하나님이 나를 불쾌하게 하신다고 주장할 수 없었기에 나를 불쾌하게 하는 것을 (그것이 무엇이든) 주님으로부터 온 것으로 여길 수 없었습니다. 그래서 나는 선과 악이라는 두 가지 실체가 있다는 견해를 받아들이게 되었습니다(마니교의 전형적인 가르침이다—역주). 그러나 나는 그런 견해를 통해 평안을 누리지 못했고 어리석은 말만 지껄여댔을 뿐입니다.

내 영혼은 그런 오류에서 돌이키면서 무한한 공간 안의 모든 자리를 가득 채우고 있는 신을 만들어냈습니다. 나는 그 신을 주님이라고 상상하고, 그것을 공간의 중심에 앉혔습니다. 그렇게 내 영혼은 다시 자신이 만들어낸 우상의 신전이 되고 말았습니다. 이것은 주님께 혐오스러운 일이었습니다.

그러나 그후 주님은 나도 모르게 내 머리를 진정시켜 주시고 헛된 것을 보지 않도록 내 눈을 가려주셨습니다. 그로 인해 나는 약간 긴장을 풀었고 내 광기는 수그러들었습니다. 나는 주님 안에서 깨어났고, 주님이 내가 전에 생각했던 것과는 다른 의미에서 무한하시다는 것을 알게 되었습니다. 그리고 주님을 바라보는 이런 방식은 내 육신에서 온 것이 아니었습니다.

존재의 근거

이제 나는 다른 것들에 눈을 돌렸고 그것들이 주님 때문에 존재한다는 것을 알게 되었습니다. 또 나는 주님 안에 있는 모든 것들이 유한하다는 사실을 알게 되었습니다. 그것들이 유한하다 함은, 그것들이 차지하고 있는 공간이 제한되어 있다는 의미에서가 아니라, 주님이 그 모든 것들을 주님의 진리로 붙들고 계시다는 의미에서 그렇다는 것입니다. 그러므로 만물은 존재를 갖는 한 실재하며, 존재를 갖고 있지 않은 무언가가 존재를 갖고 있다고 간주될 때 그것은 허위(虛位)에 불과합니다. 또 나는 모든 사물은 그들이 있는 자리뿐 아니라 시간과도 조화를 이룬다는 것을 알게 되었습니다. 또 나는 주님만이 영원하시다는 것과 주님은 무수히 많은 시간이 흐른 후 비로소 일하기 시작하신 게 아니라는 것도 알게 되었습니다. 홀로 영원히 거하시는 주님이 허락하시지 않는다면, 과거든 미래든 그 어떤 시간도 오거나 가지 않을 것이기 때문입니다.

악, 뒤틀린 의지

또 나는 건강한 사람의 입맛을 돋우는 빵도 병든 사람에게는 고통거리에 불과하며, 건강한 사람의 마음을 즐겁게 해주는 햇빛도 병든 사람의 눈에는 성가신 것에 불과하다는 것을 경험을 통해 알게 되었습니다. 사악한 자들은 주님의 공의를 싫어하합니다. 또 그들은 주님이 선하게 창조하셔서 창조계의 보다 열등한 부분에 잘 어울리게 하신 독사나 구더기도 싫어합니다. 그러나 사실 그 사악한 자들이야말로 그런 열등한 부분에 잘 어울리는데, 그들이 주님과 다른 정도만큼 그러합니다. 하지만 그들이 좀더 주님을 닮아간다면, 그들은 창조계의 보다 고귀한 부분에 더 잘 어울리게 될 것입니다. 그리고 나는 악이 무엇인지 탐구해 보았는데, 그것은 어떤 실체가 아니라, 가장 고귀한 실체이신 하나님을 벗어나 열등한 것들로 향하고, 자신의 내면의 생명을 거부하고, 외적인 것들로 자기를 부풀리고 있는 뒤틀린 의지에 불과했습니다.

존재 자체이신 하나님에 대한 인식

나는 어느덧 내가 주님을—주님을 대신하는 어떤 환영(幻影)이 아니라—사랑하고 있음을 발견하고 놀랐습니다. 그러나 나는 지속적으로 하나님을 기뻐하지는 못했습니다. 나는 주님의 아름다움에 사로잡혔으나 내 자신의 무게 때문에 주님으로부터 떨어져나와 열등한 것들 속으로 탄식하며 추락했습니다. 그 무게란 다름 아닌 육체의 정욕(情慾)이었습니다. 내게는 주님에 대한 기억이 남아 있었습니다. 나는 내가 누구를 의지해야 하는지 의심하지 않았으나 아직은 그렇게 할 수가 없었습니다. "썩어 없어질 육체는 영혼을 내리누르고 이 세상살이는 온갖 생각을 일으키게 하여 사람의 마음을 무섭게 만듭니다"(지혜서 9:15).

그러나 나는 이 세상이 창조된 때로부터 주님의 보이지 않는 속성, 곧 주님의 영원하신 능력과 신성이 그 지으신 것들을 통해 드러났음을 전적으로 확신했습니다(롬 1:20). 나는 내 자신에게 어째서 내가 하늘에 있는 것이든 땅에 있는 것이든 모든 아름다운 것들을 숭배하는지, 또 무엇을 근거로 변하기 쉬운 사물들에 대해 "이것은 이래야 하고, 저것은 그러면 안 돼"라고 판단하는지 물어보았습니다. 그리고 나는 내가 어째서 그런 식의 판단을 하는지 살피는 동안 내 변하기 쉬운 정신보다 높은 곳에 불변하고 참된 영원한 진리가 있다는 사실을 알게 되었습니다.

그렇게 나는 신체(bodies)로부터 영혼(soul, 그것은 신체의 감각을 사용해 사물을 지각합니다)을 향해, 그리고 영혼으로부터 그것의 내적 능력(inward faculty, 신체의 감각들은 외부의 사물들을 그것에게 보고합니다)을 향해 단계를 밟으며 올라갔는데, 거기까지는 동물들도 올라갈 수 있습니다. 그리고 거기에서 다시 나는 신체의 감각들이 전해 준 것들을 판단하는 이성적 능력(reasoning faculty)에 이르렀습니다. 그리고 이 능력—나는 그것이 내 안에서 변할 수 있음을 알았습니다—은 그 자신의 예지(叡智, intelligence)의 수준까지 올라가 나를 틀에 박힌 사고로부터 끌어냈고, 서로 모순되는 숱한 환영(幻影)들로부터 벗어나 그 자신을 조명해 줄 빛을 찾으려 했습니다.

그때 그 예지는 (조금의 망설임도 없이) 변하지 않는 것이 변하는 것보다 좋으며, 자기는 그런 근거 위에서 변하지 않는 것을 알 수 있다고 선포했습니다. 만약 예지가 얼마간이라도 그것에 대해 알지 못한다면, 그것은 변하는 것보다 변하지 않는 것을 더 좋아할 아무런 근거도 갖지 못했을 것입니다. 그렇게 해서 예지는 아주 빠르게 "존재 자체"(quod est, 스스로 존재하며 본성과 존재가 다르지 않은 존재자 곧 신神을 가리키는 철학용어—역주)에 이르렀습니다. 그리고 나는 주님이 지으신 만물을 통해 주님의 보이지 않는 속성을 보게 되었습니다(롬 1:20). 그러나 나는 내 눈을 계속해서 거기에 고정시킬 힘이 없었습니다. 내 연약함은 다시 제 모습을 드러냈고, 나는 그 향기를 맡았으나 먹을 수는 없었던 것에 대한 사랑스러운 기억과 동경을 간직한 채 습관적인 상태로 돌아갔습니다.

중보자이신 예수 그리스도

나는 주님을 즐거워하기에 충분할 만큼 힘을 얻는 방법을 찾고자 했습니다. 하지만 내가 그 길을 발견한 것은 "하나님과 사람 사이의 중보자 곧 사람이신 그리스도 예수"(딤전 2:5)를 영접한 후였습니다. 그분은 "만물 위에 계시며 영원토록 찬송을 받으실 하나님이십니다"(롬 9:5). 그분은 "나는 길이요 진리요 생명이다"(요 14:6)라고 말씀하셨습니다. 그분은 내가 너무 연약해서 받아먹기 힘들었던 음식(말씀-역주)을 자신의 육체와 섞으셨습니다. 그렇게 해서 말씀이 육신이 되셨고(요 1:14), 그로 인해 어린아이 같은 우리가 만물을 창조하신 주님의 지혜의 젖을 먹게 되었습니다. 그러나 나는 아직 겸손하신 예수님 곧 나의 하나님을 받아들일 만큼 겸손하지 못했습니다. 나는 그분의 낮아지심이 우리에게 가르침을 주시기 위함이라는 것을 몰랐습니다.

영원한 진리이신 주님의 말씀은 주님의 창조계의 뛰어난 부분들보다 더 탁월하시며 자신에게 복종하는 사람들을 자신의 위치로까지 높여주십니다. 그분은 창조계의 보다 열등한 곳에 자신을 위해 흙집을 세우셨습니다. 그렇게 하심으로써 그분은 그분의 백성이 되고자 하는 사람들을 자신에게 나아오게 하시고, 그들의 교만의 붓기를 치료하시고, 그들의 사랑을 북돋아 주셨습니다. 그들은 더 이상 자신을 믿지 않고 오히려 겸손해집니다. 그들은 자기들의 발치에서 인간의 "가죽옷"(창 3:21)을 입으신 하나님이 연약한 모습을 하고 계신 것을 발견하는데, 그것은 피곤에 지친 자들이 약해지신 하나님 앞에 엎드려 그분을 통해 힘을 얻어 일어서게 하시려는 것입니다.

그리스도에 대한 어설픈 인식

그러나 그때 나는 다른 생각을 갖고 있었습니다. 나는 주님이신 그리스도를 아무와도 비교할 수 없을 만큼 뛰어난 지혜를 지닌 분으로 생각했습니다. 특히 나는 그분의 동정녀 탄생에 관한 놀라운 이야기는 우리가 불멸성을 얻기 위해 세상적인 것들을 무시해야 함을 보여 주는 한 가지 예라고 생각했습니다. 또 그분이 우리에 대해 품고 계신 관심이 그분을 우리에 대한 권위 있는 선생으로 만들어 준다고 생각했습니다. 나는 육신이 된 말씀이라는 신비에 대해서는 어림조차 못했습니다. 다만 나는 그분에 관한 문서들을 통해 그분이 우리처럼 먹고, 마시고, 잠자고, 걷고, 기뻐하고, 슬퍼하고, 말씀을 나누셨다는 것을 알게 되었을 뿐입니다.

또 나는 그분의 육체가 주님의 말씀과만 결합된 것이 아니라 인간의 영혼 및 정신과도 결합되었다는 것도 알았습니다. 주님의 말씀의 불변성에 대해 아는 사람은 누구나 이것을 압니다. 나 역시 그것을 아주 잘 이해했고 조금도 의심하지 않았습니다. 그리스도께서 어느 때에는 자신의 의지로 사지(四肢)를 움직이시고 다른 때에는 그렇지 않으셨던 것, 어느 때에는 감정에 의해 영향을 받으시고 다른 때에는 그렇지 않으였던 것, 어느 때에는 말이라는 기호를 통해 현명한 판단을 내리시고 다른 때에는 침묵을 지키신 것-이 모든 것은 변화에 종속되어 있는 영혼과 정신의 특징입니다.

만약 그리스도에 관한 기록에 잘못이 있다면, 그밖에 다른 모든 것들 역시 거짓말이라는 혐의를 받게 될 것이고, 그런 기록에 대한 믿음에 기초를 둔 인간의 구원은 가능하지 않을 것입니다. 그러나 성경은 진실하기에 나는 그리스도 안에 온전한 인간-단순히 인간의 몸이거나, 혹은 지성을 갖고 있지 않은 영혼과 신체가 아니라-이 있음을 인정했습니다. 나는 그분이 다른 이들보다 탁월하신 것은 그분이 진리의 화신이기 때문이 아니라, 그분이 인격과 진리에 탁월할 정도로 완벽하게 참여하셨기 때문이라고 생각했습니다.

한편 알리피우스는 신자들이 그리스도께서 육체를 입으셨다고 믿는 것은 그분 안에 단지 하나님과 육체만 있다는 의미에서라고 생각했습니다. 알리피우스는 신자들이 그리스도께서 인간의 영혼과 정신을 가졌다고 믿는다고 생각하지 않았습니다. 그는 성경에 기록된 그리스도의 행위는 생명과 이성을 갖고 있는 피조물의 행위임이 분명하다고 믿었기에 기독교 신앙을 향한 그의 움직임은 매우 느렸습니다. 그러나 그는 훗날 자신이 품었던 생각이 아폴리나리우스(Apollinarius, 310-390 A.D., 라오디게아의 주교, 그리스도의 인성人性을 부정했던 인물-역주) 이단의 오류라는 것을 알고는 기꺼이 교회의 보편 신앙을 따랐습니다. 그로부터 얼마 후 나는 "말씀이 육신이 되셨다"는 기독교의 신앙이 포티누스(Photinus, 리옹의 주교, 150년경에 순교했다 – 역주)의 잘못된 견해와 어떻게 다른지 배웠습니다. 이단을 거부하는 것은 주님의 교회의 가르침과 건전한 교리를 오류에서 구해냅니다. 연약한 신앙을 가진 사람들 가운데서 바른 신앙을 지닌 사람들이 드러나기 위해서는 이단들이 일어날 필요가 있습니다(고전 11:19).

플라톤주의와 기독교 신앙의 차이

플라톤주의자들의 책들을 읽고서 비물질적 진리를 추구하는 것에 대해 배운 나는 이제 피조물을 통해 이해할 수 있는 주님의 보이지 않는 속성에 관심을 돌렸습니다. 그러나 한번 크게 실망한 적이 있었던 나는 내 영혼의 어둠이 내가 그런 숭고한 것들에 대해 숙고하도록 허락하지 않으리라고 생각했습니다. 하지만 이제 나는 주님은 무한하시되 유한한 공간 안에 무한하게 퍼져 계시는 방식으로 존재하시지 않는다는 것, 주님은 참으로 존재하시며 언제나 동일하시다는 것, 주님은 어느 곳에서도 혹은 어떤 위치의 이동에 의해서도 결코 다른 존재가 되지 않으신다는 것, 반면에 다른 모든 것들은 그것들이 존재한다는 사실 자체가 그것들이 주님으로부터 왔음을 입증한다는 것을 확신했습니다. 나는 이런 개념들을 확신했지만 주님을 기뻐하기에는 너무 약했습니다. 나는 전문가처럼 재잘거렸습니다. 그러나, 만약 내가 우리 주 그리스도 안에 있는 주님의 길을 발견하지 못했다면, 나는 전문가가 되기는커녕 멸망하고 말았을 것입니다.

나는 현명한 사람처럼 으스대고 싶었습니다. 나는 충분히 벌을 받았음에도 회개의 눈물을 흘리지 않았습니다. 더 나쁜 것은 내가 지식을 자랑했다는 것이었습니다. 그 무렵에 내 안 어디에 그리스도 예수라는 겸손의 기초 위에 세워진 사랑이 있었습니까? 플라톤주의자들의 책들이 내게 그것을 가르친 적이 있습니까? 나는 주님이 내가 주님의 성경을 읽기 전에 그 책들을 읽기를 원하셨다고 믿습니다. 주님이 의도하신 것은, 훗날 내가 주님의 책들을 통해 정화되고 내 상처가 주님의 부드러운 손가락에 의해 치유되었을 때, 내가 그 책들을 통해 얻은 것들을 기억함으로써 아는 체하는 것과 고백이 어떻게 다른지 깨닫게 되는 것이었습니다. 또 목적지가 어디인지는 알지만 그곳에 도달하는 방법을 모르는 사람들과 단순히 우리가 인식해야 하는 종말로서뿐 아니라 실제로 우리가 그 속에서 살게 될 실제적인 영역으로서의 복된 나라에 이르는 길을 아는 사람들을 구별할 수 있게 되는 것이었습니다.

내 마음이 처음부터 주님의 거룩한 책을 통해 교훈을 받았다면, 또 내가 그 거룩한 책에 익숙해져 주님의 달콤함을 맛본 후 플라톤주의자들의 책을 만났다면, 아마 나는 그 책들 때문에 신앙의 굳건한 기초를 빼앗기게 되었을 것입니다. 또한 그랬다면, 설령 내가 내 영혼의 건강을 위해 흡수했던 확실한 믿음 가운데 굳건하게 남아 있었을지라도, 나는 플라톤주의자들의 책들만 읽은 사람들 역시 나와 동일한 생각을 할 수 있다고 잘못 생각했을 것입니다.

바울 서신을 읽음

나는 주님의 성령이 쓰신 거룩한 책들, 특별히 사도 바울의 서신들에 매달렸습니다. 한때 나는 바울의 말은 그 자신의 말과 서로 충돌하며 율법과 선지자들의 증거와도 일치하지 않는다고 생각했습니다. 그러나 이제 그 문제들은 간단하게 해결되었습니다. 그 거룩한 말씀들은 내게 동일한 진리를 드러냈고, 나는 "떨리는 마음으로 주를 찬양"(시 2:11)하는 법을 배웠습니다. 나는 성경을 읽기 시작했고, 내가 플라톤주의자들의 책들에서 읽었던 모든 진리가 주님의 은혜에 대한 찬양과 함께 성경에 기록되어 있음을 발견했습니다. 그것은 진리를 아는 사람이 마치 자기가 아는 것과 그것을 알 수 있는 능력 두 가지 모두를 주님으로부터 받지 않은 것처럼 자랑하지 않게 하기 위함이었습니다. 사실 우리가 가진 것 중에 받지 않은 것은 하나도 없습니다(고전 4:7). 더 나아가 우리는 영원히 동일하신 주님을 바라보라는 권고를 받을 뿐 아니라, 주님을 붙잡을 수 있도록 고침을 받습니다. 그렇기에 멀리 있어서 아직 진리를 알지 못하는 사람이라도 그 길을 따라 걸어와 주님을 보고 붙들 수 있습니다.

만약 어떤 사람이 마음으로는 하나님의 법을 기뻐할지라도 그 지체의 다른 법이 그 마음의 법과 맞서서 싸운다면, 그리고 그 법이 그를 사로잡아 죄의 법 아래로 끌고 간다면(롬 7:22-23), 그 때 그는 어떻게 해야 합니까? 주님, 주님은 공의로우십니다. 하지만 우리는 죄를 지었고, 악하게 행동했고, 경건하지 않게 살았습니다. 그래서 주님의 손이 우리를 무겁게 내리눌렀습니다. 우리는 처음부터 살인자였던 사망의 주관자에게 정당하게 넘겨졌습니다. 그는 우리를 주님의 진리에서 떠나 자기의 뜻을 따르도록 설득해 온 자였습니다(요 8:44). 이런 상황에서 가련한 인간이 무엇을 할 수 있겠습니까? 주님과 동등하게 영원하신 아들이신 우리 주 예수 그리스도를 통해서 오는 주님의 은혜가 아니면, 과연 그 무엇이 우리를 이 죽음의 몸에서 구해내겠습니까?(롬 7:24). 그러나 이 세상의 주관자들은 그리스도를 죽일 명분을 찾지 못했음에도 그분을 죽였습니다. 그리고 그로 인해 우리에게 내려졌던 사형선고는 취소되었습니다(골 2:14).

플라톤주의자들의 책들 속에는 이런 내용이 들어 있지 않았습니다. 나는 그 책들에서 경건의 표현, 고백의 눈물, 주님의 희생, 고민하는 영혼, 회개하는 겸손한 영혼, 주님의 백성들의 구원, 주님과 혼인한 도시, 성령에 대한 주님의 약속, 우리의 구속을 위해 주님이 마시는 잔 등에 대해 읽지 못했습니다. 플라톤주의자들의 책들에서는 아무도 이렇게 노래하지 않았습니다. "내 영혼아, 잠잠히 하나님만 기다려라. 내 희망은 그에게서 온다. 하나님만이 나의 반석, 나의 구원, 나의 요새이시니, 나는 흔들리지 않는다"(시 62:5-6). 또 나는 그 책들 속에서 "수고하는 자

들아, 내게 오라"(마 11:28) 하고 부르시는 분의 음성을 듣지 못했습니다. 플라톤주의자들은 마음이 온유하고 겸손하신 분에게서 배우는 것을 경멸했습니다. 왜냐하면 주님은 주님의 진리를 현명하고 똑똑한 체하는 자들에게는 숨기시고 어린 아이 같은 사람들에게만 드러내셨기 때문입니다(마 11:2).

숲이 우거진 산의 정상에서 평화로운 고향 땅을 바라보기는 하지만 그곳에 가는 길을 발견하지 못해 헛되이 방랑하는 것과, 하늘의 황제의 보호를 받으며 그곳에 이르는 길을 따라 걸어가는 것은 하늘과 땅만큼이나 다른 것입니다. 내가 "주님의 사도들 중에 지극히 작은 사도"(고전 15:9)의 글을 읽었을 때, 이런 생각들이 놀라운 방법으로 내게 깊은 영향을 끼쳤습니다. 나는 주님이 하신 일을 생각하며 떨었습니다.

제8권

회심

심플리키아누스를 찾아감

나의 하나님이여, 나는 감사하는 마음으로 나에 대한 주님의 자비를 회상하고 고백하고자 합니다. 나의 뼈들로 하여금 주님의 사랑에 젖어 "주님과 같은 분이 누굽니까?" (시 35:10), "주께서 나의 결박을 풀어 주셨습니다. 내가 주님께 감사제사를 드리고 주의 이름을 부르겠습니다" (시 116:16, 17)라고 말하게 해 주십시오. 이제 나는 주님이 어떻게 나를 그 결박에서 풀어주셨는지 말씀드리겠습니다. 주님을 찬양하는 모든 이들은 이 이야기를 들을 때 다음과 같이 말할 것입니다. "주 우리의 하나님, 주의 이름이 온 땅에서 어찌 그리 위엄이 넘치는지요? 저 하늘 높이까지 주의 위엄 가득합니다" (시 8:1).

주님의 말씀은 내 마음에 단단히 박혔고 주님은 나를 사방으로 에워싸셨습니다. 나는, 비록 "거울 속에서 영상을 보듯이 희미하게"(고전 13:12) 보았지만, 주님의 영원한 생명을 확신했습니다. 나는 어떤 불멸의 실체가 있어서 그로부터 다른 모든 실체들이 나온다는 것을 의심하지 않게 되었습니다. 이제 나의 갈망은 주님을 보다 확신하는 것이 아니라 주님 안에 보다 견고히 서는 것이었습니다. 그러나 당시 내 현실의 삶은 여전히 모든 것이 불확실했고, 내 마음은 치워버려야 할 묵은 누룩으로 가득했습니다(고전 5:7 이하). 나는 내 구주이신 "길"(요 14:6)에 마음이 끌리기는 했으나 여전히 그 좁은 길을 따라 가려고 하지는 않았습니다.

주님은 내가 심플리키아누스(Simplicianus, 374년 암브로시우스가 밀라노의 주교로 임명되었을 때 그에게 세례를 주었던 인물로, 훗날 암브로시우스의 뒤를 이어 밀라노의 주교가 되었다-역주)를 찾아갈 마음을 갖게 해 주셨습니다. 내가 보기에 그는 주님의 선한 종이었고, 그에게서는 주님의 은혜의 빛이 나오고 있었습니다. 나는 그가 어릴 때부터 주님께 헌신하는 삶을 살았다는 말을 들었습니다. 그때 그는 이미 노인이었고 오랫동안 성인다운 열심을 품고 주님의 길을 따라 살아온 탓에 풍부한 경험과 지식을 지닌 사람처럼 보였습니다. 사실 그는 실제로 그랬습니다. 그래서 나는 내가 갖고 있는 문제들을 그에게 털어놓고 싶었습니다. 나는 그가 내게 내 혼란스러운 상태에 알맞은 해법을 제시해 주고, 그로 인해 내가 그 방법을 통해 주님의 길을 따르는 법을 배우게 되기를 바랐습니다.

나는 주님의 교회가 이런 저런 방식으로 살아가는 사람들로 가득 차 있다는 것을 알았습니다. 그리고 나는 나의 세속적인 삶의 모습이 싫었습니다. 이제 나는 전처럼 욕심에 불타 명예와 돈을 추구하지도 않았고, 오히려 그런 일이 무거운 짐이나 종살이처럼 느껴졌습니다. 주님의 친절하심과 주님의 집의 아름다움과 비교할 때, 그런 것들은 이제 더 이상 내게 아무런 즐거움도 주지 못했습니다.

그러나 나는 여자에게는 여전히 단단히 묶여 있었습니다. 바울 사도는 우리에게 보다 나은 삶을 권고했고 모든 사람들이 자기처럼 결혼하지 않기를 바랐지만 결혼을 금하지는 않았습니다. 연약했던 나는 보다 부드러운 쪽을 택했습니다. 그로 인해 나는 다른 일들에서도 일관성이 없어졌고 성가신 걱정들을 하면서 쇠약해지고 있었습니다. 더 나아가 내 마음을 번잡하게 만들었던 다른 문제들이 있었는데, 그것들은 결혼생활에 반드시 수반되는 것이었습니다. 그리고 일단 결혼생활에 묶이자 나는 그것들에 얽매이지 않을 수 없었습니다.

나는 진리의 입에서 나오는 다음과 같은 말씀을 들은 적이 있습니다. "하늘나라 때문에 스스로 고자가 된 사람도 있다"(마 19:12). 또 나는 그분이 이어서 "이 말을 받아들일 수 있는 사람은 받아들여라"라고 하신 말씀도 들었습니다. 확실히 하나님에 대한 지식이 없는 모든 이들은 헛됩니다. 그들은 눈에 보이는 좋은 것을 보고도 존재하시는 분을 알아보지 못하기 때문입니다(지혜서 13:1). 그러나 이제 나는 그런 헛됨 안에 있지 않았고 그 너머로 올라갔습니다. 그리고 모든 피조물의 증언을 통해 주님이 그분을 통해 만물을 지으셨던, 또한 주님 곁에서 주님과 함께 계신 하나님이신 우리의 창조주이자 주님의 말씀이신 분을 발견했습니다(요 1:1-3).

하나님을 알려하지 않고, 그분을 경배하지도 않고, 그분께 감사하지도 않는 또 다른 종류의 불경한 자들이 있습니다. 나도 그런 자들 편에 속해 있었지만, 주님의 오른 손이 나를 붙들어 주셨습니다(시 18:35). 주님은 나를 그들로부터 건져 내셔서 내가 온전해질 수 있는 자리에 놓아 주셨습니다. 주님은 우리에게 "나를 경외하는 것이 지혜다"(욥 28:28)라고, 또한 "스스로 지혜롭다고 여기지 말라"(잠 3:7)고 말씀하셨음에도, "사람들은 스스로 지혜가 있다고 주장함으로써 사실은 어리석은 사람이 되었습니다"(롬 1:22). 이제 나는 좋은 보물을 발견했기에 그것을 사기 위해 내가 가진 모든 것을 팔아야 했습니다(마 13:46). 하지만 나는 망설였습니다.

심플리키아누스가 전해 준 빅토리누스 이야기

그렇게 해서 나는 심플리키아누스를 찾아갔습니다. 그는 주교 암브로시우스의 영적 아버지였습니다. 암브로시우스는 마치 자기 아버지를 사랑하듯 진정으로 그를 사랑했습니다. 나는 그에게 내가 한 동안 오류 속에서 헤맸던 이야기를 들려주었습니다. 또한 내가 한때 로마의 수사학 교사였다가 기독교인이 되어 세상을 떠난 빅토리누스(Victorinus, 북아프리카 출신으로 당대의 유명한 수사학자이자 신플라톤주의 철학자였다—역주)가 라틴어로 번역한 플라톤주의자들의 책을 몇 권 읽었다고 말했습니다. 그러자 그는 내가 "세상의 유치한 원리"(골 2:8)를 따라 궤변과 거짓으로 가득 찬 다른 철학자들의 글들이 아니라 그나마 하나님과 그분의 말씀을 담고 있는 플라톤주의자들의 책을 읽은 것을 축하해 주었습니다.

그는 내게 "지혜 있고 똑똑한 사람에게는 감추시고 철부지 어린 아이들에게는 드러내"(마 11:28) 주셨던 그리스도의 겸손을 가르쳐 주기 위해 자신이 로마에 있을 때 가깝게 지냈던 빅토리누스에 대한 이야기를 전해 주었습니다. 여기에서 나는 그 이야기를 되풀이하지 않을 수 없습니다. 그 이야기는 내게 주님의 은혜를 크게 찬양하며 주님을 향해 고백할 기회를 제공하기 때문입니다.

빅토리누스는 아주 박식했고 온갖 학문에 조예가 깊었습니다. 그는 많은 철학자들의 책을 읽었고 그들의 생각들을 평가했습니다. 또 그는 여러 원로원 의원들의 스승이었습니다. 사람들은 그의 탁월한 가르침을 기리기 위해 로마 광장에 그의 동상을 세워 그에게 바쳤습니다. 그것은 이 세상 사람들이 가장 영예롭게 생각하는 것이었습니다. 그는 노인이 될 때까지 우상숭배자로서 주님을 모독하는 제의(祭儀)들에 참여했습니다. 당시 거의 모든 로마 귀족들은 그의 부추김 때문에 오시리스를 비롯해 온갖 종류의 기괴한 신들, 짖어대는 개의 신 아누비스, 그리고 한 때 넵튠과 비너스와 미네르바에 대적했던 괴물들을 숭배하는 일에 열심이었습니다. 그런 신들은 한때 로마가 정복한 신들이었으나 그 무렵에는 오히려 로마가 그 정복당한 신들을 섬기고 있었습니다. 노인 빅토리누스는 여러 해 동안 적대자들을 떨게 만드는 목소리로 이런 신들을 옹호했습니다. 하지만 그는 주님을 알고 난 후 그리스도의 종이 되는 것을 부끄러워하지 않았고, 주님의 교회의 세례반(洗禮盤, 세례용 물을 담아 두는 돌로 만든 통―역주) 앞에서 머리를 조아리고 수치스러운 십자가 앞에 이마를 내미는 것을 부끄러워하지 않았습니다.

주 하나님, 주님은 "하늘을 낮게 드리우시고, 내려오시며, 산들을 만지시어 산마다 연기를 뿜어내게 하십니다"(시 144:5). 주님은 어떻게 빅토리누스의 마음을 여셨습니까? 심플리키아누스는 빅토리누스가 성경을 읽었고 모든 기독교 서적들을 철저히 탐구했다고 말했습니다. 탐구를 끝낸 후 그는 심플리키아누스에게 은밀히 말했습니다. "자네, 내가 이미 그리스도인이라는 것을 아는가?" 심플리키아누스가 대답했습니다. "내가 자네를 그리스도의 교회에서 보기 전에는 자네를 그리스도인으로 믿지도 않을 것이고, 그리스도인으로 대해 주지도 않을 걸세." 그러자 빅토리누스가 웃으며 말했습니다. "그렇다면 교회의 벽이 그리스도인을 만드는 것인가?"

그후로도 빅토리누스는 종종 "나는 이미 그리스도인이야"라고 말했고, 심플리키아누스는 같은 대답을 했고, 빅토리누스는 그 대답에 대해 또다시 교회의 벽(壁)에 대한 그의 익살을 되풀이했답니다. 빅토리누스는 귀신을 섬기는 것을 자랑하는 친구들의 비위를 거스르기가 두려웠던 것입니다. 그는 주님이 아직 꺾지 않으신 레바논 백향목처럼 거만한 로마의 지체 높은 친구들로부터 거센 증오의 폭풍이 불어오지 않을까 두려워했습니다. 하지만 성경을 읽고 난 후 그는 어떤 갈망을 갖게 되었고 용기를 얻게 되었습니다. 그리고 이제 그는 그리스도께서 거룩한 천사들 앞에서 자기를 부인하시지 않을까 두려워하게 되었습니다(눅 12:9). 그는 자기가 오만한 마귀들을 위한 신성모독적인 제의를 부끄러워하지 않으면서—사실 그런 제의들을 받아들였을 때 그는 마귀들의 오만함을 모방하고 있었던 것입니다—정작 주님의 말씀이신 그리스도의 낮아지심의 신비를 부끄러워함으로써 심각한 죄를 짓고 있다고 느꼈습니다.

그는 갑자기 그리고 예상치 못하게 심플리키아누스에게 말했습니다. "교회로 가세! 기독교인이 되고 싶네!" 심플리키아누스는 기쁨을 참을 수 없었고 그와 함께 교회로 갔습니다. 그는 첫 번째 성례(세례-역주)에 대한 가르침을 받았고, 그후 곧 세례자 명단에 이름을 올렸습니다. 이 사건은 로마 시민들을 경악하게 만들었고, 교회를 기쁘게 했습니다. 교만한 자들은 화를 내며 이를 갈았고 마음이 상했습니다. 그러나 주님의 종은 주 하나님께 소망을 두었기에 헛된 것들과 거짓된 것들에 마음을 두지 않았습니다.

드디어 그가 일정한 형식을 따라 작성된 신앙고백을 해야 할 시간이 왔습니다. 당시 로마에서 교회에 입교하고자 사람들은 이 신앙고백문을 암기해야 했고, 보통은 높은 단 위에 올라가 이미 세례를 받은 사람들 앞에서 그 고백문을 암송해야 했습니다. 그러나 교회의 장로들은 빅토리누스에게 만약 그가 원한다면 은밀하게 신앙을 고백할 기회를 주겠노라고 말했습니다. (은밀한 신앙 고백의 기회는 공적인 자리에서 그렇게 하기를 두려워하는 사람들을 위한 관습이었습니다.) 하지만 빅토리누스는 자기가 구원받았음을 거룩한 회중 앞에서 당당하게 고백하기를 바랐습니다. 그는 구원이 없는 웅변술도 공공연히 가르쳤고 광기어린 사람들 앞에서 말하는 것도 두려워하지 않던 사람이었는데, 그런 그가 주님의 말씀을 고백하는 것을 조금인들 두려워했겠습니까?

그가 자기의 믿음을 공언하기 위해 계단을 오르자 그를 아는 사람들이 그의 이름을 입에 올렸기에 회중 안에서 기쁜 속삭임이 일어났습니다. 그곳에 그를 모르는 사람이 있었겠습니까? 기뻐하는 이들의 입에서 낮은 속삭임이 흘러나왔습니다. "빅토리아누스다, 빅토리아누스야!" 그를 보는 순간 그들은 환성을 올렸으나 곧 그의 말을 듣기 위해 거의 동시에 입을 다물었습니다. 그가 확신에 가득 찬 음성으로 자신의 거짓 없는 신앙을 고백했을 때, 회중은 모두 사랑과 기쁨을 담아 그를 포용하고자 했습니다.

죄인의 회개를 기뻐하시는 하나님

오, 좋으신 하나님, 절망한 적도 위험에 처한 적도 없는 사람보다는 큰 절망과 위험에 처했던 사람이 구원을 받을 때 우리의 기쁨이 더 커지는 이유는 무엇입니까? 자비로우신 아버지, 주님은 회개할 필요가 없는 아흔아홉 명의 의인들보다 회개하는 죄인 한 사람을 더 기뻐하십니다(눅 15:7). 우리 역시 어느 목자가 잃어버렸던 양을 되찾아 어깨에 메고 돌아오며 기뻐하는 이야기를 들을 때, 또 잃어버렸던 드라크마를 되찾은 여인이 이웃들과 함께 기뻐하는 이야기를 들을 때, 큰 기쁨을 맛봅니다. 또 우리는 죽었다가 살아난 그리고 잃었다가 되찾은 둘째 아들의 이야기를 들을 때(눅 15:32) 주님의 집에서 벌어지는 기쁨의 잔치를 생각하며 눈물을 흘리지 않을 수 없습니다.

사람이 자기가 사랑하는 것들을 계속해서 갖고 있을 때보다 그것들을 잃었다가 발견하고 되찾을 때 더 기뻐하는 이유는 무엇입니까? 많은 것들이 이런 사실에 대해 증언합니다. 우리의 매일의 삶은 "정말 그렇다!"라고 외치는 것들로 가득 차 있습니다. 싸움에서 이긴 황제는 승리를 자축합니다. 만약 싸우지 않았다면, 그는 정복하지 못했을 것입니다. 싸움터의 위험이 클수록 승리의 기쁨도 커집니다. 사나운 폭풍이 몰아치고 배에 탄 사람들은 파선의 위험에 처합니다. 그들은 임박한 죽음 앞에서 하얗게 질립니다. 그러나 하늘이 개이고 바다가 잔잔해지면, 그들의 휴식은 두려움이 컸던 것만큼 꿀맛이 됩니다.

큰 기쁨은 늘 큰 고통을 겪은 후에 나타납니다. 나의 하나님이여, 어째서 그런 것입니까? 주님은 주님 자신에게 영원한 기쁨이 되십니다. 주님 곁에 있는 존재들은 끊임없이 기뻐합니다.

그런데 어째서 인간은 진보와 퇴보 그리고 적대와 화해를 되풀이하는 것입니까? 혹시 그것이 인간에게 주어진 굴레입니까? 즉 그것이 주님이 주님의 온갖 선한 작품들에게-가장 높은 하늘에서부터 땅 위의 가장 낮은 미물에 이르기까지, 시간의 처음부터 마지막에 이르기까지, 천사로부터 벌레에 이르기까지, 그리고 첫번째 운동으로부터 마지막 운동에 이르기까지-알맞은 장소와 시간을 부여하시면서 인간에게 주셨던 한계인 것입니까? 주님은 지존자 중에서도 가장 높으시나, 우리는 낮은 자 중에서도 가장 낮습니다. 주님은 결코 우리를 떠나지 않으십니다. 그러나 우리가 주님께 돌아가기는 참으로 어렵습니다.

보다 큰 영향력을 지닌 사람의 회심

오, 주님, 오십시오. 우리를 흔들어 깨우시고 주님께 불러 주십시오. 우리를 북돋우시고 사로잡아 주님께 이끌어 주십시오. 주님이 우리의 불꽃과 달콤함이 되어주십시오. 우리가 주님을 사랑하게 해 주십시오. 우리가 주님을 향해 달리게 해 주십시오. 확실히, 많은 사람들이 빅토리누스보다 더 심한 눈멀음 상태에서 주님께 돌아옵니다. 그들은 주님께 다가와 빛을 받을 때 깨달음을 얻습니다. 빛을 받는 사람은 주님으로부터 "하나님의 자녀가 되는 특권"을 얻습니다(요 1:9, 12). 그러나 만약 그들이 사람들에게 잘 알려져 있지 않다면, 그들이 주님께 돌아오는 것을 기뻐할 사람도 그만큼 적습니다. 개인들은 그들의 기쁨을 많은 이들과 공유할 때 더 풍성한 기쁨을 맛봅니다. 그들은 서로 북돋아 주고 서로에 의해 자극을 받습니다. 그래서 많은 사람들에게 알려진 이들은 많은 이들에게 구원을 초래하는 영향을 줍니다. 그들이 인도하는 곳으로 많은 사람들이 따라갈 것입니다. 그렇기에 그들 때문에 그들보다 앞선 사람들이 큰 기쁨을 얻습니다. 그들의 기쁨은 그들만의 것이 아닙니다.

그러나 주님은 주님의 교회에서 부자들이 가난한 자들보다 또는 귀족들이 비천한 사람들보다 우대받는 것을 금하셨습니다. 주님은 "강한 것들을 부끄럽게 하시려고 세상의 약한 것들을 택하셨습니다." 주님은 "비천한 것들과 멸시받는 것들을 택하셨으니, 곧 잘났다고 하는 것들을 없애시려고 아무것도 아닌 것들을 택하셨습니다"(고전 1:27-28). 주님이 위의 말씀을 그의 입을 통해 하셨던 "사도들 가운데서 가장 작은 사도"(고전 15:9)였던 이는 영적 싸움을 통해 서기오 총독 바울의 교만을 꺾음으로써 그가 주님의 그리스도의 겸손한 멍에를 메고 위대한 왕의 신하가 되게 했습니다(행 13:7-12). 그후 그 사도는 그 큰 승리를 기념해 자신이 "바울"이라는 이름으로 불리기를 원했습니다.

우리의 원수는 자기가 손에 넣고서 그의 영향력을 통해 수많은 사람들을 다스렸던 사람 안에서 무너질 때 극심한 패배를 경험합니다. 그 원수는 특별히 귀족들의 교만을 이용해 그들을 사로잡고, 또 그들의 지위와 권세를 이용해 보다 많은 사람들을 지배하고 있습니다. 그렇기에 그 원수가 그 안에 자신의 견고한 요새를 세웠던, 또한 많은 사람들을 쓰러뜨리는 강력하고 날카로운 화살로 사용했던 빅토리누스의 마음과 혀가 주님께로 돌아섰을 때, 주님의 자녀들은 특별한 기쁨을 느꼈습니다. 그들에게는 환호하며 기뻐해야 할 충분한 이유가 있었습니다. 왕께서 힘센 자를 결박하신 것과 (마 12:29), 그의 그릇을 빼앗아 깨끗이 씻어서 주님을 위한 모든 선한 일에 유용하도록 또 주님의 영광에 어울리도록 만드신 것을 보았기 때문입니다 (딤후 2:21).

두 가지 의지의 싸움

주님의 종 심플리키아누스를 통해 빅토리누스에 대한 이 모든 이야기를 들은 나는 그의 모범을 따르고 싶어 마음이 불타올랐습니다. 심플리키아누스는 분명히 그런 목적을 갖고서 내게 그 이야기를 해 주었을 것입니다.

나중에 그는 황제 율리아누스(Julianus, 361-363)가 다스리던 때 일어난 일에 대해서도 말해 주었습니다. 황제는 그리스도인들이 문학과 수사학을 가르치는 것을 금하는 법령을 선포했습니다. 그러자 빅토리누스는 그 법에 순응했고, 갓난아기의 혀를 유창하게 만드시는 주님의 말씀을 버리기보다는 시끄러운 인간의 말들로 가득 찬 학교를 포기하기로 했습니다. 나는 그런 그가 용감하다기보다는 행복하다고 생각했습니다. 왜냐하면 이제 그는 그의 모든 시간을 주님께 바칠 기회를 얻었기 때문입니다.

나는 그런 자유를 그리워했으나, 다른 사람이 놓은 사슬이 아니라 내 자신이 선택한 사슬에 묶여 있었습니다. 원수는 내 의지를 붙들어 감옥에 갇힌 죄수처럼 쇠사슬로 묶어버렸습니다. 왜곡된 의지는 정욕(passion)을 낳습니다. 정욕의 노예가 됨으로써 습관(habit)이 생깁니다. 그리고 억제되지 않는 습관은 필연(necessity)이 됩니다. 그렇게 서로 연결된 사슬들은 나를 심하게 구속했습니다. 즐거움의 유일한 근원이신 주님을 자유롭게 섬기며 주님을 즐거워하고자 하는 새로운 의지가 내 안에서 일어나기 시작했습니다. 그러나 그 의지는 오래된 습관의 힘으로 나를 사로잡고 있던 옛 의지를 눌러 이길 만큼 강하지 못했습니다. 그래서 내 안에서 두 개의 의지—오래된 육(肉)의 의지와 새로운 영(靈)의 의지—가 서로 싸웠습니다. 그리고 이 내적 싸움은 내 영혼의 집중력을 흐트러뜨렸습니다.

그렇게 해서 나는 전에 읽었던 "육체의 욕망은 성령을 거스르고, 성령이 바라시는 것은 육체를 거스릅니다"(갈 5:17)라는 말씀을 내 자신의 경험을 통해 이해했습니다. 나는 그 두 가지 의지 사이에서 우왕좌왕했습니다. 그러나 내 의지의 많은 부분은 내가 부정하는 쪽보다는 긍정하는 쪽으로 더 많이 가 있었습니다. 내가 부정하는 쪽으로 가 있었던 것은 내가 아니었습니다(롬 7:17). 대부분 나는 능동적으로 그리고 기꺼이 그렇게 했다기보다는 수동적이고 마지못해서 그렇게 했기 때문입니다.

그러나 습관이 나를 거슬러 그런 식으로 진을 친 것은 전적으로 내 책임이었습니다. 내가 스스로 바라지 않는 상황에 빠지게 된 것은 내가 동의했기 때문입니다. 죄인에게 정당한 형벌이 내려진다면, 누가 그것을 막을 수 있겠습니까? 나는 이제 더 이상 내가 여전히 세상을 경멸하고 하나님을 섬기지 않는 이유를 진리에 대한 인식이 불확실하기 때문이라고 핑계할 수 없었습니다. 이제 나는 참으로 진리를 확신했습니다. 하지만 나는 여전히 땅에 묶여 있었습니다. 나는 주님의 군사가 되기를 거절하고 있었습니다. 나는 앞으로 감당해야 할 것으로 예상되는 모든 짐을 지기가 두려워했습니다.

세상의 짐이 마치 우리가 잠자는 동안에 발생하는 달콤한 나른함처럼 나를 내리눌렀습니다. 내가 주님에 대해 묵상하는 것은 마치 잠자리에서 일어나려고 하지만 깊은 잠에 눌려 다시 누워버리는 사람의 애씀과 같았습니다. 항상 잠에 빠져 있기를 바라는 사람은 없습니다. 건전한 판단력을 지닌 모든 사람은 깨어 있는 것이 더 낫다고 판단합니다. 하지만 종종 사람들은 깊은 잠을 자지 못해 몸이 무거울 경우 잠에서 깨어나는 것을 늦춥니다. 그리고, 비록 그렇게 하는 것이 유쾌하지는 않지만, 일어날 시간이 되어도 좀더 누워 있으려고 합니다. 마찬가지로 나는 탐욕에 굴복하기보다는 주님의 사랑에 자신을 바치는 것이 낫다고 확신하면서도 여전히 탐욕의 즐거움에 사로잡혀 있었습니다. 그로 인해 나는 주님이 내게 "잠자는 사람아, 일어나라. 죽은 사람 가운데서 일어서라. 그리스도께서 너를 환히 비추어 주실 것이다"(엡 5:14)라고 말씀하셨을 때 주님께 어떻게 대답해야 할지 몰랐습니다.

주님은 주님이 말씀하신 것이 옳다는 것을 도처에서 보여 주셨건만, 나는 단지 느릿하고 졸린 음성으로 다음과 같이 대답할 뿐이었습니다. "곧 일어나겠습니다. 하지만, 지금은 조금만 더 자겠습니다." 그러나 그 "곧"은 결정적인 시점에 이르지 못했고, "조금만 더"는 오래도록 계속되었습니다. 나는 속사람으로는 하나님의 법을 즐거워했으나, 내 지체 안에 있는 다른 법이 내 마음의 법과 맞서서 싸웠고, 그것이 나를 내 지체 안에 있는 죄의 법의 포로가 되게 했습니다(롬 7:23). 그 죄의 법은 곧 습관의 폭력이었는데, 그것은 원하지 않는 사람까지도 자기에게 끌어당겨 사로잡았습니다. 그가 그런 습관에 빠진 것은 스스로 선택해서 된 일이기에 달리 핑계할 수 없었습니다. "아, 나는 비참한 사람입니다. 누가 이 죽음의 몸에서 나를 건져 주겠습니까?"(롬 7:24) 우리 주 예수 그리스도를 통하여 나를 건져 주신 하나님 한분 외에는 달리 없습니다.

폰티키아누스의 방문

오, 나를 도우시고 구원하시는 주님, 이제 나는 주님께서 나를 굳게 묶고 있던 성적 욕망의 사슬과 세상일에 대한 종노릇에서 어떻게 구원해 주셨는지에 대해 말씀드리고자 합니다. 나는 불안한 마음으로 일상의 삶을 계속해 나갔습니다. 나는 매일 주님이 그리워 한숨을 지었습니다. 나는 나를 짓눌러 신음하게 하던 세상일에서 벗어날 때마다 자주 주님의 교회를 찾아 갔습니다.

당시 나는 알리피우스와 함께 지내고 있었습니다. 그는 법률 보좌관으로서 세 번째 임기를 마친 후 법률 사무에서 풀려난 상태였는데, 당시 내가 웅변술을 팔고 있었던 것처럼—마치 웅변술이 교육을 통해서 전달될 수 있기라도 하는 양 말입니다—자신의 법률적 조언을 팔 만한 대상을 찾고 있었습니다. 그리고 네브리디우스는 우리와의 우정 때문에 우리 모두의 가까운 친구이자 밀라노의 시민이며 그곳에서 문법을 가르치고 있던 베레쿤두스(Verecundus) 밑에서 조수 노릇을 하고 있었습니다. 베레쿤두스는 믿을 만한 조수가 절실히 필요했습니다. 그는 우리에게 우정에 호소하면서 자기를 도와달라고 간곡히 부탁했습니다. 그렇게 해서 네브리디우스가 그 일을 맡게 되었는데, 그것은 사사로운 이익 때문이 아니었습니다. 왜냐하면, 만약 그가 원했다면, 그는 그 자신이 문법 교사가 되어 더 많은 돈을 벌 수도 있었기 때문입니다. 그는 매우 부드럽고 친절한 친구였고 우정의 의무를 알고 있었기에 우리의 요청을 거절하지 못했던 것입니다. 그는 자기 일을 매우 신중하게 처리했습니다. 그리고 정신을 흩뜨릴 만한 일을 피하고자 했던 그는 소위 세상 사람들이 중요하다고 여기는 이들의 관심을 끌지 않도록 조심했습니다. 그는 자신의 정신을 자유롭게 유지하고 가능한 한 많은 시간을 지혜를 추구하는 데 바치기 위해 이런저런 문제들을 연구하거나 그 문제들에 대한 사람들의 토론에 귀를 기울이면서 지내기를 원했습니다.

내가 기억하지 못하는 어떤 이유로 네브리디우스가 집을 비웠던 어느 날, 알리피우스와 나는 폰티키아누스(Ponticianus)의 방문을 받았습니다. 나와 같은 아프리카 출신인 그는 내 동향인이었고 황실(皇室)에서 높은 직책을 갖고 있었습니다. 그는 우리에게 무언가를 원했고 우리는 그와 함께 앉아 이야기를 나누었습니다. 그때 그는 우리 앞에 놓인 놀음용 탁자 위에 놓여 있던 책 한 권을 보았습니다. 그는 그 책을 집어 들어 펼쳤습니다. 그리고 그 책이 사도 바울의 것임을 알고는 매우 놀랐습니다. 그는 그 책이 나를 지치게 만드는 직업과 관련된 골치 아픈 수사학 책들 중 하나일 것이라고 생각했던 것입니다. 그는 미소를 머금고 축하하는 눈빛으로 나를 바라보았습니다. 그는 뜻하지 않게 내 앞에 오직 그 책 한 권만 놓여 있는 것에 놀랐습니다. 그는 기독교인이었고 세례 받은 신자였으며 자주 교회에 가서 우리의 하나님이신 주님 앞에 엎드려 오래도록 기도하는 사람이었습니다.

내가 그에게 요즘 내가 바울의 책들을 깊이 연구하고 있다고 말하자 그는 안토니우스(Antonius, 251-356 A.D., 수도원 제도의 창시자로 간주되고 있다-역주)라는 이집트인 수도사 이야기를 꺼냈습니다. 알리피우스와 나는 그때까지 그에 관한 이야기를 한 번도 들어본 적이 없었지만, 안토니우스는 주님의 종들 사이에서 높이 존경받는 사람이었습니다. 폰티키아누스는 우리가 안토니우스를 모른다는 사실에 놀라움을 표시하면서 그 위대한 인물에 대해

천천히 이야기해 주었습니다. 우리는 아주 유명한, 그리고 아주 최근에—거의 우리와 동시대에—정통 신앙과 교회 안에서 이루어진 주님의 놀라운 일에 대해 들으며 깜짝 놀랐습니다. 우리 셋 모두가 놀랐는데, 알리피우스와 나는 그 이야기의 위대함에 놀랐고, 폰티키아누스는 우리가 그 이야기를 들어보지 못했다는 사실에 놀랐습니다.

폰티키아누스의 두 친구 이야기

이어서 그는 수도원에 사는 무리들과 주님을 기쁘게 하는 그들의 삶의 방식 그리고 광야에서의 풍성한 영적 삶에 대해 이야기해 주었습니다. 우리는 그런 이야기들을 전혀 몰랐습니다. 밀라노 성벽 밖에도 수도원이 하나 있었는데, 그곳을 가득 채우고 있는 선한 형제들은 암브로시우스의 보살핌을 받고 있었습니다. 그런데 우리는 그것에 대해서도 전혀 알지 못했습니다. 그가 그런 이야기를 하는 동안 우리는 조용히 앉아 열심히 그의 말을 들었습니다.

이제 그는 자신과 자신의 세 친구들에 대한 이야기를 시작했습니다. 나는 그 이야기가 일어난 날이 언제였는지는 모르지만, 그 이야기가 일어난 장소가 트리어(Trier, 오늘날 독일의 모젤 강변에 있던 도시—역주)였다는 것은 기억합니다. 그와 그의 세 친구들은 황제가 오전에 열린 원형 경기를 관람하느라 정신이 없는 동안 경기장을 빠져나와 인근에 있는 어느 정원 안으로 걸어들어 갔습니다. 그들은 둘씩 짝을 지어 걸었습니다. 한 사람은 폰티키아누스와 함께 걸었고, 다른 두 사람은 그들과 떨어져 다른 방향으로 걸었습니다.

그 다른 두 사람은 발길 닿는 대로 걷다가 우연히 어느 집 안으로 들어가게 되었습니다. 그 집에는 심령이 가난하여 천국이 그들의 것인(마 5:3) 주님의 종들 몇 사람이 살고 있었습니다. 그곳에서 그들은 안토니우스의 생애가 담긴 책을 한 권 발견했습니다. 그들 중 하나가 그 책을 읽기 시작했습니다. 그는 놀랐고 마음이 뜨거워졌습니다. 그 책을 읽는 동안 그는 생명의 길을 가는 것에 대해 그리고 주님의 종이 되기 위해 공무원이라는 세속의 직업을 버리는 것에 대해 생각하기 시작했습니다—당시 그들은 궁내부(宮內府)에 속한 관리들이었습니다. 그는 갑자기 거룩한 사랑과 번쩍 정신이 들게 만드는 부끄러움으로 가득 찼습니다.

자신에게 화가 난 그는 동행한 친구를 향해 말했습니다. "말해 보게, 부탁일세. 우리가 이 모든 수고를 통해 얻으려는 것은 무엇인가? 우리의 삶의 목표는 무엇인가? 우리가 나라를 위해 봉사하는 것은 어떤 동기 때문인가? 우리는 황제의 친구가 되는 것 이상의 더 높은 어떤 자리를 바랄 수 있는가? 그리고 그 지위라는 것도 매우 불안정하고 온갖 위험으로 가득 차 있지 않은가? 보다 큰 위험이 도사리고 있는 자리 하나를 얻기 위해 감수해야 할 위험들은 또 얼마나 많은가? 그리고 우리는 언제야 그곳에 도달하겠는가? 그러나, 만약 내가 하나님의 친구가 되고자 한다면, 나는 지금 당장 그렇게 될 수 있을 걸세."

그는 그렇게 말한 후 새로운 생명을 낳는 고통을 느끼면서 그의 시선을 다시 책으로 돌렸습니다. 그는 계속 그 책을 읽어 나갔고, 주님만이 보실 수 있었던 내적 회심을 경험했으며, 곧 분명해졌듯이, 그의 마음에서 세상을 몰아냈습니다. 그는 격한 내적 동요를 겪으며 책을 읽어나가는 동안 여러 차례 탄식을 쏟아냈습니다. 하지만 결국 그는 자신이 어떤 길을 택해야 하는지 깨달았고, 그 길을 따르기로 결심했습니다. 그는 이미 주님의 것이었습니다. 그래서 그는 친구에게 말했습니다. "나는 내 야망을 버렸네. 그리고 하나님을 섬기기로 마음먹었네. 지금 이 자리에서부터 그렇게 하려고 하네. 자네도 나와 함께하면 어떻겠는가? 그러나 만약 자네가 그것이 자네에게 너무 많은 대가를 요구한다고 생각한다면, 부탁이니, 내가 하려는 일을 반대하지는 말게나." 그의 친구는 그에게 자신도 그렇게 큰 상급을 위해 또 그렇게 위대한 섬김을 위해 애쓰겠노라고 대답했습니다. 그렇게 해서 주님의 사람이 된 그 두 사람은 주님을 따르기 위해 그들의 모든 것을 포기하는 희생을 치루면서 영적 삶의 망대를 세우기 시작했습니다(눅 14:28).

그때 정원의 다른 곳을 걷던 폰티키아누스와 그의 친구가 다른 두 친구를 찾기 위해 그곳에 이르렀습니다. 그들은 그 두 친구를 발견하고는 해가 이미 기울고 있으니 집으로 돌아가자고 말했습니다. 그러나 그 두 친구는 폰티키아누스에게 자신들의 결심과 목적에 대해 그리고 자기들이 어떻게 그런 생각을 하게 되었고 그토록 확고한 결심에 이르게 되었는지에 대해 말해 주었습니다. 그 두 친구는 폰티키아누스와 다른 한 친구에게, 설령 그들이 자기들과 함께할 마음이 없더라도, 자기들을 방해하지는 말아달라고 부탁했습니다. 폰티키아누스와 그의 친구는 그들의 직업을 버릴 수가 없었습니다. 그러나, 그가 우리에게 말해 주었듯이, 그들은 자신들의 모습을 보며 슬퍼했습니다. 그들은 그 두 친구를 아낌없이 축하해 주었고 그들에게 자신들을 위해 기도해 달라고 부탁했습니다. 그리고 그들은 무거운 마음을 끌면서 궁으로 돌아갔습니다. 다른 두 친구는 그들의 마음을 하늘에 고정시키고 그 집에 머물렀습니다. 그들 두 사람 모두에게 약혼녀가 있었습니다. 나중에 그들에 대한 이야기를 들은 그녀들 역시 처녀의 몸으로 주님을 섬겼다고 합니다.

자신의 더러운 모습에 한탄함

이것이 폰티키아누스가 전해 준 이야기입니다. 그러나 주님, 그가 말하고 있는 동안, 주님은 나로 하여금 내 자신을 살피게 하셨습니다. 주님은 내가 자세히 살펴보고 싶지 않아 등 뒤에 숨겨 두었던 내 자신을 끌어내 내 얼굴 앞에 세워 놓으셨습니다. 그리고 그렇게 하심으로써 상처와 종기들로 뒤덮인 내 모습이 얼마나 보기 흉하고, 일그러져 있고, 더러운지 보게 하셨습니다. 나는 그 모습에 오싹 소름이 끼쳤습니다. 그러나 나는 그런 자신으로부터 벗어날 길이 없었습니다. 주님이 다시 한 번 나를 내 앞에 놓으신 것은 나로 하여금 자신의 죄악을 발견하고 그것을 미워하게 하시기 위함이었을 것입니다. 나는 그것을 알았지만 자신을 속였고, 그것을 받아들이기를 거절했고, 그것을 내 마음 바깥으로 밀어냈습니다.

나는 영혼의 건강을 위해 자신들의 전부를 주님께 바쳤던 그 젊은이들에게 감동했습니다. 그러나 그들에게 감동하면 할수록, 나는 그만큼 더 그들과 비교되는 자신이 미워졌습니다. 내가 열아홉 살 때 키케로(Cicero)의 『호르텐시우스』(Hortensius)를 읽고 감명을 받아 지혜를 향한 열심을 품기 시작한 후 어언 십이 년의 세월이 흘렀습니다. 하지만 나는, 비록 세상적인 성공을 경멸하게는 되었지만, 지혜를 찾기 위해 시간을 내는 것은 미뤘습니다. 비록 지혜를 발견하지 못하더라도 그것을 추구하는 것은 우리가 보물을 발견하거나 세상을 다스리거나 잠시 육체적 기쁨을 누리는 것보다 더 좋아해야 마땅한 것이었습니다. 그러나 한심한 나는 청년 초기부터 주님께 "내게 순결과 금욕을 허락해 주십시오, 그러나 지금은 말구요!" 하고 기도만 했을 뿐입니다. 나는 주님이 내 기도에 응답하셔서 내가 억제하기보다는 만족시키기를 더 좋아하던 내 정욕의 질병을 너무 빨리 고쳐 주실까봐 근심스러웠습니다. 나는 신성모독적인 미신(마니교—역주)을 좇아 사악한 길을 따라 갔는데, 그것은 내가 거기에서 진리를 확신했기 때문이 아니라, 다른 신앙보다—나는 그 신앙을 경건한 정신으로 살폈던 것이 아니라 단지 적대적인 자세로 반대만했을 뿐입니다—그 미신을 더 좋아했기 때문입니다.

나는 내가 세상에 대한 야망을 버리고 주님을 따르는 것을 날마다 연기하는 이유가 내 길을 돌려놓을 만큼 확실한 무언가를 찾지 못했기 때문이라고 생각했습니다. 그러나 이제 내가 내 자신 앞에 벌거벗은 채 서는 날이 왔습니다. 내 양심은 내 자신에게 맞서서 말했습니다. "네 혀는 어디 있느냐? 너는 진리가 불확실하기에 세상의 헛된 것들을 버리고 싶지 않다고 말했다. 그러나 보아라, 이제 진리가 확실해졌음에도 그것들이 여전히 너를 짓누르고 있다. 그런데 지칠 정도로 진리를 탐구하지도, 또한 그런 문제들에 대해 생각하는 일에 십년 이상을 보내지도 않은 이들이 그들의 어깨에서 짐을 내려놓고 날개를 얻었구나!" 나는 그런 식으로 자신의 내적 자아를 괴롭히고 있었습니다. 나는 폰티키아누스의 이야기를 듣는 동안 부끄럽고 두려웠습니다. 그는 이야기를 끝내고 방문의 목적이었던 문제를 처리한 후 자기 집으로 돌아갔습니다. 그리고 나는 홀로 남게 되었습니다.

그때 내가 자신에게 하지 않은 비난이 있겠습니까? 나는 주님을 따르기 위해 모든 말로 내 영혼을 다그쳤습니다. 그러나 내 영혼은 꽁무니를 뺐습니다. 내 영혼은 나를 따르기를 거절했지만 핑계거리가 없었습니다. 이런저런 변명들은 모두 소진되고 반박되었습니다. 내게 남은 것이라고는 두려운 침묵뿐이었습니다. 내 영혼은 습관의 쳇바퀴를 통제하는 것이 죽음이라도 되는 양 두려워했습니다. 그러나 사실은 내 영혼이 그 습관의 쳇바퀴 때문에 "죽을 병"(요 11:4)을 앓고 있었던 것입니다.

정원으로 감

마음 속 깊은 방 안에서 자신의 영혼과 격렬하게 맞서 싸우느라 몸도 마음도 지쳐버린 나는 알리피우스를 향해 울부짖었습니다. "도대체 무엇이 잘못된 것일까? 자네가 들은 것은 무엇인가? 배우지 못한 사람들이 일어나서 하늘을 공략하고 있네! 그런데 우리는 고등교육을 받았으면서도 그럴 마음을 먹지 못해 살과 피의 진흙 안에서 뒹굴고 있지 않은가! 우리가 그들을 따르는 것을 부끄러워하는 것은 그들이 우리를 앞섰기 때문인가? 그러나 그들을 따르려는 어떤 시도도 하지 않는 것이 오히려 부끄럽지 않은가?" 그것이 내가 알리피우스에게 한 말의 요지였습니다. 그리고 나는 흥분한 상태에서 그를 떠났는데, 그는 깜짝 놀라 말을 잊은 채 내 모습을 살폈습니다. 내 말소리는 아주 어색했습니다. 내가 한 말보다는 내 이마와 뺨과 눈과 안색과 어조가 내 마음의 상태를 더 잘 드러냈습니다.

우리가 세 들어 살고 있던 집에는 정원이 하나 있었습니다. 집 주인이 그 집에 살고 있지 않았기에 우리는 정원을 포함해 그 집 전체를 사용하고 있었습니다. 내 마음의 격정은 나를 정원으로 몰아갔습니다. 그곳에는 내가 자신과 벌이는 격렬한 싸움을 끝낼 때까지 나를 방해할 것이 아무것도 없었습니다. 그 싸움의 결과가 어떠할지 주님은 아셨지만, 나는 몰랐습니다. 내가 열기에 휩싸인 것은 건강을 회복하는 과정의 일부였습니다. 그리고 나는 죽음과 같은 고뇌를 통해 생명을 향해 나아가고 있었습니다. 나는 내 병이 심하다는 것은 알았지만, 그것이 얼마나 빨리 회복될지는 알지 못했습니다. 나는 그렇게 그 정원 안으로 들어갔습니다.

알리피우스는 천천히 나를 따라왔습니다. 비록 그가 옆에 있었지만, 나는 방해받는 느낌을 받지 않았습니다. 하기야 그가 어떻게 나를 그런 상태에 방치할 수 있었겠습니까? 우리는 되도록 다른 건물들에서 멀리 떨어져 앉았습니다. 내 영혼은 아주 혼란스러웠습니다. 그리고 나는 내 모든 뼈들이 나에게 주님의 뜻과 언약 안으로 들어가라고 말하며 그렇게 하는 것을 크게 찬양하고 있음에도 내가 그렇게 하지 못하는 것이 고민스럽고 화가 났습니다. 그러나 그 안으로 들어가기 위해서는 배나 마차나 발을 사용할 필요가 없었습니다. 내가 집에서 나와 그 정원에 이르기 위해 걸어갔던 거리만큼도 걸어갈 필요가 없었습니다. 유일하게 필요한 것은 그곳에 이르려는 의지를 갖는 것뿐이었습니다―그 의지가 이리저리 혹은 위아래로 흔들리는 것이 아니라 강하고 온전한 것이기만 하다면 말입니다.

결국 나는 망설이고 번민하면서 여러 가지 몸짓을 했습니다. 마치 사람들이 무언가를 하려고 하지만 실제로는 손발이 짧든지, 사슬에 묶였든지, 병으로 약해졌든지, 또는 다른 어려움이 있어 그렇게 할 힘이 없을 경우에 하듯이 말입니다. 만약 내가 자신의 머리를 쥐어뜯거나, 이마를 때리거나, 손가락 깍지를 끼어 무릎을 끌어안는다면, 그것은 내 의지가 그것을 원하기 때문입니다. 그러나, 만약 내 지체들이 내 의지에 순종할 능력을 갖고 있지 않다면, 나는 내가 원하는 행동을 할 수 없습니다. 그래서 나는 하려는 의지와 할 능력이 합치하지 않는 여러 가지 행동을 했습니다.

그러나 나는 내가 무엇보다도 큰 갈망을 갖고서 하고자 했던, 또 그렇게 하기로 결심만 하면 할 수 있었던 일을 하지 않았습니다. 사실 내가 그렇게 할 의지를 갖기만 한다면, 나는 즉시 그렇게 하고자 하는 전적인 의지를 가질 수 있었을 것입니다. 이런 점에서 내 능력은 의지와 동일한 셈이었습니다. 그럼에도 그 일은 일어나지 않았습니다. 내 영혼이 의지를 따라 자신의 위대한 결심을 성취하기 위해 자신에게 순종하기보다는, 내 몸이 마음의 지시를 따라 사지를 움직여 영혼의 가장 작은 바람에 순종하는 편이 훨씬 더 쉬웠던 것입니다.

두 가지 의지

이런 이상한 상황의 원인은 무엇입니까? 어째서 그렇게 된 것입니까? 주님, 내가 이 질문에 대한 답을 찾을 수 있도록 자비를 베풀어 주십시오. 어쩌면 나는 그 대답을 아담의 자손들이 겪는 은밀한 징벌과 고난들에서 찾을 수 있을지 모르겠습니다. 도대체 무엇이 이런 기괴한 상황을 일으키는 것입니까? 그리고 어째서 그렇게 되는 것입니까? 마음이 몸에게 명령하면 몸은 즉시 복종합니다. 그런데 마음이 자신에게 명령하면 마음은 그 명령에 저항합니다. 마음이 손에게 움직이라고 명령하면 그런 일은 너무 쉽게 일어나서 명령과 수행이 거의 구분되지 않을 정도입니다. 그러나 마음은 마음이고, 손은 몸입니다. 마음이 마음에게 의지를 가지라고 명령할 때, 그 명령을 받는 것은 마음 자체인데, 그것은 그 명령에 따르지 않습니다.

이런 이상한 현상은 어째서 일어나는 것입니까? 마음(mind)은 자신에게 의지(will)를 가지라고 명령합니다. 그리고 만약 마음이 의지를 갖지 않고 자신이 명령한 것을 수행하려 하지 않는다면, 마음은 그런 명령을 내리지 않습니다. 의지가 진지하지 않기에 명령도 진지하지 않습니다. 명령의 힘은 의지의 힘에 달려 있습니다. 명령이 이행되지 않는 정도는 의지가 관여하지 않는 정도에 달려 있습니다. 왜냐하면 의지에게 존재하라고 명령하는 것은 바로 의지이며, 의지는 다른 의지에게 명령하는 게 아니라 바로 그 자신에게 명령하는 것이기 때문입니다. 그러므로 명령하는 의지가 불완전할 경우 명령한 것은 일어나지 않습니다. 만약 의지가 완전하다면, 그것은 이미 존재할 것이므로, 굳이 의지에게 존재하라고 명령할 필요가 없을 것입니다. 그러므로 의지를 갖는 것과 갖지 않는 것 사이에 기괴한 분열은 존재하지 않을 것입니다. 지금 나는 마음이 진리에 의해 고양될 때 습관에 의해 짓눌려서 진리를 향해 일어서지 못하는 병적인 상태에 대해 말씀드리고 있습니다. 그러므로 우리 안에는 두 가지 의지가 있습니다. 그 둘 모두 불완전하며, 한 의지 안에 있는 것이 다른 의지 안에는 결여되어 있습니다.

마니교의 두 가지 본성 이론에 대한 논박

오 하나님, 헛된 이야기를 꾸며대는 자들과 마음을 미혹하는 자들을 주님 앞에서 멸하십시오(딛 1:10). 그들은 생각의 과정에서 의지가 둘로 갈라지는 것을 두고 하나는 선하고 다른 하나는 악한 두 가지 본성을 지닌 두 가지 마음이 있다고 추론합니다. 그들이 이런 악한 교리를 즐기는 한 그들은 참으로 악합니다. 그러나 그들이 올바른 교리를 붙잡고 그 진리에 동의한다면, 그들은 선하게 될 것입니다. 주님의 사도가 "여러분이 전에는 어둠이었으나, 지금은 주님 안에서 빛입니다"(엡 5:8)라고 말했듯이 말입니다. 그러나 그들은 주님 안에서가 아니라 자기 자신들 안에서 빛이 되기를 원합니다. 이것은 그들이 영혼의 본성이 하나님의 본성과 같다고 생각하기 때문입니다. 그들은 무서울 정도의 교만 때문에 이 세상에 빛으로 오셔서 모든 사람들을 비추시는 주님으로부터 멀어져 짙은 어둠이 되고 말았습니다. 그들은 다음과 같은 주님의 말씀에 귀를 기울이고 부끄러워해야 합니다. "내게 오라! 그리하면 빛을 받으리니, 그 얼굴이 부

끄러움을 당하지 않을 것이다"(시 34:5)

내가 오랫동안 바라던 대로 나의 주 하나님을 섬기는 문제에 관해 생각해 본다면, 주님을 섬기고자 했던 내 자아는 주님을 섬기지 않으려 했던 자아와 동일했습니다. 그 자아는 나 자신이었습니다. 나는 전적으로 주님을 섬기려는 의지를 가졌던 것도 아니고, 그렇다고 전적으로 그런 의지를 갖지 않았던 것도 아니었습니다. 그래서 나는 내 자신과 싸웠고 내 자신으로부터 분열되었습니다. 그 분열은 내 의지에 맞서서 일어났습니다. 하지만 그것은 내 안에 있는 이질적인 마음의 본성들이 드러난 것이 아니라, 내가 내 마음 안에서 당하는 벌이었습니다. 그러므로 그것을 일으킨 것은 내가 아니라, 내 안에 거하는 죄였습니다(롬 7:17, 20). 그 죄는 내가 자발적으로 지은 죄—나는 아담의 자손입니다—에 대한 징벌로 온 것입니다.

어떤 우유부단한 사람 안에 그의 의지의 수만큼의 본성들이 있다면, 두 개의 본성이 아니라 여러 개의 본성들이 있을 것입니다. 어떤 사람이 마니교 모임에 갈까 아니면 극장에 갈까 하며 고민하고 있다면, 마니교도들은 "여기 두 가지 본성[two natures]이 있다. 선한 본성은 이리로 인도하고, 악한 본성은 저리로 인도한다. 서로 맞서는 이 두 의지를 어떻게 달리 설명하겠는가?" 하고 외칠 것입니다. 그러나 나는 그 두 가지 의지가 다 악하다고 단언합니다. 즉 마니교 모임에 가고자 하는 의지와 극장에 가고자 하는 의지 둘 다 악합니다. 마니교도들은 자신들과 어울리는 것만 선하다고 생각합니다. 그렇다면 어떻게 되겠습니까? 만약 어느 그리스도인이 극장에 가는 것과 교회에 가는 것 사이에서 망설이고 있다면, 마니교도들은 그것에 대해 무어라 말해야 할지 모를 것입니다. 그들은 교회에 가는 것은 마치 마니교의 성례에 현혹되어 그것에 대해 의무를 느끼는 자들의 경우처럼 선한 것이라고 여기거나, 아니면 두 가지의 악한 본성과 두 가지의 악한 마음이 한 인격 안에서 싸우고 있다고 말해야 할 것입니다. 이 논증은 둘 중 하나는 선하고 다른 하나는 악하다는 그들의 평소 주장이 진실이 아니라는 것을 증명해 줄 것입니다. 따라서 그들은 진리를 받아들여야 할 것이고, 사람이 어떤 생각을 할 때 하나의 영혼이 서로 다른 여러 의지들 사이에서 흔들린다는 것을 인정하지 않을 수 없을 것입니다.

그러므로 그들은 두 의지가 한 인격 안에서 서로 갈등하는 것을 볼 때 두 가지 갈등하는 마음들(minds)이 두 가지 대립되는 실체들(substances)로부터 나온다거나, 하나는 선하고 다른 하나는 악한 두 가지 갈등하는 원칙들(principles)이 서로 다툰다고 말해서는 안 됩니다. 진리의 하나님, 주님이 그들을 정죄하시고, 반박하시고, 수치를 당하게 해 주십시오. 어떤 사람이 다른 사람을 독약으로 죽일까 아니면 칼로 죽일까 하며 고민할 때, 그 두 가지 의지는 모두 악한 것입니다. 이것은 어떤 이가 다른 누군가에게 속한 이 땅을 빼앗을까 아니면 저 땅을 빼앗을까 하며 고민할 때나, 음탕한 일을 해서 쾌락을 얻을까 아니면 탐욕스럽게 돈을 아낄까 하며 고민할 때나, 같은 날에 열리는 서커스를 보러 갈까 아니면 연극을 보러 갈까 아니면 (세 번째 가능성으로)

기회가 된다면 다른 사람의 집을 털까 아니면 (네 번째 가능성으로) 같은 시간에 기회가 허락된다면 간통을 할까 하며 고민할 때나 모두 마찬가지입니다. 이런 선택사항들 모두가 같은 시간에 일어나고 모두 동일하게 원하는 것들이지만 그것들 모두를 동시에 성취할 수 없다고 가정한다면, 그런 선택사항들은 결국 사람의 마음을 서로 양립할 수 없는 의지들로—셋이나 넷으로 혹은 바라는 대상의 숫자만큼 여럿으로—분열시키고 있는 셈입니다. 그러나 마니교도들은 보통 그 정도로 많은 다양한 실체가 있다고 주장하지는 않습니다.

같은 논의가 선한 의지에도 해당됩니다. 내가 마니교도들에게 사도의 글을 읽으면서 기뻐하는 것이 선한 것인지, 건전한 시편을 읽으며 기뻐하는 것이 선한 것인지, 아니면 복음서를 강론하는 것이 좋은 것인지 묻는다면, 그들은 그 각각의 경우를 "선하다"고 대답할 것입니다. 그렇다면 무엇입니까? 만약 이 모든 것이 각각 그리고 동시에 동일한 기쁨을 제공한다면, 우리가 무엇이 가장 매력적인 선택이 될지 고민하는 동안, 서로 다른 의지들이 우리의 마음을 여러 갈래로 흩어놓지 않겠습니까? 모든 것은 선하지만, 그것들은 하나의 선택이 이루어지기 전까지 서로 다툽니다. 그러므로 영원한 것에 대한 기쁨이 우리를 위로 끌어올리고 세상의 좋은 것들이 주는 쾌락이 우리를 밑으로 끌어내릴 때, 하나인 영혼은 이쪽에도 저쪽에도 전적으로 마음을 주지 못한 채 망설입니다. 그러므로 영혼이 진리 때문에 영원함을 좋아하지만 친숙함 때문에 일시적인 것들을 버리지 못하는 한, 그 영혼은 찢어져 갈라지는 아픔을 맛보게 되는 것입니다.

육신의 정욕과의 최후의 싸움

그때 내 질병과 고통이 그와 같았습니다. 나는 평소보다 모질게 자신을 비난했습니다. 나는 나를 묶고 있는 사슬이 완전히 부서질 때까지 그 안에서 몸부림쳤습니다. 이제 나는 그 사슬을 거의 벗어났지만, 그래도 여전히 그것에 매여 있었습니다. 주님은 내가 또다시 그것에 굴복하지 않게 하기 위해, 또 아직 가늘게 남아 있던 사슬이 끊어지지 않고 더 힘을 얻어 나를 더욱 단단하게 옭아매지 못하게 하기 위해 두려움과 부끄러움이라는 양날 채찍을 휘두르시며 엄한 자비로 깊은 곳에서 나를 짓누르셨습니다.

나는 자신에게 말했습니다. "지금 그렇게 하자, 지금 하자!" 나는 이 재촉의 말과 함께 이미 결단을 향해 움직이기 시작했습니다. 나는 거의 결단을 내릴 뻔했으나 그렇게 하지는 못했습니다. 그렇지만 원래의 상황으로 뒷걸음질하지는 않았습니다. 나는 결단이라는 목표와 아주 가까운 곳을 서성거리며 숨을 골랐습니다. 나는 다시 한 번 시도했고, 목표에 조금 못 미치는 곳까지 갔습니다. 단지 아주 조금 못 미치는 곳까지 말입니다. 하지만 나는 그 목표를 만지거나 붙들지는 않았습니다. 나는 사망에 대해 죽고 생명에 대해 살기를 주저하고 있었습니다. 내 속에 깊이 배어든 악이 익숙하지 않은 선보다 더 강하게 나를 움켜쥐었습니다. 내가 목표 지점에 가까이 다가갈수록, 나를 내리치는 두려움은 더욱 더 커졌습니다. 그러나 그 두려움은 나를 뒤로 밀치거나 돌아서게 하지는 못하고 미결정의 불안한 상태 가운데 두었을 뿐입니다.

헛되고 어리석고 하찮은 존재들이, 즉 나의 옛 정부(情婦)들이 나를 잡아끌었습니다. 그들은 내 육신의 옷을 잡아당기며 속삭였습니다. "우리를 떼어놓으려는 거예요? 이제부터 우리는 영원히 함께 있을 수 없는 건가요? 이제부터 당신은 이런 일이나 저런 일을 영원히 못하게 된다는 건가요?" 그들이 말한 "이런 일이나 저런 일"이란 무엇을 암시했습니까? 오, 나의 하나님이여, 주님의 자비로 주님의 종의 영혼을 그들이 암시했던 것으로부터 지켜주십시오! 그들은 참으로 추잡하고 수치스러운 것을 암시하고 있었으니 말입니다! 나는 그들의 소리에 크게 귀를 기울이지는 않았습니다. 그들은 길 위에서 정면으로 나와 대결하지 않았고, 다만 떠나가려는 나를 붙들기 위해 슬쩍 내 옷깃을 잡아당기는 것 같았습니다. 그럼에도 그들은 내 발걸음을 늦췄습니다. 나는 그들을 떼어내고 내가 부름을 받고 있는 곳으로 뛰어가기를 주저했습니다. 그러는 동안 압도적인 힘을 지닌 습관이 내게 말했습니다. "너, 그들 없이 살 수 있을 것 같으냐?"

그렇지만 습관의 힘은 이제 마지못해 그렇게 묻고 있었을 뿐입니다. 내가 바라보고는 있으나 그곳으로 발을 내딛기는 두려워했던 방향에서 고귀하고 순결한 "절제 부인"(the Lady Continence,

인간을 순결한 삶으로 초대하는 하나님의 손길에 대한 은유다—역주)이 나타나 평온하고 즐겁고 우아한 모습으로 나를 이끌고 있었기 때문입니다. 그 부인은 거룩한 손을 내밀어 나를 품어 안으려고 했습니다. 그 부인의 품 안에는 내가 따라야 할 선한 모범이 될 만한 많은 이들, 즉 수많은 소년 소녀들, 모든 연령의 무리들, 청년들, 근엄한 과부들, 그리고 나이 많은 처녀들이 있었습니다. 그리고 그들 모두 안에는 절제 부인이 깃들어 있었습니다. 그녀는 수태는 하지 못했으나 그녀의 남편이신 주님을 통해 기쁨이라는 자식들을 낳은 어머니(시 113:9)라는 의미에서 부인(婦人)이었습니다.

그 부인은 격려와 도전을 주는 미소를 지으며 내게 이렇게 말하는 듯 했습니다. "너는 이 남자들과 여자들이 한 일을 행할 능력이 없는가? 너는 이들이 그들의 하나님이신 주님의 힘이 아니라 그들 자신의 재주로 이 일을 이룰 수 있었다고 생각하는가? 그들의 주 하나님께서 나를 그들에게 보내셨다. 어째서 너는 네 자신만 의지하는가? 결국 네 자신이 의지할 만한 존재가 되지 못한다는 사실을 알기 위해 그러는 것인가? 두려워 말고 그분께 네 자신을 맡겨라. 그분은 네가 넘어지도록 놔두지 않으실 것이다. 염려하지 말고 뛰어오르라. 그러면 그분이 너를 붙들어 온전케 하실 것이다."

나는 당황해 얼굴이 붉어졌습니다. 나는 여전히 헛된 것들이 투덜거리는 소리를 듣고 있었고, 머뭇거리면서 결단을 내리지 못하고 있었기 때문입니다. 그러나 그 부인은 다시 내게 이렇게 말하는 듯 했습니다. "이 세상에 속한 네 불결한 지체들의 말에 귀 기울이지 말고 그것들을 극복하라. 그것들은 너에게 기쁨을 선포하지만, 그런 기쁨은 그대의 하나님의 법에 어긋나는 것이다." 내 마음에서 일어난 이런 논쟁은 내가 내 자신에 대해 벌이는 싸움이었습니다. 알리피우스는 내 곁에 조용히 앉아 있었습니다. 그리고 침묵하면서 나의 이례적인 심적 동요가 어떻게 전개될지 지켜보았습니다.

회심

나는 깊은 성찰을 통해 내 영혼의 심연으로부터 내 모든 비참한 모습을 끌어올려 내 마음의 눈앞에 쌓아놓았습니다(시 18:15). 그러자 내 안에서 거대한 회한의 폭풍이 일어났고, 이윽고 나는 엄청난 눈물을 쏟아내기 시작했습니다. 나는 마음껏 소리 내어 울기 위해 알리피우스의 곁을 떠나—우는 데에는 혼자 있는 것이 더 나아보였습니다—그의 존재가 내게 방해가 되지 않을 만큼 좀더 멀리 나아갔습니다. 알리피우스는 당시 내 상태를 알아차렸습니다. 나는 그에게 무언가 말을 했던 것 같은데, 그때 이미 내 목은 울음으로 메어 있었습니다. 그래서 그는 내가 일어섰을 때 아주 놀라워하며 우리가 함께 앉아 있던 곳에 계속 앉아 있었습니다.

나는 어느 무화과나무 아래 주저앉았습니다. 그리고 한없이 눈물을 흘렸습니다. 내 눈물은 강물이 되어 흘렀고, 그것은 "하

나님께서 기쁘게 받으실 신령한 제사"(벧전 2:5)였습니다. 그리고 나는 다음과 같은 말로―비록 똑같지는 않지만 같은 의미로― 주님께 외쳤습니다. "오 주여, 언제까지입니까? 언제까지 그렇게 크게 화내시렵니까? 나의 옛 죄악들을 마음에 두지 마옵소서!"(시 6:3; 79:8). 나는 내 과거가 아직도 나를 사로잡고 있다고 느꼈기에 애처롭게 부르짖었습니다. "언제까지, 언제까지입니까?" "내일, 내일입니까!" "왜 지금은 안 됩니까? 왜 지금 바로 내 불결한 삶을 끝낼 수 없는 것입니까?"

나는 마음에 극심한 고통을 느끼며 그렇게 울부짖었습니다. 그런데 그때 갑자기 이웃집 담장 너머에서 음성이 들려왔습니다. 그것이 소년의 것인지 소녀의 것인지는 분명하지 않았지만, 그 음성은 되풀이해서 다음과 같이 노래하고 있었습니다. "집어 들고 읽어라, 집어 들고 읽어라"(tolle lege, tolle lege). 순간 나는 눈물을 그치고 아이들이 그런 노래를 부르며 하는 놀이가 있는지 생각해 보았습니다. 그러나 나는 그런 노래를 부르며 하는 놀이에 대해 들어본 기억이 없었습니다. 나는 하염없이 흐르는 눈물을 억누르며 일어섰습니다.

나는 그 노래를 성경을 펼쳐 첫 눈에 들어오는 구절을 읽으라는 하나님의 명령으로 해석했습니다. 왜냐하면 언젠가 나는 안토니우스가 우연히 복음서를 읽는 자리에 참석했다가 "가서 네 소유를 팔아, 가난한 사람에게 주라. 그리하면 네가 하늘에서 보화를 차지하게 되리라. 그리고, 와서 나를 따르라"(마 19:21)라는 복음서 구절을 읽는 소리를 듣고는 그 구절을 자기에게 주신 권고의 말씀으로 받았다는 이야기를 들은 적이 있기 때문입니다. 그는 그 영감 어린 말씀을 받고는 즉시 주님을 향해 회심하였습니다.

그래서 나는 서둘러 알리피우스가 앉아 있는 곳으로 돌아갔습니다. 아까 그곳을 떠나면서 그곳에 사도의 책을 놓아두었기 때문입니다. 나는 성경을 집어 들어 펼쳤습니다. 그리고 침묵 가운데 내 눈에 들어오는 첫 구절을 읽었습니다. "낮에 행동하듯이 단정하게 행합시다. 호사한 연회와 술취함, 음행과 방탕, 싸움과 시기에 빠지지 맙시다. 주 예수 그리스도로 옷을 입으십시오. 정욕을 채우려고 육신의 일을 꾀하지 마십시오"(롬 13:13-14). 나는 더 읽고 싶지도 않았고 읽을 필요도 없었습니다. 내가 그 구절의 마지막 단어를 읽는 순간, 모든 염려에 대해 쉼을 주는 환한 빛이 내 마음에 들어와 내 안에서 모든 의심의 그림자를 몰아냈던 것입니다(386년, 어거스틴의 나이 32세 때의 일이다—역주).

나는 성경 갈피에 손가락인지 혹은 다른 무엇인지로 표시를 하고는 책장을 덮었습니다. 그리고 평화스런 얼굴로 알리피우스에게 내게 일어난 모든 일을 말해 주었습니다. 그러자 그는 내게 자기 마음속에서 일어나고 있던 일에 대해 말했습니다. (나는 그가 그런 경험을 하고 있던 것을 전혀 알지 못했습니다.) 그는 내가 읽었던 성경 구절을 보자고 했습니다. 내가 그에게 그 구절을 보여 주자, 그는 내가 읽었던 구절 바로 다음 구절에 주목했습니다. 그것은 "믿음이 약한 자를 받아들이라"(롬 14:1)는 말씀이었습니다. 알리피우스는 그 말씀을 자신에게 주어진 것이라 여졌고 내게 그렇게 말했습니다. 그는 이 권고의 말씀으로 확신을 얻었습니다. 그것은 늘 나보다 뛰어났던 그의 도덕적 원리들과 전적으로 어울리는 것이었기에 그는 조금도 주저하지 않고 내 취지에 공감하며 나와 함께 선한 결단을 내렸습니다.

우리는 어머니를 찾아가 그동안 일어난 일에 대해 말씀드렸습니다. 어머니는 기쁨으로 가득 찼고, 자신이 구하거나 생각했던 것 이상으로 넘치게 베풀어 주신 주님께 찬양을 드렸습니다. 주님이 나를 주님을 향해 돌아서게 하신 결과, 이제 나는 아내를 구하거나 이 세상에서 성공하려는 야망을 버리게 되었습니다. 이제 나는 주님이 십여 년 전에 어머니에게 보여 주셨던 "믿음의 기준"(regula fidei, 모니카의 꿈에서는 "나무로 만든 자"로 나타났음 – 역주) 위에 굳게 섰습니다. 주님은 어머니의 슬픔을 기쁨으로 바꿔주셨습니다(시 30:11). 그 기쁨은 어머니가 바라던 것보다 더욱 풍성했고, 어머니가 내 몸에서 날 손자들에게 기대했던 것보다 훨씬 더 사랑스럽고 순결했습니다.

제9권

세례, 그리고 어머니의 죽음

옛 것을 버리고 새 것을 찾기 시작함

오, 주님, 나는 주님의 종이며, 주님의 여종의 아들입니다. 주님이 나를 묶고 있던 사슬들을 끊어 주셨기에 내가 주님께 찬양의 제사를 드립니다. 내 마음이 주님을 찬양하고, 내 혀와 내 모든 뼈들이 "주님과 같은 분이 누구입니까?"(시 35:10) 하고 말하게 해 주십시오. 그것들이 그렇게 물을 때 주님이 내게 대답하시고 내 영혼을 향해 "나는 너의 구원이라" 하고 말씀해 주십시오(시 35:3).

나는 누구이며 무엇입니까? 내 행동에, 혹은 행동이 아니라면 내 말에, 혹은 말이 아니라면 내 뜻 안에 악하지 않은 것이 있었습니까? 그러나 주님, 주님은 선하고 자비로우십니다. 주님이 주님의 오른손을 내 사망의 깊은 곳에 넣으시고 내 마음의 밑바닥에서 썩은 덩어리를 꺼내셨습니다. 그 결과 나는 내 뜻을 포기하고 주님의 뜻을 바라게 되었습니다.

그러나 그 많은 날 동안 내 자유의지는 어디에 있었습니까? 그것은 그 어떤 깊고 은밀한 곳에서 갑자기 불려나온 것입니까? 어떻든, 그로 인해 이제 나는 주님의 쉬운 멍에에 내 목을, 그리고 주님의 가벼운 짐에 내 어깨를 들이밀었습니다(마 11:30), 오, 나의 도움과 구원이신 그리스도 예수시여!

갑자기 나는 헛된 일이 제공하는 쾌락 없이 지내는 것이 달콤해졌습니다. 이제 나는 한때 내가 잃어버릴까봐 전전긍긍했던 것들을 기쁘게 버릴 수 있게 되었습니다. 주님은 내게서 그것들을 몰아내시고 그것들을 대신하셨습니다―혈과 육이 제공하는 그 어떤 즐거움보다 더한 즐거움이시고, 모든 빛보다 밝은 빛이시고, 그 어떤 은밀한 곳보다 깊숙한 곳을 비추는 빛이시고, 그 어떤 명예보다 높으시나, 스스로 빼어나다 여기는 사람들에게는 없는 명예이신 주님께서 말입니다. 이미 내 마음은 높은 지위를 추구하거나, 이익을 탐하거나, 방탕에 빠지거나, 정욕에 불타서 괴로워하는 일로부터 자유롭게 되었습니다. 그리고 이제 나는 주님 곧 나의 빛, 나의 부요, 그리고 나의 구원이신 주 나의 하나님께 어린아이처럼 재잘거리고 있었습니다.

수사학 교사직을 포기할 계획을 세움

나는 수사학(修辭學) 시장에서 말재주를 파는 장사꾼의 자리에서 조용히 물러나기로 결심했습니다. 나는 광기어린 거짓말과 법정의 시시한 말다툼에 마음을 빼앗긴 이들이 주님의 법이나 주님의 평화에 마음 두지 않고 자기들의 미친 짓을 위해 내 입에서 나오는 무기들을 사가는 것을 원치 않았습니다. 다행히 며칠 후면 포도 수확기 방학(보통 8월 22일부터 10월 15일까지였다 - 역주)이 시작될 참이었으므로, 나는 그때까지 그 일을 견딘 후 적절한 절차를 밟아 사임하기로 했습니다. 주님을 통해 속량된 나는 이제 다시는 시장에서 내 재능을 팔지 않기로 했습니다.

더구나 그해 여름에 나는 가르치는 일에 진을 뺀 결과 폐가 약해지기 시작했고 숨을 쉬기가 어려워졌습니다. 가슴의 통증은 질병의 징후였는데, 그로 인해 나는 명확하게 발음하거나 오래 말할 수가 없었습니다. 처음에 나는 약간 당황했습니다. 왜냐하면 그런 상태라면 나는 가르치는 일을 그만 두든지, 아니면 치료를 받아 힘을 회복하더라도 적어도 얼마간 휴가를 내야 했기 때문입니다. 그러나, 주님이 아시다시피, 당시 나는 주님이 하나님이심을 알기 위해 일을 그만두고자 하는 마음을 갖고 있었습니다(시 46:10). 따라서 나는 그것이 자기 자녀들의 교육 문제 때문에 내가 일을 그만두는 것을 못마땅하게 여길 사람들의 노여움을 누그러뜨릴 좋은 핑계거리가 된다는 생각에 기뻐하게 되었습니다.

나는 그런 기쁨으로 가득 차서 얼마간 참아보기로 했습니다. 그 기간은 약 이십일 정도였을 것입니다. 그러나 그런 인내에는 용기가 필요했습니다. 왜냐하면 전에 내가 그 과중한 일을 견딜 수 있었던 이유는 돈이었는데, 이제 나는 더 이상 돈에 대해 아무런 관심도 없었기 때문입니다. 만약 이득에 대한 욕망이 인내로 대체되지 않았다면, 나는 그 일을 계속하는 동안 아주 부서지고 말았을 것입니다. 내 형제들인 주님의 종들 중 어떤 이들은, 내가 이미 주님을 섬기기로 결심하고도 그 거짓된 자리에 한 시간이라도 남아 있었던 것은 죄라고 말할지도 모르겠습니다. 나는 그런 말에 시비를 걸지 않겠습니다. 그러나, 가장 자비로우신 하나님, 주님은 거룩한 물(세례-역주)로 다른 끔직하고 치명적인 죄들과 함께 나의 그런 잘못까지도 용서해 주시지 않았습니까?

베레쿤두스와 네브리디우스의 죽음

베레쿤두스는 우리가 누리는 행복에 대한 근심 때문에 괴로워했습니다. 그는 자신을 묶고 있던 사슬 때문에 우리와의 우정을 잃어버릴 것으로 생각했던 것입니다. 그는 아직 그리스도인이 아니었으나 그의 아내는 세례 받은 신자였습니다. 다른 무엇보다도 아내에게 매여 있던 그는 우리가 시작한 여행에 참여하려 하지 않았습니다. 또한 그는 자기는 달리 방법이 없는 경우가 아니라면 그리스도인이 될 마음이 없다고 선언했습니다. 그러나 그는 아주 관대하게도 우리가 그곳에 머무는 동안 자신의 별장을 이용할 수 있게 해 주었습니다. 주님, 의인들이 부활할 때 그에게 갚아주시기 바랍니다(눅 14:14). 참으로 주님은 그에게 이미 그의 몫을 주셨습니다. 우리가 그곳을 떠나 로마에 머무는 동안 그는 몸에 병을 얻었고 병중에 세례를 받아 그리스도인이 되어 세상을 떠났기 때문입니다.

그렇게 해서 주님은 그에게뿐 아니라 우리에게도 은혜를 베푸셨습니다. 그가 우리에게 베푼 뛰어난 인간적 배려를 고려할 때, 만약 훗날 우리가 주님의 양무리 가운데서 그를 발견할 수 없다면, 우리는 견딜 수 없는 고통으로 괴로워할 것이기 때문입니다. 주님의 격려와 위로는 우리에게 큰 확신을 줍니다. 자신의 약속에 충실하신 주님은 베레쿤두스가 우리가 세상의 열기를 떠나 주님 안에서 휴식할 수 있도록 카시키아쿰(Cassiciacum, 밀라노 동북쪽 33km에 위치한 농촌 지역-역주)에 있는 자신의 별장을 빌려준 것에 대한 보상으로 그에게 주님의 영원히 푸른 사랑스러운 초장을 허락하셨습니다. 주님은 세상에서 그가 지은 죄를 용서하셨고 그를 젖과 꿀이 흐르는 주님의 산, 곧 부요의 산으로 옮겨가셨습니다.

베레쿤두스가 괴로워하는 동안 네브리디우스는 우리와 기쁨을 함께했습니다. 그 역시 아직 그리스도인이 아니었고 진리이신 주님의 아들의 육체가 환영에 불과하다고 주장하는 치명적인 오류(초대교회 시절의 대표적 이단이었던 가현설假現說, Docetism-역주)의 수렁에 빠져 있었습니다. 그러나 훗날 그는 그 수렁에서 빠져나왔고, 비록 아직 주님의 교회의 성례 중 어느 하나도 받지 않았지만, 열렬히 진리를 추구하는 자가 되었습니다. 내가 회심하고 주님의 세례를 통해 다시 태어난 직후 그 역시 세례를 받고 그리스도인이 되었습니다. 그는 아프리카에 있는 그의 동향인들 사이에서 완전한 성결과 절제를 통해 주님을 섬겼고, 주님이 그를 육신의 삶에서 해방시켜 주셨을 무렵에는 그의 가족 전체가 그를 통해 그리스도인이 되어 있었습니다. 지금 그는 아브라함의 품 안에서 쉬고 있습니다.

카시키아쿰에서 누린 행복

드디어 내가 생각으로는 이미 그것에서 해방되어 있던 수사학 교사직에서 실제로 해방되는 날이 왔습니다. 이미 그 일에서 내 마음을 구해 주신 주님은 이제는 내 혀를 거기에서 구해 주셨습니다. 그리고 나는 친구들과 함께 시골 별장을 향해 가면서 기쁨으로 주님을 찬양했습니다(어거스틴과 함께 카씨키아쿰에 있는 별장으로 간 이들은 어머니 모니카, 아들 아데오다투스, 그리고 친구 알리피우스 등 모두 9명이었다-역주). 내가 그곳에서 쓴 책들은 참으로 주님을 섬기기 위해 쓴 것이며, 그것들은 내가 친구들과 나눴던 대화와 주님 앞에서 홀로 행했던 독백들을 기록하고 있습니다(이때 어거스틴이 쓴 책들은 『회의론 반박』, 『행복한 삶』, 『질서론』, 『독백록』 등으로 흔히 "카씨키아쿰 대화록"이라 불린다-역주). 그러나 그 책들은 여전히 교만을 가르치는 학교의 정신을 호흡하고 있었습니다—마치 마지막 헐떡임처럼 말입니다. 당시 그곳에 있지 않았던 네브리디우스와 나눴던 토론들은 내가 쓴 편지들을 통해 나타납니다.

서둘러 보다 중요한 은혜들에 대해 말씀드려야 하는 내가 언제 시간을 내서 주님이 그때 우리에게 베풀어 주신 큰 은혜들을 모두 회상할 수 있겠습니까? 주님, 나는 그 시절을 되돌아보며 주님께 그 시절에 대해 고백하는 것이 즐겁습니다. 그때 주님은 내면의 막대기로 나를 길들이셨습니다. 주님은 내 생각의 높은 산과 언덕을 낮춰 평평하게 하시고, 굽은 길을 바로 펴시고, 거친 길을 평탄하게 하심으로써 나를 겸손해지게 하셨습니다. 또 주님은 내 마음의 형제인 알리피우스 역시 주님의 외아들이신 우리 주 예수 그리스도의 이름에 굴복하게 하셨습니다. 처음에 그는 내가 쓴 책들에 그리스도의 이름을 넣는 것을 조롱하며 비판했습니다. 그는 그 책들이 뱀에 물린 상처를 치유하기 위해 교회가 제공하는 약초의 냄새보다는 학문 세계의 백향목의 냄새를 풍기기를 바랐습니다. 그러나 이제 주님이 그의 그런 마음을 꺾어주셨습니다.

나의 하나님이여, 그때 내가 신앙의 노래이자 그 어떤 교만한 자도 범접할 수 없는 신앙의 찬송이었던 다윗의 시편들을 읽으면서 주님께 얼마나 큰 소리로 부르짖었습니까! 그 시편들은 주님을 향한 나의 사랑에 얼마나 여러 번 불을 지폈습니까? 나는 그 시편들을 인류의 교만에 대한 경고로 여겼고, 가능하다면 온 세상을 향해 그것들을 낭송하고 싶었습니다. 그러나 그 시편들은 이미 세상 모든 곳에서 불리고 있었으니, 참으로 주님의 열심으로부터 숨을 수 있는 사람은 아무도 없습니다. 그때 내 속에서는 마니교도들을 향한 거센 분노가 치밀어 올랐습니다. 그러나 나는 곧 그들을 불쌍히 여기게 되었습니다. 그들이 주님이 주시는 치료약인 성례를 알지 못하며 자기들을 치료해 줄 수 있는 해독제를 미친 듯이 거부하고 있다는 생각이 들었기 때문입니다.

그곳에서 나는 어느 조용한 시간에 시편 4편을 읽었습니다. 그때 나는 마니교도들이 내가 알지 못하게 조용히 내 곁에 서서 내 얼굴을 보며 내가 하는 말에 귀를 기울이고 그 시편이 내게 어떤 영향을 끼쳤는지 보기를 바랐습니다. "나의 옳음을 변호해 주시는 하나님, 내가 부르짖을 때에 응답하여 주십시오. 내가 곤궁에 빠졌을 때에, 주께서 나를 너그럽게 보아 주십시오. 나에게 은혜를 베푸시고, 나의 기도를 들어 주십시오"(시 4:1). 오, 주님, 나는 마니교도들이 내가 알지 못하게 내 곁에 서서 내가 하는 말을 듣기를 바랐습니다. 왜냐하면 나는 그들이 내가 이런 말을 그들을 위해서 일부러 한다고 생각하지 않기를 바랐기 때문입니다.

나는 두려워 떨었고 그와 동시에 주님의 자비 안에서 기뻐하며 소망으로 불타올랐습니다. 그 모든 감정들은, 주님이 내 귀에 "백성들아, 언제까지 내 영광을 욕되게 하려느냐? 언제까지 헛된 일을 좋아하려느냐? 언제까지 거짓된 것을 따라가려느냐?"(시 4:2)라고 말씀하셨을 때, 내 눈과 목소리를 통해 나타났습니다. 그것은 그동안 내가 헛된 것을 사랑하고 거짓을 추구해 왔기 때문입니다. 내가 한동안 진리라고 여겼던 환상들은 온통 헛되고 거짓된 것들에 불과했습니다. 나는 고통스럽게 그런 사실을 기억하면서 자주 크고 강한 소리로 부르짖었습니다. 그때 나는 내 말이 여전히 헛된 것을 사랑하고 거짓을 추구하는 자들의 귀에 들리기를 바랐습니다. 그래서 그들이 그 말을 듣고 혼란스러워져 그런 것들을 토해내기를 바랐습니다.

또 나는 "두려워 떨어라. 죄를 짓지 말아라"(시 4:4)라는 구절을 읽었습니다. 오, 나의 하나님이여, 나는 그 말씀을 읽고 크게 감동했습니다. 이미 나는 미래에 죄를 짓지 않으려면 과거의 내 자신에 대해 화를 내야 한다는 것을 배웠습니다. 내가 내 자신에 대해 화를 내는 것은 옳았습니다. 왜냐하면 내 속에서 죄를 짓는 것은 마니교도들의 말처럼 내 속에 있는 또 다른 본성의 어두운 활동이 아니기 때문입니다. 마니교도들은 그들 자신에 대해 화를 내지 않음으로써 진노의 날, 즉 주님의 의로운 심판이 나타나는 날에 그들에게 임할 진노를 쌓고 있었습니다.

또 나는 내가 추구하던 선은 외부에 있는 것도 아니고, 햇빛에 의지해 육신의 눈으로 볼 수 있는 것도 아니라는 것을 알게 되었습니다. 외부에서 기쁨을 찾는 자들은 쉽사리 공허해집니다. 또한 허기진 마음으로 눈에 보이는 일시적인 것들에 집착하는 자들은 자신들의 그림자를 핥습니다. 오, 그러나 영적 허기에 지쳐 "우리에게 선을 보일 자 누구뇨"(시 4:6a, 개역개정 – 역주)라고 묻는 자들은 내가 다음과 같이 말하는 소리를 들을 것입니다. "주님, 주의 환한 얼굴을 우리에게 보여 주십시오"(6b절). 아, 그들이 자기들 안에 깃들어 있는 영원한 것을 볼 수 있다면 얼마나 좋겠습니까! 나는 내 자신이 그것을 맛보고도 그들에게 그것을 보여 줄 수가 없어서 화가 났습니다. 그들은 주님을 떠나 방황하면서 외부의 사물들에만 마음을 쓰면서 "우리에게 선을 보일 자 누구뇨"라고 묻고 있었기 때문입니다.

또 나는 다음과 같은 구절을 큰 소리로 읽었습니다. "내가 편히 눕거나 잠드는 것도, 주께서 나를 평안히 쉬게 하여 주시기 때문입니다"(시 4:8). 사실 "죽음을 삼키고서, 승리를 얻었다"(고전 15:54)는 말씀이 실현될 때 누가 감히 우리를 대적하겠습니까? 그리고 주님은 가장 탁월하게 동일하시고 변하지 않으시므로 주님 안에는 모든 수고를 잊게 하는 쉼이 있습니다. 주님과 같은 이는 없으며, 우리는 주님이 아닌 다른 것들을 추구해서는 안 됩니다. 주님, 오직 주님만이 나를 소망 가운데서 살아가게 하십니다.

나는 이런 말씀들을 읽고 불타올랐습니다. 그러나 나는 여전히 저 귀머거리요 죽은 자들과도 같은 마니교도들을 위해 무엇을 어떻게 해야 할지 알지 못했습니다. 나 역시 한때 그들에게 속해 하늘의 꿀처럼 달콤하고 주님 자신의 빛을 받아 빛나는 성경 말씀에 대해 독하게 그리고 맹목적으로 욕을 해댔습니다. 그러나 이제 나는 그 성경의 적들 때문에 애를 태웠습니다.

내가 그 휴가 기간에 일어난 모든 일들을 다 기억하기는 어렵습니다. 그러나 나는 그것들을 잊지 않았습니다. 그리고 이제 나는 주님의 날카로운 질책의 고통에 대해, 또 주님이 나를 놀랄 만큼 신속하게 그 고통에서 구해 주신 것에 대해 말하지 않을 수 없습니다. 그때 주님은 나를 치통(齒痛)으로 괴롭게 하셨습니다. 치통이 너무 심해져서 말조차 할 수 없게 되었을 때 나는 함께 있던 친구들에게 나를 위해 영혼과 몸의 치료자이신 주님께 기도해 달라는 부탁을 하고 싶었습니다. 나는 밀납을 입힌 서판에 그런 부탁의 글을 써서 그들에게 내밀어 읽게 했습니다. 그런데 우리가 간절한 마음으로 무릎을 꿇자마자 내 고통이 사라져 버렸습니다. 그 통증은 얼마나 심했습니까? 또 그것은 얼마나 빨리 사라졌습니까! 나의 주 하나님이여, 고백하건대, 그때 나는 정말 많이 놀랐습니다. 나는 내 일생 동안 그와 같은 일을 경험한 적이 없었습니다. 그때 나는 내 존재의 깊은 곳에서 주님의 뜻을 느꼈고 믿음 안에서 기뻐하면서 주님의 이름을 찬양했습니다. 그러나 이런 믿음조차 내가 과거의 죄들에 대해 죄의식을 느끼지 않도록 만들어 주지는 않았습니다. 왜냐하면 그것들은 아직 주님의 세례를 통해서 용서되지 않았기 때문입니다.

수사학 교수직을 그만둠

포도 수확기 방학이 끝났을 때 나는 밀라노 사람들에게 학생들을 위해 다른 수사학 교사를 구하라고 통지했습니다. 그것은 내가 주님을 섬기기로 결심했기 때문이기도 했고, 호흡 장애와 가슴 통증 때문에 더 이상 그 일을 할 수 없기 때문이기도 했습니다. 나는 주님의 주교인 경건한 암브로시우스에게 편지를 보내 내 지난날의 잘못들과 현재의 갈망에 대해 알려 주었습니다. 특히 나는 그에게 내가 그 큰 은혜를 보다 적절하게 받으려면 주님의 책들 중 어느 것을 읽어야 할지 추천해 달라고 부탁했습니다. 그는 내게 이사야서를 읽으라고 말했는데, 내 생각에는 그것이 복음과 이방인에 대한 부르심을 다른 어떤 책들보다도 분명하게 예언했기 때문이었던 것 같습니다. 그러나 나는 그 책의 첫 구절을 이해할 수 없었고, 그 책이 전체적으로 모호하다고 생각했습니다. 그래서 나는 내가 주님의 어법에 좀더 훈련이 되었을 때 다시 읽을 요량으로 그 책을 한편으로 밀어두었습니다.

세례

내가 세례 명부에 이름을 올릴 때가 다가왔습니다. 그래서 우리는 시골을 떠나 밀라노로 돌아왔습니다(387년 3월 – 역주). 알리피우스도 나와 함께 세례를 받기로 결심했습니다. 그는 주님의 성례를 받기에 적합할 만큼 겸손했고, 이탈리아의 언 땅 위를 맨발로 걸어 다닐 만큼 엄격한 훈련을 통해 신체를 단련한 자였습니다.

또 나는 내가 죄를 통해 낳은 내 육신의 아들 아데오다투스(Adeodatus, 어거스틴이 한때 동거했던 여인에게서 난 아들 – 역주)도 함께 데려갔습니다. 주님은 그를 훌륭한 사람으로 성장시켜 주셨습니다. 그는 그 무렵에 열다섯 살쯤 되었는데, 그의 지성은 훌륭한 교육을 받은 사람들의 그것을 능가했습니다. 만유의 창조주시며 우리의 일그러진 모습을 고쳐주시는 능력의 주 하나님, 나는 주님이 내게 주신 그 선물(Adeodatus는 "하나님으로부터 받은 선물"이라는 뜻을 갖고 있다-역주) 때문에 주님을 찬양합니다. 내가 그 아이에게 준 것은 죄 외에는 아무것도 없기 때문입니다. 오직 주께서 우리가 그를 주님의 가르침으로 양육하도록 일깨워 주셨습니다. 나는 그 아이가 주님이 내게 주신 선물임을 시인합니다. 훗날 나는 『교사론』(The Teacher)이라는 제목의 책을 하나 썼는데, 그 책에서 나와 대화를 나누는 자가 바로 아데오다투스입니다. 주님은 그가 그 책에서 하는 모든 말들이 실제로 그가 했던 말들이라는 것을 아십니다. 당시 그는 열여섯 살이었습니다. 나는 그에게서 여러 가지 다른 특별한 것들을 발견했습니다. 그의 지성은 나를 놀라게 했습니다. 주님 외에 누가 그런 놀라운 일을 할 수 있었겠습니까? 그런데 주님은 그를 이 땅에서 일찍 데려가셨습니다. 그래서 이제 나는 걱정 없이 그를 회상합니다. 그의 소년시절이나 청년시절 혹은 성년 시절에 대해 염려할 것이 아무것도 없기 때문입니다. 우리는 마치 그 아이가 주님의 은혜 안에서 우리와 동년배인 것처럼 그와 교제를 나눴습니다.

우리는 세례를 받았습니다. 그러자 과거의 생활에 대한 불안이 사라졌습니다. 그 기간 동안 나는 인류의 구원에 대한 주님의 심대한 계획에 대해 생각하면서 한없이 놀라운 기쁨을 얻

었습니다. 주님을 찬양하는 동안 나는 얼마나 많이 울었습니까! 나는 주님의 교회의 달콤한 찬양 소리에 깊은 감동을 받았습니다. 그 소리가 내 귀 속을 파고드는 동안 진리가 내 마음 속으로 스며들었습니다. 찬송 소리는 내 안에 경건한 감정을 불러일으켰습니다. 그때 나는 눈물을 흘렸는데, 그것은 행복한 눈물이었습니다.

밀라노 교회에 찬송가가 도입됨

밀라노 교회가 찬송이라는 방식으로 상호간의 위로와 권면을 시작한 것은 최근의 일이었습니다. 교회의 형제들은 마음과 목소리를 합해 아주 열심히 찬양했습니다. 어린 황제 발렌티니안(Valentinian)의 모친 유스티나(Justina)가 이단에 대한 관심 때문에 주님의 종 암브로시우스를 박해하기 시작한 후 일 년 남짓 지난 때였습니다. 당시 유스티나는 아리우스파(Arianism, 삼위일체를 인정하지 않았던 종파-역주)에 빠져 있었습니다. 경건한 회중들은 그들의 주교인 주님의 종과 함께 죽을 준비를 하고 교회 안에서 계속해서 경계를 섰습니다. 주님의 여종인 내 어머니는 그곳에서 근심스럽게 경계를 서는 일을 주도했고 기도하며 그곳에서 지냈습니다. 우리는 아직 주님의 성령의 열기로 녹아 있지 않았으나 그 도시의 긴장감과 혼란스러운 분위기 때문에 흥분해 있었습니다. 바로 그 무렵에 동방 교회처럼 찬송을 부르고 시를 낭송하는 관습을 도입하자는 결정이 내려졌습니다. 이것은 사람들이 낙담하거나 지치지 않게 하기 위함이었습니다. 그 관습은 그때부터 지금까지 유지되고 있고, 오늘날에는 세상의 수많은 교회들이—사실상 주님의 교회 거의 전부가—그것을 따라하게 되었습니다.

순교자들의 주검이 발견됨

바로 그 무렵에 주님은 환상을 통해 암브로시우스 주교에게 순교자 프로타시우스(Protasius)와 게르바시우스(Gervasius)의 주검이 안치된 장소를 알려 주셨습니다(이들은 네로 황제 때 순교한 것으로 추정된다—역주). 주님은 여러 해 동안 그 주검들을 주님의 비밀스러운 장소에 숨겨 썩지 않도록 보호해 주셨고, 적절한 때에 황제의 모친의 광기를 제어하시기 위해 그 장소로부터 그 주검들을 내놓으셨던 것입니다. 그 주검들이 발견되어 무덤 밖으로 나오자 사람들은 합당한 예를 갖춰 그 주검들을 암브로시우스의 교회로 옮겨갔습니다. 그러자 불순한 영들에 사로잡혔던 몇 사람이 치유되었습니다. 더 나아가, 여러 해 동안 눈이 멀어서 그 도시에서 잘 알려져 있던 한 시민이 사람들이 즐거운 소동을 벌이는 소리를 듣고 그 까닭을 물었습니다. 그리고 그는 사람들이 하는 말을 듣고는 벌떡 일어서서 자기를 그곳으로 안내해 달라고 부탁했습니다. 그는 그곳에 이르자 사람들에게 주님이 소중히 여기시는 성도들의 주검(시 116:15)이 안치된 관대(棺臺)에 자기의 손수건을 대게 해달라고 부탁했습니다. 그렇게 한 후 그가 그 손수건을 자기의 눈에 갖다 대자마자 그의 눈이 뜨였습니다. 그후 그 소식이 전해지자 주님에 대한 찬양의 소리가 사방으로 퍼져나갔고, 주님께 적대적이었던 그 여자의 마음도 (비록 건전한 신앙으로 변화되지는 않았으나) 누그러졌습니다.

어머니가 받았던 교육

주님은 사람들이 한 마음이 되어 한 집에 살게 하십니다. 그래서 주님은 내 고향 출신의 젊은이 에보디우스(Evodius, 400년경에 우잘리Uzali의 주교가 된 인물이다-역주)를 우리와 함께 살게 하셨습니다. 그는 관직에 있는 동안에 회심하고 세례를 받았는데, 그후 주님을 섬기기 위해 관직에서 물러났습니다. 그때 함께 있던 우리는 거룩한 목적을 위해 함께 살기로 결심했습니다. 우리는 주님을 가장 잘 섬길 수 있는 곳을 물색하다가 아프리카로 돌아가기로 동의했습니다. 그런데 우리가 테베르 강 하구에 있는 오스티아에 머무는 동안에 내 어머니가 세상을 떠났습니다(387년 11월경-역주).

오, 나의 하나님이여, 지금 나는 아주 급하게 쓰느라 많은 것을 생략하고 있습니다. 그러니 내가 특별히 언급하지 않을지라도 수많은 일들에 대한 나의 고백과 감사를 받아주십시오. 하지만 나는 주님의 여종과 관련해 내 영혼이 떠올리는 것들에 대해서는 그냥 넘어갈 수가 없습니다. 그녀는 육신으로 나를 낳아 시간의 빛 속으로 들어오게 했고, 또 마음으로 나를 낳아 영원의 빛 속으로 들어가게 했기 때문입니다. 이제 내가 말씀드리고자 하는 것은 어머니가 내게 준 선물이 아니라, 주님이 내 어머니에게 주신 선물에 대해서입니다. 어머니는 스스로 태어나거나 자란 것이 아니라, 주님이 어머니를 만드셨던 것입니다. 사실 어머니의 부모들은 자기들의 아이가 어떤 인물이 되는지 알지 못했습니다.

어머니는 자기가 받은 교육에 대해 말할 때 자기 어머니에 대해서보다는 자기 집에서 일하던 늙은 하녀에 대해 더 좋게 말했습니다. 그 하녀는 내 외할아버지가 어렸을 적에 그분을 등에 업고 다녔다고 합니다. 그녀는 그 집에서 오래 일했기에, 또 나이가 많을 뿐 아니라 그 기독교 가정에서 좋은 품성을 익혔기에 주인들로부터 칭찬을 받았답니다. 그녀는 주인의 딸들에 대한 책임을 맡았고 그 일을 성실하게 이행했습니다. 그리고 필요할 때면 거룩하고 엄격한 모습으로 주인의 딸들의 잘못을 지적하며 시정해 주었습니다. 그녀는 주인의 딸들을 교육하는 데 아주 신중했습니다. 그녀는 아이들이 그들의 부모와 함께 식사할 때를 제외하고는 물을 마시지 못하게 했습니다. 그것은 아이들이 잘못된 습관을 갖지 않게 하려는 것이었습니다. 그녀는 아이들에게 다음과 같이 말하곤 했답니다. "지금은 아씨들이 술을 드실 수 없어서 물을 드시지만, 나중에 남편을 만나 부엌과 술

저장실을 맡게 되면, 물이 하찮게 여겨져 술을 드시는 습관이 붙게 될 거예요." 그녀는 이런 식으로 아이들의 행동을 위한 규율을 정하고 권위 있게 그것을 명령함으로써 어린 소녀들의 욕심을 억제하고 갈증을 적절히 다스리게 했습니다. 그것은 그 아이들이 훗날 자기들이 손대서는 안 되는 것을 갈망하지 않게 하려는 것이었습니다.

어머니의 훌륭한 성품

그렇게 해서 어머니는 얌전하고 조신하게 성장했습니다. 어머니는 부모들에 의해 주님께 순종하기보다는 오히려 주님에 의해 부모들에게 순종하도록 양육되었습니다. 혼기가 이르자 어머니는 한 남자와 결혼했고 그를 주인처럼 섬겼습니다. 어머니는 주님이 어머니에게 주셔서 아름답게 하신 덕행을 통해 아버지에게 주님을 전하려고 했고, 그로 인해 아버지는 어머니를 사랑하고 존중하고 칭찬했습니다. 어머니는 아버지의 부정(不淨)을 참아냈고 그 문제로 남편과 다투지 않았습니다. 어머니는 아버지가 일단 주님을 믿기만 하면 고상하게 될 것이라고 희망하면서 아버지에게 내리실 주님의 자비를 기대하고 있었기 때문입니다. 아버지는 특별히 친절하기도 했지만 성격이 급하기도 했습니다. 그래서 어머니는 자신이 행동으로뿐만 아니라 말로도 화가 난 남편에게 맞서서는 안 된다는 것을 잘 알고 있었습니다. 아버지가 냉정을 찾고 화를 가라앉히면—아마도 그것은 아버지가 충분히 생각하지 않고 반응했던 경우였을 것입니다—어머니는 적당한 때를 봐서 아버지에게 자신이 그렇게 행동한 이유를 설명하곤 했습니다.

아버지보다 훨씬 더 점잖은 남자들과 결혼한 많은 부인들이 얼굴에 볼썽사나운 주먹 자국들을 갖고 있었습니다. 가끔 그 부인들은 다른 여자들과 모여 대화를 나눌 때 자기 남편들의 행동에 대해 불만을 터뜨리곤 했습니다. 그럴 때 어머니는 농담 삼아 말하는 것처럼 하면서도 그녀들을 나무라며 진지하게 충고했습니다. 어머니의 말인즉, 아내들은 결혼 서약이 선포되는 날부터 자신들이 그 서약을 통해 법적으로 남편의 종이 된다고 생각해야 한다는 것이었습니다. 어머니는 아내들은 자기들의 처지를 기억하고 자기들의 주인에게 맞서서 교만하게 굴어서는 안 된다고 했습니다. 어머니가 얼마나 고약한 남편과 사는지 잘 알고 있던 그 부인들은 깜짝 놀랐습니다. 사실 그때까지 그녀들은 파트리키우스(Patricius, 어거스틴의 아버지의 이름이다—역주)가 자기 아내를 때렸다거나 아내와 말다툼을 하고 하루를 넘겼다는 말을 듣지 못했고 그런 징후를 보지도 못했습니다. 그래서 그녀들은 어머니에게 어떻게 해야 그렇게 살 수 있는지 은밀하게 물었습니다. 그리고 어머니는 그녀들에게 내가 방금 언급한 것들을 일러 주었습니다. 어머니의 충고를 따랐던 부인들은 자기들이 그렇게 한 것에 대해 감사하게 되었습니다. 그러나 어머니의 충고를 따르지 않은 부인들은 계속해서 눌려 살면서 학대를 당했습니다.

자비로우신 나의 하나님이여, 주님은 나를 잉태한 태를 가졌던 주님의 여종에게 또 다른 큰 은사를 주셨습니다. 어머니는 자신이 할 수 있을 때마다 서로 불화하며 싸우는 사람들을 화해시켰습니다. 어머니는 대단한 중재자였기에 서로 싸우는 양쪽 사람들로부터 아주 심한 말을 듣고서도ㅡ대개 사람들은 자기 옆에 있는 사람들에게 그 자리에 없는 사람에 대해 아주 크게 과장하며 험담을 늘어놓습니다ㅡ그것이 그들을 화해시키는 데 도움이 되는 경우가 아니라면 자기가 들은 말을 절대로 다른 사람에게 옮기지 않았습니다. 만약 내가 많은 사람들이 아주 널리 퍼져 있는 악한 전염병에 감염되어 서로에게 화가 나 있는 사람들에게 서로에 대해 좋지 않은 말을 전할 뿐 아니라 그들이 하지도 않은 말까지 지어내는 경우들을 겪어 보지 않았다면, 아마도 나는 어머니의 그런 성품을 하찮은 것으로 여겼을 것입니다. 참으로 사람다운 사람은 사람들 사이에서 적대감을 불러일으키지 않으며, 비록 좋은 말을 해서 그런 적대감을 소멸시키려 애쓰지는 못할지라도, 악의에 찬 말로 그것을 증대시키지 않습니다. 어머니가 바로 그런 사람이었습니다. 어머니의 마음의 교사이신 주님이 어머니에게 그렇게 가르쳐 주셨기 때문입니다.

어머니는 아버지가 세상을 떠날 무렵에 그를 주님께 인도하는 데 성공했습니다. 남편이 세례 받은 신자가 된 후 그녀에게는 불평거리가 없어졌습니다. 또 어머니는 주님의 종들의 종이

기도 했습니다. 어머니를 아는 사람은 누구나 그녀에게서 많은 칭찬거리를 발견했고 그녀를 존경하고 사랑했습니다. 그들은 그녀의 마음속에 주님이 계심을 알았습니다. 주님이 그녀의 마음에 계시다는 것은 그녀의 거룩한 삶이 맺은 열매들로 증명되었습니다. 어머니는 한 남편의 아내였습니다(딤전 5:9). 어머니는 부모를 공경했고 헌신적으로 가정을 꾸려나갔습니다(딤전 5:4). 어머니는 선한 행위의 증거를 갖고 있었습니다. 어머니는 자식들이 주님을 떠나 방황하는 것을 볼 때마다 힘써 그들을 바른 길로 인도했습니다. 끝으로, 오, 주님, 어머니가 세상을 떠나기 전 나와 내 친구들이 세례를 받고 주님 안에서 공동생활을 하던 때가 있었는데, 그때 어머니는 그들 모두를 자신의 친자식들처럼 돌봐주었습니다. 어머니는 마치 자신이 우리 모두의 딸인 것처럼 우리를 섬겼습니다.

오스티아에서 있었던 신비 체험

어머니가 이생을 떠날 날이 가까워졌습니다. 주님은 그날을 아셨지만 우리는 몰랐습니다. 그 무렵의 어느 날 어머니와 나는 정원을 바라보며 창가에 기대어 서 있었습니다. 나는 그것이 주님의 섭리로 인해 주님의 신비한 방법으로 그렇게 된 것이라고 믿습니다. 그 일은 우리가 티베르 강 어귀 오스티아에서 머물던 집에서 일어났습니다. 우리는 오랜 여행 끝에 그곳에서 사람들로 붐비는 번잡함을 벗어나 다음 여행을 위한 힘을 축적하고 있었습니다.

어머니와 나는 둘이서 다정하게 이야기를 나눴습니다. 우리는 "뒤에 있는 것을 잊어버리고 앞에 있는 것만을"(빌 3:13) 바라보면서 주님 자신인 진리의 현존 앞에서 함께 이야기를 나눴습니다. 우리는 성도들의 영생, 즉 "눈으로 보지 못하고 귀로 듣지 못하고 사람의 마음에 떠오르지 않은"(고전 2:9) 삶이란 과연 무엇일까 하고 물었습니다. 우리는 마음의 입을 활짝 열고 높은 곳에 있는 주님의 샘, 즉 주님과 함께 있는 "생명 샘"(시 36:9)에서 흘러나오는 물을 마셨습니다. 그 샘에서 나오는 물을 마음껏 마신 후에야 우리는 그처럼 위대한 실재에 대해 생각해 볼 마음을 갖게 되었습니다.

우리가 내린 결론은, 육체적 감각이 주는 즐거움은, 비록 그것이 이 물질적 세상의 빛 안에서는 아무리 즐거울지라도, 영생과 비교하면 고려할 가치조차 없다는 것이었습니다. 우리의 마음은 영원한 존재를 향한 뜨거운 애정 때문에 고양되었습니다. 우리는 모든 물질적 대상들을 넘어서 해와 달과 별들이 땅을 비추는 하늘 위로 한걸음씩 올라갔습니다. 우리는 내적 성찰과 대화와 주님의 작품에 대한 경이를 통해 조금 더 올라갔고, 우리의 정신 속으로 들어갔습니다. 그리고 그것을 지나서 주님이 진리의 양식으로 이스라엘을 영원토록 먹이시는 한없이 풍성한 곳에 이르렀습니다. 그곳에서의 생명은 "지혜"(wisdom), 즉 이미 존재했거나 앞으로 존재할 사물들이 그것을 통해 존재하는 지혜입니다. 그러나 지혜 자체는 지음을 받은 것이 아닙니다. 그 지혜는 과거에 존재했고 미래에 존재할 것처럼 현재에 존재할 뿐입니다. 더구나 그 지혜에는 과거나 미래가 없이 오직 존재만 있는데, 이것은 그 지혜가 영원하기 때문입니다.

그렇게 말하며 지혜를 갈망하는 동안 우리는 마음을 온전히 집중했던 어느 한 순간에 그 지혜와 약간 접촉했습니다. 그러나 우리는 곧 탄식하며 그 성령의 첫 열매를 우리 뒤에 (그 황홀경 속에) 남겨 둔 채, 다시 인간의 말의 소음 속으로 돌아와야 했습니다. 그러나 생명의 주님이시여, 우리가 주님의 말씀을 무엇과 비교할 수 있겠습니까? 주님의 말씀은 낡아지지 않은 채 주님 안에 거하시며 모든 것을 새롭게 하십니다.

그래서 어머니와 나는 이렇게 말했습니다. "만약 누군가에게 육신의 소란이 잦아든다면, 땅과 물과 공기의 형상들이 가라앉는다면, 하늘이 닫히고 영혼이 아무 소리도 내지 않고 자신에 관해 더 이상 생각하지 않음으로써 자신을 넘어선다면, 모든 꿈과 환상들이 배제된다면, 모든 언어와 징표와 순간적인 모든 것들이 침묵한다면[아마 누구라도 그런 것들의 소리를 듣는다면, 그 소리들 모두가 하는 말은 '우리는 스스로 존재하게 된 것이 아니라 영원히 거하시는 분에 의해 창조되었다'가 될 것이다], 그리고 그것들이 우리의 귀를 자기들을 만드신 분에게 향하게 하고 침묵한다면, 그때 그분은 그들을 통하지 않고 직접 우리에게 말씀하실 것이다. 그때 우리는 그분의 말씀을 육신의 혀나 천사의 음성이나 천둥소리나 모호한 상징적인 음성을 통해서 듣지 않을 것이다. 오히려 우리는 우리가 사랑하는 이런 것들 속에 계시는 분의 음성을 그것들의 중개 없이 직접 듣게 될 것이다."

나는, 비록 꼭 그런 식은 아니고 정확하게 그런 말도 아니었지만, 그와 비슷한 말을 했습니다. 그러나 주님, 주님은 우리가 그런 대화를 나눴던 날, 아니 우리가 그런 대화를 나누고 있던 바로 그 순간, 우리에게 이 세상이 그 온갖 기쁨과 함께 무가치하게 되었다는 것을 아십니다. 그날 어머니는 내게 다음과 같이 말했습니다. "내 아들아, 이제 나로서는 이 세상에서 어떤 즐거움도 찾지 못하겠구나. 여기서 무엇을 더 해야 할지, 그리고 왜 내가 여기에 더 있어야 할지 모르겠구나. 이 세상에서 내 소망은 이미 이루어졌단다. 내가 이 세상에 좀더 머물고자 했던 유일한 이유는 죽기 전에 네가 기독교인이 되는 것을 보고 싶었기 때문이다. 그런데 하나님께서 내가 바라던 것보다 더 풍성하게 그 소원을 들어주셨구나. 네가 그분의 종이 되려고 이 세상의 성공을 포기하는 것을 보았으니 이제 내가 여기서 할 일이 뭐가 더 남아 있겠느냐?"

어머니의 유언과 죽음

나는 그때 내가 어머니의 이런 말에 어떻게 대답했는지 기억하지 못합니다. 아무튼 그후 닷새가 못되어 어머니는 열병을 앓기 시작했습니다. 병중에 있던 어느 날 어머니는 의식을 잃었습니다. 우리는 어머니 곁으로 달려갔습니다. 그러나 어머니는 곧 의식을 회복했습니다. 어머니는 나와 내 형이 곁에 서 있는 것을 보고는 우리에게 말했습니다. "내가 어떻게 되었던 것이냐?" 그리고 어머니는 슬픔으로 말문이 막힌 우리를 보면서 말했습니다. "어미를 여기에 묻어다오." 나는 말없이 눈물을 삼켰습니다. 그러나 내 형은 어머니를 위로하기 위해 어머니가 낯선 외국 땅이 아니라 고향에 묻힐 것이라고 말했습니다. 그 말을 들은 어머니의 얼굴은 걱정으로 가득 찼습니다. 그리고 어머니는 아직도 그렇게밖에 생각하지 못하느냐고 꾸짖는 듯한 표정으로 형을 바라보았습니다. 어머니는 나를 보고 말했습니다. "네 형이 말하는 것 좀 봐라." 그리고 어머니는 우리 둘 모두에게 말했습니다. "내 몸을 너희가 원하는 어디에든 묻어라. 그것 때문에 마음 쓰지 말거라. 다만 내가 너희에게 바라는 것은 너희가 어디에 있든 주님의 제단에서 나를 기억하는 것이란다." 어머니는 있는 힘을 다해 그렇게 자기 생각을 전하다가 통증이 심해지자 말을 그쳤습니다.

그러나, 보이지 않는 하나님이여, 나는 주님이 신실한 자의 마음에 심어 주셔서 열매를 맺게 하신 주님의 선물들에 관해 생각할 때 기쁨으로 가득 찹니다. 나는 어머니가 자기 남편의 무덤 옆에 준비해 두었던 자신의 묘자리에 깊은 관심을 가졌던 것을 기억하고는 주님께 감사를 드렸습니다. 어머니는 어머니와 아버지가 생전에 서로 화목했기에 그런 소망을 피력했던 것입니다. 어머니는 자신의 행복에 한 가지가 더 추가되고 후손들이 그것을 기억해 주기를 바랐습니다. 즉 어머니는 바다를 건너는 여행 후에 부부가 같은 흙 속에 묻히는 일이 허락되기를 바랐습니다. 나는 언제부터 이런 허망한 생각이 주님의 풍성한 은혜로 인해 어머니의 마음에서 사라지기 시작했는지 알지 못합니다. 하지만 나는 어머니가 내게 그런 생각을 알려 준 것이 기쁘고도 놀라웠습니다. 하기야 어머니는 우리가 창가에서 대화를 나누던 날에도(그때 어머니는 "내가 여기서 할 일이 뭐가 더 남아 있겠니?" 하고 말했습니다) 고향에서 죽을 생각이 없어 보이기는 했습니다.

더구나 나는 훗날 다음과 같은 사실을 알게 되었습니다. 우리가 오스티아에 머물던 어느 날―그날 나는 그 자리에 없었습니다―어머니는 확신에 차서 내 친구들과 대화를 나눴습니다. 어머니는 이생에 대한 경멸과 죽음의 유익에 대해 말했습니다. 내 친구들은 아녀자인 어머니의 용기에 놀라서 그녀에게 고향에서 그렇게 멀리 떨어진 곳에 유해를 남기는 것이 두렵지 않느냐고 물었습니다. 그러자 어머니가 그들에게 말했답니다. "아무것도 하나님으로부터 멀리 있지 않아. 그리고 하나님께서 세상 끝 날에 나를 알아보지 못하시고 나를 다시 살리지 못하실까 봐 걱정할 이유도 없어." 병든 지 아흐레가 되던 날, 어머니 나이 쉰여섯 그리고 내 나이 서른셋이던 해에, 그 신실하고 경건한 영혼은 육신에서 풀려났습니다.

어머니를 애도함

나는 어머니의 눈을 감겨드렸습니다. 그러자 참을 수 없는 슬픔이 내 마음에 밀려와서는 눈물의 홍수가 되어 흘러넘치려 했습니다. 그러나 나는 강하게 마음을 먹고 눈물을 삼켰습니다. 그 내적 싸움은 내게 큰 고통을 주었습니다. 어머니가 마지막 숨을 내쉬었을 때 소년 아데오다투스가 슬퍼하며 통곡했고, 우리 모두는 그를 진정시켰습니다. 내 안에도 어린아이 같은 무언가가 있어서 거의 울음을 터뜨릴 뻔했으나 내 마음 안에 있는 청년의 음성에 눌려 침묵을 지켰습니다. 우리는 장례식을 눈물 젖은 만가(輓歌)와 곡소리로 치르는 것이 옳지 않다고 생각했습니다. 대개의 경우 죽은 사람의 비참함 혹은 그의 완전한 멸절에 대해 애도를 표하기 위해 곡을 하는 것이 상례입니다. 하지만 어머니의 죽음은 비참하지 않았고, 어머니가 죽음을 괴로워하지도 않았습니다. 우리는 어머니의 경건한 삶과 "거짓 없는 믿음"(딤전 1:5) 때문에 그렇게 확신했습니다.

그렇다면, 나는 무엇 때문에 그토록 심하게 슬퍼하고 괴로워했던 것입니까? 아마도 그것은 내가 어머니와 함께 사는 동안에 형성된 습성, 즉 아주 사랑스럽고 고귀한 유대(紐帶)가 갑자기 깨짐으로써 발생한 상처 때문이었을 것입니다. 나는 어머니가 마지막 병상에서 나를 효자라고 칭하시며 내가 어머니께 관심을 쏟은 것에 대해 칭찬해 주셨을 때 참으로 기뻤습니다. 어머니는 사랑스러운 감정을 드러내면서 회상하기를, 자신은 내가 자신에게 거칠거나 독한 말을 하는 소리를 들은 적이 없다고 했습니다. 그러나, 우리를 지으신 나의 하나님이여, 내가 어머니에게 주저하며 표현했던 존경심과 어머니가 내게 베풀어 주었던 사랑을 어떻게 비교할 수 있겠습니까? 나는 어머니의 막대한 도움을 상실했고, 내 영혼은 상처를 입었으며, 내 삶은 갈가리 찢어졌습니다. 내 삶은 어머니의 삶과 하나였기 때문입니다.

아데오다투스가 눈물을 그치자 에보디우스가 시편을 펴들고 낭송하기 시작했습니다. "주님, 주님의 인자와 공의를 찬송하렵니다"(시 101:1). 그러자 함께 있던 모든 사람들이 그 시에 화답했습니다. 어머니의 부음(訃音)을 듣고 많은 형제들과 경건한 여인들이 찾아왔습니다. 또한 관습에 따라 장례를 준비하는 사람들도 왔습니다. 나는 예의에 벗어나지 않는 선에서 내가 갈 수 있는 곳으로 물러났고, 나를 혼자 두어서는 안 된다고 생각했던 사람들과 함께 그 상황에 적당해 보이던 주제들에 대해 이야기를 나눴습니다. 나는 진리의 말씀을 고통을 누그러뜨리는 약으로 사용했는데, 주님은 그것을 아시지만 사람들은 알지 못했습니다. 그래서 그들은 내 말을 열심히 듣고 내가 슬픈 감정을 갖고 있지 않다고 추측했습니다.

그러나 사실 나는 그들이 알아듣지 못하는 곳에서 주님의 귀에다 내 연약한 감정을 쏟아냈고 슬픔의 격류를 억눌렀습니다. 내 슬픔은 그런 노력 때문에 어느 정도 누그러졌으나 곧 또다시 나를 공격해 왔습니다. 나는 울음을 터뜨리거나 안색을 바꾸지는 않았지만, 내 마음이 아주 큰 압박을 받고 있다는 것은 분명히 알았습니다. 인간의 이런 연약함이 얼마나 큰 힘을 발휘하는지 아는 것은 매우 언짢은 일이었습니다. 비록 그것이 우리가 견뎌내야 할 필연적인 질서의 일부이며 인간의 상황의 몫이라고 할지라도 말입니다. 아무튼 그로 인해 내 슬픔 위에 또 다른 아픔이 겹쳐졌고, 그렇기에 나는 이중의 슬픔 때문에 고통스러웠습니다.

장례식에서 돌아와 흘린 눈물

사람들이 어머니의 시신을 무덤으로 옮길 때 우리는 눈물 없이 어머니를 따라갔다 돌아왔습니다. 심지어 나는 관례에 따라 시신을 매장하기 전 무덤 옆에 시신을 두고 예배를 드리는 동안에도 울지 않았습니다. 그러나 내 마음은 하루 종일 슬픔에 억눌려 있었습니다. 나는 주님께 내 고통을 치유해 달라고 온 힘을 다해 기도했으나, 주님은 그렇게 해 주시지 않았습니다. 내가 믿기로는, 주님이 그렇게 하신 이유는, 그 한 번의 교훈을 통해서 내게 인간의 모든 습관은 거짓을 밥 먹듯 하지 않는 사람까지도 얽어맨다는 것을 알게 하시기 위함이었습니다.

나는 목욕을 하기로 했습니다. 그것은 내가 희랍어 발라네이온(balaneion)에서 온 목욕(balneum)이라는 말이 "마음에서 근심을 털어낸다"는 뜻을 갖고 있다고 들었기 때문입니다. 그러나 고아들의 아버지이신 주님의 자비 앞에 고백합니다만, 나는 목욕 후에도 전과 다름없이 슬픔을 느꼈습니다. 슬픔의 쓰라림은 내 마음에서 떠나지 않았습니다. 결국 나는 잠에 빠져들었고, 잠에서 깨어나서야 고통이 많이 누그러졌음을 느꼈습니다. 나는 홀로 침대에 누워서 암브로시우스가 지은 시의 한 구절을 기억해냈습니다.

>주님은 만물의 창조주시니
>하늘을 다스리십니다.
>낮을 빛으로 입히시고,
>밤을 은혜로운 잠으로 입히십니다.

>쉼은 지친 몸을 회복시켜
>유익한 일을 준비하게 합니다.
>무거운 마음을 가볍게 해 주고,
>슬픔을 달래줍니다.

그러자 조금씩 주님의 여종에 대한 내 오랜 느낌이 되살아났습니다. 나는 주님을 향한 어머니의 헌신과 내게서 갑자기 사라져버린 어머니가 우리에게 보여 주었던 거룩하고 온화하고 사려 깊은 태도를 회상했습니다. 주님 앞에서 나는 어머니와 내 자신을 위해 기꺼이 울었습니다. 나는 지금까지 참아왔던 눈물을 마음껏 쏟아냈습니다. 내 마음은 눈물 위에서 안식을 얻었고 눈물에 기댔습니다. 왜냐하면 그때 내 울음소리를 듣는 분은 주님이셨지, 그 소리를 제멋대로 해석해 나를 비판할지도 모를 사람들이 아니었기 때문입니다. 그리고 주님, 나는 지금 글로써 주님께 고백합니다. 누구든 자기 마음대로 이 글을 읽고 해석하라고 하십시오. 그러나 그가 내가 내 앞에서 세상을 떠난 내 어머니, 즉 내가 주님의 앞에서 살아가도록 일생 동안 나를 위해 우셨던 어머니를 위해 한 시간 남짓 운 것을 잘못이라고 여기며 나를 비웃지 않게 해 주십시오. 오히려 그가—만약 그가 자애로운 사람이라면—그리스도의 모든 형제들의 아버지이신 주님 앞에서 지은 내 죄 때문에 울게 해 주십시오.

어머니의 죄를 위하여 간구함

그렇게 해서 내 마음은, 비록 인간적인 감정에 굴복한 것 때문에 비난을 받을지는 모르겠으나, 그 상처에서 치유되었습니다. 그러나 이제 나는 주님의 여종을 위하여 우리의 하나님이신 주님께 다른 종류의 눈물을 쏟지 않을 수 없습니다. 그 눈물은 아담 안에서 죽은 모든 사람들(고전 15:22)이 처한 위험에 대해 염려하는 영혼으로부터 흘러나오는 것입니다. 그리스도 안에서 살았던 어머니는 육체로부터 해방되기 전에도 신앙과 행동으로 주님의 이름을 높이며 살았습니다. 그러나 나는 주님이 세례를 통해 어머니를 다시 태어나게 하셨던 날 이후 어머니의 입에서 주님의 교훈과 반대되는 말이 나온 적이 없다고 말씀드릴 수는 없습니다. 진리이신 주님의 아드님은 "자기 형제나 자매를 보고 바보라고 하는 사람은, 누구든지 지옥 불속에 던짐을 받을 것이다"(마 5:22)라고 말씀하셨습니다. 주님이 면밀히 살피시고 자비를 베풀지 않으신다면, 칭찬을 들을 만한 삶을 산 사람조차 재앙을 만날 것입니다. 그러나 주님이 우리의 잘못을 열심히 찾지 않으시기에 우리는 확신을 갖고서 주님 앞에 설 것을 기대할 수 있습니다. 만약 누군가 주님께 자신의 자랑거리들을 열거한다면, 그는 주님 앞에서 주님의 은사들을 열거하는 것에 불과합니다. 만약 그가 자신이 인간에 불과하다는 것을 안다면, 그는 "주 안에서 자랑" 해야 할 것입니다(고전 1:31).

내 마음의 찬양과 생명이 되시는 하나님, 그러므로 이제 나는 내가 주님께 감사드리며 즐거워하는 어머니의 선행들을 잠시 밀쳐두고, 내 어머니의 죄를 위해 주님께 탄원하고자 합니다. 나무에 달리셨다가 이제 주님의 오른편에 앉아 우리를 위해 간구하시는 우리의 죄의 치료약이신 분의 이름으로 기도하오니 내 말에 귀를 기울여 주십시오. 나는 생전에 어머니가 자비롭게 행동했고 자기에게 빚진 자들을 마음으로부터 용서해 주었다는 것을 압니다(마 6:12). 만약 어머니가 구원의 물을 마신 후 지내온 여러 해 동안 혹시라도 죄를 지은 것이 있다면 용서해 주십시오. 용서해 주십시오, 주님, 용서해 주십시오. 주님께 간구합니다. 어머니에게 심판을 행하지 말아 주십시오(시 143:2). 주님의 자비가 심판을 이기게 해 주십시오(약 2:13). 주님의 말씀은 참되며, 주님은 자비로운 자에게 자비를 약속하셨습니다(마 5:7). 자비로운 자가 자비로운 대접을 받는 것은 그들에 대한 주님의 은사입니다. "내가 긍휼히 여길 사람을 긍휼히 여기고, 불쌍히 여길 사람을 불쌍히 여기겠다"(롬 5:15).

나는 주님이 이미 내가 주님께 요청하는 것을 이루어 주셨다고 믿습니다. 그러니 주님, 내가 기쁨으로 드리는 감사의 기도를 기쁘게 받아 주십시오(시 119:108). 어머니가 운명할 날이 가까웠을 때, 그녀는 자기의 시신을 호화롭게 감싸거나 몸에 향유를 바르거나 비석을 세우는 것에 관심을 갖지 않았습니다. 고향에 묻히는 것에 대해서도 관심을 갖지 않았습니다. 그 문제에 관해 어머니는 우리에게 아무런 지시도 내리지 않았습니다. 다만 어머니는 자신이 하루도 빠짐없이 매일 참석했던 주님의 제단에서 자기가 기억되기만을 바랐습니다. 어머니가 알기로는, 그 제단은 "우리에게 불리한 조문들이 들어 있는 빚문서를 지워 버리"(골 2:14)는 거룩한 희생제물이 바쳐지는 곳이었습니다. 그 희생제물이 되시는 분은 적에 대해, 즉 우리의 죄를 헤아리며 비난의 근거를 찾지만 우리를 승리하게 하시는 분 안에서 아무런 잘못도 발견하지 못하는 자에 대해 승리를 거두신 분이었습니다(요 14:30).

누가 그분이 흘리신 순결한 피를 그분에게 돌려드리겠습니까? 누가 그분이 우리를 구원하시기 위해, 즉 우리를 적의 손에서 이끌어내시기 위해 지불하신 값을 그분에게 돌려드리겠습니까? 주님의 여종은 믿음의 사슬로 자신을 주님의 구속의 성례에 묶었습니다. 그러니 아무도 어머니를 주님의 보호하심으로부터 떼어내지 못하게 해 주십시오. 사자와 용이 힘이나 간계를 통해 틈입하지 못하게 해 주십시오. 왜냐하면, 만약 어머니가 간교한 비난자에게 사로잡히지만 않는다면, 어머니는 감히 자신에게는 지불해야 할 아무런 빚도 없다고 대답하지는 않을 것이기 때문입니다. 오히려 어머니는 자신의 빚이 우리 중 아무도 그분에게 그 값을 되돌려 드릴 수 없는 분에 의해—그분은 아무에게도 빚을 지지 않으셨음에도 우리를 위해 값을 치루셨습니다—용서받았다고 대답할 것이기 때문입니다.

그러므로 주님, 이제 내 어머니가 아버지와 함께 평안히 쉬게 해 주십시오. 어머니는 결혼 전에나 후에나 아버지 말고는 다른 남자가 없었습니다. 어머니는 주님을 위해 인내하면서 아버지를 섬겼고 그로 인해 결국 그를 주님께 인도했습니다. 나의 주님, 나의 하나님이여! 내가 내 마음과 말 글로 섬기고 있는 형제들인 주님의 종들, 주님의 아들들, 그리고 내 스승들을 감화시키셔서 그들이 이 고백록을 읽을 때 주님의 제단에서 주님의 종 모니카(Monica)와 그녀의 남편 파트리키우스(Patricius)를 기억하게 해 주십시오. 주님은 그들의 육체적 결합을 통해 나를 이 세상에 내셨습니다. 이제 사람들이 경건한 애정을 갖고서 이들 두 사람, 즉 덧없는 세상에서는 나의 부모였고, 주님의 교회 안에서는 주님이신 우리 아버지 아래에 있는 한 형제이고, 주님의 순례자들이 나서부터 돌아갈 때까지 갈망하는 영원한 성 예루살렘에서는 나의 동료 시민이 되는 그들을 기억하게 해 주십시오. 그리하여 이 고백록을 통해 내가 드리는 기도만이 아니라 많은 사람들이 드리는 기도를 통해 어머니의 요청이 보다 풍성하게 응답받게 해 주십시오.

제10권

기억과 절제

하나님 안에 있는 소망과 기쁨

나를 아시는 주님, 주님이 나를 아시듯, 내가 주님을 알게 해 주십시오(고전 13:12). 내 영혼의 힘이신 주님, 내 영혼에 들어오셔서 그것을 주님에게 적합하게 만드시고, 그리하여 "흠과 티가 없는" 내 영혼을 얻으십시오(엡5:27). 그것이 내 소망이기에 내가 그것을 주님께 말씀드립니다. 그리고 내가 이 소망 가운데 기뻐할 때 나는 마땅히 기뻐해야 할 것을 기뻐하는 셈입니다. 인생의 다른 기쁨들에 관해 말한다면, 우리는 세상 사람들이 더 슬퍼하는 것에 대해서는 덜 슬퍼해야 하고, 덜 슬퍼하는 것에 대해서는 더 슬퍼해야 합니다. 주님은 마음속의 성실과 진실을 기뻐하시기 때문입니다(시 51:6). 또한 진리를 따르는 사람은 빛으로 나아오기 때문입니다(요 3:21). 바로 그것이 내가 주님 앞에서 마음으로 고백하면서, 그리고 여러 증인들 앞에서 글로 고백하면서 하고자 하는 것입니다.

하나님 앞에서 만물이 드러남

주님, 참으로 주님의 눈앞에서는 인간의 양심의 그 어떤 은밀한 부분도 벌거벗은 것처럼 드러납니다(히 4:13). 내가 주님께 고백하지 않으려 할지라도, 내가 무엇을 내 안에 숨길 수 있겠습니까? 나는 내가 찾지 못하도록 주님을 숨길 수는 있지만, 주님이 찾지 못하시도록 내 자신을 숨길 수는 없습니다. 그런데 지금 나는, 내 한숨이 증거하듯이, 내 자신에게 만족하지 못하고 있습니다. 그러나 주님은 내게 빛을 비추시고 만족을 주십니다. 또 주님은 내게 너무나 큰 사랑과 갈망의 대상이시기에, 나는 주님을 택하고 내 자신을 부끄러워하고 거부합니다. 나는 오직 주님이 주시는 선물로만 주님이든 내 자신이든 만족시킬 수 있을 뿐입니다.

주님, 나는 주님 앞에 내 모든 것을 고백함으로써 얻는 유익에 대해 이미 말씀드렸습니다. 내가 지금 이런 고백을 드리는 것은 단지 입에서 맴도는 말과 소리로만이 아니라 영혼에서 솟아나는 말과 마음에서 북받쳐 오르는 부르짖음을 통해서 드리는 것입니다. 그리고 주님은 그것을 다 들으십니다. 내가 악할 때 주님께 드리는 고백은 내 자신에 대한 불만을 드러내는 것이고, 내가 선할 때 주님께 드리는 고백은 내 자신을 위해 무언가를 주장하는 게 아닙니다. 왜냐하면 주님은 의롭게 살아가는 자에게 복을 베푸시지만(시 5:12), 경건하지 않은 자를 의롭게 하시는 분 역시 주님이시기 때문입니다(롬 4:5). 나의 하나님이여, 내가 주님께 드리는 고백은 침묵으로 드리는 것이기도 하도, 침묵이 아닌 것으로 드리는 것이기도 합니다. 침묵은 육신의 귀에는 들리지 않지만, 사랑 안에서는 큰 부르짖음이 되기 때문입니다. 내가 사람들에게 말하는 것들 중 옳은 것이 있다면, 그것은 내가 사람들에게 말하기에 앞서 주님께 말씀드렸던 것입니다. 더구나 그 모든 것은 주님이 먼저 내게 말씀해 주신 것에 불과합니다.

현재 상태에 대한 고백

그렇다면 어째서 내가 사람들이 내 고백을 듣는 것에 관심을 가져야 하는 것입니까? 그들이 내 병을 고쳐 줄 자들이기 때문입니까? 사람들은 다른 이들의 삶에 대해 궁금해 하지만, 정작 자신들의 삶을 고치려 하지는 않습니다. 어째서 그들은 주님으로부터 자기들이 어떠하다는 말씀은 들으려 하지 않으면서, 나에게서 내가 지금 어떠하다는 소리를 듣고자 하는 것입니까? 누군가의 영 외에는 그 사람 안에서 벌어지는 일들에 대해 알 수 없는데, 그들은 어째서 내가 내 자신에 대해 말할 때 그것이 진실이라고 믿을 수 있는 것입니까?(고전 2:11).

그런데 만약 그들이 주님으로부터 자기들에 대한 말씀을 듣는다면, 그들은 "그분이 거짓말을 하신다"라고 말할 수 없을 것입니다. 어떤 이가 주님이 그에 대해 말씀하시는 것을 듣는다는 것은 그가 자신을 안다는 것을 의미합니다. 자신을 안다고 말하면서 주님이 자기에게 말씀하시는 것에 대해 "그것은 거짓말이야"라고 말하는 사람이 있다면, 그는 틀림없이 거짓말쟁이입니다. 그러나 "사랑은 모든 것을 믿습니다"(고전 13:7). 적어도 사랑하는 사람들은 서로 묶여 하나가 됩니다. 주님, 나는 주님께 고백함으로써 내가 그들에게 내 고백이 진실임을 입증할 수 없는 사람들에게도 그 고백을 들려주려 합니다. 그러나 사랑에 의해 귀가 열려 있는 사람들은 내 고백을 믿을 것입니다.

그러나, 내 영혼의 의사시여, 내가 이 일을 행함으로써 얻게 될 유익한 결과가 무엇인지 내게 알려 주십시오. 사람들이 내가 과거에 저지른 사악한 일들—주님은 믿음과 성례를 통해 내 영혼을 변화시키면서 그것들을 용서하고 덮어 주셨고, 또 내가 주님 안에서 행복을 누리도록 허락해 주셨습니다—에 대한 고백을 읽고 들을 때, 주님께서 그들의 마음을 움직여 주십시오. 그들이 절망에 빠져 "나는 할 수 없어"라고 말하면서 잠들지 않게 해 주십시오. 오히려 그들이 주님의 사랑과 달콤한 은혜를 힘입어 잠에서 깨어나게 해 주십시오. 그런 사랑과 은혜 때문에 연약한 사람들이 힘을 얻습니다. 그리고 은혜에 대한 의존은 자신의 약함에 대한 깨달음을 낳습니다. 훌륭한 사람들은 용서를 얻은 이들이 저지른 과거의 죄들에 대해 듣는 것을 좋아합니다.

그것은 그 용서받은 자들이 행한 과거의 악한 일들에 대한 관심 때문이 아니라, 그들이 과거에 저지른 잘못들을 자기들이 반복하지 않기 위해서입니다.

오, 나의 하나님이여, 내 양심이 매일 주님께 고백을 드리는 것은 내 자신이 깨끗해서가 아니라 주님의 자비에 대한 소망 때문입니다. 그렇다면 내가 이 고백록을 통해 과거가 아니라 지금 내가 누구인가를 고백할 때 그것에 대해 읽는 사람들이 얻을 유익은 무엇입니까? 나는 이미 내 과거를 고백함으로써 얻는 유익에 대해 말씀드렸습니다. 그러나 나를 아는 사람들과 나를 직접 알지는 못하고 다만 나에게서 또는 나에 관해서 무언가 들었던 사람들은 지금 이 고백록을 쓰고 있는 내가 어떤 상태에 있는지 알고 싶어 합니다(이것이 『고백록』의 제2부에 해당하는 제10-13권의 주된 내용이다. 여기에서 어거스틴은 자신이 신앙 안에서 새로이 깨달아 알게 된 것들을 서술한다—역주). 그들의 귀는 (내가 어떤 사람이든) 있는 그대로의 내 마음을 향해 열려 있지 않습니다. 그러므로, 설령 그들이 내가 고백할 때 그들의 눈과 귀와 마음으로 꿰뚫을 수 없는 내 속사람에 대해 알기 원할지라도, 또한 그들이 나를 믿을 준비가 되어 있다 할지라도, 그들은 나에 대해 진정으로 확실한 지식을 얻을 수는 없습니다. 오히려 그들을 선하게 만들어 주는 사랑이 내가 내 자신에 대해 고백할 때 거짓말을 하고 있지 않음을 그들에게 알려 줄 것입니다. 그리고 그들 안에 있는 사랑이 그들로 하여금 내 말을 믿게 해 줄 것입니다.

고백의 목적

그러나 그들이 내 고백을 듣고서 얻고자 하는 교훈은 무엇입니까? 내가 주님의 은혜로 주님께 나아왔던 이야기를 듣고서 나와 함께 주님께 감사하려는 것입니까? 내가 내 자신의 무게 때문에 뒤로 물러설 때 나를 위해 기도해 주려는 것입니까? 나는 그런 연민을 지닌 독자들에게 내 자신을 진실하게 드러내겠습니다. 왜냐하면, 나의 주 하나님이여, 만약 많은 사람들이 나 때문에 주님께 감사드린다면(고후 1:11), 또 많은 사람들이 나를 위해 주님께 간구하게 된다면, 그것은 결코 작은 선물이 아니기 때문입니다.

형제의 마음을 가진 자들은 내 안에서 주님께서 사랑할 만한 것이라고 가르치신 것을 볼 때 그것을 사랑할 것이고, 주님께서 회개해야 할 것이라고 가르치신 것을 볼 때 그것에 대해 유감스러워할 것입니다. 그 입으로 헛된 것을 말하고 그 손으로 죄악을 저지르는 이방인들은 그렇게 하지 않습니다. 형제의 마음을 가진 자들은 내 안에서 선한 것을 볼 때 나 때문에 기뻐할 것이고, 내 안에서 악한 것을 볼 때 나를 위해 눈물을 흘릴 것입니다. 그런 형제들은 내게 동의하든 하지 않든 상관없이 나를 사랑해 줍니다. 나는 그런 이들에게 내 자신을 드러내려 합니다. 그들은 내 장점을 보고 용기를 가질 것이고, 내 단점을 보고 눈물로 회개할 것입니다. 내 장점은 주님이 내게 심어주신 것이고 주님이 내게 주신 선물입니다. 내 단점은 내가 잘못한 것이고 주님이 내게 주신 징벌입니다. 그 형제들이 내 장점 때문에 용기를 갖게 하시고, 내 단점 때문에 눈물로 회개하게 해 주십시오. 그 형제들의 마음이 주님 앞으로 찬양과 눈물의 향을 피워 올리게 해 주십시오. 그러나, 성전의 향내 맡기를 기뻐하시는 주님, 주님의 이름을 위해 주님의 자비하심으로 나를 불쌍히 여겨주십시오. 주님이 시작하신 것을 중단하지 마시고, 내 안에 있는 불완전한 것들을 완전하게 만들어 주십시오.

하나님의 조명에 의해 자신을 알고 고백할 수 있음

주님, 주님은 나를 판단하시는 분입니다. 사람 안에 있는 그의 영 이외에는 아무도 그를 모르지만(고전 2:11), 사람에게는 그의 영조차 모르는 것이 있습니다. 그러나 주님, 주님은 사람을 만드셨기에 사람에 관한 모든 것을 아십니다. 나는 주님 앞에서 내 자신을 미워하고 내 자신을 먼지와 재로 여깁니다(창 18:27). 그럼에도 나는, 비록 내 자신에 관해서는 알지 못하지만, 주님에 관해서는 얼마간 알고 있습니다. 물론 내가 지금 주님을 아는 것은 "거울 속에서 영상을 보듯이 희미하게" 아는 것이지 "얼굴과 얼굴을 마주 보듯" 분명하게 아는 것은 아닙니다(고전 13:12). 그러므로 내가 주님을 떠나 방황하는 한, 나는 주님이 아니라 내 자신과 더 가까이 있는 셈입니다.

나는 주님이 어느 의미로든 상처를 받으실 수 없다는 것을 압니다. 그러나 나는 내가 어떤 시험을 견딜 수 있고, 어떤 시험을 견딜 수 없는지에 대해서는 알지 못합니다. 그럼에도 내게 소망이 있는 이유는 주님은 신실하시고, 내가 견딜 수 없는 시험을 허락하지 않으시며, 시험과 함께 피할 길을 열어 주셔서 내가 그 시험을 견딜 수 있게 하시기 때문입니다(고전 10:13). 그러므로 나는 내 자신에 대해 아는 것과 내 자신에 관해 알지 못하는 것을 고백하려 합니다. 내가 내 자신에 관해 아는 것은 주님이 내게 빛을 비춰 주셨기 때문입니다. 그리고 내가 자신에 관해 알지 못하는 것은 주님이 내 어두움에 "대낮같이" 밝은 빛을 비춰 주실 때 알게 될 것입니다(사 58:10).

하나님이 아닌 것들

주님, 주님에 대한 내 사랑은 어떤 불확실한 느낌이 아니라 확실한 의식입니다. 주님이 주님의 말씀으로 내 마음을 채우셨기에 내가 주님을 사랑합니다. 하늘과 땅 그리고 그 안에 있는 모든 것들이 사방에서 나를 향해 주님을 사랑하라고 소리칩니다. 그런데 내가 주님을 사랑할 때 도대체 나는 무엇을 사랑하는 것입니까? 내가 사랑하는 것은 육체적 아름다움이나, 일시적 영광이나, 우리 눈에 보기 좋은 빛이 아닙니다. 그것은 온갖 노래의 선율도, 꽃과 분과 향수의 부드러운 향기도, 만나나 꿀도, 다른 육체를 껴안기를 좋아하는 몸도 아닙니다. 내가 나의 하나님을 사랑할 때 사랑하는 것은 그런 것들이 아닙니다.

그러나 내가 내 속사람의 빛과 소리와 냄새와 양식과 포옹이신 하나님을 사랑할 때, 내게는 여전히 사랑하는 빛과 양식과 포옹이 있습니다. 내 속사람 안에는 공간이 담을 수 없는 빛이 비추고, 시간이 붙잡을 수 없는 소리가 울려 퍼지고, 어떤 바람도 흩어버릴 수 없는 향기가 풍기고, 아무리 먹어도 질리지 않는 음식이 있고, 싫증나서 헤어짐이 없는 결속이 있습니다. 그것이 내가 나의 하나님을 사랑할 때 사랑하는 것들입니다.

그렇다면 도대체 하나님은 어떤 분이십니까? 내가 땅에게 물었더니, 땅이 대답했습니다. "나는 그분이 아니다!" 내가 땅에 있는 모든 것들에게 물었더니, 그것들도 같은 대답을 했습니다(욥 28:12). 내가 바다에게, 깊음에게, 살아서 기어 다니는 피조물들에게 물었더니, 그것들이 대답했습니다. "우리는 너의 하나님이 아니다, 우리 위에서 찾아보아라." 그래서 내가 살랑거리는 바람과 공기와 그 안에 있는 것들에게 물었더니, 그것들이 대답했습니다. "아낙시메네스_[Anaximenes, B.C. 6세기경의 헬라 철학자로 만물의 근원이 공기라고 주장했다 – 역주]가 잘못 생각했어, 우리는 하나님이 아니다." 그래서 내가 하늘과 해와 달, 그리고 별들에게 물었더니, 그것들이 대답했습니다. "우리는 네가 찾는 하나님이 아니야." 나는 내 바깥에 있는 모든 것들에게 말했습니다. "너희가 하나님이 아니라면, 나에게 나의 하나님이 누구신지 말하라, 하나님에 대해 말하라!" 그랬더니 그것들이 큰 소리로 외쳤습니다. "그분께서 우리를 만드셨다!"

그후 나는 내 자신에게 물었습니다. "너는 누구냐?" 나는 대답했습니다. "나는 사람이다!" 나는 내 안에서 한 몸과 한 영혼을 봅니다. 전자는 밖에 있고 후자는 안에 있습니다. 나는 그 중 어느 것에게 하나님에 관해 물어야 했던 것일까요? 이미 나는 내 눈길이 닿을 수 있는 땅과 하늘 사이의 모든 피조물들에게서 하나님을 찾아보았으니 말입니다. 안에 있는 것이 더 뛰어납니다. 모든 물질적 증거들은 정신에 보고됩니다. 그리고 정신은 땅과 하늘과 그 안에 있는 모든 것들이 "우리는 하나님이 아니다" 또는 "그분께서 우리를 만드셨다"라고 말할 때 그들의 대답들을 판단합니다. 내 속사람(그것은 정신입니다)은 내 몸의 감각을 통해 그것을 압니다.

또한 내가 우주 전체에게 하나님에 관해 물었더니, 그것이 대답했습니다. "나는 하나님이 아니다, 그분께서 나를 만드셨다." 진실로 이 아름다운 존재는 건전한 정신을 지닌 모든 이들에게 분명하게 자기를 드러냅니다. 그렇다면 어째서 그것은 모든 사람들에게 동일하게 말하지 않는 것입니까? 크고 작은 모든 동물들도 그것을 봅니다. 그러나 그들은 그것에 관해 질문하지 못합니다. 동물들은 감각이 전해 준 것들을 판단할 수 있는 이성을 갖고 있지 않습니다. 그러나 인간은 질문을 할 수 있기에 하나님의 보이지 않는 속성들을 그분이 지으신 만물을 보고서 깨닫습니다(롬 1:20). 그러나 사람들이 피조물을 너무나 사랑해 그것에 의해 정복되고 지배될 경우, 그들은 판단 능력을 잃어버립니다. 게다가 피조물들은 판단 능력을 잃은 사람들에게는 대답하지 않습니다. 피조물들의 소리(그것은 아름다운 현상입니다)에는 변함이 없습니다. 비록 한 사람은 소리를 듣기만 하고 다른 사람은 그 소리를 듣고 질문을 할지라도, 그것이 곧 그 소리가 한 사람에게는 이렇게 들리고 다른 사람에게는 저렇게 들리는 것을 의미하지는 않습니다. 사물들은 모두에게 똑같은 소리를 내지만, 단순히 듣기만 하는 사람에게는 침묵을 지키고, 그 소리를 자기 안에 있는 진리와 비교하는 사람들에게는 반응을 일으키는 것입니다.

그러므로 진리가 내게 말합니다. "네 하나님은 땅이나 하늘 또는 그 어떤 물체가 아니다." 땅이나 하늘같은 존재의 본성이 그렇게 말합니다. 그것들은 그 사실을 압니다. 자연은 물체입니다. 자연의 부분만이 아니라 그것의 전체 역시 그러합니다. 그러나 판단 능력을 잃은 사람들은 자연은 하나의 큰 물체이며, 그것의 부분은 전체보다 못하다고 여깁니다.

내 영혼아, 내가 너에게 말한다. 너는 나의 가장 우월한 부분이다. 왜냐하면 너는 내 몸을 살아 움직이게 하고 그것에게 생명을 공급하는데, 그 어떤 몸도 다른 몸에게 그렇게 할 수 없기 때문이다. 그러나 네 하나님은 네 생명의 생명이시다.

하나님을 찾기 위해 감각을 넘어섬

그러면 내가 나의 하나님을 사랑할 때 나는 무엇을 사랑하는 것입니까? 내 영혼의 최상위 요소보다 더 높은 곳에 계신 분은 누구십니까? 나는 내 영혼을 통해 그분께 올라가겠습니다. 먼저 나는 나를 내 몸에 묶고 그 몸을 생기로 채워주는 능력을 넘어서렵니다. 나는 그 능력을 통해 하나님을 찾지 않으렵니다. 사실 "말이나 당나귀"(시 32:9)처럼 분별력이 없는 것들도 그분을 알아봅니다. 그것은 그들 역시 그들의 몸에 생명을 주는 동일한 능력을 지니고 있기 때문입니다.

그러나 내게는 내 몸에 생명을 줄 뿐 아니라 내 몸의 감각들이 그것을 통해 사물을 감지할 수 있게 해 주는 또 다른 능력이 있습니다. 주님이 내게 주신 그 능력은 눈은 듣지 않고 귀는 보지 않게 함으로써 또한 눈은 보고 귀는 듣게 함으로써 감각이 적절한 자리에서 자기에게 주어진 기능을 수행하게 합니다. 하나의 정신인 나는 이 다양한 기능들을 통해 행동합니다. 그러나 나는 이런 능력보다 더 높이 올라가겠습니다. 왜냐하면 말과 당나귀처럼 분별력이 없는 것들 역시 그런 능력을 갖고 있고, 그것들 역시 몸을 통해 사물을 감지하기 때문입니다.

기억, 감각이 전해 준 것을 보관하는 창고

그러므로 나는 그런 자연적 능력보다 높은 곳으로 한걸음씩 올라가 나를 만드신 분에게로 다가가겠습니다. 그리고 나는 기억(memory)*이라는 들판과 널찍한 방들 안으로 들어가겠습니다.

그 안에는 감각을 통해 들어온 온갖 물체들의 형상들(images)이 저장되어 있습니다. 그곳에는 우리가 감각이 전해 준 것들을 늘리거나 줄이거나 혹은 어떤 식으로든 변화시키는 과정을 통해 인식한 여러 가지 것들과 망각에 의해 삼켜지거나 묻히지 않은 여러 가지 것들이 보관되어 있습니다.

내가 이 기억이라는 창고 안으로 들어가 내가 원하는 것을 내놓으라고 요청하면, 그 즉시 무언가가 튀어나오옵니다. 그것들 중 어떤 것은 찾는 데 좀더 긴 시간이 걸리고, 마치 후미진 창고에서 물건을 꺼내듯이 억지로 끌어내야 합니다. 그리고 어떤 것들은 내가 그것들과는 아주 다른 것을 찾고 있음에도 떼를 지어 몰려나와서는 "너는 틀림없이 우리를 찾고 있는 게야?"라고 말하는 듯 보입니다. 나는 내가 원하는 것이 안개에서 풀려나고 그 비밀스런 곳에서 나올 때까지 손을 휘저으며 그것들을 쫓아 버립니다. 또 다른 기억들은 내가 요청하면 쉽게 그리고 질서를

> 여기에서 어거스틴이 말하는 **기억**(記憶, memory)은 우리가 보통 생각하는 기억보다 깊고 넓은 의미를 갖고 있다. 그 단어의 배경에는 플라톤이 말하는 "상기"(想起, anamnesis)라는 개념이 있다. 상기란 인간의 혼이 참된 지식인 이데아(idea)를 얻는 과정을 일컫는다. 플라톤은 인간의 영혼은 그것이 태어나기 전에 보았던 이데아를 "상기함으로써" 참된 인식에 도달한다고 주장했다. 그러나 어거스틴은 기억이라는 개념을 무의식, 자의식, 그리고 오직 하나님을 아는 것을 통해서만 찾을 수 있는 참된 행복에 대한 갈망과 연결함으로써 크게 확대시켰다. 어거스틴이 『고백록』 제10장에서 기억에 대해 길게 논의하는 까닭은, 그가 그것을 인간이 하나님을 찾고 인식하는 통로로 여겼기 때문이다.

깨뜨리지 않고 내 앞에 나타납니다. 앞선 사건들에 대한 기억은 나중 사건들에 대한 기억에게 길을 내주면서 내가 원할 때 그것을 떠올릴 수 있도록 저장됩니다. 이 모든 것이 내가 기억을 바탕으로 어떤 이야기를 다시 말할 때 일어나는 일입니다.

기억은 각기 다른 길을 통해 들어온 모든 지각들을 별개의 항목들로 나눠 서로 구별되는 일반적인 범주들 안에 저장합니다. 모든 빛과 색채와 물질적 형체들은 눈을 통해 들어오고, 온갖 종류의 소리들은 귀를 통해 들어오고, 모든 냄새들은 코를 통해 들어오고, 모든 맛들은 입을 통해 들어옵니다. 몸 전체에 퍼져 있는 감각 능력은 단단한 것과 무른 것, 뜨거운 것과 차가운 것, 부드러운 것과 거친 것, 무거운 것과 가벼운 것, 몸 밖에 있는 것과 안에 있는 것들을 구별합니다. 신비롭고 비밀스럽고 설명이 불가능한 구석들과 갈라진 틈들을 지닌 거대한 기억의 동굴은 이 모든 지각들을 받아들였다가 필요할 때 다시 불러냅니다. 그 지각들은 각각의 문을 통해 기억 속으로 들어가 그곳에 저장됩니다. 그러나 대상들 자체가 기억 안으로 들어가는 것은 아니고, 지각된 대상의 형상들이 그곳에 간직되어 있다가 그것들을 회상하는 정신에 의해 떠오르는 것입니다.

나는 그 거대한 기억의 방 안에서 나 자신을 만납니다. 그리고 내가 무엇인지, 내가 무엇을 했는지, 그리고 내가 그것을 했을 때 언제 어디서 어떻게 무엇에게 영향을 받았는지를 회상합니다. 내가 직접 경험한 것이든 혹은 다른 사람들의 말을 믿은 것이든, 내가 기억하는 모든 것이 그 방안에 있습니다. 나는 그

저장소로부터 내가 직접 경험했거나 내가 경험한 것을 바탕으로 믿었던 과거의 여러 사건들의 형상들을 꺼내서 결합합니다. 그리고 그것을 바탕으로 미래의 행동과 사건과 희망에 관해 추론하고 마치 그 모든 것들이 현존하는 것처럼 생각합니다. "나는 이것과 저것을 하리라." 나는 수많은 풍부한 형상들로 가득 찬 내 마음 깊숙한 곳에서 자신에게 그렇게 말합니다. "오, 이렇게 혹은 저렇게 된다면 좋을 텐데!" "하나님이여, 이것과 저것을 막아주시옵소서!" 나는 이런 말들을 내 자신에게 합니다. 그리고 내가 그렇게 말할 때 내가 말하는 모든 것의 형상들이 동일한 기억의 창고로부터 내 앞으로 끌려나옵니다. 만약 그 형상들이 현존하지 않는다면, 나는 결코 그런 말을 하지 못할 것입니다.

오, 나의 하나님이여, 기억의 힘은 위대합니다. 참으로 아주 위대합니다. 그것은 거대하고 끝없이 깊은 내면의 방입니다. 누가 그 바닥을 측량해 보았겠습니까? 기억의 힘은 내 정신의 힘이며 생래적인 것입니다. 그러나 내 자신은 내 존재 전체를 파악하지 못합니다. 내 정신은 내 존재 전체를 담기에는 너무 좁습니다. 그러나 정신이 담아내지 못하는 내 존재의 부분은 어디에 있습니까? 진정 그것은 정신의 바깥이 아니라 안에 있어야 할 것입니다. 그렇다면 어떻게 정신이 내 존재 전체를 파악하는 데 실패할 수 있습니까? 이 질문은 나를 몹시 놀라게 합니다. 사람들은 산봉우리, 바다의 거대한 파도, 강의 장대한 폭포, 끝없이 넓은 바다, 그리고 별들의 회전에 대해서는 놀라워하면서도,

정작 자기 자신에게는 관심이 없습니다. 사람들은 내가 직접 눈으로 보지 않고도 그것들에 대해 말하는 것에 대해 전혀 놀라지 않습니다. 그런데 만약 내가 직접 목격한 산과 파도와 강과 별들을 그리고 다른 사람들의 말을 듣고서 믿고 있는 대양을 마치 내 정신 밖에서 실제로 그것들을 보듯이 뚜렷하게 내 안에서 볼 수 없다면, 나는 그것들에 대해 말하지 않았을 것입니다. 그러나 내가 그것들을 볼 때 나는 그것들을 내 눈으로 봄으로써 내 속으로 흡수해 들이는 것이 아닙니다. 내게 제시된 것은 실제 대상이 아니라 그것들의 형상일 뿐입니다. 그리고 나는 이런 것들이 어떤 육체적 감각을 통해 내 안으로 들어왔는지 분명히 알고 있습니다.

감각을 통하지 않고 습득된 지식들

그러나 내가 기억이라는 엄청난 능력으로 수행하는 일은 이런 것들만이 아닙니다. 기억 안에는 내가 자유 학예를 통해 습득한 후 잊지 않은 모든 지식들이 들어 있습니다. 나는 그것들을 내 안에 있는 어떤 은밀한 장소―엄밀히 장소는 아니지만―로 밀어 넣습니다. 이 경우에 내가 기억하는 것은 어떤 형상들이 아니라 지식 자체입니다. 왜냐하면 문학이나 변증법적 웅변술 등 수많은 문제들에 관해 내가 아는 모든 것은 그런 특별한 방법으로 내 기억 속에 저장되어 있기 때문입니다. 그러므로 나는 형상들만 붙잡고 대상은 외부에 남겨 둔 것이 아닙니다. 그것은 어떤 소리가 흔적만 남기고 지나가서 여음(餘音)이 남아 있기는 하나 실제로는 더 이상 소리가 아닌 경우와는 다릅니다.

사람들은 보통 다음과 같은 세 가지 종류의 질문을 합니다. "그것은 존재하는가?", "그것은 무엇인가?", "그것은 어떤 종류인가?" 그런 말을 들을 때 나는 그런 말을 구성하는 소리의 형상들을 붙잡습니다. 나는 그런 질문들이 공기를 가르며 지나갔고 따라서 이제 더 이상 존재하지 않는다는 것을 압니다. 더구나 나는 그런 소리들에 담긴 관념을 감각을 통해 접한 적도 없고 그것을 정신과 분리해 생각해 본 적도 없습니다. 나는 그런 소리의 형상들(images)이 아니라 실재들(realities)을 기억 속에 저장했던 것입니다.

그렇다면 그런 실재들은 어떻게 내 기억 속에 들어왔을까요? 나는 알지 못합니다. 왜냐하면 내가 그것들을 알았을 때, 나는 다른 누군가가 내게 말해 준 것을 믿은 게 아니라, 내 스스로 그것들을 알아보고 그것들의 진실성에 동의했던 것이기 때문입니다. 그러므로 그것들은 내가 그것들에 대해 배우기 전에 이미 거기에 있었던 셈입니다. 그런데, 그것들이 명료하게 드러났을 때, 도대체 나는 어떻게 그리고 어째서 그것들을 알아보고 "그래, 그것은 사실이야"라고 말했던 것입니까? 그 질문에 대한 답은 "그것들이 이미 내 기억 속에 있었다"일 수밖에 없습니다. 그러나 그것들은 너무 멀리 그리고 아주 후미진 곳에 있었기에, 만약 누군가 그것들에 대해 관심을 갖고 묻지 않았다면, 아마도 나는 그것들에 대해 생각할 수 없었을 것입니다.

배움과 상기

그러므로 우리가 그런 것들—우리는 우리의 감각을 통해 그것들의 형상을 취하는 게 아니라, 그것들이 형상의 매개 없이 이미 우리 안에 있는 것으로 파악합니다—에 대해 배우는 문제와 관련해 말한다면, 우리는 그 과정이 다음과 같다는 것을 알고 있습니다. 즉 우리는 기억이 아무렇게나 간직하고 있는 개념들을 생각을 통해 한데 모읍니다. 그리고 전에는 감추어져 있고, 흩어져 있고, 무시되었던 개념들을 주의 깊게 잘 배치함으로써 정신에 쉽게 드러나게 만듭니다. 그러나 그것들은 우리가 잠시라도 그것들을 회상하지 않으면 다시 아래로 가라앉고 깊고 후미진 곳으로 미끄러져 들어갑니다. 그럴 경우 우리는 그것들을 또다시 같은 방에서—그것들은 그곳 외에는 달리 갈 데가 없습니다—마치 그것들이 전혀 새로운 것처럼 생각해 내야 합니다. 그러므로, 만약 그것들이 알려질 수 있으려면, 그것들은 다시 한 번 모아져야 합니다. 즉 제각각 흩어졌던 상태로부터 하나로 모아져야(colligenda) 합니다. 바로 여기에서 "생각하다"(cogitate)라는 말이 나온 것입니다.

기억을 초월하려는 시도

 기억의 능력은 위대합니다. 오, 나의 하나님이여, 그것은 놀라움을 불러일으키는 신비이며, 심원하고 무한한 다양성을 지닌 힘입니다. 그것은 정신이며, 그 정신은 바로 나 자신입니다. 나의 하나님이여, 그렇다면 나는 무엇입니까? 내 본질은 무엇입니까? 그것은 헤아릴 수 없을 만큼 다양한 형태의 삶이라는 특징을 갖고 있습니다. 내 기억의 광대한 뜰과 동굴들을 들여다볼 때, 나는 거기에서 수많은 다양성과 상상을 초월할 정도로 많은 것들을 발견합니다. 그들 중 어떤 것은 물체들의 경우처럼 형상을 통해 들어온 것이고, 어떤 것은 지식처럼 직접 그곳에 존재하는 것이고, 어떤 것은 감정처럼 정의할 수 없는 관념 혹은 기록된 인상들을 통해 그곳에 남아 있는 것입니다. 나는 그 안에서 이리저리 날아다니면서 내가 할 수 있는 한 그것들의 활동들을 간파하려고 하지만 결코 그것의 끝에 이르지 못합니다.

 기억의 능력은 위대하며, 죽을 인생 안에 있는 생명의 능력 역시 위대합니다. 그렇다면, 나의 참 생명이신 하나님이여, 나는 무엇을 해야 합니까? 주님은 내 참된 생명이십니다. 나는 기억이라 불리는 능력조차 넘어서 달콤한 빛이신 주님께로 가겠습니다. 그런 능력은 짐승과 새들도 갖고 있습니다. 그렇지 않다면 그것들은 자기들의 굴과 둥지를 다시 찾지 못할 것이고, 그들이 습관적으로 하는 많은 일들을 하지 못할 것입니다. 습관은 기억을 통하지 않고서는 어떤 식으로도 그들에게 영향을 주지 못했을 것입니다. 그러므로 나는 나를 네발 달린 짐승이나 하늘의 새들보다 지혜롭게 지으신 분에게 이르기 위해 기억을 넘어서려고 합니다.

그런데 주님, 내가 기억을 넘어설 때 나는 어디에서 주님을 찾아야 하는 것입니까? 나의 참된 선이시며 부드러운 확신의 근원이신 주님, 내가 도대체 어디에서 나의 주님을 찾아야 하는 것입니까? 만약 내가 내 기억 밖에서 주님을 찾는다면, 나는 주님을 기억하지 못하고 있는 것입니다. 그런데, 내가 주님을 기억하지 않는다면, 그런 내가 어떻게 주님을 찾겠습니까?

오, 나의 하나님이여, 나는 어떻게 주님을 찾아야 하는 것입니까? 내가 주님을 찾으면서 바라는 것은 행복한 삶입니다. 나는 내 영혼을 살리기 위해 주님을 찾습니다(사 55:3). 왜냐하면 내 몸은 내 영혼으로부터 생명을 얻고, 내 영혼은 주님으로부터 생명을 얻기 때문입니다. 그런데 내가 그 행복한 삶을 어떻게 찾을 수 있겠습니까? 내가 무언가를 잊었으나 내가 그것을 잊었다는 사실을 여전히 회상하듯이 그것을 기억함으로써 찾아야 하는 것입니까? 아니면 내가 전혀 알지 못하거나 혹은 그것에 대해 까맣게 잊어버려 내가 그것을 잊었다는 사실조차 기억하지 못할 정도로 완전히 모르고 있는 무언가를 배우고자 함으로써 찾아야 하는 것입니까?

기억 안에 계신 하나님

주님, 내가 주님을 찾으면서 내 기억 속을 얼마나 헤매고 돌아다녔는지 보십시오. 나는 기억 밖에서는 주님을 발견하지 못했습니다. 또 내가 처음 주님을 알게 된 때로부터 내 기억 속에 이미 저장해 두었던 것을 제외하고는 주님에 관해 아무것도 발견하지 못했습니다. 나는 주님을 알게 된 날 이후로 주님을 잊은 적이 없었습니다. 나는 진리를 발견한 바로 그곳에서 진리 자체이신 하나님을 발견했습니다. 나는 그 진리를 알게 된 날 이후 지금까지 그 사실을 잊은 적이 없습니다. 그렇기에 주님은 내가 주님에 관해 배운 날 이후 지금까지 내 기억 속에 거하고 계시며, 나는 그 기억 안에서 주님을 발견하고 주님을 기뻐하고 있습니다. 이 기쁨은 주님이 내 궁핍함을 굽어보시고 주님의 자비하심으로 내게 허락해 주신 거룩한 기쁨입니다.

주님, 그런데 주님은 내 기억 안 어느 곳에 거하십니까? 주님은 내 기억 안 어느 곳에 주님의 집을 지으셨습니까? 주님은 내게 주님이 내 기억 안에 거하시는 영예를 주셨습니다. 그러나 주님은 내 기억 안 어느 곳에 거하고 계십니까? 나는 주님을 회상할 때 동물들도 갖고 있는 기억보다 높은 곳으로 올라갔습니다. 왜냐하면 나는 물질적 대상의 형상들 속에서는 주님을 발견하지 못했기 때문입니다. 나는 감정들을 저장해 놓은 기억의 부분들도 찾아보았지만, 거기서도 주님을 발견하지 못했습니다. 나는 내 기억 안에 있는 정신의 가장 깊은 곳으로 들어갔습니다. 왜냐하면 정신은 정신 자체를 기억하기 때문입니다. 그러나 주님은 거기에도 계시지 않았습니다. 그것은 주님은 물질의 형상이 아니신 것처럼, 그리고 우리가 기뻐하거나 슬퍼할 때 혹은 우리가 무언가를 바라거나 두려워하거나 기억하거나 망각할 때 경험하는 것과 같은 사람들의 정서적 느낌도 아니신 것처럼, 또한 정신 자체도 아니시기 때문입니다. 이 모든 것들은 변합니다. 그러나 주님은 모든 것 위에 계시며 변하지 않으십니다. 그럼에도 주님은 내가 주님을 안 이후 계속해서 내 기억 안에 거하기로 작정하셨습니다.

어디에든 계신 하나님

그러면 나는 주님에 관해 배우기 위해 어디에서 주님을 찾았던 것입니까? 내가 주님을 알기 전에는 주님은 내 기억 안에 계시지 않았으니 말입니다. 나를 초월해 계신 주님 자신 안이 아니라면 어디였겠습니까? 우리가 주님을 찾을 수 있는 장소는 없습니다. 우리가 앞으로 가든 뒤로 가든 주님이 계신 곳은 없습니다(욥 23:8). 오, 진리이시여! 주님은 어느 곳에서든 주님의 권고를 구하는 모든 이들을 지도하십니다. 사람들이 한꺼번에 주님께 여러 가지 다른 주제들에 대해 물을지라도, 주님은 한꺼번에 그리고 동시에 그들 모두에게 대답하십니다. 주님은 분명하게 대답하시지만, 모든 사람들이 주님의 대답을 분명하게 듣는 것은 아닙니다. 모두가 자기들이 바라는 것에 대해 주님의 말씀을 구하지만, 그들 모두가 언제나 그들이 바라는 말씀을 듣지는 못합니다. 주님의 가장 훌륭한 종은 주님으로부터 자기가 원하는 것을 듣기보다는, 오히려 주님이 그에게 원하시는 것을 들으려 합니다.

절제를 원하시는 하나님

내 모든 소망은 오직 주님의 크신 긍휼 안에 있습니다. 주님이 명령하시는 것을 주시고, 주님이 뜻하시는 것을 명령해 주십시오(인간의 자유의지를 강조했던 영국 수도사 펠라기우스Pelagius[354-420]와 어거스틴 사이의 논쟁을 촉발했던 문장이다 - 역주). 주님은 우리에게 절제*를 명하십니다. 누군가 말했듯이 "하나님께서 주지 않으시면 아무도

> 『고백록』 제10권 후반부의 중심 주제는 **절제**(continence)다. 회심 전에 방탕한 삶을 살았던 어거스틴이 참 신앙의 길로 접어든 후 크게 유념했던 것이 바로 절제였다. 어거스틴에게 절제는 회심 전의 방탕함과 대비되는 중요한 개념이다. 실제로 회심할 당시 어거스틴은 "절제 부인"의 권유를 받아 결정적인 한 걸음을 내디딘 바 있다(제8권 참조). 어거스틴은 제10권 전반부에서 기억을 통한 하나님 이해에 대해 논했는데, 후반부에서는 하나님과 교제하기를 원하는 인간에게 요구되는 첫 번째 요소인 절제에 대해 길게 논한다. 이후의 내용은 절제에 대한 하나님의 요구, 그 요구를 따르지 못하는 인간의 비참함, 그런 불일치 때문에 화해하기 어려운 하나님과 인간을 중재하러 오신 예수 그리스도에 대한 서술이다.

절제할 수 없으니, 절제가 누구의 선물인지 아는 것이야말로 지혜입니다"(지혜서 8:21). 우리는 절제를 통해 한데 모이고, 우리가 거기에서 떨어져 나옴으로써 분리된 하나됨에 이릅니다. 주님과 더불어 다른 무언가를 사랑하는 자는 주님을 덜 사랑하는 것입니다. 오, 사랑이시여, 주님은 불타오르지만 소멸되지 않으십니다. 오, 자비시여, 나의 하나님이여, 주님의 사랑으로 나를 불태워 주십시오. 주님은 내게 절제를 명하십니다. 주님이 명령하시는 것을 주시고, 주님이 뜻하시는 것을 명령해 주십시오.

성적 충동에 대한 고백

분명히 주님은 내게 "육신의 정욕과 안목의 정욕과 이생의 자랑"을 피하라고 명령하십니다(요일 2:16). 주님은 내게 여자와 성적 관계를 맺는 것을 삼가라고 명령하셨고, 결혼을 금하지는 않으셨으나 그보다 나은 삶의 방식을 받아들일 것을 권고하셨습니다. 그리고 주님이 내게 힘을 주셨기에 나는 주님의 성례를 집행하는 자가 되기 전에 그 권면을 따랐습니다. 그러나 내가 앞에서 길게 말씀드린 내 기억 안에서는 오랜 성적 습관 때문에 새겨진 음탕한 장면들이 여전히 살아 움직이고 있습니다. 내가 깨어 있는 동안에는 그 장면들이 내게 아무런 힘도 쓰지 못합니다. 하지만 내가 잠자는 동안에는 그 장면들이 나를 흥분시킬 뿐 아니라, 마치 실제처럼 생생하게 나를 유혹합니다. 주 나의 하나님이여, 내가 잠자는 동안 내 자아는 진정 내 것이 아닌 것입니까?

전능하신 하나님, 주님의 손이 내 영혼의 모든 병을 고치실 수는 없는 것입니까? 또 주님의 자비가 더욱 풍성하게 흘러넘쳐서 내가 잠잘 동안 나를 덮치는 음탕한 충동들을 없애버릴 수는 없는 것입니까? 주님, 내게 주님의 은사를 더하여 주십시오. 그래서 내 영혼이 끈적거리는 정욕에서 벗어나 주님을 따르게 해 주십시오. 또 내 영혼이 자신을 거스르지 않고, 꿈에서도 그 수치스럽고 부패한 행동을 하지 않을 뿐 아니라, 그런 장면들에 휩쓸리지도 않게 해 주십시오. 주님은 전능하시기에 "우리가 구하거나 생각하는 것 이상으로 더욱 넘치게 주실 수 있는"(엡 3:20) 분이십니다.

주님이 내가 그런 충동을 통해 아무런 기쁨도 느끼지 않게 하시거나 더 나이를 먹어서뿐 아니라 지금도 잠든 내 순결한 마음속에서 그런 충동이 일어나지 않게 하시는 것은 주님께는 그다지 큰 일이 아닙니다. 나는 이런 악과 관련해 현재 내가 처해 있는 상황을 선하신 주님께 말씀드립니다. 나는 주님이 이미 내게 베풀어 주신 것 때문에 "떨리는 마음으로 주를 찬양합니다"(시 2:11). 그러나 또한 나는 내가 여전히 불완전한 상황에 처해 있는 것 때문에 슬퍼합니다. 나는 주님이 내 안에서 주님의 자비를 완전케 해 주시기를 소망합니다. 사망이 이김에 삼켜져(고전 15:54) 내가 주님과 더불어 완전한 평화를 얻을 때까지 그렇게 해 주시기를 소망합니다.

식욕에 대한 고백

또 다른 "한 날의 괴로움"(마 6:34)이 있습니다. 그리고 나는 그것이 한 날로 족하기를 바랍니다. 주님이 내 배와 음식을 없애시고, 놀라운 만족으로 내 필요를 채우시고, 이 썩을 몸을 영원히 썩지 않는 몸으로 덧입히시는 날까지 나는 매일 쇠퇴하는 몸을 회복하기 위해 매일 먹고 마셔야 합니다(고전 15:33). 그러나 지금 나는 식욕이 너무나 왕성한 까닭에 그 달콤한 욕심에 사로잡히지 않으려 애쓰고 있습니다. 나는 자주 "내 몸을 쳐서 굴복시키면서"(고전 9:27) 매일 그 욕심과 싸우지만, 내 고통은 다시 쾌락에 의해 쫓겨납니다. 배고픔과 목마름은 일종의 병이어서, 만약 음식이라는 약의 도움이 없다면, 그것들은 열병처럼 나를 말려 죽일 수도 있습니다.

주님은 내게 음식은 마치 약을 복용하듯 섭취해야 한다고 가르쳐 주셨습니다. 그러나 배고픔의 불쾌함으로부터 포만감의 평온함으로 옮겨가는 동안, 나는 통제 불가능한 식욕이라는 교활한 덫에 걸리고 맙니다. 먹는 과정 자체가 하나의 즐거움입니다. 그리고 먹는 것 외에는 식욕을 해소할 다른 방법이 없습니다. 비록 나는 건강을 위해 먹고 마시지만, 그 과정 속으로 위험한 쾌락이 마치 친구처럼 끼어듭니다. 그리고 그 쾌락은 수시로 첫자리를 차지하려고 애씁니다. 그러므로 나는 내가 오직 건강을 위한 것이라고 고백하고 실제로 그렇기를 바라는 행위를 사실은 쾌락을 위해서 하고 있는 셈입니다. 그 둘은 같은 기준을 갖고 있지 않습니다. 건강을 위해 충분한 것이 쾌락을 위해서는 충분치 않습니다.

또한 나는 내가 음식을 먹는 이유가 몸을 유지하기 위해서인지, 아니면 섬김을 요구하는 쾌락에 대한 기만적인 욕구 때문인지 분간하기 어려울 때가 종종 있습니다. 이런 불확실함 속에서 불행한 영혼은 즐거움의 원인을 발견하고 그것을 핑계 삼아 준비된 변호와 변명을 해댑니다. 얼마만큼의 음식이 건강을 유지하기에 충분한지가 분명치 않은 것은 기쁜 일입니다. 왜냐하면 그래야만 쾌락에 대한 추구가 건강을 핑계 삼아 모호해질 수 있기 때문입니다. 나는 매일 이런 유혹에 저항하려고 애씁니다. 내가 주님의 오른손의 도우심을 바라고 주님께 내 충동에 대해 고백하는 것은 이 문제에 대해 내 마음이 아직 그 어떤 확고한 해결 방안도 얻지 못했기 때문입니다.

나는 주님이 명령하시는 음성을 듣습니다. "너희는 스스로 조심하라. 그렇지 않으면, 폭식과 술 취함에 빠질 것이다"(눅 21:34). 술 취함은 나와는 상관이 없지만, 주님이 자비를 베푸셔서 그것이 내게 가까이 오지 않게 해 주십시오. 그러나 나는 종종 과식에 사로잡힙니다. 주님의 자비로 그것이 내게서 멀어지게 해 주십시오. 주님이 허락하지 않으시면 아무도 절제할 수 없습니다. 우리가 기도할 때 주님은 우리에게 많은 것을 주십니다. 우리는 우리가 그것을 위해 기도하기도 전에 받은 모든 좋은 것들을 주님께로부터 받습니다. 또 우리는 주님으로부터 은혜를 받는데, 우리는 그것을 나중에야 깨닫습니다. 나는 술주정뱅이가 된 적이 없지만, 주님 때문에 건강을 되찾은 술주정뱅이들을 알고 있습니다. 그러므로 술주정뱅이가 된 적이 없는 자가 그런 악에서 자유로울 수 있었던 것과, 전에 술주정뱅이였던 자가 계속해서 술에 빠져 있지 않게 된 것은 주님이 하신 일입니다.

선하신 아버지여, 주님은 다음과 같은 말씀으로 나를 가르쳐 주셨습니다. "깨끗한 사람들에게는, 모든 것이 깨끗합니다"(딛 1:15). "그러나 어떤 것을 먹음으로써 남을 넘어지게 하면, 그러한 사람에게는 그것이 해롭습니다"(롬 14:20). "하나님께서 지으신 것은 모두 다 좋은 것이요, 감사하는 마음으로 받으면, 버릴 것이 하나도 없습니다"(딤전 4:4). "그러므로 여러분은, 먹고 마시는 일이나 명절이나 초승달 축제나 안식일 문제로, 어떤 사람도 여러분을 심판하지 못하게 하십시오"(골 2:16). "먹는 이는 먹지 않는 이를 업신여기지 말고, 먹지 않는 이는 먹는 이를 비판하지 마십시오"(롬 14:3). 나의 하나님이여, 나의 선생님이여, 주님께 감사와 찬양을 드립니다. 나는 주님 덕분에 이런 것들에 대해 배웠습니다. 주님은 주님의 말씀으로 내 귀를 울리고 내 마음을 일깨워 주십니다. 주님, 모든 시험에서 나를 구해 주십시오.

향기의 유혹에 대한 고백

향기의 유혹은 내게는 큰 관심사가 아닙니다. 그것이 없을 때, 나는 굳이 그것을 찾지 않습니다. 또한 그것들이 있을 때, 나는 굳이 그것을 거부하지 않습니다. 나는 평생을 그것 없이 지낼 준비가 되어 있습니다. 나는 그렇게 생각합니다만, 혹시 내가 속고 있는 것인지도 모르겠습니다. 왜냐하면 내 안에는 나도 알지 못하는 안타까운 약점들이 있기 때문입니다. 그렇기에 내 정신은 자신의 힘에 관해 살피면서 알아낸 것들을 전적으로 신뢰하지 않습니다. 내 안에 있는 것들은 대부분 경험이 그것들을 드러내기 전까지는 숨어 있기 때문입니다. 그러므로 온갖 유혹으로 가득 찬 이 세상에서는 아무도 의기양양해서는 안 됩니다. 나쁜 상태에서 좋은 상태로 변화될 수 있는 사람은 또한 좋은 상태에서 나쁜 상태로 변화될 수도 있습니다. 오직 하나의 희망, 하나의 확신의 근거, 하나의 믿을 만한 약속이 있을 뿐인데, 그것은 바로 주님의 자비로우심입니다.

노래의 유혹에 대한 고백

귀의 즐거움은 더 끈질기게 나를 붙잡고 있었으나, 주님이 나를 거기에서 해방시켜 주셨습니다. 나는 주님의 말씀이 어떤 아름답고 잘 훈련된 목소리에 담겨 노래로 불릴 때 평온한 만족감을 느낍니다. 물론 나는 원할 때 언제든지 일어나서 그 자리를 떠날 수 있으므로 내가 그런 노랫가락에 얽매어 있는 것은 아닙니다. 그럼에도 노랫가락들이 그것들에게 생기를 불어넣는 가사들과 어우러질 때, 그것들은 내 마음속에서 어떤 영예로운 자리를 요구합니다. 그리고 나는 그것들에게 합당한 자리가 어디인지 판단하기가 어렵습니다.

때로 나는 그것들을 적절한 정도 이상으로 높이는 듯합니다. 거룩한 말씀이 아름다운 가락에 실려 울려 퍼지면, 우리의 영혼은 감동됩니다. 또 말씀이 노래로 불릴 경우 내 마음은 그렇지 않을 때보다 더 신실하게 그리고 더 헌신적으로 불타오릅니다. 우리의 영혼의 온갖 다양한 감정들은 각각의 경우에 적합한 특별한 운율들을 갖고 있고, 그것들 사이의 어떤 신비한 내적 관계에 의해 동요됩니다. 그러나 나의 육체적 쾌락은 감각이 이성을 동반하지 않거나 인내하면서 종속적인 자리에 머무는 것에 만족하지 않을 경우 자주 나를 기만합니다. 그 쾌락은 이성보다 못한 자리를 얻어야 함에도 늘 첫번째 자리를 차지하고 주도적인 역할을 하고 싶어 합니다. 그럴 경우 나는 부지중에 죄를 범하고 나서 나중에야 그것을 알아차리곤 합니다.

그러나 때로 나는 잘못되는 것이 두려워 지나치게 방어막을 침으로써 극단적으로 엄격해지는 실수를 저지릅니다. 때로 나는 다윗의 시편에서 흔히 사용되었던 음률이나 달콤한 노랫가락들까지 모조리 내 귀에서 그리고 교회에서 쫓아내기를 원한 적도 있습니다. 그러나 나는 알렉산드리아의 주교 아타나시우스(Athanasius, 293-373, 아리우스파에 맞서 예수가 곧 하나님이심을 주장했던 인물—역주)가 사용했던 보다 안전한 방법에 대해 생각해 봅니다. 그는 시편 낭송자에게 노래를 부른다기보다는 암송하는 것에 가까울 정도로 유연한 말투로 시편을 낭송하게 했습니다. 그럼에도 나는, 내가 믿음을 회복했던 날 교인들의 찬송소리를 듣고 쏟았던 눈물을 기억할 때, 혹은 현재 내가 노랫소리가 아니라 노래되는 말씀에 의해서―특히 그 말씀이 분명하고 세련되게 조율된 음성에 의해 노래될 경우―얼마나 감동을 받는지를 기억할 때, 예배에서 음악이 갖고 있는 큰 유용성을 새삼 시인하게 됩니다.

그렇게 나는 쾌락의 위험과 유용한 효과의 경험 사이를 오락가락합니다. 또 나는 교회에서 노래를 부르는 관습은 용인되어야 한다는 주장―그것은 돌이킬 수 없는 관점은 아닙니다―에 더 많이 이끌리는 편입니다. 그렇게 함으로써 마음이 연약한 사람들이 귀의 즐거움 때문에 예배에 헌신하게 될 수도 있기 때문입니다. 그러나 만약 어떤 노랫소리가 그 노래의 주제보다 나를 더 감동시키는 일이 일어난다면, 고백하건대, 나는 벌 받아야 마땅한 죄를 저지르는 셈입니다. 또 그럴 경우 나는 차라리 그 노래를 듣지 않겠습니다.

형상의 유혹에 대한 고백

이제 육신의 눈의 즐거움이 남았습니다. 내가 그것을 내 고백에 포함시키는 것은 주님의 성전인 경건한 그리스도인 형제들에게 들려 주기 위함입니다. 그렇게 함으로써 나는 하늘로부터 내려오는 처소를 덧입기 위한 나의 탄식과 바람에도 불구하고(고후 5:2) 여전히 나를 공격하는 육신의 정욕이라는 시험에 관한 고백을 마치려 합니다. 내 눈은 여러 가지 아름다운 모양들과 빛나고 유쾌한 색채들을 기뻐합니다. 그것들이 내 영혼을 사로잡지 못하게 해 주시고, 다만 주님만이 내 영혼을 사로잡아 주십시오! 주님이 그것들을 만드셨고 그것들은 심히 선합니다(창 1:31). 그러나 나의 선은 주님이시지 그것들이 아닙니다. 아름다운 광경들은 하루 종일 나를 흔들어 깨웁니다. 그것들은 간혹 찬양하는 사람의 목소리나 전체 성가대가 침묵할 때처럼 내게 쉴 틈을 제공하지 않습니다. 낮 동안에 색채의 여왕인 빛은 내가 어디에 있든 상관없이 내 눈에 보이는 모든 것들을 감싸고 있습니다. 설령 내가 무언가 다른 일을 하느라 그것을 알지 못한다 할지라도 말입니다. 그런데 빛은 강력한 힘을 갖고 있어서, 만약 그것이 갑자기 없어지면, 우리는 그것을 보고 싶어 하며 찾습니다. 또 그것이 오랫동안 보이지 않으면, 우리는 마음이 우울해집니다.

눈먼 토빗(Tobit, 외경 「토빗서」의 등장인물-역주)이 자기 아들에게 생명의 길을 가르치고 그 아들 앞에서 사랑의 발걸음으로 길을 잃지 않으며 걸었을 때 보았던 빛이시여(토빗서 4장)! 이삭이 늙어 그의 육체의 눈이 내려앉고 희미해졌음에도 보이지 않는 아들들을 축복하도록 허락 받았을 때 보았던 빛이시여(창 27:1)! 야곱이 나이 많아 시력을 잃었음에도 보았던 빛이시여(창 48:13-19)! (야곱은 그의 내면의 빛으로 미래에 태어날 자손들을 보았습니다. 신비롭게도 그

는 아들 요셉이 낳은 자신의 손자들의 머리 위에 두 손을 어긋놓고 축복했는데, 이것은 요셉이 원하던 대로가 아니었습니다. 그래서 요셉은 야곱의 손을 고쳐 놓으려 했습니다. 요셉은 단지 외적인 눈으로 보았을 뿐이지만, 야곱은 내면의 시력으로 그것을 분별할 수 있었습니다(창 48장). 이 빛은 하나이며, 그 빛을 사랑하는 자들 역시 하나입니다.

내가 말씀드리는 물질적 빛은 세상을 맹목적으로 사랑하는 사람들의 삶에 매혹적이고 위험한 단맛을 가미합니다. 그러나 물질적 빛 때문에 만물의 창조자이신 하나님을 어떻게 찬양해야 하는지 아는 사람들은 주님께 드리는 그들의 찬양에 그 빛을 포함시키며, 잠든 상태에서도 그 빛을 따르느라 길을 잃지 않습니다. 나 또한 그렇게 되기를 원합니다. 나는 주님의 길을 따라 걸을 때 내 발이 세상에 빠지지 않도록 눈의 유혹에 맞섭니다. "주님만이 나의 발을 원수의 올무에서 건지는 분이시기에, 나의 눈은 언제나 주님을 바라봅니다"(시 23:15). 주님은 계속해서 내 발을 꺼내 주시는데, 그것은 내가 계속해서 올무에 빠지기 때문입니다. 비록 내가 내 주변의 모든 곳에서 나를 둘러싸고 있는 덫들에 자주 걸려들지라도, 주님은 "졸지도 아니하고 주무시지도 아니하시므로"(121:4) 나를 구해 주시는 일을 그치지 않으십니다.

호기심의 유혹에 대한 고백

이에 더하여 나는 또 다른 형태의 유혹 하나를 덧붙여야 할 것 같습니다. 그것은 그 위험성 측면에서 훨씬 복잡합니다. 감각의 온갖 쾌락들에 의해 제공되는 기쁨 속에 내재하는 육신의 정욕 외에도—그것에 묶인 자들은 주님으로부터 멀어져 멸망에 이릅니다—내 영혼 안에는 육체적 쾌락이 아니라 육체를 통해 얻는 지각들에서 기쁨을 취하는 어떤 탐욕이 있습니다. 그것은 "지식과 학문"이라는 이름으로 허세를 부리는 헛된 호기심입니다. 그것은 알고자 하는 욕구에 뿌리박고 있고 감각들 중에서도 눈이 지식을 얻는 데 특히 주도적 역할을 수행하기에 하나님의 말씀이 그것을 가리켜 "안목의 정욕"(요일 2:16)이라고 부르는 것입니다. 보는 것은 우리의 눈의 특성이기 때문입니다.

종종 우리는 "보는" 능력을 지식에 적용하는데, 그때 우리는 그 단어를 다른 감각들과 관련해서 사용합니다. 우리는 "그것이 얼마나 번쩍이는지 들어라", "그것이 얼마나 밝은지 냄새 맡아라", "그것이 어떻게 빛나는지 만져라"라고 말하지 않습니다. 오히려 그 모든 것들에 대해 우리는 "보라"라고 말합니다. 우리는 "저 빛이 얼마나 밝은지 보라"고 말할 뿐만 아니라, "그 소리가 어떤지 들어 보라", "어떤 냄새인지 맡아 보라", "어떤 맛인지 맛보라", "그것이 얼마나 단단한지 보라"라고 말합니다. 그러므로 일반적인 감각의 경험은 성경이 말씀하는 것처럼 "안목(眼目)의 정욕"입니다. 왜냐하면 보는 것은 무엇보다도 눈이 갖고 있는 기능이며, 다른 감각들은 다만 지식의 특정 분야를 탐험할 때 유비를 통해서 그 단어에 대해 권리를 주장할 뿐이기 때문입니다.

이런 관찰을 통해 우리는 쾌락과 관련된 감각의 활동과 호기심과 관련된 감각의 활동을 쉽게 구별할 수 있습니다. 쾌락은 볼 만하고, 들을 만하고, 냄새 맡을 만하고, 맛볼 만하고, 만져볼 만한 아름다운 것들을 추구합니다. 그러나 호기심은 쾌락과는 반대되는 것들을 추구합니다. 그것은 불쾌한 일을 겪고자 하는 바람 때문이 아니라, 실험과 지식에 대한 욕구 때문에 나타납니다. 극도의 혐오감을 일으키는 토막난 시체를 보는 것이 사람들에게 어떤 쾌락을 주겠습니까? 그렇지만 어디엔가 그런 시체가 놓여 있으면, 사람들은 그 주위에 몰려들어 슬퍼하고 겁에 질려 얼굴이 창백해지면서도 그것을 바라봅니다. 이것은 다른 감각에 대해서도 마찬가지입니다. 그러나 그것들을 다 말씀드리자면 끝이 없을 것입니다.

이런 병적인 갈망을 충족시키기 위해 극장에서는 잔인한 광경들이 연출됩니다. 사람들이 그들의 이해 능력을 넘어서는 자연의 움직임들에 관해 연구하거나 그것을 아는 것이 아무 유익이 없음에도 지식 그 자체를 위해 지식을 얻고자 할 경우에도 그런 동기가 작용합니다. 그리고 사람들이 같은 목적을 위해 왜곡된 학문을 이용하거나 마술로 무언가를 성취하려고 애쓸 때도 그런 동기가 작용합니다. 심지어 그런 동기는 신앙 안에서도 나타납니다. 사람들은 구원을 바라지 않으면서도 단지 짜릿함을 맛보기 위해 표적과 기사를 요구하며 하나님을 시험하려 듭니다.

이처럼 함정과 위험으로 가득 찬 거대한 정글 속에서 나는 내 마음으로부터 많은 것들을 잘라내고 쫓아버렸습니다. 그것은 나의 구원의 하나님이신 주님이 내게 그렇게 할 힘을 주셨기 때문입니다. 참으로 이제 나는 극장에 매료되지 않습니다. 이제 나는 별의 운행을 연구하지도 않습니다. 이제 내 영혼은 귀신들에게 대답을 구하지도 않습니다. 이제 나는 모든 신성모독적인 의식들을 혐오합니다. 그럼에도 우리 주변에 있는 사소하고 경멸스러운 것들 속에는 날마다 우리의 호기심을 자극하는 것들이 많이 있습니다. 너무나 자주 우리는 심령이 약한 사람에게 상처를 주지 않기 위해 그가 하는 허망한 이야기를 억지로 들어줍니다. 그러다가 점차 그 이야기를 듣는 것에 빠져듭니다. 내 생활은 그런 잘못들로 가득 차 있습니다. 그리고 내 소망은 주님의 크신 자비 안에 있습니다. 내 마음이 이런 허접한 것들의 그릇이 되고 허망한 생각의 용기(容器)가 되면, 내가 주님께 드리는 기도 역시 그만큼 자주 방해를 받고 혼란스럽게 됩니다. 또 내가 주님의 귀에 내 마음의 소리를 말씀드리는 동안에도 여러 가지 쓸데없는 생각들이 들어와서 가장 중요한 기도를 갑자기 중단시킵니다.

교만의 유혹에 대한 고백

주님이 우리를 변화시키기 시작하셨으니 우리에게는 주님의 자비 외에는 달리 아무런 소망도 없습니다. 주님이 일으키신 변화는 참으로 큽니다. 무엇보다도 주님은 자신을 합리화하고자 하는 내 욕망을 고쳐주셨습니다. 주님은 내 모든 병들을 고쳐주시고, 내 생명을 파멸에서 건져주시고, 나를 사랑과 자비로 단장해 주시고, 내 소원을 좋은 것으로 만족시켜 주십니다(시 103:3-5). 주님은 주님께 대한 두려움을 통해 내 교만을 누르셨고, 주님의 멍에로 내 목을 복종시키셨습니다. 이제 나는 주님의 멍에를 메고 다닙니다. 그리고 그 멍에는 주님이 약속하신 것처럼 가볍습니다(마 11:30). 사실 주님의 멍에는 이미 가벼웠는데, 내가 그것을 메기를 두려워했기에 그 가벼움을 몰랐을 뿐입니다.

주님만이 홀로 참된 주님이십니다. 주님만이 교만 없이 다스리시는 것은 주님 외에 다른 주가 없기 때문입니다. 확실히 이 유혹은 나를 괴롭히는 일을 그치지 않았고, 내가 사는 날 동안 그치지 않을 것입니다. 그 유혹이란 사람들에게 두려움과 사랑의 대상이 되고자 하는 것인데, 그것은 그렇게 함으로써 얻어지는 기쁨 때문입니다. 하지만 그것은 전혀 기쁨이 아닙니다. 그것은 가련한 삶이며, 허영은 혐오감을 불러일으킵니다. 만약 우리가 사회에서 어떤 지위를 갖고 있다면, 우리는 사람들의 사랑과 존경을 받을 필요가 있습니다. 그런데 우리의 참된 행복을 방해하는 적은 끊임없이 우리를 공격합니다. 그리고 "잘 했어, 아주 잘 했어!"라고 말하면서 사방에 덫을 쳐놓습니다. 그런 칭찬 받기를 좋아할 때 우리는 방심하게 됩니다. 우리는 주님의 진리 안에서 기쁨을 찾기를 그치고, 사람들의 입에 발린 거짓말에서 기쁨을 찾으려 합니다. 우리는 "주님을 위해서"가 아니라

"주님을 대신해" 사람들의 사랑과 존경을 받는 것을 기뻐합니다. 우리의 대적은 이런 식으로 사람들이 자기를 닮도록 만드는데, 그런 닮음은 사랑스러운 조화 속에서의 연합이 아니라 공통의 형벌을 나눔으로써 연합하는 것입니다.

칭찬의 유혹에 대한 고백

주님, 우리는 매일 이 유혹에 포위됩니다. 우리는 쉼 없이 유혹을 받습니다. 사람의 혀는 날마다 들끓는 용광로입니다. 주님은 이 문제와 관련해서도 우리에게 절제를 명하십니다. 주님은 내가 이 문제 때문에 얼마나 주님을 향해 탄식하는지 또 내 눈에서 얼마나 많은 눈물이 흐르는지 아십니다. 나는 나의 이 몹쓸 병이 얼마나 나아졌는지 쉽게 확신하지 못합니다. 나는 주님은 아시지만 나는 알지 못하는 내 자신의 은밀한 충동을 아주 두려워합니다.

주님, 나는 이 유혹에 대해서 주님께 무엇을 고백해야 합니까? 칭찬을 받고서 기분이 좋지 않은 척 할 수는 없습니다. 그러나 나는 진리 때문에 칭찬을 받기보다는 진리를 선포하는 것을 더 기뻐합니다. 만약 내가 미치고 완전히 잘못되었음에도 모든 사람들로부터 칭찬을 받는 것과 진리를 확고하고 분명하게 갖고 있음에도 모든 사람들로부터 멸시를 받는 것 중 하나를 선택해야 한다면, 나는 내가 어느 쪽을 택해야 할지 알고 있습니다.

나는 내 안에 있는 선한 무언가에 대한 내 자신의 기쁨을 증대시키기 위해 다른 사람의 승인을 바라지 않습니다. 그러나 나는 그런 칭찬이 내 기쁨을 증대시킬 뿐 아니라, 적대적인 비판이 그것을 감소시킨다는 것을 인정하지 않을 수 없습니다.

진리이신 주님, 이제 나는 압니다. 누군가로부터 칭찬을 받을 때, 나는 내 자신 때문이 아니라 내가 이웃에게 유익을 끼친 것 때문에 마음이 움직여야 한다는 것을 말입니다. 나는 내 마음의 실제 상태가 그러한지 여부는 모릅니다. 그 문제와 관련해 나는 주님을 아는 것만큼도 내 자신에 대해 알지 못합니다. 나의 하나님이여, 주님께 간청합니다. 나를 위해 기도해 줄 내 형제들에게 내가 내 자신 안에서 어떤 상처를 발견하는지 고백할 수 있도록 내게 내 자신을 보여 주십시오.

주님, 내가 내 자신에 대해 더 깊이 성찰하게 해 주십시오. 만약 내가 칭찬 받을 때 이웃에게 끼친 유익 때문에 기뻐해야 한다면, 어째서 나는 누군가 부당하게 비난받을 때 내 자신이 비난을 받을 때보다 마음이 덜 움직이는 것입니까? 어째서 나는 내 앞에서 다른 사람이 부당하게 비난받을 때보다 내가 부당하게 비난받을 때 더 예민하게 고통을 느끼는 것입니까? 이것 역시 내 지식의 한계를 벗어나는 것입니까? 이제 유일하게 남은 답은 내가 내 자신을 속이고 내 마음과 혀로 주님 앞에서 진리를 행하지 않고 있다는 것입니까? 주님, 내 입술에서 나오는 말이 내 머리를 부풀어 오르게 하는 죄인의 기름이 되지 않도록 내게서 이 어리석음을 털어내 주십시오.

허영의 유혹에 대한 고백

주님, "나는 가난하고 빈곤합니다"(시 109:22). 그러나 만약 내가 은밀히 탄식하면서 교만한 자들이 알지 못하는 평화를 완전하게 회복할 때까지 자신을 혐오하며 주님께 자비를 구한다면, 나는 보다 나은 사람이 될 수 있을 것입니다. 그러나 우리의 입에서 나오는 말과 사람들에게 알려지는 우리의 행위들 안에는 사람들로부터 칭찬을 받고자 하는 아주 위험한 유혹이 내포되어 있습니다. 우리는 자신의 탁월함을 드러내기 위해 사람들을 모으고 그들의 동의를 구하기를 좋아합니다. 그것은 내가 그런 유혹을 거부할 때조차 내게 유혹이 됩니다. 왜냐하면 그때 나는 내가 그것을 거부한다는 바로 그 사실을 통해 나를 드러내려 하기 때문입니다. 허영을 경멸하는 것은 종종 더 큰 허영의 원인이 됩니다. 왜냐하면 누군가에게 그런 경멸이 자랑스러운 것이 될 때 그것은 이미 경멸이 아니기 때문입니다.

자기만족의 유혹에 대한 고백

우리 안에는 동일한 범주의 유혹에 속하는 또 다른 악이 존재합니다. 그것은 자기 자신을 기뻐하는 자들의 허영을 증대시킵니다. 그들은 다른 이들을 기쁘게 하거나 불쾌하게 하지 않으며, 또한 그들을 기쁘게 하려는 마음을 먹지도 않습니다. 다만 그들은 자기 자신을 기뻐함으로써 주님을 크게 진노하시게 합니다. 그것은 그들이 좋지 않은 것들을 좋게 생각할 뿐 아니라, 주님이 그들에게 주신 좋은 자질들을 자신의 것으로 여기거나, 아니면 그것들을 주님의 선물로 인정하지 않고 마치 자기들의 힘으로 얻은 것처럼 생각하기 때문입니다. 또는 그들이 그런 선물들이 주님의 은혜 때문에 자기들에게 온 것임을 알면서도 그것들을 공동체와 나누기를 기뻐하지 않거나 다른 이들에게 베풀기를 싫어하기 때문입니다. 주님은 내 마음이 이런 모든 유혹과 위험과 혼란 속에서 떨고 있음을 아십니다. 나는 계속해서 그것들 때문에 고통을 당해 왔습니다. 그러나 주님은 계속해서 그것들을 치유해 주고 계십니다.

거짓과 공유될 수 없는 주님

지금까지 나는 죄로 인한 내 병들을 정욕의 세 가지 유형 아래서 살펴보았고, 주님께 주님의 오른팔로 나를 구원해 주시기를 간구했습니다. 그리고 상처받은 마음으로 주님의 영광을 엿보다가 꾸지람을 들었습니다. 그래서 나는 "누가 그곳에 이를 수 있겠습니까? 나는 주님 앞에서 쫓겨났습니다"라고 외쳤습니다. 주님은 만물을 주관하시는 진리이십니다. 나는 내 욕심 때문에 주님을 잃고 싶지 않았습니다. 그러나 나는 거짓도 놓치고 싶지 않았습니다. 그것은 마치 거짓말쟁이가 되고 싶어 하되 진리에 대한 인식을 모두 잃어버릴 만큼은 되고 싶어 하지 않는 것과 같았습니다. 바로 그것이 내가 주님을 잃어버리게 된 이유였습니다. 주님은 거짓과 공유될 정도로 자신을 낮추지는 않으시기 때문입니다.

거짓 중보자

주님과 화해하기 위해 나는 누구를 찾아야 했을까요? 혹시 천사들에게 도움을 청해야 했던 것일까요? 어떤 기도를 드리거나 의식을 행해야 했던 것일까요? 많은 이들이 그렇게 한 것은 그들 스스로 주님께 돌아가려고 노력했지만 그렇게 할 수 없었기 때문입니다. 나는 그렇게 들었습니다. 그래서 그들은 그런 방법들을 사용하다가 이상한 환상을 좇거나 착각에 빠지고 말았습니다. 그들은 자기들의 높은 학문을 자랑하며 자신들을 치켜세웠습니다. 그리고 회개하며 가슴을 치기보다는 교만하게 가슴을 내밀었습니다. 그들은 자기들과 마음이 맞기에 교만의 공모자이자 동료가 될 수 있었던 "공중의 권세를 잡은 통치자"(엡 2:2)를 끌어들였고, 그 동료의 마술적 능력에 속았습니다. 그런 식으로 그들은 자기들을 깨끗하게 해 줄 중보자를 찾았으나 그런 중보자는 없었습니다. 왜냐하면 그 중보자는 광명의 천사로 가장한 마귀였기 때문입니다(고후 11:14). 그 마귀는 육체를 갖고 있지 않았기에 교만한 인간들에게는 더욱 큰 유혹이 되었습니다.

그들은 죽을 수밖에 없고 죄악에 가득 찬 인간들이었습니다. 그러나 교만한 그들이 더불어 화해하고 싶어 했던 주님은 불멸하시며 죄가 없는 분입니다. 따라서 하나님과 사람 사이의 중보자는 신성과 함께 인성을 갖고 있어야 했습니다. 만약 그 중보자가 죽음과 죄 두 측면 모두에서 인간과 같다면, 그는 하나님과 상관이 없었을 것입니다. 반면에, 만약 중보자가 그 두 측면 모두에서 오직 신성만 갖고 있다면, 그는 인간과 아무런 상관이 없을 것이며, 따라서 중보자가 되지 못했을 것입니다. 마귀는 자기가 하나님과 무언가를 공유하고 있는 것처럼 보이려 합니다. 그는 죽어 없어질 몸을 갖고 있지 않기에 자신이 불멸의 존재라고 떠벌립니다. 그러나 죄의 삯은 사망이기에 그는 인간과 마찬가지로 사망선고를 받은 셈입니다.

참된 중보자

주님은 은밀한 자비를 베푸셔서 인간에게 참된 중보자를 보내 주셨습니다. 주님은 그분을 보내셔서 사람들이 그가 보인 모범을 통해 겸손을 배우게 하셨습니다. 하나님과 사람 사이의 중보자로 오신 그분은 인간이신 예수 그리스도이십니다(딤전 2:5). 그분은 죽을 죄인들 가운데서 불멸하는 의인으로 나타나셨습니다. 그분은 사람처럼 죽으셨으나 하나님처럼 의로우셨습니다. 의의 삯은 생명과 평안이기에(롬 6:23) 자신의 의를 통해 하나님과 연합하신 그분은 의롭다함을 받은 죄인들의 죽을 운명을 무효로 만드셨습니다. 그분이 죄인들과 죽음을 함께 나누신 것은 그분 자신의 뜻이었습니다.

그분은 옛 성도들에게 알려지셨습니다. 따라서 그들은, 마치 우리가 이제는 과거의 것이 된 그분의 고난에 대한 믿음을 통해 구원을 받듯이, 그분의 미래의 고난에 대한 믿음으로 구원을 받을 수 있었습니다(히 11:13-40 참조). 그분은 사람으로서 중보자가 되셨습니다. 그러나 말씀이신 그분은 중간적 존재가 아니십니다. 왜냐하면 말씀은 하나님과 동등하시고 하나님과 함께 계시며(요 1:1), 하나님은 오직 한 분이시기 때문입니다.

선하신 아버지여, 주님은 우리를 얼마나 사랑하셨는지요! 주님은 우리 죄인들을 위해 주님의 독생자를 아끼지 않고 내주셨습니다(롬 8:32). 주님은 우리를 얼마나 사랑하셨는지요! 그 아들은 우리를 위해 하나님과 동등함을 당연하게 여기지 않으시고 십자가에서 죽기까지 순종하셨습니다(빌 2:6-8). 그분은 죽은 자들 가운데서 자유롭게 된 유일한 사람이었습니다. 그분은 자신의 목숨을 버릴 능력과 그것을 다시 얻을 능력을 갖고 계셨습니다(요 10:18). 그분은 우리를 위해 주님 앞에서 승리하셨는데, 희생자가 됨으로써 승리자가 되셨습니다. 또 그분은 우리를 위해 주님 앞에서 제사장이자 희생제물이 되셨는데, 희생제물이 됨으로써 제사장이 되셨습니다.

그분은 주님에게서 나시고 우리에게 종이 되심으로써 주님 앞에서 우리를 종이 아닌 자녀가 되게 하셨습니다. 내가 그분에게 확고한 소망을 두는 데는 충분한 이유가 있습니다. 주님은 주님 우편에 앉아 우리를 위해 주님께 중보하시는 그분을 통해 내 모든 병을 고쳐주실 것이기 때문입니다. 그렇지 않으면 나는 절망에 빠질 것입니다. 내 병은 많고도 중하지만 주님의 약은 내 병보다 훨씬 더 강력합니다. 만약 주님의 말씀이신 그분이 육신이 되어 우리 가운데 거하지 않으셨다면(요 1:14), 우리는 주님의 말씀이 우리와 연합하기에는 너무 멀리 계시다고 생각했을 것이고, 따라서 우리의 운명에 대해 절망했을 것입니다(요 1:14).

내 죄와 여러 가지 불행 때문에 놀란 나는 마음이 괴로웠고 그래서 광야로 도망쳐 홀로 살 생각도 해보았습니다. 그러나 주님은 나를 막으시고 다음과 같은 말씀으로 나를 위로하셨습니다. "그리스도께서 모든 사람들을 위하여 죽으신 것은, 이제부터는, 살아 있는 사람들이 자기 자신들을 위하여 살아가도록 하려는 것이 아니라, 자기들을 위하여서 죽으셨다가 살아나신 그분을 위하여 살아가도록 하려는 것입니다"(고후 5:15). 주님, 보십시오, 나는 살기 위해 모든 염려를 주님께 맡기고, 주님의 법 안에 있는 놀라운 진리를 묵상하겠습니다(시 119:18). 주님이 내 모든 미숙함과 연약함을 아시니 나를 가르쳐 고쳐주십시오. "그 안에 모든 지혜와 지식의 보화가 감추어진"(골 2:3) 주님의 독생자께서 그분의 피로 나를 구속하셨습니다(계 5:9). 교만한 자가 나를 비방하지 않게 해 주십시오. 나는 늘 내 구속의 값을 생각하고 그것을 먹고 마시고 전하고 있으니 말입니다. 비록 지금 나는 빈궁한 가운데 있으나 "기름지고 맛깔진 음식을 배불리 먹은"(시 63:5) 이들과 더불어 그 구속 때문에 만족하자 합니다. "주님을 찾는 사람은 누구나 주님을 찬양할 것입니다"(시 22:26).

제11권

시간과 영원

영원하신 하나님을 찬양함

주님, 주님은 영원하신 분이므로 내가 말씀드리는 것을 모르실 리 없습니다. 또 주님은 시간 안에서 일어나는 일들을 시간에 얽매인 상태에서 보시지 않습니다. 그렇다면 어째서 나는 그렇게 많은 일들을 주님께 순서대로 말씀드리고 있는 것입니까? 주님이 나를 통해서 그런 일들을 아시는 것이 아님은 확실합니다. 그러나 나는 우리 모두가 "주님은 위대하시고, 높이 찬양 받으시기에 합당하시도다!" (시 47:1) 하고 찬양할 수 있도록 내 자신 안에 그리고 이 고백록을 읽는 사람들 안에 주님을 향한 사랑을 불러일으키고자 합니다. 나는 이미 그것에 대해 말씀드렸지만 이제 다시 말씀드리겠습니다. 내가 이런 고백을 하는 것은 주님의 사랑에 대한 사랑 때문입니다.

우리는 주님께 기도합니다. 하지만 진리 자체이신 분은 우리에게 "너희 아버지께서는, 너희가 구하기 전에, 너희에게 필요한 것이 무엇인지를 알고 계신다"(마 6:8)라고 말씀하십니다. 그러므로 내가 주님께 나의 비참함과 나를 향한 주님의 자비하심을 고백하면서 내 감정을 숨김없이 말씀드리는 것은, 주님이 나를 완전히 자유롭게 해 주셔서 내가 더 이상 불행해지지 않고 주님 안에서 행복을 얻게 되기를 바라서입니다. 주님이 우리를 부르신 것은, 우리가 심령이 가난하고, 온유하고, 애통하고, 의에 주리고 목마르고, 긍휼을 베풀고, 마음이 정결하고, 화평케 하는 자가 되게 하시기 위함이었습니다(마 5:3-9). 보십시오, 내가 힘과 뜻을 다해 주님께 긴 고백을 드리는 것은 주님이 가장 원하시는 것이 내가 선하시고 그 인자하심이 영원하신 주님께(시 118:1) 고백하는 것이기 때문입니다.

성경을 이해할 수 있기를 기원함

주님, 내가 그동안 주님이 나를 어떻게 이끌어 주셨는지, 즉 주님이 어떤 권면과 경고와 위로와 인도를 통해 나를 이끄셔서 주님의 말씀을 선포하고 주님의 백성에게 성례를 집행할 수 있게 하셨는지를 다 말씀드리려면 얼마나 긴 시간이 필요하겠습니까? 설령 내가 그 모든 이야기들을 순서대로 말씀드릴 능력을 갖고 있을지라도, 그렇게 하려면 내게는 물시계에서 물 한 방울이 떨어지는 순간조차 너무 귀할 것입니다. 나는 오랫동안 주님의 법을 묵상했으며, 그것과 관련해 내가 알거나 모르는 모든 것을 주님께 말씀드리기를 갈망해 왔습니다. 그렇기에 나는 내 몸을 위한 휴식과 지적인 연구와 남을 위한 봉사에 필요한 것 이외의 시간을 다른 일에 쓰고 싶지 않습니다.

오, 주님, 나를 불쌍히 여기시고 내 간구를 들어 주십시오. 내가 간절히 바라는 것은 세상의 금은보화나 좋은 옷이나 힘 있는 자리나 육신의 쾌락이나 이 순례의 삶에 필요한 것들이 아닙니다. 그런 것들은 우리가 주님의 나라와 주님의 의를 구하기만 하면 우리에게 더해질 것입니다(마 6:33). 나의 하나님이여, 내가 갈망하는 것이 무엇인지 보십시오. "하나님의 오른편에 계시며, 우리를 위하여 대신 간구하여 주시는"(롬 8:34) 분의 이름으로 주님께 간구합니다. 그분 안에는 "모든 지혜와 지식의 보화가 감추어져 있습니다"(골 2:3). 나는 이 보화를 주님의 책에서 찾고 있습니다.

창조를 이해하기 위한 간구

내가 태초에 주님이 하늘과 땅을 어떻게 만드셨는지를 이해할 수 있게 해 주십시오. 모세는 그것에 대해 기록하고는 이 세상을 떠나 주님께 돌아갔습니다. 그는 지금 내 앞에 없습니다. 만약 그가 이곳에 있다면, 나는 그를 붙들고, 그에게 묻고, 창조에 대해 설명해 달라고 조를 것입니다. 나는 그의 말에 귀를 기울일 것입니다. 만약 그가 히브리어로 말한다면, 나는 히브리어를 잘 모르므로 그의 말을 알아듣지 못할 것입니다. 그러나 만약 그가 라틴어로 말한다면, 나는 그의 말을 알아들을 것입니다. 그러나 그렇더라도 그가 진실을 말하는지 거짓을 말하는지를 내가 어떻게 알 수 있겠습니까? 설령 그의 말이 진리라는 것을 내가 알지라도, 나는 그것이 그에게서 기인한다고 확신할 수 없을 것입니다. 그러나 그럴 때 내 안에서 그리고 내 생각의 방 안에서 어떤 진리가—그것은 히브리어도, 헬라어도, 라틴어도, 그밖에 다른 어떤 언어도 도구로 사용하지 않고, 그 어떤 음절(音節)도 사용하지 않습니다—내게 "그가 하는 말은 진실이다"라고 말해 줄 것입니다. 그러나 지금 나는 그에게 물을 수 없습니다. 그러므로 나는 그가 옳은 것을 선포했을 때 그에게 영감을 주셨던 주님께 구합니다. 주님이 그에게 그 일들에 대해 말할 수 있도록 허락하셨던 것처럼, 내게도 그 일들을 이해할 수 있는 능력을 허락해 주십시오.

하늘과 땅을 통해 하나님을 볼 수 있음

보십시오, 하늘과 땅이 있습니다. 그것들은 자기들이 창조되었다고 외칩니다. 왜냐하면 그것들은 변화와 변동을 겪고 있기 때문입니다. 창조되지 않고도 존재하는 것 안에는 그 이전에 존재하지 않았던 것이 하나도 없습니다. 무언가가 전에 그렇지 않았던 것이 된다는 것은 그것이 변화와 변동에 굴복한다는 것을 의미합니다. 그것들은 또한 자기들이 자신을 창조한 게 아니라고 큰 소리로 외칩니다. "우리는 지음을 받았기에 존재한다. 우리는 존재하기 전에는 존재하지 않았기에 우리 자신을 만들 수 없었다."

오, 주님, 그것들이 아름다운 것은 아름다우신 주님이 그것들을 만드셨기 때문입니다. 그것들이 선한 것은 주님이 선하시기 때문입니다. 그것들이 존재하는 것은 주님이 존재하시기 때문입니다. 그러나 주님과 비교한다면, 그것들은 아름답지도, 선하지도 않으며, 심지어 존재하는 것도 아닙니다. 우리는 그것들이 주님 덕분에 존재한다는 것을 압니다. 그러나 우리의 그런 앎은 주님의 앎과 비교한다면 무지나 다름없습니다.

장인과 창조주는 다름

주님은 하늘과 땅을 어떻게 만드셨습니까? 도대체 어떤 장비를 사용해 그렇게 엄청난 일을 하셨습니까? 주님은 어떤 장인(匠人)이 자기가 마음먹은 대로 한 물체에서 다른 물체를 만드는 식으로 일하시지 않습니다. 장인은 그가 내면의 눈으로 자기 안에서 보는 형상을 물체에 부여하는 능력을 갖고 있습니다. 그가 그런 능력을 갖는 것은 주님이 그의 마음을 그렇게 만드셨기 때문입니다. 장인은 흙, 돌, 나무, 금, 또는 어떤 다른 물질들처럼 이미 존재하며 존재를 갖고 있는 것에 형상을 부여합니다. 그리고 그 물질들이 존재하는 것은 오직 주님이 그것들을 창조하셨기 때문입니다. 장인은 주님의 창조를 통해 그 자신의 몸을 얻고, 그 몸의 지체들을 명령하는 마음을 얻고, 무언가를 만들어 낼 수 있는 재료들을 얻고, 그의 작품을 이룰 수 있는 능력과 자기가 외적으로 만들고 있는 것을 내적으로 볼 수 있는 능력을 얻습니다. 주님은 그에게 육체적 감각을 주십니다. 그리고 그로 하여금 그 감각을 통해 자기가 하고자 하는 일을 정신으로부터 물질로 전달하고 또 그렇게 해서 이루어진 일의 결과를 다시 정신에 보고하게 하심으로써 정신이 자기를 주관하는 진리의 조언을 받아 그 일이 잘 이루어졌는지 여부를 판단하게 하십니다.

세상 만물이 만물의 창조자이신 주님을 찬양합니다. 그런데 주님은 그것들을 어떻게 창조하셨습니까? 주 하나님께서 하늘과 땅을 창조하신 것은 하늘 안에서나 땅 위에서 하신 것이 아닙니다. 또 공중에서나 물속에서 하신 것도 아닙니다. 그것들은 하늘과 땅에 속해 있기 때문이었습니다. 주님은 우주의 틀 안에서 우주를 만들지도 않으셨습니다. 우주가 존재를 얻기 전에는 우주가 만들어질 곳이 그 어디에도 없었습니다. 또 주님은 하늘과 땅을 만드시기 위해 주님의 손에 그 어떤 도구도 갖고 계시지 않았습니다. 주님은 무언가를 만들기 위한 도구로 만들지 않으신 것을 어떻게 얻으실 수 있었던 것입니까? 주님이 존재하시기 때문이 아니라면, 무엇인들 존재할 수 있겠습니까? 그러므로 그것들은 주님이 말씀하셨기에 존재하며, 주님은 말씀으로 그것들을 지으셨습니다.

말씀을 통한 창조

그런데 주님은 어떻게 말씀하셨던 것입니까? 확실히 그것은 구름 속에서 "이는 나의 사랑하는 아들이라"(마 17:5)라는 음성이 들려왔던 방식으로는 아니었습니다. 그 음성은 지나가 버렸습니다. 그것은 시작과 끝이 있었습니다. 그 음절들은 소리를 내고 사라졌습니다. 두번째 음절이 첫번째 음절을 따랐고, 세번째 음절이 두번째 음절을 따랐으며, 차례로 모든 다른 음절들이 지나 간 후 마지막 음절이 왔고, 마지막 음절 뒤에는 침묵이 뒤따랐습니다. 그러므로 주님의 영원한 뜻을 받들지만 그 자체로는 일시적이었던 그 발언(發言)은 어떤 창조된 사물의 운동을 통해서 왔던 것이 분명합니다. 그리고 순간적으로 연속된 주님의 그 말씀은 외부의 귀를 통해서 내면의 귀를 열어 주님의 영원한 말씀을 듣고자 하는 현명한 마음에 전달되었습니다. 그러나 그 마음은 시간 속에서 울리는 그 말씀을 침묵 속에 있는 주님의 영원한 말씀과 비교해 본 후 말했을 것입니다. "이것은 아주 다르다. 그 차이는 엄청나다. 내게 그 소리들은 훨씬 열등하고 아무 존재도 갖고 있지 않은 것처럼 보인다. 그것들은 날아가며 순간적이기 때문이다. 그러나 나의 하나님의 말씀은 나보다 뛰어나며 영원히 머물러 있다."

그러므로 만약 주님이 "하늘과 땅이 있으라" 하고 말씀하신 것이 소리를 동반하고 사라지는 말씀으로 하신 것이라면, 또 만약 그것이 주님이 하늘과 땅을 만드신 방법이었다면, 하늘과 땅보다 앞서서 물질적 영역에 속하는 어떤 창조된 실체가 존재했을 것입니다. 그리고 그 말씀은 전달되는 데 시간이 필요했을 것이고 일시적 변화에 휩쓸렸을 것입니다. 그러나 하늘과 땅이 창조되기 전에는 그 어떤 물질적 실체도 존재하지 않았습니다. 설령 그런 것이 존재했더라도, 주님은 일시적 발언을 하시지 않고서 "하늘과 땅이 있으라"고 선언하는 또 다른 일시적 발언을 위한 기초로 사용될 수 있는 무언가를 만드신 것이 분명합니다. 그런 발언의 기초가 되었던 것이 무엇이건, 만약 그것이 주님에 의해 창조되지 않았다면, 그것은 존재할 수 없었을 것입니다. 그렇다면, 주님은 이런 발언의 기초가 될 물질적 실체를 창조하시기 위해 어떤 종류의 말씀을 하셨던 것입니까?

영원히 그리고 동시에 모든 것을 말씀하심

주님은 우리에게 주님과 함께 계시는 하나님이신 말씀을 이해하라고 하십니다(요 1:1). 그 말씀은 영원히 말해지고, 그로 인해 만물이 영원히 말해집니다. 그 말씀은, 말해진 것이 사라지면 무언가 다른 것이 말해지고, 그렇게 해서 모든 것이 하나의 끝을 향해 계속 말해지는 식으로 말해지는 것이 아닙니다. 오히려 그것은 모든 것이 영원히 동시에 말해지는 것입니다. 그렇지 않다면, 그 말씀 안에 시간과 변화가 존재했을 것이고, 그렇다면 참된 영원도 참된 불멸도 없을 것입니다. 나의 하나님이여, 내가 이것을 알게 하시니 주님께 감사를 드립니다. 나는 이것을 알고 주님께 고백합니다. 그리고 확실한 진리에 대해 감사하는 모든 사람들도 나와 함께 이것을 알고 주님을 찬양할 것입니다.

주님, 우리는 이것을 알고 주님께 고백합니다. 한 사물이 죽는 것과 생성하는 것은 그것이 이전과 같은 존재가 아닌 정도에, 그리고 그것이 이전과 다른 존재인 정도에 비례합니다. 그러나 주님의 말씀의 어떤 요소도 다른 것에 자리를 내주거나 그것을 뒤따르지 않는데, 이는 주님의 말씀이 진실로 불멸하시며 영원하시기 때문입니다. 그러므로 주님은 주님과 영원히 동등하신 말씀을 통해 주님이 말씀하시는 모든 것을 동시에 그리고 영원히 말씀하십니다. 그리고 주님이 존재하라고 말씀하시는 것은 무엇이든 존재하게 됩니다. 주님은 오직 말씀으로만 사물을 존재하게 하십니다. 그렇지만 주님이 말씀으로 존재하게 하신 모든 것이 동시에 그리고 영원 안에서 지음을 받는 것은 아닙니다.

만물의 시초이신 말씀

그런데, 주 나의 하나님이여, 이것은 어째서 그렇게 되는 것입니까? 나는 그것에 대해 어느 정도는 알지만 그것을 어떻게 표현해야 할지에 대해서는 알지 못합니다. 나는 그것을 다음과 같이 표현할 수밖에 없습니다. 즉 존재를 시작하고 그치는 모든 것은 시작과 끝이 없는 "영원한 이성"(the eternal reason) 안에서 그것들이 존재를 시작하고 그치기에 적합한 시간으로 알려지는 순간에 그 존재를 시작하고 그칩니다. 이 영원한 이성은 "주님의 말씀"(your Word)이시며, 또 그 말씀이 그 안에서 우리에게 말씀하시는 "태초"(the Beginning)이기도 합니다. 그러므로 복음서에서 그 말씀은 육신을 통해 말씀하십니다. 그리고 그 말씀은 밖으로는 사람들의 귀를 울려 그들이 믿게 하시고, 안으로는 사람들로 하여금 영원한 진리를 통해—홀로 선하신 주님은 그 안에서 주님의 모든 제자들을 가르치십니다—자신을 발견하게 하십니다.

오, 주님, 우리는 그 진리 안에서 우리에게 말씀하시는 주님의 음성을 듣습니다. 우리를 가르치시는 분은 우리에게 말씀하시기 때문입니다. 우리를 가르치지 않는 자는 비록 그가 말을 할지라도 우리에게 말하는 것이 아닙니다. 확실한 진리 이외에 누가 우리의 선생이 되겠습니까? 비록 우리가 변하는 피조물을 통해 가르침을 받을지라도, 참으로 우리는 조용히 서서 그분에게 귀를 기울여 배움으로써 믿을 만한 진리에 이르게 됩니다. 그러므로 우리는 신랑의 음성 때문에 크게 기뻐하며(요 3:29), 우리의 존재의 근원에게 우리 자신을 내어드립니다. 그분은 그런 식으로 "태초"가 되십니다. 왜냐하면 만약 그분이 변하는 분이

시라면, 우리가 돌아갈 수 있는 확정된 곳이 없을 것이기 때문입니다. 그런데 우리가 오류에서 돌아서는 것은 진리를 앎으로써 그렇게 하는 것입니다. 그분은 우리가 진리를 알도록 가르치십니다. 왜냐하면 그분은 "태초"이시고, 또 우리에게 말씀하시기 때문입니다.

지혜, 창조의 도구

오, 하나님, 태초에 주님은 주님의 말씀, 주님의 아들, 주님의 능력, 주님의 지혜, 그리고 놀라운 방식으로 말씀하시고 창조하시는 주님의 진리 안에서 천지를 지으셨습니다. 어느 누가 이것을 이해하여 말로 설명할 수 있겠습니까? 내 마음을 꿰뚫어 비추되 그것이 상하지 않도록 비추는 빛은 무엇입니까? 그 빛은 나를 두려움과 뜨거운 사랑으로 채웁니다. 내가 두려워 떠는 것은 내가 그 빛과 같지 않기 때문이며, 내가 사랑으로 불타는 것은 내가 그 빛과 가깝기 때문입니다. 지혜는 내가 어둠과 형벌의 짐에 눌려 쓰러질 때 나를 덮으러 몰려오는 구름을 헤치고 길을 내면서 나를 똑바로 꿰뚫어 비추십니다. 나는 궁핍하여 힘을 잃었기에, 내 모든 죄악에 대해 자비를 베푸시는 주님이 내 모든 병을 고쳐 주시기 전에는, 내 선함을 유지할 수 없습니다. 주님은 내 생명을 파멸에서 구속하시고, 나에게 인자와 긍휼로 관을 씌우시고, 좋은 것으로 내 소원을 만족케 하사 내 청춘을 독수리같이 새롭게 해 주실 것입니다"(시 103:3-5).
"우리는 이 소망으로 구원을 받았습니다"(롬 8:24). 그리고 우리
는 "참으면서 기다려야 합니다"(롬 8:25). 들을 귀 있는 자가 주님
의 말씀을 듣게 해 주십시오. 나는 주님의 말씀을 신뢰하며 외
칠 것입니다. "주님, 주님이 손수 만드신 것이 어찌 이리도 많
습니까? 이 모든 것을 주님이 지혜로 만드셨습니다!"(시 104:24).
지혜는 태초이며, 그 태초 안에서 주님은 하늘과 땅을 지으셨
습니다.

창조 이전에 관한 질문

다음과 같이 묻는 자들은 얼마나 오래된 오류에 빠져 있는
것인지요! "하나님은 하늘과 땅을 창조하시기 전에 무엇을 하
고 계셨는가? 어째서 그분은 창조 이전처럼 계속해서 일하지 않
는 상태에 머물러 계시지 않으셨는가? 만약 하나님 안에서 어떤
변화가 일어난다면, 또 그분이 전에 하시지 않았던 창조를 시작
하신 것처럼 어떤 새로운 계획을 세우신다면, 도대체 어떻게 그
안에서 이전에 존재하지 않았던 그 어떤 의지도 나타나지 않는
참된 영원이라는 것이 존재할 수 있는가? 하나님의 뜻은 피조물
이 아니며 창조 질서보다 앞서 존재하므로 하나님의 뜻이 아니
고서는 아무것도 창조될 수 없다. 따라서 하나님의 뜻은 하나님
의 본질에 속한다. 만약 하나님의 본질 안에 이전에 존재하지

않았던 무언가가 존재한다면, 그것은 진정으로 영원한 것이 아닙니다. 그러나 만약 창조 질서가 존재하는 것이 하나님의 영원하신 뜻이라면, 그 피조물들 역시 영원해야 하지 않은가?"

영원과 시간의 차이

오, 하나님의 지혜시여, 마음의 빛이시여, 이렇게 말하는 자들은 아직 주님을 이해하지 못하는 것입니다. 그들은 사물들이 주님을 통해 주님 안에 존재하게 되었음을 이해하지 못합니다. 그들은 영원을 맛보려 하지만, 여전히 모든 사물들이 변화하며 과거와 미래를 갖고 있는 영역 안에서 헤매고 있을 뿐입니다. 어느 누가 사람의 마음을 붙들어 안정을 찾게 하고 잠시만이라도 불변하는 영원한 영광을 맛보게 해 주겠습니까? 누군가 그것을 맛본다면, 그는 영원을 항구성을 지닐 수 없는 순간들의 연속과 비교해 본 후 그 둘이 도저히 비교될 수 없다는 결론을 내리게 될 것입니다.

그는 "긴 시간"이라는 것은 동시에 연장될 수 없는 수많은 연속적인 움직임들로 구성되기에 길다는 것을 알게 될 것입니다. 그러나 영원 안에서는 아무것도 일시적이지 않고 전체가 현존합니다. 그러나 어떤 시간도 완전히 현존하지 않습니다. 모든 과거의 시간은 미래에 의해 뒤로 밀려나며, 모든 미래의 시간은 과거의 결과입니다. 모든 과거와 미래는 창조되었고, 언제나 현존하는 것에 의해 정해진 그들의 길을 갑니다. 누가 사람의 마음을 붙들어 미래도 과거도 없는 영원한 분께서 굳게 서서 미래와 과거의 시간에게 명령하시는 모습을 볼 수 있게 하겠습니까? 내가 그런 일을 할 힘을 가질 수 있겠습니까? 내 입이 순전한 말로 그 큰일을 할 수 있겠습니까?

창조 이전에 관한 질문의 대답

이제 나는 "하나님은 하늘과 땅을 지으시기 전에 무엇을 하고 계셨는가?" 하고 묻는 사람들에게 답하고자 합니다. 내 대답은 어떤 사람이 난처한 질문을 회피하기 위해 했다는 우스갯소리와 같지 않습니다. 그는 다음과 같이 말했답니다. "하나님은 그렇게 꼬치꼬치 캐묻는 자들을 위해 지옥을 준비하고 계셨다." 그러나 질문을 이해하고 그것에 답하는 것과 그 질문을 비웃는 것은 전혀 다른 문제이기에 나는 그런 식으로 대답하지 않겠습니다. 나는 그 사람이 그런 난처한 질문을 던지는 이를 조롱하고 그런 잘못된 대답을 줌으로써 재치 있다는 칭찬을 받기보다는 차라리 "나는 내가 모르는 것은 모른다"라고 대답했으면 좋았겠다고 생각합니다.

하나님, 오히려 나는 주님이야말로 모든 피조물의 창조주시라고 고백하렵니다. 또 하늘과 땅이 모든 피조물을 의미한다고 전제하고서 다음과 같이 담대하게 선포하렵니다. "하나님은 하

늘과 땅을 지으시기 전에 아무것도 만들지 않으셨다! 설령 그분이 그 전에 무언가를 만드셨을지라도, 그것 역시 피조된 것에 불과하다!" 나는 내가 알기를 바라는 다른 유익한 문제들을 마치 내가 피조물이 창조되기 전에는 그 어떤 피조물도 창조되지 않았다는 것을 아는 것처럼 똑같은 확신을 갖고 알 수 있기를 바랍니다.

창조 이전에는 시간도 없었음

그러나 어떤 이들은 과거의 시간이라는 심상(心像)들에 대해 상상하며 방황하다가 천지를 지으신 분 곧 전능하시고 만물을 창조하시고 지탱하시는 하나님이신 주님이 어째서 실제로 그것들을 지으시기 전 헤아릴 수 없이 많은 시간 동안 아무 일도 하시지 않았던 것일까 하고 생각하며 놀랍니다. 그러나 그는 얼른 정신을 차리고 깨어나 자기가 그렇게 놀라는 것이 잘못임을 깨달아야 합니다.

도대체 주님이 창조하신 적이 없는 무한한 시간이라는 것이 어떻게 흘러갈 수 있겠습니까? 주님은 모든 세대의 기원자시며 창조자이십니다. 주님이 창조하시지 않은 시간이 존재할 수 있겠습니까? 그런 시간들이 존재하지 않았다면, 그 존재하지 않은 시간이 어떻게 지나갈 수 있었겠습니까? 주님은 모든 시간의 원인이십니다. 그러므로, 만약 주님이 천지를 창조하시기 전에 시간이 존재했다면, 우리가 어떻게 주님이 천지를 창조하시기 전에 일하지 않으셨다고 말할 수 있겠습니까? 주님이 시간을 지으셨습니다. 그러므로 시간은 주님이 그것을 지으시기 전에는 흐를 수 없었을 것입니다. 만약 천지가 창조되기 전에 시간이 존재하지 않았다면, 어째서 사람들이 주님이 "그때" 무엇을 하고 계셨는지 묻는 것입니까? 시간이 존재하지 않았던 "그때"란 존재하지도 않았을 테니 말입니다.

주님이 시간들을 앞서시는 것은 시간 안에서 그렇게 하시는 것이 아닙니다. 그렇지 않다면, 주님은 모든 시간들을 앞서실 수 없을 것입니다. 주님은 언제나 현존하는 영원의 탁월함 안에서 과거의 모든 것들을 앞서시고, 미래의 모든 것들을 초월하십니다. 왜냐하면 미래는 여전히 올 것이고, 막상 오고나면 과거가 되기 때문입니다. 그러나 "주님은 언제나 한결같습니다. 주님의 햇수에는 끝이 없습니다"(시 102:27). 주님의 해(年)는 가지도 않고, 오지도 않습니다. 그러나 우리의 해는 연이어 오고 갑니다. 주님의 모든 해는 동시에 존재하는데, 이는 그 해가 변하지 않고, 지나가는 해가 다가오는 해에 의해 밀려나지도 않기 때문입니다. 그러나 우리의 모든 다가오는 해는 모든 지나가는 해가 존재하기를 그칠 때까지는 존재하지 않습니다.

주님의 해는 "하루"(벧후 3:8)이고, 주님의 날은 어떤 날이나 모든 날이 아니라 오직 "오늘"입니다. 그것은 주님의 오늘은 내일에 굴복하지 않고, 어제를 뒤쫓지도 않기 때문입니다. 주님의 오늘은 영원입니다. 그러므로 주님은 주님과 동등하신 분을 낳으시고 그분에게 말씀하셨습니다. "오늘날 내가 너를 낳았도다"(히 5:5). 주님은 모든 시간을 창조하셨고, 모든 시간보다 앞서 존재하십니다. 시간이 존재하지 않았을 때는 아무 시간도 없었습니다.

시간에 대한 물음

그러므로 주님이 무언가를 만들지 않으셨던 때는 시간도 없었습니다. 시간 자체도 주님이 만드셨기 때문입니다. 그 어떤 시간도 영원하신 주님과 영원히 공존할 수는 없습니다. 시간이 영원하다면, 그것은 시간이 아닐 것입니다.

그렇다면 도대체 시간이란 무엇입니까? 누가 그것을 쉽고 간단하게 설명할 수 있겠습니까? 누가 그것을 사유를 통해 분명하게 이해하고 말로 표현할 수 있겠습니까? 그러나 우리의 일상적인 대화 속에서 시간보다 더 자주 입에 오르내리는 것이 무엇이겠습니까? 우리는 시간에 대해 말할 때 우리가 그 말로 무엇을 의미하는지 분명하게 알고, 또 어떤 사람이 시간에 대해 말하는 것을 들을 때 그것이 무엇을 의미하는지도 분명하게 압니다. 그렇다면 도대체 시간이란 무엇입니까? 만약 아무도 내게 묻지 않는다면, 나는 그것이 무엇인지 압니다. 그런데 막상 내가 그것에 대해 질문하는 사람에게 그것을 설명하려 하면, 나는 말문이 막히고 맙니다. 그러나 내가 확실하게 믿는 것은, 만약 아무것도 지나가지 않으면 과거의 시간도 없을 것이고, 만약 아무것도 오지 않으면 미래의 시간도 없을 것이고, 만약 아무것도 현존하지 않는다면 그 어떤 현재의 시간도 없으리라는 것입니다.

과거와 미래라는 두 가지 시간을 살펴본다면, 과거는 지금 존재하지 않고, 미래는 아직 존재하지 않는데 그것들이 어떻게 존재할 수 있습니까? 만약 현재가 언제나 존재한다면, 그것은 과거로 밀려가지 않을 것이고, 그렇다면 그것은 시간이 아니라 영원일 것입니다. 그리고, 만약 그렇다면, 현재가 시간이기 위해서는 과거로 밀려가야 하는데, 우리가 그런 현재를 두고 어떻게 그것이 존재한다고 말할 수 있겠습니까? 현재의 존재 원인은 현재가 존재하기를 그치는 것입니다. 그러므로 참으로 우리는 시간은 비존재를 향해 가는 경향이 있다는 의미에서가 아니라면 존재한다고 말할 수 없습니다.

긴 시간과 짧은 시간

그럼에도 우리는 "긴 시간"과 "짧은 시간"에 대해 말합니다. 우리가 시간을 그렇게 말하는 것은 단지 과거나 미래에 대해서뿐입니다. 우리는 과거의 "긴 시간"에 대해, 예를 들면, 백 년 전쯤에 대해 말합니다. 그리고 우리가 말하는 미래의 "긴 시간"은 백 년 후쯤을 의미할 것입니다. "얼마 전"이라는 말은 십일 전쯤을 의미할 것이고, "얼마 후"라는 말은 십일 후쯤을 의미할 것입니다.

그러나 존재하지 않는 것이 어떻게 길거나 짧을 수 있겠습니까? 과거는 이제 존재하지 않고, 미래는 아직 존재하지 않으니 말입니다. 그러므로 우리는 과거에 대해서는 "긴"이 아니라 "길었던"이라고 말해야 하며, 미래에 대해서는 "길"이라고 말해야 합니다. 나의 주님, 나의 빛이시여, 주님의 진리는 이 점에서 사람을 조롱하고 계시는 게 아닙니까? 이미 지나간 시간이 길었다면, 그것은 이미 지나가 버린 과거에 길었던 것입니까, 아니면 그것이 여전히 현재였을 때 길었던 것입니까? 그 시간은 오래도록 존재했을 때만 길 수 있었을 것입니다. 그 시간은 한번 지나가고 나면 더 이상 존재하지 않습니다. 그러므로, 만약 그 시간이 존재하기를 완전히 멈추었다면, 그것은 길 수 없을 것입니다.

그러므로 우리는 "과거의 시간이 길었다"고 말하지 말아야 합니다. 왜냐하면 우리는 시간이 흘러 과거가 된 후 존재하기를 그쳤을 때는 그것이 길다는 것을 알 수가 없기 때문입니다. 다만 우리는 "한 때 존재했던 그 시간은 길었다"고 말해야 합니다. 왜냐하면 그 시간이 존재했을 때 그것은 길었기 때문입니다. 그때 그 시간은 아직은 지나가서 비존재가 되지 않았기 때문입니다. 그 시간은 존재했기에 길 수 있었습니다. 그러나 그 시간은 지나가 버린 후 존재하기를 그쳤으므로 동시에 길기를 그쳤습니다.

내 영혼아, 이제 현재의 시간이 길 수 있는지 살펴보자. 네게는 시간의 간격들을 알아차리고 그 간격들을 측정할 수 있는 능력이 있다. 너는 자신에게 어떤 대답을 하려느냐? 현재에서 백 년은 긴 시간인가? 먼저 백년이 현재일 수 있는가를 생각해 보라. 만약 연이은 해[年]의 첫 해가 흐르고 있다면, 그것은 현재이지만 구십구 년은 미래여서 아직 존재하지 않는다. 두 번째 해가 흐르고 있다면, 첫 해는 이미 과거이고, 두 번째 해가 현재다. 나머지 해들은 미래에 놓여 있다. 그래서 우리가 과거와 미래라는 두 끝 사이에서 그 세기의 어떤 해를 현재라고 가정한다면, 그 해 이전의 과거에 속한 몇 해가 있을 것이고, 그 해 이후의 미래에 속한 몇 해가 있을 것이다. 그러므로 한 세기는 결코 현재일 수 없다.

그 다음으로, 어떤 한 해가 흐르고 있다면, 그것이 현재일 수 있는지 생각해 보자. 그 해의 첫 달이 흐르고 있다면, 다른 달들은 미래에 놓여 있다. 둘째 달이 흐르고 있다면, 첫 달은 과거에 놓이고, 다른 달들은 아직 존재하지 않는다. 그러므로 심지어 지금 흐르고 있는 해도 전적으로 현재는 아니다. 그리고 지금 흐르고 있는 해가 전적으로 현재가 아니라면, 그때 현존하는 것은 해가 아니다. 한 해는 열 두 달이며, 그 달들 중 흐르고 있는 달이 현재다. 다른 달들은 과거 아니면 미래다. 심지어 지금 흐르고 있는 달도 현재가 아니라 다만 하루다. 만약 첫 날이 흐른다면, 다른 날들은 미래고, 마지막 날이 흐른다면, 다른 날들은 과거이며, 그 중간에 속한 날들은 어느 것이든 과거와 미래 사이에 있다.

보라, 우리가 유일하게 "길다"라고 말할 수 있는 현재가 단 하루의 간격으로 줄어들었다. 그것도 살펴보자. 심지어 하루도 전적으로 현재는 아니다. 하루는 스물네 시간이다. 첫 한 시간은 나머지 시간을 미래에 두고 있으며, 마지막 한 시간은 나머지 시간을 과거에 두고 있다. 두 시간 사이에 있는 시간은 어느 것이든 그 이전의 과거 시간을 가지며 그 이후의 미래 시간을 갖는다. 한 시간은 그 자체가 일시적인 순간들로 구성되어 있다. 한 시간의 부분들 중 지나간 것은 과거이며, 남은 것은 미래다. 만약 우리가 심지어 가장 작은 순간들로도 나뉠 수 없는 짧은 시간을 생각할 수 있다면, 우리는 그 시간만을 유일하게 "현재"라고 부를 수 있다. 그리고 그 시간은 너무나 빨리 미래에서 과거로 흘러간다. 따라서 그것은 아무런 연장(延長, extension)도 갖고 있지 않은 하나의 간격이다. 만약 그 시간이 연장을 갖는다면, 그것은 다시 과거와 미래로 나뉠 수 있을 것이다. 그러나 현재는 아무런 연장도 갖고 있지 않다.

그렇다면 우리가 "길다"고 말하는 시간은 어디에 있는가? 미래에 있는가? 우리는 진정으로 "미래는 길다"고 말하지 않는다. 아직 그 시간은 길만큼 존재하지 않기 때문이다. 우리가 의미하고자 하는 것은 "미래는 길 것이다"일 뿐이다. 그렇다면 그 시간은 언제 길 것인가? 만약 그 시간이 여전히 미래에 놓여 있다면, 그 시간은 길지 않을 것이다. 왜냐하면 아직 그 시간이 길만큼 존재하지 않기 때문이다. 그러나 만약 누군가 시간은 그것이 아직 존재하지 않는 미래로부터 존재를 갖기 시작하고 현재가 될 때—따라서 길 수 있는 가능성을 가질 때—길어진다고 말한다면, 현재가 (아마도 내가 이상에서 말한 것들을 되풀이하면서) 자신은 길 수 없다고 외칠 것이다.

시간의 측정

주님, 그럼에도 불구하고, 우리는 시간의 간격을 의식하고, 그것을 서로 비교하며, 어떤 것은 길고, 다른 어떤 것은 짧다고 말합니다. 또 우리는 어떤 기간이 다른 기간보다 얼마나 길거나 짧은지를 측정한 후 이것이 저것보다 두 배 혹은 세 배 길다고, 또는 두 기간의 길이가 같다고 대답합니다. 더구나 우리는 우리의 지각을 측정의 기초로 삼아 과거의 시간을 측정합니다. 그러나 존재하지 않는 것을 측정할 수 있다고 우겨대는 사람이 아니고야 어느 누가 지금 존재하지 않는 과거나 아직 존재하지 않는 미래를 측정할 수 있겠습니까? 우리는 시간이 지나가는 순간에 그것을 지각하고 측정할 수 있습니다. 하지만 그것은 일단 지나가 버리면 현존하지 않기에 우리는 그것을 측정할 수 없습니다.

과거와 미래의 존재

아버지여, 지금 나는 묻는 것이지 주장하는 것이 아닙니다.

나의 하나님이여, 나를 지키시고 다스려 주십시오. 그 누가 우리가 어릴 때 배웠을 뿐 아니라 훗날 아이들에게 가르치기도 했던 과거·현재·미래라는 세 가지 시간이 존재하지 않는다고 말할 수 있겠습니까? 또 과거와 미래는 존재하지 않으며 다만 현재만 존재할 뿐이라고 말할 수 있겠습니까? 혹시 시간은 미래가 어떤 은밀한 곳에서 나와 현재가 되고, 현재가 어떤 은밀한 곳으로 물러가 과거가 된다는 의미에서 존재하는 것입니까? 도대체 예언자들은 아직 존재하지도 않던 일들을 어디에서 본 것입니까? 존재하지 않는 것을 보는 것은 불가능합니다. 그리고 과거의 역사에 대해 이야기하는 사람들은, 만약 그들이 그들의 정신의 시력으로 과거의 사건들을 보지 못한다면, 참된 이야기를 하는 것이 아닐 것입니다. 과거가 비존재라면, 그것은 전혀 식별될 수 없습니다. 그러므로 미래의 일이든 과거의 일이든 존재합니다.

현재의 형태로 존재하는 과거와 미래

주님, 내가 좀더 탐구하도록 허락해 주십시오. 나의 소망이시여, 내 생각이 산만해지지 않게 해 주십시오. 만약 미래와 과거의 시간들이 존재한다면, 나는 그것들이 어디에 있는지 알고 싶습니다. 나는 그 대답을 찾아낼 능력은 없습니다. 하지만 적어도 그것들이 어디에 있든 미래나 과거가 아니라 현재에 있다는 것만은 알고 있습니다. 왜냐하면 만약 그것들이 현 시점에서 미래에 존재한다면, 그것들은 "아직" 존재하지 않으며, 만약 그것들이 현 시점에서 과거에 존재한다면, 그것들은 "이미" 존재하지 않는 것이기 때문입니다. 그러므로 그것들이 어디에 있든, 또 그것들이 무엇이든, 그것들은 현재의 형태로 존재합니다.

우리가 과거에 실제로 있었던 사건들을 이야기할 때, 우리의 기억은 우리에게 이미 지나간 사건들 자체가 아니라 그 사건들의 형상을 내놓습니다. 그리고 그 형상들은 우리의 감각을 통해 들어와 마치 우리의 마음에 새겨지듯 자리를 잡습니다. 그러므로 내 소년 시절은 더 이상 존재하지 않는 과거에 속해 있습니다. 그러나 내가 그 시절을 회상할 때 나는 현재의 시간 안에서 그 시절의 형상을 봅니다. 왜냐하면 그 형상은 여전히 내 기억 속에 남아 있기 때문입니다.

나의 하나님이여, 고백하건대, 나는 예언자들이 미래를 예언할 때도 같은 말이 타당한지, 즉 그들이 아직 존재하지 않는 실재의 형상들을 이미 존재하는 것처럼 제시하는 것인지에 대해 알지 못합니다. 그러나 적어도 나는 다음과 같은 사실은 알고 있습니다. 우리는 자주 미래의 행동을 미리 생각합니다. 그리고 그렇게 미리 생각하는 일은 현재에 속해 있습니다. 그러나 우리가 미리 생각하는 행동은 미래에 있으므로 아직 존재하지 않습니다. 하지만 우리가 그 행동을 실행하고 미리 생각했던 것이 현실화되기 시작하면, 그 행동은 존재하게 될 것입니다. 왜냐하면 그때 그것은 미래가 아니라 현재일 것이기 때문입니다.

    우리가 미래를 예견하는 방식이 어떠하든, 만약 그것이 존재하지 않는다면, 우리는 미래에 대해 아무것도 알 수 없습니다. 그리고 이미 존재하는 것은 미래가 아니고 현재입니다. 그러므로 사람들이 미래를 본다고 말할 때, 그들이 보는 것은 아직 존재하지 않는 사건들이 아니라 이미 존재하는 그 사건들의 원인이나 징후들일 것입니다. 그러므로 그 원인이나 징후들을 보는 사람들에게 그것들은 미래가 아니라 현재에 속해 있으며, 그들은 그것을 기초로 미래를 인식하고 예견할 수 있습니다.

    여러 가지 예를 찾을 수 있겠으나 그 중 한 가지만 들어보겠습니다. 나는 여명(黎明)을 보면 해돋이를 예견할 수 있습니다. 그때 내가 보는 것은 현재이고 내가 예견하는 것은 미래입니다. 그때 미래에 놓여 있는 것은 이미 존재하는 해가 아니라 아직 일어나지 않은 해돋이입니다. 그렇지만 내가 마음으로 해돋이를 상상하지 않는다면, 나는 그것을 예견할 수 없을 것입니다. 그런데 내가 하늘에서 보는 여명은 해돋이에 선행하는 것이기는 하지만 해돋이 자체는 아니며, 또 내 마음이 상상하고 있는 해돋이 역시 실재가 아닙니다. 나는 여명과 해돋이 둘 모두를 현재의 것으로 보기에 다가오는 해돋이를 예언할 수 있습니다. 그러므로 미래의 사건들은 아직 존재하지 않으며, 만약 그것들이 현존하지 않는다면, 그것은 아직 존재하는 것이 아닙니다. 그리고 만약 그것들이 존재하지 않는다면, 우리는 결코 그것들을 볼 수 없습니다. 그러나 나는 이미 현존하는 현재의 사건들을 보고서 미래의 사건들을 예견할 수 있습니다.

주님의 조명을 간구함

피조물을 다스리시는 주님, 주님은 어떤 방법으로 사람들에게 미래에 놓여 있는 것을 알려주시는 것입니까? 주님은 과거에 주님의 예언자들을 가르치셨으니 말입니다. 주님께서는 그 어느 것도 미래가 아닌데, 도대체 주님은 어떻게 그들에게 현재의 빛 안에서 미래를 보는 방법을 가르쳐 주셨던 것입니까? 존재하지 않는 것이 알려질 수 없다는 것은 분명합니다. 현재의 빛 안에서 미래를 보는 방법은 내게는 너무 어렵습니다. 그것은 "내게는 너무 놀랍고 너무 높아서, 내가 감히 측량할 수조차 없습니다"(시 139:6). 그러나 내 우둔한 눈의 달콤한 빛이시여, 주님이 허락하신다면, 나는 주님의 도움으로 그 방법을 찾을 수 있습니다.

세 가지 시간

분명한 것은 미래의 시간이나 과거의 시간은 존재하지 않는다는 것입니다. 그러므로 시간을 과거 · 현재 · 미래로 구분해서 말하는 것은 부정확합니다. 그보다는 오히려 지나간 것들의 현재, 현존하는 것들의 현재, 장차 일어날 것들의 현재, 이렇게 세 가지 시간이 있다고 말하는 편이 더 정확할 것입니다. 시간의 이런 세 측면은 내 영혼 안에 있을 뿐 다른 곳에는 없습니다. 과거를 생각하는 현재가 기억(memory)이고, 현재를 생각하는 현재가 직관(intuition)이고, 미래를 생각하는 현재가 기대(expectation)입니다.

만약 그런 말을 사용해도 괜찮다면, 나는 내가 세 가지 시간을 보고 있으며 세 가지 시간이 존재한다고 주장할 것입니다. 우리는 보통 과거 · 현재 · 미래라는 세 가지 시간이 있다고 말하는 데, 이 관습적인 표현은 틀린 것이기는 하지만, 일반적으로 통용되는 말입니다. 그리고 나는 일반적으로 통용되고 있는 그 말들을 수용합니다. 사람들이 자기들이 말하는 것을 이해하는 한, 즉 미래도 과거도 현존하지 않는다는 것을 이해하는 한, 나는 그런 말들에 반대하거나 비판하지 않습니다. 우리가 매일 사용하는 말들 중 정확한 것은 그리 많지 않습니다. 우리의 말들 대부분은 부정확합니다. 그러나 우리가 하는 말의 뜻은 그런대로 소통이 됩니다.

시간의 길이를 측정하는 문제

앞에서 나는 우리가 지나가고 있는 시간의 길이를 측정해서 어떤 시간이 다른 시간보다 두 배 길다거나 이 시간의 길이와 저 시간의 길이가 동일하다고 말한다는 것, 또한 우리가 측정하고 보고할 수 있는 다른 시간의 길이에 대해서도 그렇게 말한다는 것을 살펴보았습니다. 그러므로, 이미 말씀드렸듯이, 우리가 시간의 길이를 재는 것은 그것이 지나가고 있는 동안에 그렇게 하는 것입니다. 누군가 내게 "네가 그것을 어떻게 아느냐?"라고 묻는다면, 나는 그에게 다음과 같이 대답합니다. "내가 그것을 아는 것은 우리가 시간을 재기 때문이다. 우리는 존재하지 않는 것은 잴 수 없다. 과거나 미래는 존재하지 않는다."

그러나 우리는 아무런 연장(延長, extension)도 갖고 있지 않은 현재를 어떻게 재는 것입니까? 우리는 현재라는 시간이 지나가 길이를 만들면, 그것을 잴 수 있습니다. 그러나 지나가 버린 것은 잴 것이 없기에 잴 수가 없습니다. 우리가 시간을 잴 수 있을 때, 그 시간은 어디에서 와서, 어느 길을 지나서, 어디로 가는 것입니까? 시간은 미래로부터 나와서, 현재를 지나서, 과거로 들어갑니다. 시간은 아직 존재하지 않는 것에서 나와서, 연장을 갖고 있지 않은 것을 지나서, 비존재인 것 안으로 들어갑니다. 그러나 우리가 시간을 재는 것은 일정한 연장을 재는 것 외에 무엇이겠습니까? 우리가 시간의 길이가 한 배니, 두 배니, 세 배니, 동일하니 하고 말할 때, 또는 그런 종류의 다른 일시적 관계에 대해 말할 때, 우리는 연장을 갖고 있는 시간의 길이에 대해 말하고 있는 것이 분명합니다.

그렇다면 우리는 무엇을 기준 삼아 지나가는 시간을 재는 것입니까? 시간이 지나가기 위해 그곳으로부터 나오는 미래를 기준 삼아 재는 것입니까? 아닙니다, 왜냐하면 우리는 아직 존재하지 않는 것은 잴 수 없기 때문입니다. 그렇다면 시간이 그것을 통해 지나가는 현재를 기준 삼아 재는 것입니까? 아닙니다, 왜냐하면 우리는 연장을 갖지 않은 것을 잴 수 없기 때문입니다. 그렇다면 시간이 그 안으로 들어가는 과거를 기준 삼아 재는 것입니까? 아닙니다, 우리는 이제는 존재하지 않는 것을 잴 수 없기 때문입니다.

시간과 천체의 움직임

어느 학자가 해와 달과 별들의 움직임이 시간을 이룬다고 말한 적이 있는데, 나는 그 말에 동의할 수 없었습니다. 그런 식이라면, 어째서 시간이 모든 물체들의 움직임으로 이루어져서는 안 되는 것입니까? 만약 별들이 멈추고 어느 토기장이의 물레만 회전하고 있다면, 그때 시간은 존재하지 않게 되는 것입니까? 그때는 우리가 그것을 기준 삼아 그 물레의 회전을 측정한 후 그 회전들이 같다고 말하거나, 혹은, 만약 그 회전이 한때는 느렸다가 다른 때는 빠를 경우, 어떤 회전은 길고 다른 것은 짧다고 말할 수 있는 시간이 존재하지 않게 되는 것입니까? 그리고 내가 이 말을 하는 것도 시간 속에서 하는 것 아닙니까? 내 말의 어떤 음절은 길고 다른 것이 짧은 까닭은 그 긴 음절은 긴 시간 동안 울리고 짧은 음절은 짧은 시간 동안 울리기 때문이 아닙니까?

오, 하나님, 우리에게 지혜를 주셔서 작은 것에나 큰 것에나 다 들어맞는 우주적 진리들을 작은 것 안에서 깨닫게 해 주십시오. 확실히 별들과 하늘의 빛들은 "계절과 날과 해"(창 1:14)를 이룹니다. 그러나 나는 그 토기장이의 물레의 회전이 하루를 이룬다고 말하지 않을 것입니다. 마찬가지로 그 학자 역시 그 물레의 회전이 시간을 이루지 않는다고 단언해서는 안 됩니다.

나는 시간의 힘과 본질을 이해하고 싶습니다. 우리는 시간으로 물체들의 움직임을 측정할 수 있습니다. 예를 들어, 우리는 이 움직임이 저 움직임보다 두 배 길다고 말할 수 있습니다. 내게 이런 의문이 떠오릅니다. 보통 우리는 "날"(a day)이라는 말을 해가 떠 있는 시간의 길이—우리는 그것으로 낮과 밤을 구별합니다—를 의미할 때도 사용하고, 해가 동쪽에서 서쪽으로 완전히 넘어가는 것을 의미할 때도 사용합니다. 그런데 나는 "많은 날들이 지나갔다"고 말할 때 그 "많은 날들"에 밤을 포함시키고도 그 밤의 길이는 따로 셈하지 않습니다. 그래서 나는 완전한 한 날을 해가 동쪽에서 서쪽으로 움직이며 도는 것이라고 명시합니다. 그렇다면, 내가 품게 되는 의문은 이렇습니다. 한 날은 해의 움직임으로 이루어지는 것입니까? 아니면 그 움직임의 실제 시간으로 이루어지는 것입니까? 아니면 그 두 가지 모두로 이루어지는 것입니까?

첫 번째 경우에는, 설령 해가 한 시간만에 동쪽에서 서쪽으로의 움직임을 완전히 마칠지라도, 여전히 그것이 한 날을 이룰 것입니다. 두 번째 경우에는, 해돋이에서 다음 해돋이까지가 겨우 한 시간밖에 걸리지 않을지라도 그것은 한 날이 될 수 없을 것이고, 해가 스물네 시간 동안 돌아야만 한 날이 될 것입니다. 세 번째 경우에는, 해가 한 시간만에 회전을 완전히 마칠지라도 그것은 한 날이 될 수 없을 것이고, 해가 움직이지 않은 상태에서 보통 해돋이로부터 다음 해돋이까지에 필요한 시간인 스물네 시간이 흐른다 할지라도 그것 역시 한 날이 되지 못할 것입니다.

그러므로 내가 지금 탐구하려는 것은 우리가 흔히 "날"(a day)이라고 부르는 것이 아니라 "시간"(time)입니다. 우리는 해의 회전을 시간으로 측정할 수 있습니다. 그리고 그것을 바탕으로, 만약 해가 동쪽에서 서쪽으로 한 바퀴 도는 데 열 두 시간이 걸린다면, 우리는 그것이 일반적인 회전 시간의 절반 동안에 회전을 마쳤다고 말할 수 있을 것입니다. 그렇다면, 내가 묻습니다. 우리가 두 가지 시간의 길이를 비교한 후 "이 시간이 저 시간의 두 배다"라고 말할 때—마치 해가 동쪽에서 서쪽으로 움직일 때 때로는 열두 시간이 걸리고 때로는 스물네 시간이 걸리는 양 말입니다—우리가 말하는 시간이란 도대체 무엇을 의미하는 것입니까?

아무도 내게 별들의 움직임이 시간을 이룬다고 말하지 않게 해 주십시오. 어떤 이가 싸움을 승리로 이끌기 위해 기도를 통해 해를 멈춰 서게 한 적이 있었습니다 (수 10:2 이하). 그때 해는 멈춰 섰지만, 시간은 여전히 흐르고 있었습니다. 그 싸움이 끝날 때까지 많은 시간이 흘러갔습니다. 그러므로 나는 시간을 일종의 "연장"(延長, extension)으로 여깁니다. 그러나 내가 진정으로 그렇게 여기는 것입니까? 아니면 그저 내가 그렇게 여긴다고 상상하는 것에 불과한 것입니까? 빛과 진리시여, 주님이 내게 가르쳐 주십시오!

시간과 물체의 움직임

어떤 이가 "시간은 물체의 움직임으로 이뤄진다"고 말한다면, 주님은 내게 그 말에 동의하라고 명령하시겠습니까? 아마도 주님은 내게 그렇게 명령하지 않으실 것입니다. 나는 그 어떤 물체도 시간 속에서만 움직일 수 있다고 배웠습니다. 주님이 내게 그렇게 말씀하셨습니다. 그러나 나는 물체의 실제 움직임이 시간을 이룬다고 배우지는 않았습니다. 주님은 내게 그렇게 말씀하시지 않았습니다. 어떤 물체가 움직일 때, 나는 그 움직임의 시작부터 끝까지의 길이를 시간으로 측정합니다. 그러므로, 만약 내가 그 움직임이 시작한 때를 알지 못한다면, 또 그 움직임이 계속되고 있어서 그 움직임이 그치는 때를 알지 못한다면, 나는 내가 그 움직임을 보기 시작한 때부터 보기를 마친 때까지의 시간 외에는 아무것도 측정할 수 없습니다. 만약 내 관찰이 얼마동안 계속된다면, 나는 단지 "긴 시간이 지나갔다"고 말할 수 있을 뿐, "정확하게 얼마의 시간이 지나갔다"고 말할 수는 없습니다. 왜냐하면 우리가 "얼마의 시간이 지나갔다"고 말할 때, 그때 우리는 무언가를 비교하고 있는 것이기 때문입니다 — 예를 들어, "이 길이가 저 길이와 같다" 또는 "이 길이는 저 길이의 두 배다" 같은 식으로 말입니다.

만약 내가 어떤 움직이는 물체 혹은 하나의 축을 중심으로 회전하는 물체의 부분들(가령, 한 축을 중심으로 회전하는 바퀴의 바퀴살들—역주)이 한 공간 안에서 차지하는 시작점과 끝점을 알 수 있다면, 나는 그 물체나 그 부분들이 한 지점에서 다른 지점까지 움직이는 데 얼마만큼의 시간이 걸렸는지 말할 수 있습니다. 이렇듯 어떤 물체의 움직임과 내가 그 움직임을 측정하는 데 사용하는 시간의 길이는 별개입니다. 우리가 그 둘 중 어느 것을 "시간"으로 불러야 할지는 분명합니다. 게다가, 어떤 물체는 때로 움직일 수도 있고, 때로 멈춰 있을 수도 있습니다. 나는 그런 움직임이나 멈춤의 기간을 측정한 후 다음과 같이 말합니다, "이것은 움직인 시간만큼 멈춰 있었다" 또는 "이것은 움직인 시간보다 두 배 또는 세 배 멈춰 있었다." 또한 나는 정확한 관찰을 해서든 혹은 어림잡아서든(나는 습관적으로 "더 길다" 또는 "더 짧다"라고 말합니다) 그 어떤 측정이라도 할 수 있습니다. 그러므로 시간은 물체의 움직임으로 이뤄지는 게 아닙니다.

주님의 가르침을 기원함

주님, 내가 주님께 고백합니다. 나는 아직도 시간이 무엇인지 알지 못합니다. 그리고 다시 주님께 고백합니다. 나는 내가 이런 말을 하는 동안 내 자신이 시간에 의해 제약당하고 있다는 것을 압니다. 나는 이미 긴 시간 동안 시간에 관해 말해 왔습니다. 그리고 그 "긴 시간"은 시간의 한 간격에 불과할 수 있습니다. 그런데 나는 시간이 무엇인지 알지 못하면서 어떻게 그것에 대해 아는 것입니까? 어쩌면 내가 알지 못하는 것은 내가 아는 것을 조리 있게 표현하는 방법일지도 모르겠습니다. 만약 내가 자신이 알지 못한다는 사실이 무엇을 의미하는지조차 알지 못한다면, 내 상황은 좋지 않습니다. 나의 하나님이여, 보십시오, 나는 주님 앞에서 거짓말을 하지 않습니다. 내가 말할 때, 내 마음의 상태가 그러합니다. 주님, 주님이 내 등불을 켜주십시오. 나의 하나님이여, 주님이 내 어둠을 밝혀주십시오.

시간의 장단을 측정하는 법

내가 시간을 측정한다고 선언할 때, 주님을 향한 내 고백은 분명히 참됩니다. 그러나, 나의 하나님이여, 나는 그것을 측정하지만, 내가 무엇을 측정하는지는 모릅니다. 혹시 나는 시간으로 물체의 움직임을 측정면서 시간 자체를 측정하는 것이 아닙니까? 만약 내가 그 안에서 물체의 움직임이 발생하는 시간을 측정하지 않는다면, 나는 그 물체의 움직임, 그 움직임의 기간, 그리고 그것이 이 지점에서 저 지점까지 가는 데 얼마나 걸리는지를 측정할 수 없을 것입니다.

그렇다면 나는 시간 자체를 어떻게 측정하는 것입니까? 마치 우리가 일 큐빗(사람의 팔꿈치에서 가운뎃손가락 끝까지의 길이를 말한다―역주)의 길이를 사용해 십자가의 가로막대의 길이를 재듯이 보다 짧은 시간을 사용해 보다 긴 시간을 측정하는 것입니까? 우리는 보다 짧은 음절의 길이를 측정의 기준으로 삼아 어떤 음절의 길이가 두 배라고 말할 수 있습니다. 마찬가지로 우리는 어떤 시(詩)의 길이를 그것의 행(行)의 길이로, 행을 운(韻)의 길이로, 운을 음절(音節)의 길이로, 그리고 장모음을 단모음으로 측정하지, 그것을 그 시의 면수(面數)로 측정하지 않습니다. 왜냐하면 면수는 공간을 재는 것이지 시간을 재는 것이 아니기 때문입니다. 내 판단의 기준은 단어를 읽을 때 걸리는 시간입니다. 그래서 나는 말합니다, "이 연(聯)이 긴 것은 많은 행들로 이루어졌기 때문이다. 이 행이 긴 것은 많은 운들로 이루어졌기 때문이다. 이 운이 긴 것은 많은 음절들로 이루어졌기 때문이다. 그 음절이 긴 것은 짧은 음절의 길이의 두 배이기 때문이다."

그럼에도 우리는 아직 신뢰할 만한 시간 측정 방법에 이르지는 못했습니다. 짧은 행을 천천히 큰 소리로 읽으면, 긴 행을 빠르게 읽는 것보다 긴 시간이 걸립니다. 같은 원리가 연이나 운이나 음절에도 적용됩니다. 바로 그것이 내가 시간을 단지 연장(延長, extension)으로 여기는 이유입니다. 그러나 무엇이 연장된다는 것입니까? 나는 모릅니다. 그러나 만약 그것이 마음 자체의 연장이 아니라면, 그것은 놀라운 일이 될 것입니다. 오, 나의 하나님이여, 내가 주님께 여쭙겠습니다. 내가 부정확하게 "이 기간은 저 기간보다 길다"거나 혹은 정확하게 "이것은 저것의 두 배다"라고 말할 때, 도대체 나는 무엇을 재고 있는 것입니까? 나는 내가 시간을 재고 있다는 것을 압니다만, 아직 존재하지 않는 미래를 재는 것도, 그 어떤 연장도 없는 현재를 재는 것도, 그리고 더 이상 존재하지 않는 과거를 재는 것도 아닙니다. 그렇다면 도대체 나는 무엇을 재고 있는 것입니까? 지나간 시간이 아니라 지나가고 있는 시간을 재고 있는 것입니까? 내가 분명히 말씀드린 것이 바로 그것입니다.

시간 측정의 가능성과 불가능성

내 영혼아, 굳게 서서 주의를 집중하라! 하나님은 우리를 돕는 분이시다. 그분이 우리를 지으셨지 우리가 자신을 지은 것이 아니다(시 100:3). 진리가 동트기 시작하는 곳을 주목해 보라. 어떤 물리적 소리가 들리기 시작한다. 그 소리는 계속되다가 그친다. 침묵이 뒤따른다. 그 소리는 지나갔고 이제 더 이상 아무 소리도 들리지 않는다. 그 소리는 울리기 전에는 미래에 속해 있었다. 그때 우리는 그 소리의 길이를 측정할 수 없었는데, 그것은 그 소리가 아직 존재하지 않았기 때문이다. 그리고 우리는 지금도 그 소리의 길이를 측정할 수 없는데, 그것은 그 소리가 그쳐서 더 이상 존재하지 않기 때문이다.

그러므로 우리는 그 소리가 울리고 있는 동안에만 그것을 잴 수 있다. 그것은 그동안에는 우리가 그것을 잴 수 있도록 그것이 존재하기 때문이다. 하지만, 그럴지라도, 그 소리는 계속 남아 있지 않다. 그 소리는 왔다가 지나간다. 그렇다면 그런 과정 때문에 우리가 그 소리를 잴 수 있는 가능성이 더 많은 것일까? 소리는 지나가는 과정에서 어떤 시간의 공간을 관통하며 연장되는데, 우리는 그 연장 때문에 그 소리를 잴 수 있다. 그러나 현재는 아무런 시간의 연장도 갖고 있지 않다.

다른 소리를 예로 삼아 보자. 그 소리는 울리기 시작해서 지칠 줄 모르고 끊임없이 계속 된다. 그 소리가 울리고 있는 동안 그 소리를 재보자. 분명히 우리는 그 상황에서 그 소리가 얼마나 지속되었는지에 대해 말함으로써 그 소리를 잴 수 있다. 그러나 그 소리가 여전히 울리고 있을지라도, 우리는 그 소리가 울리기 시작한 순간부터 울리기를 멈추는 순간까지만 그 소리의 길이를 잴 수 있을 뿐이다. 우리가 재는 것은 그 울림의 시작부터 그칠 때까지의 실제 길이 혹은 간격이다. 이것이 우리가 울림이 아직 그치지 않은 소리를 잴 수 없는 이유다. 그러나 그 소리의 울림이 그치면, 그 소리는 이미 존재하지 않는다. 그렇게 되면 우리가 도대체 어떤 방법으로 그 소리를 잴 수 있겠는가? 그럼에도 우리는 시간의 길이를 잰다. 그리고 우리가 재는 시간은 아직 존재하지 않는 시간이 아니고, 이미 존재하지 않게 된 시간도 아니고, 연장이 없는 시간도 아니고, 멈추지 않는 시간도 아니다. 그러므로 우리가 재는 시간은 미래도 아니고, 과거도 아니고, 지나가고 있는 시간도 아니다. 하지만 그럼에도 우리는 시간의 길이를 잰다.

"데우스 크레아토르 옴니움"(Deus Creator omnium: 만물을 창조하신 하나님)이라는 행은 짧거나 긴 여덟 개의 음절로 이루어진다. 단음절은 첫째, 셋째, 다섯째, 일곱 째 음절로 네 개이며, 장음절은 둘째, 넷째, 여섯째 그리고 여덟째 음절로 네 개다. 각각의 장음절은 단음절이 울리는 시간보다 두 배 길다. 나는 그 단어들을 말할 때 이것을 감각으로 확실하게 지각하기에 이것이 그렇다는 것을 안다. 감각이 명확한 만큼, 나는 장음절을 단음절로 재본 후에 장음절의 길이가 단음절의 그것의 두 배라고 인식한다. 그런데 만약 단음절이 먼저 울리고 바로 뒤이어 장음절이 울린다면, 내가 어떻게 그 단음절을 붙잡아 놓고 그것을 기준으로 장음절을 잰 후 그 장음절의 길이가 단음절의 길이의 두 배라고 말할 수 있겠는가?

단음절의 울림이 멈추지 않으면, 장음절의 울림이 시작되지 않는다. 장음절이 울리는 동안 나는 그 음절을 잴 수 없고, 그것이 멈춰야 비로소 그것을 잴 수 있다. 그러나 이미 장음절의 울림이 그쳐 과거로 가버렸다면, 그때 내가 재는 것은 무엇인가? 그때 내가 측정할 수 있는 단음절은 어디에 있고, 또한 측정하고 있는 장음절은 어디에 있는가? 그 두 음절 모두 흘러가 과거에 속하며 이제는 존재하지 않으니 말이다. 그럼에도 나는 내가 자신의 청각을 믿는 정도 내에서 그것들의 길이를 재면서 장음절이 단음절보다 두 배 긴 시간 동안 울린다고 주장한다. 그리고 내가 그런 측정을 하는 것은 그 음절들이 지나간 후에만 가능하다. 따라서 그때 나는 음절들 자체를 재는 것이 아니라, 내 기억에 각인된 무언가를 재는 것이다.

그러므로 내 마음아, 나는 네 안에서 시간의 길이를 잰다. 나를 혼란스럽게 하지 말라. 내 마음아, 내가 받은 인상이 네 안에서 떠드는 소리들 때문에 혼란스러워지지 않게 하라. 단언하건대, 나는 네 안에서 시간의 길이를 잰다. 네가 지나가는 사건들을 통해 얻은 인상은 그 사건들이 끝나도 남는다. 내가 재는 것은 현재의 인상이지 그것을 촉발시킨 과거의 사건들이 아니다. 내가 시간의 길이를 잴 때 실제로 재는 것은 바로 그것, 즉 현재의 인상이다(이런 이유로 흔히 어거스틴의 시간론은 "심리적 시간론"이라고 불린다—역주). 그러므로 그것이 시간의 본질이든지, 아니면 시간은 내가 재고 있는 것이 아니든지, 둘 중에 하나다.

우리가 어떤 침묵의 길이를 잰 후 그 길이가 어떤 소리가 계속된 길이와 같다고 말할 때, 그것은 도대체 무엇을 의미하는가? 그때 우리는 마치 어떤 소리가 발생해 우리가 그것을 기준 삼아 특정한 시간의 공간 안에서 침묵의 기간을 판단하는 것처럼 그 침묵의 길이를 측정하는 것이 아닐까? 우리는 아무 소리도 내지 않은 채 실제로 소리를 낼 때와 마찬가지로 시와 노래 가사와 연설문들을 마음으로 읽는다. 그리고 우리는 그것들을 마음으로 읽는 시간의 길이를 마치 우리가 그것들을 실제로 소리를 내어 말할 때 소요되는 시간의 길이를 측정하는 방식과 다르지 않게 측정한다.

어떤 사람이 긴 소리를 내고 싶어 하고 그 길이가 얼마나 길 것인지 미리 정했다고 치자. 그는 침묵 속에서 시간의 공간을 계획했을 것이고, 자기의 기억에 의존하면서 소리를 내기 시작할 것이고, 그가 의도하는 길이에 도달하면 그 소리를 멈출 것이다. 따라서 우리는 소리가 울렸고, 나머지 소리가 울릴 것이라고 말하는 편이 더 정확한 것이 될 것이다. 왜냐하면 이미 소리가 난 부분은 소리가 난 것이고, 아직 소리가 나지 않은 부분은 아직 소리가 나지 않은 것이고, 그 소리는 미래가 과거로 옮겨감으로써 완결되기 때문이다. 그리고 미래는 그 모든 것이 완전히 사라져 과거가 될 때까지 과거가 자라는 것에 비례해 점차적으로 사라진다.

인간의 마음 안에 있는 시간

그런데 아직 존재하지도 않는 미래가 어떻게 점차 사라진다는 말인가? 또는 더 이상 존재하지 않는 과거가 어떻게 점차 증대된다는 말인가? 그것은 우리 마음에 세 가지 과정, 즉 기대하고, 직관하고, 기억하는 과정이 존재해 기대가 직관을 통해 기억되기에 가능한 것 아니겠는가? 어느 누가 미래가 아직 존재하지 않는다는 사실을 부인하겠는가? 그러나 우리 마음에는 미래에 대한 기대가 존재한다. 어느 누가 과거가 더 이상 존재하지 않는다는 사실을 부인하겠는가? 그러나 우리의 마음에는 과거에 대한 기억이 존재한다. 어느 누가 현재가 눈 깜짝할 사이에 지나가기에 그 어떤 연장(延長)도 갖지 않는다는 사실을 부인하겠는가? 그러나 우리 마음의 직관은 지속되며, 그것을 통해 존재하게 될 것(기대)이 존재하지 않는 것(기억)으로 나아간다. 그러므로 아직 존재하지 않는 미래의 긴 시간은 미래에 대한 긴 기대다. 그리고 이미 존재하지 않는 과거의 긴 시간은 과거에 대한 긴 기억이다.

내가 아는 시 한편을 암송하려 한다고 치자. 그 시를 암송하기 전에 내 기대는 그 시편 전체를 향한다. 그러나 일단 암송을 시작하면, 내가 암송해 과거로 밀어 놓은 구절들은 기억의 대상이 된다. 내 마음은 두 방향으로 향하는데, 하나는 내가 이미 암송한 말들로 인해 기억(memory)으로 향하고, 다른 하나는 내가 암송하려는 말들로 인해 기대(expectation)를 향해 간다. 그러나 내 직관(intuition)은 현존하는 것에 있다. 그 직관에 의해 미래가 과거로 바뀐다. 그 행위가 더 진행될수록, 기대는 더 짧아지고, 기억은 더 길어진다. 그리고 결국 모든 기대가 고갈되고, 모든 행위가 끝나고, 그 모든 것이 기억으로 넘어갈 때까지 그런 활동이 진행된다. 동일한 현상이 이 시가 그것의 일부를 이루는 보다 긴 시편을 읽는 경우에도 해당된다. 또 그것은 이 활동이 그것의 일부를 이루는 한 개인의 삶 전체에도 해당된다. 또 그것은 그런 개인의 삶 전체가 그것의 일부를 이루는 인류 전체의 역사에도 해당된다.

하늘의 부르심을 좇아감

주님, 주님의 한결같은 사랑은 생명보다 소중합니다(시 63:3). 보십시오, 내 삶은 여러 방향으로 흩어져 있습니다. 주님은 한 분이신 하나님과 수많은 우리들—우리는 여러 가지 이유로 흩어져 살아가고 있습니다—사이의 중보자이신 내 주 안에서 주님의 오른 손으로 나를 붙들어 주십시오(시 18:35, 시 63:8). 그것은 내가 나를 붙드신 분 안에서 그분을 붙들게 하시기 위함입니다. 또 내가 옛 삶을 뒤로하고 흩어졌던 내 자신을 한데 모아 오직 한 분이신 주님을 따름으로써 뒤에 있는 것들을 잊어버리고 미래를 향해 나아가되, 잠시 있다 사라지는 것들이 아니라 앞에 있는 것들을 붙잡으러 나아가게 하시기 위함입니다(빌 :12-14). 그러므로 나는 주님을 찬양하는 소리를 듣기 위해, 또한 오지도 않고 가지도 않는 주님의 기쁨을 맛보기 위해 하늘의 부르심에 따르는 상을 좇아가고 있습니다.

그러나 지금 나는 탄식하며 세월을 보내고 있습니다. 주님, 주님은 나를 위로하는 분이시고 나의 영원한 아버지이십니다. 그러나 나는 시간의 질서를 이해하지 못해 그 안에서 산산이 부서져 있습니다. 수많은 사건들이 폭풍처럼 내 생각과 내 영혼의 골수를 이리저리 찢어놓습니다. 그러나 주님의 사랑의 불꽃으로 정화되고 녹아질 때 나는 주님 안으로 흘러들어가게 될 것입니다.

시간의 창조자이신 주님

그때 나는 내게 형상을 주신 주님의 진리 안에서 안정과 견고함을 얻게 될 것입니다. 또한 그때 나는 자신이 감당할 수 없는 것을 얻고자 함으로써 징벌을 자초해 고통당하는 자들이 묻는 질문들, 즉 "하나님은 하늘과 땅을 만드시기 전 무엇을 하고 계셨는가? 어째서 그분은 전에는 결코 아무것도 만들지 않고 계시다가 갑자기 무언가 만들 생각을 하셨는가?"라는 질문들을 참아낼 필요가 없을 것입니다.

주님, 그들로 하여금 자기들이 무슨 말을 하고 있는 것인지 깊이 생각하게 해 주십시오. 그들로 하여금 우리는 시간이 존재하지 않았을 때 하나님이 아무것도 하시지 않았다고 말할 수 없다는 것을 깨닫게 해 주십시오. 하나님이 결코 아무 일도 하시지 않았다는 것은 그분이 무언가를 하실 시간이 존재하지 않았다는 것을 의미합니다. 그러므로 그들로 하여금 창조가 없이는 그 어떤 시간도 존재할 수 없음을 깨닫고 더 이상 헛된 말을 하지 않게 해 주십시오. 더 나아가 그들로 하여금 주님은 모든 시간보다 앞서 계신 분이며 또한 모든 시간들의 영원한 창조자이심을 알게 해 주십시오. 또한 그 어떤 피조물도—설령 그것이 시간을 초월하는 존재일지라도—주님처럼 영원하지는 않다는 것을 알게 해 주십시오.

하나님의 지식과 인간의 지식의 차이

주 나의 하나님이여, 주님의 비밀이 어찌 그리 깊은지요! 나는 내 죄 때문에 주님의 신비로부터 얼마나 멀어져 있는지요! 주님, 내가 주님의 빛을 기뻐하도록 내 눈을 고쳐 주십시오. 만약 어떤 이가 마치 내가 시 한편을 아주 친숙하게 알듯이 과거와 미래의 모든 일을 알 만한 지식과 통찰력을 지니고 있다면, 그것은 참으로 놀라운 일이 아닐 수 없습니다. 그는 마치 내가 어떤 시 한편을 완전히 암송해서 읊는 것처럼 과거의 것이든 미래의 것이든 모든 것을 다 알 것입니다. 왜냐하면 나는 어떤 시 한편을 외울 때 그 시의 첫 구절로부터 무엇이 얼마나 지나갔는지, 또 그것의 끝까지 무엇이 얼마나 남았는지 알기 때문입니다.

그런데 우주의 창조자시며 영혼과 몸의 창조자이신 주님은 그렇지 않으십니다. 주님은 모든 미래와 과거의 일들을 그런 의미로 알지 않으시며, 그것들을 더 놀랍고 신비스러운 방식으로 아십니다. 자신이 잘 아는 노래를 부르거나 듣는 사람은 미래의 소리에 대한 기대와 과거의 소리에 대한 기억 때문에 자신의 감정이 연장되거나 마음이 분산되는 것을 느낍니다. 그러나 주님은 그렇지 않습니다. 주님은 변함없이 영원하시고, 참으로 우리의 마음까지도 만드신 영원한 창조주이십니다. 그러므로 주님이 태초에 하늘과 땅을 아셨을 때 주님의 아심(knowing)에 아무런 변화도 없었던 것처럼, 주님이 태초에 하늘과 땅을 만드셨을 때 주님의 행동(activity)에도 아무런 변화가 없었습니다.

이런 사실을 이해하는 사람이나 이해하지 못하는 사람 모두가 주님을 찬양하게 해 주십시오. 주님은 높은 곳에 계심에도 겸손한 자의 마음을 주님의 거처로 삼으십니다. 주님은 낙심한 자들을 일으키십니다. 그리고 주님이 높은 곳에 계신 주님께 이끄신 자들은 결코 넘어지지 않습니다.

제12권

무로부터의 창조

약속의 말씀을 확신함

오, 주님, 곤고한 삶을 살고 있는 나는 주님의 성경의 말씀 때문에 마음이 몹시 분주합니다. 나는 빈곤한 지성 때문에 말이 많아집니다. 대개 인간은 해답을 찾기 위해서보다 질문을 하기 위해 더 많은 말을 합니다. 인간은 무언가를 얻는 데보다 그것을 요구하는 데 더 많은 시간을 씁니다. 두드리는 손이 받는 손보다 더 분주합니다. 그러나 아무도 우리가 붙들고 있는 주님의 약속을 무효로 만들지 못합니다. "하나님께서 우리 편이시면, 누가 우리를 대적하겠습니까?" (롬 8:31). "구하여라, 그리하면 하나님께서 너희에게 주실 것이다. 찾아라, 그리하면 너희가 찾을 것이다. 문을 두드려라, 그리하면 하나님께서 너희에게 열어 주실 것이다. 구하는 사람마다 얻을 것이요, 찾는 사람마다 찾을 것이요, 문을 두드리는 사람에게 열어 주실 것이다" (마 7:7-8). 이것은 진리이신 주님의 약속이니 누가 그것 때문에 속지나 않을까 염려하겠습니까?

하늘의 하늘

나는 지극히 높으신 주님께 겸손하게 고백합니다. 주님은 지금 내가 올려다보는 저 하늘과 내가 발을 딛고 서 있는 이 땅을 만드셨습니다. 그리고 내 몸의 재료는 바로 이 땅입니다. 주님은 그것들을 창조하신 분이십니다. 그런데 주님, 내가 "하늘의 하늘은 주님의 하늘이라도 땅은 사람에게 주셨습니다"(시 115:16)라는 시편의 말씀에서 들었던 그 "하늘의 하늘"은 어디에 있습니까? 그에 비하면 우리가 볼 수 있는 모든 것은 땅에 속할 뿐입니다. 우주라는 물질적 체계는 그것의 가장 낮은 부분들까지 모두 아름답게 지어졌는데, 땅은 그 중에서도 제일 밑에 있습니다. 그런데 "하늘의 하늘"(어거스틴은 태초에 하나님이 창조하신 하늘이 바로 이 "하늘의 하늘"이라고 주장한다―역주)과 비하면 우리의 "땅의 하늘" 조차 땅에 불과합니다. 즉 하늘과 땅이라는 두 가지 거대한 물질적 체계들은 우리가 그 본질을 알 수 없는 하늘에 비한다면―그것은 사람이 아니라 주님께 속해 있습니다―"땅"(어거스틴에게 이 땅은 우리가 보는 하늘과 발을 딛고 서 있는 땅을 모두 포함하는 개념이다―역주)에 불과합니다.

무형적이고 불가시적인 땅

참으로 그 땅은 "형태도 없고 보이지도 않는" 일종의 깊음 [深淵]이었습니다(창 1:2, 어거스틴이 사용했던 옛 라틴어 성경은 한글 성경이 "혼돈하고"라고 번역한 것을 "형태가 없는"incomposita으로, 그리고 "공허하며"라고 번역한 것을 "보이지 않는"invisiblis으로 번역했다 - 역주). 그리고 그 위에는 그 어떤 빛도 비추지 않았습니다. 그래서 주님은 "흑암이 깊음 위에 있었고"라고 기록하게 하셨습니다. 분명히 이것은 당시에 아직 빛이 없었다는 것을 의미합니다. 왜냐하면, 만약 빛이 있었다면, 그것이 모든 것을 내리비췄을 것이기 때문입니다. 빛이 없는 곳에서 흑암이란 곧 빛의 결핍을 의미합니다. 즉 흑암이 깊음 위에 있었던 까닭은 위에 있어야 할 빛이 아직 존재하지 않았기 때문입니다. 이것은 마치 소리가 없는 곳에는 침묵이 있고, 침묵이 있는 곳에는 소리가 없는 것과 같습니다.

주님, 주님께 고백하고 있는 나를 가르치신 분이 바로 주님 아니십니까? 주님이 이 무형(無形)의 질료에 형상을 부여해 구체적인 형체들을 만드시기 전에는, 그 어떤 색채도, 모양도, 몸도, 영도 존재하지 않았습니다. 주님이 내게 그것을 파악하는 통찰력을 주시지 않으셨습니까? 그럼에도 그것은 절대무(絶對無, omnino nihil, 무형의 질료 이전의 존재 또는 상태 - 역주)는 아니었고, 다만 일정한 모양이 없는 질료였습니다.

무형의 질료

마음이 둔한 사람들에게 무언가의 의미를 이해시키기 위해서는 그들에게 익숙한 말을 사용하는 것 외에는 다른 방법이 없습니다. 그런데 이 세상을 구성하는 많은 것들 중 땅이나 깊음보다 더 무형의 질료에 가까운 것이 있겠습니까? 땅이나 깊음은 낮은 데 있기에 그것들보다 위에 있으면서 빛을 내는 다른 모든 것들보다 덜 아름답습니다. 주님은 먼저 아무 형상도 없는 질료를 창조하셨고, 그것으로부터 이 아름다운 세상을 창조하셨습니다. 그러므로 그 무형의 질료는 사람들이 알아듣기 쉽도록 "형태도 없고 보이지도 않는 땅"이라고 불러도 좋을 것입니다.

이 문제와 관련해 인간의 사유는 감각이 포착한 것을 이해하고자 하면서 그 자신을 향해 다음과 같이 말합니다. "무형의 질료는 생명이나 정의 같은 예지적[叡智的, '이성理性과 오성悟性에 의해서만 포착되고 사유될 수 있는'이라는 뜻이다—역주] 형상이 아니다. 왜냐하면 물체들이 그것으로 만들어졌기 때문이다. 또한 그것은 감각을 통해 지각할 수 있는 것도 아니다. 왜냐하면 우리는 형태도 없고 보이지도 않는 것에서는 그 어떤 것도 보거나 인식할 수 없기 때문이다." 인간의 사유는 그런 식으로 말하는데, 그것은 알 수 없는 것을 인식하는 앎이거나, 아니면 지식에 기초한 무지이거나 둘 중의 하나입니다.

하나님이 무로부터 하늘과 땅을 만드심

존재하는 모든 것들은 그것들의 근원이 되시는 주님으로부터가 아니라면 어디에서 와서 어떻게 존재하게 된 것입니까? 무언가가 주님으로부터 멀리 있을수록, 그것은 그만큼 주님을 닮지 않습니다. 그런데 이 거리는 공간적인 것은 아닙니다. 주님, 주님은 때와 장소에 따라 변하지 않으시고 언제나 동일하신 존재 그 자체, 즉 "거룩하고 거룩하고 거룩하신 주, 전능하신 하나님이십니다"(사 6:3, 계 4:8). 주님은 주님으로부터 오시고 태초에 주님의 본체에서 나신 주님의 지혜―예수 그리스도―안에서 "무로부터"(from nothing)로부터 하늘과 땅을 창조하셨습니다. 주님은 그것들을 주님의 본체로부터 유출(流出)시켜 만드신 것이 아닙니다. 그러므로 하늘과 땅은 주님의 독생자 곧 주님의 본체와 동등하지 않습니다. 주님의 본체로부터 나오지 않은 것은 그 어떤 것도 주님과 동등하지 않습니다.

일체의 삼위이시며 삼위의 일체이신 하나님, 주님을 떠나서는 주님이 그것으로부터 하늘과 땅을 만드신 무(無)조차 존재할 수 없었습니다. 바로 그것이 주님이 하늘과 땅―하늘은 크고 땅은 작습니다―을 무로부터 만드신 이유입니다. 전능하시고 선하신 주님은 위대한 하늘과 비천한 땅 모두를 선하게 만드셨습니다. 주님만 존재하셨고 나머지는 무였습니다. 주님은 그 무로부터 하늘과 땅을 지으셨습니다. 하늘은 주님과 가깝고, 땅은 무와 가깝습니다. 하늘보다 뛰어난 분은 주님 한 분뿐이고, 땅보다 못한 것은 무일 따름입니다.

무형의 질료로 만들어진 하늘과 땅

주님, 하늘의 하늘은 주님의 것이었습니다. 그러나 그때 주님이 사람의 아들들에게 주셔서 보고 만지게 하셨던 땅은 지금 우리가 보고 만지는 그런 땅이 아니었습니다. 왜냐하면 그 땅은 형태도 없고 보이지도 않으며 그 위에 그 어떤 빛도 비추지 않았던 깊음[深淵]이었기 때문입니다. 그 깊음을 덮고 있던 흑암은 그 깊음 안에 있던 어두움보다 더 짙었을 것입니다. 지금 우리가 눈으로 볼 수 있는 물의 심연조차 그 안에 어떤 빛을 갖고 있기에 그 안에 있는 물고기와 그 바닥을 기어 다니는 생물들이 어느 정도 앞을 볼 수가 있습니다. 그러나 태초에는 모든 것이 아직 그 어떤 형상도 얻지 못했기에 "거의 무"(almost nothing)였습니다. 그러나 그것은 이미 형상을 얻을 수 있는 가능성을 지니고 있었습니다.

주님, 주님은 무형의 질료로 세상을 만드셨습니다. 주님은 "절대 무"(nothing)로부터 "무에 가까운 것"(next-to-nothing), 즉 무형의 질료를 만드셨고, 그 무형의 질료로부터 사람들이 감탄하는 이 굉장한 세상을 만드셨습니다. 그렇게 만들어진 것들 중에서도 가장 놀라운 것은 물질적 하늘입니다. 그것은 주님이 빛을 창조하신 후 둘째 날에 물과 물 사이에 "있으라"고 말씀하셔서 있게 된 견고한 창공(蒼空, 혹은 궁창穹蒼)입니다. 주님은 이 창공을 "하늘"이라고 부르셨습니다. 그러나 그것은 주님이 그 어떤 날도 존재하기 전에 만드셨던 무형의 질료에 보이는 형상을 부여하셔서 셋째 날에 만드신 "땅과 바다의 하늘"에 불과했습니다. 주님은 이미 그 모든 날 이전에 하늘을 만드셨는데, 그것은 "하늘의 하늘"이었습니다. 주님이 태초에 만드신 것은 우리가 보는 하늘과 땅이 아니었습니다.

주님이 태초에 만드신 땅은 형태도 없고 보이지도 않는 무형의 질료였습니다. 그리고 주님은 이렇게 형태도 없고 보이지도 않는 땅, 무형의 질료, 즉 "거의 무"로부터 이 변화무쌍한 세상을 구성하는 모든 것들을 만드셨습니다. 그리고 그것들은 여전히 유동적인 상태에 있습니다. 만물이 유동적이라는 사실은 그것들 안에서 지나가는 시간을 인식하고 측정할 수 있다는 사실을 통해 분명하게 드러납니다. 왜냐하면 시간은 사물들의 변화, 즉 그것들이 한 형상에서 다른 형상으로 변화하는 것을 통해 이뤄지기 때문입니다. 그리고 그 모든 것들의 기초가 된 질료는 내가 지금까지 말씀드렸던 "형태도 없고 보이지도 않는 땅"입니다.

시간의 기원

그런 까닭에 주님의 종 모세를 가르치신 성령께서는 주님이 태초에 하늘과 땅을 지으셨다고 말씀하시면서도 시간과 날들에 대해서는 침묵하십니다. 주님이 태초에 만드셨던 "하늘의 하늘"은 의심할 여지없이 예지적(叡智的) 피조물입니다. 그것은 주님과 같은 영원한 존재는 아니지만, 그럼에도 주님의 영원에 참여합니다. 그것은 주님을 관상하는 행복을 통해 스스로 변질될 가능성을 제어할 수 있습니다. 또 그것은 주님께 의존함으로써 타락하지 않고 시간의 흐름을 초월할 수 있습니다. "보이지 않고 형상이 없는 땅"인 무형의 질료 역시 창조의 날들에 포함될 수 없습니다. 왜냐하면 형상과 질서가 없는 곳에서는 아무것도 과거로 가거나 현재로 오지 않으며, 그런 곳에는 그 어떤 날도 없고 시간의 변화도 없기 때문입니다.

주님이 말씀해 주시기를 기원함

진리시여, 내 마음의 빛이시여, 내게 말씀해 주십시오. 그래서 내 어두움이 내게 말하지 않게 해 주십시오. 나는 어둠 속으로 떨어져 어두운 존재가 되었습니다. 그러나 나는 그 어둠 속에서도 주님을 사랑했습니다. 나는 길을 잃었을 때도 주님을 기억했습니다. 나는 내 뒤에서 나를 향해 "돌아오라"고 부르시는 주님의 음성을 들었습니다. 그러나 나는 평화를 모르는 자들이 떠드는 소리 때문에 그 음성을 자세히 들을 수 없었습니다. 보십시오, 이제 목이 타는 나는 주님의 샘물을 마시고자 주님께 돌아갑니다. 아무도 나를 가로막지 않게 해 주십시오. 내가 주님의 샘물을 마시고 살아나게 해 주십시오. 이제 나는 더 이상 내 자신의 삶의 주인처럼 행세하고 싶지 않습니다. 내가 스스로 주인 행세를 하며 살았을 때 나는 악하게 되었습니다. 그것은 내게 죽음이나 다름없었습니다. 그러나 이제 나는 주님 안에서 삶을 회복하고 있습니다. 주님, 내게 말씀하시고 나를 깨우쳐 주십시오. 나는 주님의 성경 말씀을 믿어 왔습니다. 그러나 나는 그 말씀의 신비를 깨닫기가 매우 어렵습니다.

하늘의 하늘과 무형의 땅

오, 주님, 이제 나는 주님이 내게 주신 이해의 능력의 범위 내에서, 또 주님이 내 마음을 자극해 문을 두드리게 하시고 그 문을 열어주시는 범위 내에서 이 문제에 대해 생각해 보려 합니다. 나는 주님이 만드신 것들 중 두 가지가 시간의 영역 밖에 놓여 있음을 압니다. 그러나 비록 그것들이 시간 바깥에 있을지라도, 그것들은 여전히 주님의 피조물이기에 주님처럼 영원할 수는 없습니다. 그 중 하나(예지적 피조물로서의 "하늘의 하늘"—역주)는 주님의 영원성과 불변성을 누립니다. 왜냐하면 그것은 비록 변할 수 있는 형상을 지니고 있으나 주님을 관상함으로써 그 어떤 변화도 겪지 않기 때문입니다. 다른 하나(물질적 하늘과 땅의 재료가 된 "무형의 질료"—역주)는 형상 자체가 없기에, 그것이 움직이거나 정지해 있을 때나 할 것 없이, 한 형상에서 다른 형상으로 변하지 않습니다.

따라서 그것은 시간에 종속되지 않습니다. 그러나 주님은 그것을 무형의 상태로 남겨 두지 않으셨습니다. 주님은 모든 날 이전의 태초에 내가 이미 말씀드린 하늘과 땅을 창조하셨습니다.

"그때 땅은 볼 수 없었고 형상이 없었으며, 흑암이 깊음 위에 있었다"(창 1:2)는 말씀은 우리에게 무형(無形)이라는 개념을 암시해 줍니다. 이 무형이라는 개념은 절대무는 아니지만 아직 아무런 형상도 갖고 있지 않은 것이 무엇인지 이해하지 못하는 사람들을 도와줍니다. 주님은 바로 이 무형의 질료로부터 두번째 하늘[蒼空]과 질서를 갖춘 가시적인 땅과 아름다운 바다, 그리고 계속되는 각 날들의 창조 이야기에서 언급된 모든 것들을 창조하셨습니다. 이 모든 것들은 정해진 운동과 형상의 변화에 지배를 받으며, 따라서 흐르는 시간에 종속됩니다.

태초의 하늘과 땅의 두 가지 의미

나의 하나님이여, 그러므로 나는 "태초에 하나님께서 하늘과 땅을 창조하셨다. 이제 땅은 보이지 않았고 어떤 형상도 없었으며, 흑암이 깊음 위에 있었다"(창 1:1-2)라는 말씀을 다음과 같이 이해합니다. 이 구절은 주님이 하늘과 땅을 만드신 날을 언급하지 않습니다. 그래서 나는 주님이 그때 창조하신 하늘은 "하늘의 하늘", 즉 예지적이고 비물질적인 하늘을 의미한다고 잠정적으로 이해합니다. 그 예지적 존재(천사)는 부분적으로 알

지 않고 얼굴과 얼굴을 마주하고 보듯이 전체를 동시에 완전히 압니다(고전 13:12). 그러므로 그들은 시간의 흐름이라는 제약을 받아 하나를 알고 난 후에야 다른 하나를 아는 것이 아니라 시간의 흐름에 관계없이 모든 것을 동시에 압니다.

또한 나는 그 무형의 땅이 "형태도 없고 보이지도 않았다"는 것을 아직은 그 땅이 지금은 이것 그리고 다음에는 저것으로 변하는 시간의 영향을 받고 있지 않았음을 의미한다고 생각합니다. 왜냐하면 형태가 없는 곳에서는 아직 이것이나 저것의 차이가 있을 수 없기 때문입니다.

따라서 나는 성경이 "태초에 하나님이 천지를 창조하셨다"라고 말씀하면서 그 어떤 날도 언급하지 않는 이유는 그 구절이 다음 두 가지 것들을 언급하기 때문이라고 여깁니다. 그 중 하나는 처음부터 형태를 부여 받았고, 다른 하나는 완전히 형태가 없었습니다. 즉 전자는 "하늘의 하늘"로서의 하늘이었고, 후자는 "형태도 없고 보이지도 않는 땅"으로서의 땅이었던 것입니다. 왜냐하면 성경은 곧 이어서 다시 "땅"에 대해 언급하기 때문입니다. 성경은 둘째 날에 창공이 만들어졌고 하나님이 그것을 "하늘"이라고 부르셨다고 말씀하는데, 이것은 성경의 첫 구절이 날에 대한 아무런 언급 없이 말씀하는 하늘이 어떤 하늘인지를 암시해 줍니다.

성경의 깊이

주님의 말씀은 참으로 오묘합니다! 그 표면적 의미는 우리 앞에 열려 있고, 초보자들에게도 매력적입니다. 그러나, 나의 하나님이여, 그 말씀의 깊이는 놀랍습니다. 참으로 놀랍습니다. 우리는 말씀의 한없는 깊이를 따라 들어가다 두려움을 경험합니다. 그러나 그것은 말씀의 초월성 앞에서 우러나오는 찬양이며, 사랑으로 인한 전율입니다. 나는 성경을 대적하는 자들을 아주 싫어합니다. 주님께서 양날 선 검을 사용해 그들을 죽여주십시오 (히 4:12, 계 2:12, 19:15 참조). 그래서 그들이 더 이상 성경을 대적하지 못하게 해 주십시오. 내가 그들이 죽기를 바라는 이유는 그들을 사랑하기에 그들이 그들 자신에 대해서는 죽고 주님께 대해서는 살아나기를 바라기 때문입니다 (롬 14:7-8, 고후 5:14-15).

보십시오. 창세기를 비난하기보다는 칭송하는 이들이 있습니다. 그러나 그들은 내게 말합니다. "그의 종 모세를 통해 이 책을 쓰신 하나님의 영이 이 말씀으로 의미하고자 하셨던 것은 그런 것이 아니다. 그분은 네가 말하는 것이 아니라 우리가 해석하는 것을 의미하셨다." 우리 모두의 하나님이여, 주님이 우리의 심판자가 되어 주십시오.

성경 해석에 대한 관용의 필요성

나는 이 구절에 대한 다양한 해석들(기독교 안에서의 해석들—역주)을 듣고 그것들에 대해 생각해 보았습니다. 그러나 나는 그 해석들에 맞서 논쟁하지 않겠습니다. 왜냐하면 그런 논쟁은 유익이 없고, 오히려 그런 논쟁을 듣는 자들을 망하게 하기 때문입니다. 본문의 말씀이 다양하게 해석되더라도 그 해석들이 다 옳다면, 내가 그 해석들을 싫어할 이유가 있겠습니까? 내가 그 본문을 다른 사람들과 다르게 이해하는 것이 무슨 문제가 되겠습니까? 우리는 성경을 읽을 때 본문을 기록한 저자의 의도를 파악하려고 노력합니다. 또 우리는 저자가 진리를 말하고 있다고 믿기에 우리가 거짓이라고 생각하는 것을 그가 말했다고는 감히 생각할 수 없습니다. 해석자가 성경에서 그것을 기록한 저자의 의도를 발견하려고 노력한다면, 그리고 그 해석이 모든 진실한 마음의 빛이신 주님이 보여 주시는 진리라면, 설령 그 해석자가 그 본문에서 저자가 의도하지 않았던 개념을 읽어낼지라도, 그것이 나쁠 게 무엇이며, 또 설령 저자가 어떤 진리를 파악했지만 해석자가 그것을 분별하지 못할지라도, 그것이 무슨 해가 되겠습니까?"

모세의 의도에 대한 질문

아무도 내게 "내가 해석한 것이 모세가 의도한 것이다. 네 해석은 틀렸다"라고 말하며 나를 괴롭히지 않게 해 주십시오. 만약 어떤 사람이 내게 "너는 네가 해석하는 것이 모세가 의도했던 것임을 어떻게 아느냐?"라고 묻는다면, 아마도 나는 이미 내가 앞에서 했던 대답을 되풀이할 것입니다. 혹시 그럼에도 여전히 내게 그런 질문을 하는 사람이 내 말을 이해하지 못한다면, 나는 그에게 더 길게 대답해 줄 것입니다. 그러나, 가난한 자의 생명이시며 그 품에 어떤 모순도 없으신 나의 하나님이여, 만약 그가 "모세가 의도한 것은 네가 해석한 대로가 아니고 내

어거스틴이 옹호하는 성경에 대한 **풍유적 해석**(allegorical interpretation)의 기초가 되는 생각이다. 풍유적 해석이란 어떤 텍스트에서 그것의 문자적 의미를 넘어서는 보다 깊고 은밀한 의미를 읽어내는 해석 방식이다. 가령, 신약성경에 나오는 선한 사마리아인의 이야기(눅 10:29-36)를 단순히 이웃 사랑의 교훈을 가르치는 본문으로만 읽는 것이 아니라, 여리고 길을 죄로 가득 찬 이 세상으로, 강도 만난 자를 이 세상에서 죄에 빠져 신음하는 인간으로, 선한 사마리아인을 인간을 구원하는 구주로, 강도 만난 자를 태웠던 짐승을 하나님의 말씀으로, 그리고 그를 치료하기 위해 데려갔던 주막을 교회로 해석함으로써 그 이야기 전체를 인간을 위한 하나님의 구원 사역으로 해석하는 식이다. 이런 풍유적 해석은 성경 본문에 대한 자의적 해석을 낳을 위험이 크다. 하지만 어거스틴은, 만약 그것이 성경이 쓰인 근본 목적인 하나님과 인간에 대한 사랑을 고취시키기만 한다면, 그런 해석을 해도 무방하다고 주장한다. 어거스틴의 이런 생각을 이해하는 것은 이후의 글들, 특히 제13권에 나오는 창세기 1장에 대한 그의 해석을 이해하는 데 꼭 필요하다.

가 해석한 대로다"라고 말하면서도 여전히 우리 각자의 해석이 모두 옳을 가능성이 있을 수 있다는 사실을 부정하지만 않는다면, 나의 하나님이여, 그때는 내 마음에 은혜의 단비를 내려주셔서 내가 그런 비평을 인내하게 해 주십시오.

그런데 그들이 그렇게 말하는 것은, 그들이 또 다른 통찰력으로 주님의 종 모세의 마음에서 자기들이 주장하는 것을 읽어냈기 때문이 아니라, 교만하기 때문입니다. 그들은 모세의 의도를 알아서가 아니라 단지 자기들의 견해를 사랑하기에 그렇게 말하는 것입니다. 그들은 진리보다는 자신의 견해를 사랑합니다. 그렇지 않다면, 그들 역시 다른 이들의 해석을 참되고 타당한 것으로 존중할 것입니다. 나는 그들이 주장하는 것이 진리일 때 그들의 견해를 존중합니다. 그것은 그 견해가 그들의 것이 아니라 진리이기 때문입니다.

그들의 견해가 진리라면, 그것은 그들만의 소유가 될 수 없습니다. 그들이 어떤 견해가 진리이기에 그것을 존중한다면, 그것은 그들의 것이기도 하고 나의 것이기도 하며 진리를 사랑하는 모든 사람들의 공동 소유물이기도 합니다. 그러나 그들이 모세가 의도했던 것은 내가 해석한 대로가 아니고 오직 자기들이 해석한 대로일뿐이라고 우긴다면, 나는 그 주장을 거부하고 존중하지 않을 것입니다. 설령 그들이 주장하는 것이 진리일지라도, 그러한 독단은 지식에서 나온 것이 아니고 교만의 소산일 뿐입니다.

주님, 사람은 주님의 심판을 두려워해야 합니다(시 119:20). 주님의 진리는 나의 것도, 그 어느 누구의 것도 아니고, 주님이 진리를 공유하라고 부르신 우리 모두의 것입니다. 주님은 진리를 자기 개인의 것인 양 소유하려 들지 말라고 엄중히 경고하십니다. 우리가 진리를 사유화하려 할 경우, 우리는 오히려 진리를 빼앗기고 말 것입니다(마 25:14-30). 만약 어떤 이가 주님이 우리 모두에게 함께 누리라고 주신 진리를 자신만의 것으로 여겨 모든 사람들의 공동 소유물에 대해 배타적인 권리를 행사하려 한다면, 그는 공동의 진리에서 사적인 관념으로, 즉 진리에서 거짓으로 내몰릴 것입니다. 왜냐하면 거짓을 말하는 자는 자기의 것을 말하는 자이기 때문입니다(요 8:44).

가장 공평한 재판장이시며 진리 자체이신 하나님, 피고인 내가 그런 고소인에게 하는 말을 들어주십시오. 주님 나는 이 말을 주님 앞에서 그리고 율법을 적절하게 사용해 자비로운 판결을 내릴 내 형제들 앞에서 하는 것입니다(딤전 1:8-5). 내가 내 고소인에게 하는 말을 들으시고, 그 말이 올바른지 판단해 주십시오. 나는 형제를 사랑하는 마음으로 그에게 다음과 같이 말하고자 합니다.

"당신의 말에도 일리가 있고 내 말에도 일리가 있다고 치자. 그렇다면 내가 묻겠다. 도대체 우리는 진리를 어디서 보는 것인가? 나는 이 진리를 당신에게서 보지 않고, 당신 역시 그것을 내게서 보지 않는다. 우리 모두 이 진리를 우리의 마음을 초월해 있는 변함없는 진리 그 자체 안에서 본다. 그러므로 우리 주 하나님으로부터 오는 빛에 대해 의견을 같이 하는 우리가 어째서 우리의 이웃의 생각―우리는 그것을 불변의 진리를 보는 것처럼 분명하게 알 수 없다―을 놓고 언쟁을 벌여야 하는가?

"설령 모세가 우리에게 나타나 '이것이 내가 의도했던 것이다!'라고 말한다고 할지라도, 우리는 그의 생각은 보지 못하고 그의 말만 믿을 것이다. 그러므로 기록된 말씀의 범위를 벗어나 어느 한 편이 다른 편을 얕보면서 뽐내지 말자! 우리가 모세의 말에서 여러 가지 풍부하고 참된 해석들을 이끌어낼 수 있음에도 오직 하나의 해석만 고집한다면, 그것처럼 어리석은 일이 어디 있겠는가! 모세는 덕을 세우려 본문을 기록했는데, 만약 우리가 그 본문을 해석하려다 파괴적인 논쟁을 일삼는다면, 그것은 얼마나 어리석은 일인가!"

저자의 의도와 주석가들의 해석

샘은 작은 공간을 차지할 뿐입니다. 그러나 샘은 그곳에서 흘러나와 넓은 장소들을 적시는 시냇물보다 더 많은 물을 갖고 있습니다. 마찬가지로 주님의 종 모세가 많은 해석자들에게 도움을 주기 위해 했던 설명은 아주 간략하지만 진리의 물줄기를 강하고 풍부하게 내뿜습니다. 그로 인해 주석가들은 자신들의 능력을 최대한 발휘해 더 길고 더 복잡한 이야기의 수로(水路)들을 통해 어떤 이는 식으로 그리고 다른 이는 저런 식으로 그 진리의 샘에서 진리를 이끌어냅니다.

어떤 이들은 모세가 전하는 창조에 관한 글을 읽거나 듣고서 하나님을 마치 사람과 같은 존재로 또는 커다란 물질적 실체 안에 내재해 있는 힘 정도로 생각합니다. 그들은 그 힘이 어떤 새롭고 갑작스런 결정을 내려 자기로부터 멀리 떨어진 곳에 하늘과 땅이라는 두 거대한 물체를 만들고 그 중 하나는 위에 그리고 다른 하나는 아래에 놓고 그 안에 모든 것을 포함하게 하셨다고 생각합니다. 그들은 "하나님께서 '있으라' 고 말씀하시면, 그대로 되었다"는 말씀을 듣고는 마치 그 말씀이 사람의 말처럼 시간 속에서 울렸다가 사라져 버렸을 것이라고, 즉 시작되었다가 끝났을 것이라고 생각합니다. 따라서 그들은 "있으라!"는 명령의 말씀이 그친 후 피조물들이 존재하기 시작했으리라고 추측합니다.

그들은 물질적인 사물의 질서에 익숙하기에 그와 비슷한 것 외에는 다른 생각을 하지 못합니다. 그런 이들은 여전히 높은 통찰력을 갖지 못한 어린아이와 같습니다. 그들은 마치 어머니의 품안에 있는 어린아이와 같기에 아주 소박한 언어로 보호받고 양육 받아야 하며, 그들의 믿음은 그런 말을 통해서 건강하게 세워집니다. 그들은 그런 신앙을 통해 하나님께서 자기들이 감지할 수 있는 모든 사물들을 놀랄 만큼 다양하게 만드셨음을 확신하게 될 것입니다. 그러나 만약 그들 중 어떤 이가 교만해져서 성경 말씀의 소박함을 비웃는다면, 그것은 자신을 자기가 그 안에서 양육되었던 둥지 밖으로 밀어내는 것이며, 그는 결국 그 둥지에서 떨어져 가련한 신세가 되고 말 것입니다.

주 하나님, 저 날개도 돋지 않은 어린 새끼를 불쌍히 여기셔서 그것이 길 위에 떨어져 지나가는 행인에게 짓밟히지 않게 해 주십시오. 주님의 천사를 보내셔서 그 가련한 것을 둥지 안으로 다시 밀어 넣어 주십시오(마 18:10). 그래서 그 가련한 것이 날개가 돋아서 날아오를 때까지 그 안에서 살 수 있게 해 주십시오.

하나의 말씀에 대한 서로 다른 이해

그러나 이 말씀을 둥지가 아니라 잎이 무성한 덤불로 이해하는 자들도 있습니다. 그들은 그 덤불 안에 숨겨진 열매들을 봅니다. 그리고 그들은 기뻐하며 그 덤불을 향해 날아가 짹짹거리며 그 열매들을 찾아 쪼아 먹습니다. 그들은, 영원한 하나님이신 주님의 이 말씀을 읽거나 들을 때, 주님은 주님의 영원불변하심을 통해 모든 과거와 미래의 시간을 초월해 계시다는 것과, 주님이 만드신 피조물 중 시간의 제약을 받지 않는 것은 아무것도 없다는 것을 알게 됩니다. 또 그들은 주님 자신이신 주님의 뜻이 어떤 선택을 통해 만물을 지으셨으나, 그것은 어떤 의미로도 변화 혹은 그 이전에는 존재하지 않았던 것의 출현을 의미하지 않는다는 것을 알게 됩니다. 또 그들은 주님은 만물을 주님 자신으로부터 만드신 것이 아니라 전혀 주님을 닮지 않은 무(無)로부터 만드셨다는 것을 알게 됩니다.

어떤 해석자들은 "태초에 하나님이 천지를 창조하셨다"는 구절에 주목한 후 거기에 나오는 "태초에"를 "지혜 안에서"로 해석합니다. 그리고 그 본문에 대한 또 다른 해석자들은 "태초에"가 창조의 시발점을 의미한다고 이해하고 그 구절을 "맨 처음에 그분이 천지를 창조하셨다"로 해석합니다.

더 나아가, "태초에"를 "지혜 안에서"로 이해하는 자들 중에서도 어떤 이들은 그 구절이 말하는 "하늘"과 "땅"은 우리가 볼 수 있는 하늘과 땅이 그것으로부터 만들어진 질료를 의미한다고 믿는 반면, 다른 이들은 그 구절을 이미 형성되어 구별되어 있는 자연들을 언급하는 것으로 여깁니다. 또 어떤 이들은 "하늘"이라고 불리는 자연은 형태를 갖춘 영적인 존재로, 그리고 "땅"이라고 불리는 다른 자연은 무형의 물질적 재료라고 생각합니다.

그러나 하늘과 땅을 무형의 질료로 이해하는 자들 역시 그 질료에 대해 모두 동일한 생각을 갖고 있는 것은 아닙니다. 그들 중 어떤 이들은 그것을 예지적이고 감각적인 피조물이 그것으로 인해 완전함에 이르게 된 질료였다고 여기고, 다른 이들은 그것을 단순히 그 거대한 자궁 안에 오늘날 우리의 눈에 분명하게 보이는 자연들을 포함하고 있던 감각적이고 물질적인 거대한 덩어리였다고 여깁니다.

또한 하늘과 땅을 이미 창조를 통해 질서를 얻고 구별된 피조물을 가리킨다고 여기는 자들 역시 그것을 단일한 의미로 해석하지 않습니다. 어떤 이들은 그것이 가시적인 영역은 물론이고 비가시적인 영역까지 포함한다고 여기며, 다른 이들은 그것을 우리가 그 안에서 하늘과 어두운 땅 그리고 그것들이 포함하고 있는 모든 것들을 관상하는 가시적인 피조물이라고 여깁니다.

어느 견해가 옳은가의 문제

이런 여러 가지 충실한 견해들을 통해 진리 자체가 조화를 이루며 나타나게 해 주십시오. 또 우리에게 은혜를 베푸셔서 우리가 율법을 그것의 목적인 순전한 사랑을 위해 적절하게 사용하게 해 주십시오(딤전 1:5, 8). 이런 원리 위에서, 만약 누군가가 내게 어느 견해가 주님의 위대한 종인 모세가 의도했던 것이냐고 묻는다면, 내가 고백할 수 있는 유일한 말은 "나는 모른다"가 될 것입니다. 그러나 나는 그런 견해들이 육적인 것이 아닌 한 모두 옳다는 것을 압니다.

그러나 선한 소망을 지닌 소자들은 주님의 책에 실려 있는 말씀들에 놀라지 않습니다. 그 말씀들은 겸손하지만 심오하며 짧은 말 속에 풍성한 의미를 담고 있습니다. 그 말씀들이 다양한 진리를 내포하고 있음을 깨닫고 확언하는 자들 모두가 서로에게 사랑을 보이게 해 주십시오. 또 만약 우리가 갈구하는 것이 허망한 것이 아니라 진리일진대, 우리가 우리의 하나님이시며 진리의 원천이신 주님을 사랑하게 해 주십시오. 또 우리가 성령으로 충만해져서 이 성경을 쓴 주님의 종(모세-역주)을 한 마음으로 높이고, 또한 그가 주님이 주신 계시를 받아 이 성경 구절을 썼다는 것과 그가 그 구절을 통해 의도한 것은 무엇보다도 독자들이 진리의 빛과 영적 유익을 얻는 것이었음을 믿게 해 주십시오.

모세의 의도의 깊이와 넓이

그러므로 어떤 이가 "내가 하는 말이 모세의 의도였다"라고 말하고, 다른 이가 "아니다, 내가 하는 말이 그의 의도였다"라고 말할 때, 나는 보다 경건하게 다음과 같이 말하고 싶습니다. "두 사람 말이 다 옳다고 말하면 안 되는 것인가? 그리고 만약 어떤 이가 그 구절에서 제3의 혹은 제4의 뜻을 발견한다면, 어째서 우리는 모세가 그 모든 것을 의도했다고 믿어서는 안 되는 것인가? 어째서 우리는 한분이신 하나님이 그에게 여러 가지 해석이 가능한 책을 쓰게 하셨고, 그로 인해 사람들이 그 책을 통해 다양한 진리를 얻게 하셨다고 믿어서는 안 되는 것인가?"

나는 내 마음에 있는 것을 담대하게 선포하고자 합니다. 만약 내가 최고의 권위를 부여 받아 무언가를 써야 한다면, 나는 그 안에서 다양한 진리가 울려나오는 글을 쓰겠습니다. 나는 내 글을 그것을 읽는 사람들이 다른 견해들을 모두 배제하고 (그것들이 내게 그 어떤 헛된 가르침을 제공하지 않음에도 말입니다) 오직 하나의 진리만을 붙잡게 하는 식으로 쓰고 싶지는 않습니다. 그러므로, 나의 하나님이여, 나는 서둘러 모세가 주님으로부터 그런 재능을 얻지 못했다고 믿으려 하지 않겠습니다. 그는 이 구절을 썼을 때 우리가 그 안에서 발견할 수 있었던 모든 진리, 우리가 발견하지 못했던 모든 진리, 혹은 아직 발견하지 못했으나 곧 발견하게 될 진리를 모두 이해하고 충분히 유념했을 것입니다.

올바른 해석을 위한 기도

마지막으로, 주님, 혈과 육이 아니신 하나님, 비록 인간의 통찰력은 진리를 이해하지 못할지라도, "나를 공평한 길로 인도하실 주님의 성령"(시 143:10)께서는 주님이 그 말씀을 통해 장래의 독자들에게 알리고자 하셨던 뜻을 찾아내실 수 있습니다. 설령 모세가 여러 가지 참된 해석들 중 오직 하나만 마음에 두었을지라도, 성령께서는 그것을 아실 것입니다. 만약 모세가 그렇게 했다면, 우리는 그가 마음에 품었던 뜻이 여러 가지 다른 뜻보다 탁월하다고 인정해도 좋을 것입니다. 주님, 주님께 간구합니다. 우리에게 유일한 뜻이든지 또는 주님이 선택하신 다른 어떤 참된 뜻이든지 열어서 보여 주십시오. 모세가 품었던 뜻이든지 또는 동일한 본문이 제시하는 다른 어떤 뜻이든지 그것을 우리에게 분명히 계시해 주십시오. 우리가 주님의 말씀의 뜻을 우리의 양식으로 삼되, 그릇된 해석에 빠지지 않게 해 주십시오.

나의 주 하나님, 보십시오. 지금까지 나는 단지 몇 마디에 불과한 주님의 말씀에 대해 너무나 많은 말을 했습니다. 그러니 내가 주님의 모든 말씀을 이렇게 해석하려면 얼마나 많은 노력과 시간을 들여야 하겠습니까! 그러므로 내가 이 말씀을 주석하면서 주님께 짤막하게 고백하게 해 주십시오. 그리고, 비록 여러 가지 해석이 가능한 곳에서 내 머릿속에 여러 가지 뜻이 떠오를지라도, 내가 주님의 영감을 통해 확실하고 좋은 하나의 진리를 택하게 해 주십시오. 내 고백에 전제된 것은 다음과 같습니다. 만약 내가 주님의 종 모세가 의도했던 것을 말했다면, 그것은 가장 참되고 좋은 해석이기에, 나는 마땅히 그런 해석을 시도해야 합니다. 그러나 혹시 내가 그 일에 성공하지 못할지라도, 내가 기도하오니, 나로 하여금 주님의 진리가 모세를 통해 내게 말씀하고자 했던 것을 말하게 해 주십시오. 왜냐하면 그 진리는 모세를 통해 말씀하기를 원했던 것을 그에게 말씀했기 때문입니다.

제13권

창세기 1장에 대한 풍유적 해석

존재와 존재의 선함을 주신 하나님

　나를 긍휼히 여기시는 나의 하나님이여, 내가 주님을 부릅니다. 주님은 나를 지으셨을 뿐 아니라, 나를 잊지 않고 기억해 주셨습니다. 그러나 나는 주님을 잊고 살았습니다. 주님이 내 영혼을 감동시켜 주님을 영접하게 하셨기에 이제 나는 주님을 내 영혼에 모시고자 주님을 초청합니다. 내가 주님을 부르오니 행여 나를 버리지 말아주십시오. 사실 주님은 내가 주님을 부르기 전에도 내 앞에 계셨습니다. 주님은 갖가지 음성과 방법으로 거듭 나를 부르고 독촉하셔서 내가 멀리서도 주님의 음성을 듣고 돌아서서 나를 부르시는 주님을 부르게 하셨습니다. 주님, 주님은 내게서 주님을 멀리 떠나게 했던 내 손의 과오를 벌하지 않으시고 내 모든 죄와 허물을 용서해 주셨습니다. 그리고 내가 어떤 선한 일을 하든지 나보다 앞서 주님의 손으로 지으신 작품인 내가 하는 선한 일에 보답해 주셨습니다.

주님은 내가 존재하기도 전에 계셨습니다. 그리고 나는 주님이 존재를 허락하실 만한 것을 아무것도 갖고 있지 않았습니다. 그러므로 내가 여기에 존재하는 것은 오직 주님의 선하심 때문입니다. 주님의 선하심은 주님이 나를 존재하도록 지으시기 전에도 존재하셨기에 주님은 전적으로 그 선하심으로부터 나를 지으셨습니다. 주님은 내가 전혀 필요하지 않으셨습니다. 주 나의 하나님이여, 나는 주님께 도움을 드릴 만큼 선하지 않습니다. 나는 주님이 일하다 지치지 않으시도록 주님을 도울 수 없으며, 주님의 능력은 내 충성이 없을지라도 약화되지 않습니다. 또 나는 만약 내가 그렇게 하지 않는다면 주님을 예배할 사람이 아무도 없으리라는 의미에서 주님을 섬기는 것도 아닙니다. 그럼에도 내가 주님을 섬기고 예배하는 것은 내 자신이 주님으로부터 선한 것을 얻기 위해서입니다. 나는 주님께 내 존재와 내 존재의 선함을 빚졌습니다.

주님의 선하심에 의지하는 피조물들

주님이 창조하신 모든 피조물은 주님의 충만한 선(善)으로부터 그 존재를 받습니다. 그렇기에 주님에게 아무런 유익도 드리지 못하고 주님의 본체에서 나온 것도 아닌 선은 주님과 동등한 차원에 있지 않습니다. 그럼에도 그것은 주님에 의해 존재를 얻기에 그 존재함에 있어 부족함이 없습니다. 주님이 태초에 지으신 하늘과 땅이 주님께 무슨 공로를 주장할 수 있었겠습니까? 주님의 지혜안에서 창조된 영적 질료와 물질적 질료들로 하여금 주님 앞에서 자기들에게 무슨 공로가 있었는지 말하게 하십시오.

무형의 영적 존재는 형태가 있는 물질적 존재보다 낫고, 무형의 물질적 존재는 절대무보다 낫습니다. 그러므로 무형의 질료들은 주님의 말씀에 의존하며, 오직 주님의 말씀을 통해서 주님의 통일성에로 부르심을 받고 형태를 얻습니다. 그것들은 하나이시고 최고의 선이신 주님으로부터 존재를 얻었기에 모두 "참 좋았습니다"(창 1:31).

그렇다면 그것들이 주님께 무슨 공로를 주장할 수 있었겠습니까? 주님이 없었다면 존재할 수도 없었을 그것들은 무형의 존재라도 얻을 만한 무슨 공로를 갖고 있었던 것입니까? 보이지도 않고 형태도 없었던 물질적 질료(창 1:2)가 주님 앞에서 무슨 공로를 주장할 수 있었겠습니까? 그것은 주님이 창조하지 않으셨다면 존재하지도 못했을 것입니다. 그것은 어떠한 존재도 갖고 있지 않았기에 주님께 존재를 달라고 구할 수도 없었습니다. 물의 깊음처럼 어둡고 유동적이던 그 불완전한 영적 피조물이 주님께 무슨 공로를 주장할 수 있었겠습니까? 만약 그것이 주님의 말씀에 의해 자기를 지으신 동일한 말씀에게 돌아가고, 그 말씀에 의해 조명을 받아 (비록 주님과 동등한 분량으로는 아닐지라도) 빛이 되고 (비록 주님과 동등한 형상은 아닐지라도) 형상을 얻지 않았다면, 그것은 주님과 비슷하게도 되지 못했을 것입니다(롬 8:29, 빌 2:6).

어떤 물체가 존재한다는 것이 곧 그것이 아름답다는 것을 의미하지는 않습니다. 만약 그렇지 않다면, 추함이란 있을 수 없을 것입니다. 마찬가지로 창조된 영적 존재 역시 그것이 살아간다는 것이 곧 그것이 지혜롭게 살아가고 있음을 의미하지는 않습니다. 만약 그렇지 않다면, 그것은 항상 지혜롭게 살아갈 것입니다. 그러므로 영적인 피조물은 늘 주님께 붙어 있는 것이 좋습니다. 왜냐하면 그것이 주님께 등을 돌릴 때 그것은 주님을 향함으로써 얻었던 빛을 잃어버리고 다시 어두운 심연의 삶 속으로 떨어지기 때문입니다. 영적인 피조물인 우리 역시 참 빛이신 주님으로부터 등을 돌렸고 그로 인해 어두운 삶을 살았습니다(엡 5:8). 우리는 주님의 아들 안에서 하나님의 산과도 같은 "하나님의 의"(고후 5:21)가 될 때까지 그 어둠의 잔재들 속에서 고통을 당합니다(시 36:6). 왜냐하면 우리는 어두운 심연과 마찬가지로 주님의 심판의 대상이기 때문입니다.

빛이 있으라!

맨 처음 창조 때 주님이 "빛이 생겨라 하시니 빛이 생겼습니다"(창 1:3). 나는 우리가 이 빛을 영적인 피조물로 이해해도 상관없다고 생각합니다. 왜냐하면 그때도 이미 어떤 생명(영적 피조물을 위한 영적 질료-역주)이 있어 주님이 그것을 비추실 수 있었기 때문입니다. 그러나 그 생명은 자신이 주님의 조명을 받을 만하다고 주장할 수 없었던 것처럼, 존재하고 난 후에도 역시 자신이 빛을 받을 만한 가치가 있다고 주장할 수 없었습니다. 무형의 그것이 주님께 기쁨을 드리려면 단지 존재할 뿐만이 아니라 빛의 근원을 관상하고 그것에 의존함으로써 그 자체가 빛이 되어야 했습니다. 이렇듯 그 빛이 존재하는 것과 그것도 복된 상태로 존재하는 것 모두가 주님의 은혜 덕택입니다. 그것은 더 좋거나 더 나쁘게 변화되실 수 없는 주님을 향해 돌이킴으로써 더 좋은 상태로 변화되었습니다. 더 좋거나 더 나쁘게 변화될 수 없는 것은 주님만의 속성입니다. 주님은 복됨 그 자체이시기에 존재하시되 늘 복되게 존재하십니다.

충만하심으로 만든 피조물

설령 피조물이 전혀 존재하지 않았거나 계속해서 무형의 상태로 남아 있었을지라도, 선 자체이신 주님에게는 아무것도 부족한 것이 없었을 것입니다. 주님은 무엇이 부족해서가 아니라 주님의 선하심이 차고 넘치시기에 무형의 질료를 한정시켜 형상을 부여함으로써 피조물을 만드셨습니다. 그렇다고 주님이 피조물 때문에 더 즐거워지신 것은 아니었습니다. 주님은 완전하시기에 불완전한 피조물을 기뻐하실 수 없습니다. 그러므로 피조물이 주님으로부터 완전함을 구하는 것은 주님을 기쁘게 해드립니다. 피조물이 주님으로부터 완전함을 구하는 것은 그렇게 하지 않으면 주님이 불완전해지시기 때문도, 또한 주님이 피조물의 완전함을 통해 완전해지실 필요가 있기 때문도 아닙니다.

주님의 성령이 수면 위로 운행하셨다는 것(창 1:2)은 수면이 주님의 영이 쉬실 수 있도록 떠받쳐 주었다는 의미가 아닙니다. 성경이 주님의 영이 사람 안에서 쉬신다고 말씀할 때, 그것은 오히려 성령께서 그 사람으로 하여금 주님 안에서 쉬게 하시는 것을 의미합니다. 타락하지 않으시고 변치 않으시고 스스로 충족하신 주님의 뜻이 주님이 지으신 생명 위로 운행했습니다. 그때 그 생명은 단순히 존재하고 있었을 뿐 복된 상태로 존재하고 있지는 않았습니다. 왜냐하면 그것은 아직도 어둡고 유동적인 상태로 존재하고 있었기 때문입니다. 그 생명이 복된 상태로 존재하고, 더 풍성한 삶을 살고, 모든 것을 그분의 빛 안에서 보고, 완전한 행복 속에서 빛을 발하면서 완전해지려면, 그것은 자기를 만드신 분에게로 돌이켜야 합니다(시 36:9).

창조에서 발견하는 삼위일체의 신비

나의 하나님이여, 나는 창조 안에서 희미하게나마(고전 13:12) 삼위일체이신 주님을 식별합니다. 왜냐하면 주님(성부)은 우리의 지혜의 시초이신 주님의 지혜안에서 하늘과 땅을 만드셨기 때문입니다. 그 주님의 지혜는 주님의 아들 곧 성자로서 주님에게서 나오시고, 주님과 동일하시며, 영원히 주님과 함께 계시는 분입니다. 나는 이미 "하늘의 하늘"과 "형태도 없고 보이지도 않는 땅"에 대해, 그리고 흑암에 덮여 있는 "깊음"에 대해 많은 말을 했습니다. 영적인 피조물인 깊음은 형상이 없어서 유동하고 혼돈스러우며 어두운 상태에 있었습니다. 그러나 깊음은 이미 그것에게 비천한 생명을 주셨던 주님께로 향했고 주님의 빛을 받아 아름다운 생명이 되었습니다. 바로 그 아름다운 생명이 하늘 위의 물과 하늘 아래의 물 사이에 자리 잡도록 지음 받은 하늘이었습니다(창 1:7). 그래서 나는 하나님이라는 명칭이 등장하는 모든 곳에서는 이 모든 것을 창조하신 성부(聖父)를 발견했습니다. 그리고 태초가 언급되는 모든 곳에서는 아버지께서 그분을 통해 모든 것을 창조하셨던 성자(聖子)를 발견했습니다. 그리고 나는 나의 하나님이 삼위일체이심을 믿기에, 내 믿음에 따라 하나님의 거룩한 말씀을 더 찾아본 후, 수면 위로 운행하셨던 주님의 성령(聖靈)을 발견했습니다. 이렇게 나는 모세의 글 몇 구절에서 만물을 창조하신 나의 하나님이신 성부와 성자와 성령을 발견했습니다.

존재와 만족의 근원이신 하나님

천사도 타락했고 사람의 영혼도 타락했습니다. 그러므로, 만약 태초에 주님이 "빛이 있으라"고 말씀하셔서 빛이 생기지 않았다면(창 1:3), 그 깊음이 모든 영적인 피조물들을 깊은 흑암 속에 가두어 두었을 것입니다. 주님의 하늘의 도성에 있는 모든 예지적 존재들이 주님께 순종했고 변하는 모든 것 위에 변함없이 운행하시는 주님의 성령 안에 머물며 쉬었습니다. 그렇지 않았다면, 그 "하늘의 하늘"은 어두운 깊음으로 남아 있었을 것입니다. 그러나 이제 그것은 주 안에서 빛이 되었습니다(엡 5:8).

주님은 주님의 빛의 옷을 벗어버리고 어둠을 드러내는 타락한 영들의 불안한 비참함을 통해 주님이 지으신 이성적인 피조물(사람—역주)이 얼마나 고귀한 것인지 보여 주셨습니다. 주님보다 못한 그 무엇도 이성적인 피조물에게 만족할 만한 쉼을 주지 못합니다. 그리고 바로 그런 이유 때문에 이성적인 피조물은 자기 자신의 만족의 근원일 수 없습니다. 오, 나의 주 하나님, 주님만이 내 어둠을 밝히실 수 있습니다(시 18:28). 우리가 주님이 주시는 빛나는 옷을 받을 때(사 61:10), 우리의 어둠은 대낮과 같이 밝아질 것입니다(사 58:10).

나의 하나님이여, 내게 주님 자신을 주십시오. 주님 자신을 내게 회복시켜 주십시오. 보십시오, 비록 내가 주님을 사랑할지라도, 혹시라도 내 사랑이 너무 약하다면, 내가 주님을 더 강하게 사랑하게 해 주십시오. 나는, 내가 달려가 주님의 품에 안기고 주님 앞에 있는 은밀한 곳에 숨어서 주님을 떠나지 않게 되기 전에는, 주님에 대한 내 사랑이 얼마나 부족한지 알지 못합니다. 내가 유일하게 아는 것은 주님이 없는 내 삶은—그것이 외적인 것이든 내적인 것이든 간에—내게 해가 될 뿐이며, 나의 하나님을 벗어나서 누리는 나의 모든 풍족함은 단지 궁핍함에 불과하다는 것입니다.

사람 안에 있는 삼위일체의 흔적

어느 누가 전능하신 하나님의 삼위일체의 신비를 이해할 수 있겠습니까? 그렇지만 모든 사람들이 마치 삼위일체가 논의의 대상이 될 수 있는 것처럼 떠들어댑니다. 많은 이들이 삼위일체에 대해 말하지만, 정작 그것을 이해하는 사람은 많지 않습니다. 사람들은 그것에 대해 토론하며 다툽니다. 그러나 마음의 평안이 없이는 아무도 그것을 이해할 수 없습니다.

내가 바라는 것은 사람들이 자기 안에 있는 자아의 세 측면을 차분히 생각해 보는 것입니다. 자아의 세 측면은 하나님의 삼위일체와는 아주 다릅니다. 하지만 나는 그들이 자아의 세 측면을 관찰함으로써 자신들이 삼위일체이신 하나님과 얼마나 다른지 깨닫게 되기를 바랍니다. 내가 말하는 자아의 세 측면이란 존재(being)와 앎(knowing)과 의지(willing)입니다. 왜냐하면 나는 존재하고, 알고, 의지를 갖기 때문입니다. 나는 내가 존재한다는 것과 의지를 갖고 있다는 것을 압니다. 또한 나는 존재하고 알려는 의지를 갖고 있습니다.

그렇게 할 수 있는 사람이 있다면, 그로 하여금 삶속에서 이 세 측면—하나의 생명, 하나의 정신, 하나의 본질—이 서로 얼마나 분리될 수 없는지 헤아려보게 하십시오. 그러나 그것들 사이에는 궁극적인 차이가 있습니다. 왜냐하면 그것들은 서로 분리될 수는 없지만 서로 구별되기 때문이다. 누구든 자신의 자아를 들여다본다면 그 사실을 분명히 알 수 있습니다. 그가 주의를 기울여 자기 안을 들여다보고 그 안에 무엇이 있는지 내게 말하게 하십시오. 그러나 그가 이 세 측면에 대한 탐구를 통해 무언가를 발견하고 그것에 대해 말할 때, 그는 자기가 초월하시며 불변하시는 존재, 즉 변함없이 존재하시고, 변함없이 아시고, 변함없이 의지를 지니시는 삼위일체 하나님을 발견했다고 생각해서는 안 됩니다.

우리는 이 세 가지 기능이 삼위 하나님의 일체성을 구성하는 기초인지, 아니면 그것들 모두가 각각의 위격 안에 있기에 각각의 위격이 그 세 가지를 모두 갖고 있는 것인지, 아니면 우리의 유한한 이해력을 뛰어 넘는 방식으로 각 위격들이 어떤 관계에 의해 서로에게 한정되지만 무한하고 궁극적인 존재는 단순하면서도 다양하게 존재한다는 의미에서 그 두 가지가 모두 옳은 것인지에 대해 생각하다 좌절하고 맙니다. 하나님은 흘러 넘치는 위대한 통일성 때문에 스스로 존재하시며, 스스로 아시고, 스스로 변함없이 충분하십니다. 누가 감히 이것을 언어로 다 표현할 수 있겠습니까? 누가 감히 이것에 대해 경솔하게 선언할 수 있겠습니까?

하늘과 땅의 창조에 대한 풍유적 해석

거룩, 거룩, 거룩하신 주 하나님. 우리는 성부와 성자와 성령의 이름으로 세례를 받습니다. 또한 성부와 성자와 성령의 이름으로 세례를 베풉니다. 하나님은 그리스도 안에서 우리 안에 하늘과 땅을 지어 놓으셨습니다. 하늘과 땅은 그리스도의 교회의 영적 구성원과 육적 구성원을 가리킵니다. 땅과 같았던 우리들은 교리를 통해 우리에게 전해진 형태를 얻기 전에는 아무런 형태도 없고 보이지도 않았으며 무지의 어둠에 덮여 있었습니다. 그러나 주님의 영이 수면 위에 계셨기에 주님의 자비는 우리를 비참한 상태에 버려두지 않으셨습니다. 그리고 주님은 우리를 향해 말씀하셨습니다. "빛이 있으라, 회개하라, 천국이 가까웠다"(창 1:3, 마 4:17). 우리의 영혼이 우리 안에서 괴로워했기에 우리는 요단강가에서, 또한 주님과 동등하시지만 우리를 위해 낮아지신 산(그리스도-역주) 위에서 주님을 기억했습니다. 우리의 어둠이 우리를 불쾌하게 만들었기에 우리는 주님께로 돌아섰습니다. 그러자 빛이 나타났고, 전에 어둠이었던 우리는 갑자기 주님의 빛이 되었습니다(엡 5:8).

창공의 창조에 대한 풍유적 해석

오, 하나님, 주님 외에 그 누가 주님의 성경이라는 권위 있는 창공(蒼空, 혹은 궁창穹蒼)을 우리 위에 펼치셨겠습니까? 하늘은 마치 두루마리처럼 말릴 것이나(사 34:4), 지금 그것은 우리 위에 가죽처럼 펼쳐져 있습니다. 주님의 성경은 주님이 그것을 우리에게 전하기 위해 사용하신 죽을 수밖에 없는 사람들보다 훨씬 더 숭고합니다. 주님은 기억하실 것입니다. 주님은 인간이 죄 때문에 죽게 되었을 때 그들에게 가죽옷을 지어 입히셨습니다(창 3:21). 그와 같이 주님은 주님의 책이라는 창공을 가죽처럼 펼치셨습니다. 그것은 서로 모순이 없는, 그리고 죽을 인간들의 사역을 통해 우리에게 전해진 주님의 말씀입니다. 참으로 그들을 통해 발설된 주님의 말씀의 견고한 권위는 그들의 죽음으로 인해 모든 열등한 것들 위로 장대하게 펼쳐졌습니다. 그들이 세상에 살아 있을 동안 말씀은 널리 펼쳐져서 이런 숭고한 권위를 드러내지 않았습니다. 그때 주님은 가죽과 같은 창공을 펼치지 않으셨고 그들의 죽음의 명성을 모든 곳에 알리지도 않으셨습니다. 오, 주님, 우리가 주님의 손가락으로 만드신 저 하늘을 보게 해 주십시오. 우리의 눈을 덮고 있는 안개를 우리의 눈에서 제거해 주십시오. 그 안에는 젖먹이들에게도 지혜를 주시는 주님에 대한 증거가 있습니다.

바다의 창조에 대한 풍유적 해석

누가 비통한 자들(바닷물처럼 짠 맛을 내는 삶을 살아가는 사람들에 대한 은

유—역주)을 모아서 하나의 사회를 이루게 했습니까? 그들은 일시적이고 세상적인 행복이라는 동일한 목적을 추구하는 자들입니다. 그들은 온갖 근심 속에서 이리저리 흔들리고 있으나, 그들이 하는 모든 일을 지배하는 것은 바로 그것입니다. 주님, 주님 외에 누가 물을 한 곳으로 모아 주님을 사모하는 마른 땅이 드러나게 했겠습니까? "바다도 그의 것이며, 그가 지으신 것이다. 마른 땅도 그가 손으로 빚으신 것이다"(시 95:5). 이 구절에서 "바다"는 갈등하는 인간들의 비통함이 아니라 물이 한데 모인 것을 의미합니다. 주님은 인간의 악한 갈망들을 억제하시고 그것들의 파도가 더 멀리 나가지 못하도록 한계를 정하심으로써 그것들이 서로 부딪혀 부서지게 하셨습니다. 그렇게 주님은 모든 것보다 뛰어나신 주님의 통치적 권위의 명령을 통해 그것을 바다로 만드셨습니다.

빛나는 것들의 창조에 대한 풍유적 해석

그러므로, 주님, 내가 주님께 간구합니다. 주님이 정하시는 대로, 또한 주님이 즐거움과 능력을 주시는 대로 진리가 땅에서 솟아나게 하시고 의가 하늘 위에서 굽어보게 해 주십시오. 창공에 빛나는 것들이 생기게 해 주십시오. 또한 우리가 자신의 빵을 떼어 굶주린 자들에게 나눠 주고, 집 없이 유리하는 자들을 우리의 집으로 맞아들이고, 헐벗은 자들을 입히고, 친척들을 업신여기지 않게 해 주십시오. 땅에서 이런 열매들이 나올 때, 그것이 얼마나 선한지 보십시오. 일시적이나마 우리의 빛이 비춰게 해 주십시오. 우리가 낮은 단계의 선행이라는 실천적 삶을 넘어서 주님을 관상하는 기쁨을 향해 나아가 높은 곳에 있는 생명의 말씀을 붙들게 하시고, 또 주님의 성경이라는 견고한 창공에 매달림으로써 세상에 빛으로 나타나게 해 주십시오.

바다 생물과 새들의 창조에 대한 풍유적 해석

"물은 생물을 번성하게 하고, 새들은 땅 위 하늘 창공으로 날아다녀라"(창 1:20). 오, 하나님, 주님의 거룩한 종들의 사역을 통해 이 유혹으로 가득 찬 세상 속으로 주님의 비밀들이 뚫고 들어왔습니다. 그리고 그것들은 주님의 이름으로 행한 세례를 통해 세상의 나라들을 감화시켰습니다. 그리고 그 과정에서 큰 고래들과도 같은 위대하고 놀라운 일들이 일어났습니다. 또한 주님의 전령들의 음성은 마치 새들처럼 땅 위로 그리고 주님의 책이라는 창공 아래로 날아다녔고, 어디로 가든 그 창공의 권위 아래에서 날았습니다. 말과 언어가 있는 모든 곳에서 그들의 음성이 들리고 있습니다. 그들의 음성이 세상 모든 곳에 이르고 그들의 말이 세상 끝까지 퍼져 나가는 것은, 오, 주님, 주님께서 그런 일을 축복하시고 번성케 하시기 때문입니다.

땅의 생물들의 창조에 대한 풍유적 해석

　주님의 말씀 안에서 "생물"(창 1:24, 기독교인들—역주)을 낳은 것은 깊은 바다가 아니라 짠물과 분리된 땅(교회—역주)이었습니다. 주님은 세례를 천국에 들어갈 수 있는 유일한 문으로 정하셨으나, 이제 생물은 물에 빠진 이방인들이나 그 자신이 물에 빠져 있었을 때처럼 그것을 필요로 하지 않습니다. 생물은 믿음을 얻기 위해 큰 기적을 요구하지도 않고, 기사와 이적을 보지 못하면 믿지 못하겠다고 하지도 않습니다. 왜냐하면 이제 땅은 믿음을 갖고 있고, 세례를 받았으며, 불신앙으로 가득 찬 바다의 짠물과 분리되어 있기 때문입니다. 그러므로 주님이 물 위에 세우신 땅은 물이 내놓은 온갖 날아다니는 피조물들을 필요로 하지 않습니다. 주님의 전령들을 통해 이 땅에 주님의 말씀을 보내 주십시오. 우리는 그들의 사역에 대해 말하지만, 정작 그들을 통해 일하시고 그들로 하여금 "살아 있는 영들"(문맥상 "생물"과 동의어로 쓰이고 있다—역주)을 내놓게 하시는 분은 주님이시기 때문입니다.

인간의 창조에 대한 풍유적 해석

　우리를 창조하신 주 하나님, 우리는 이 세상을 사랑하는 일—우리는 그로 인해 악한 삶을 살면서 죽어가고 있었습니다—을 제어함으로써 "살아 있는 영"이 되고 선한 삶을 살기 시작했습니다. 그렇게 해서 주님이 사도 바울을 통해 하신 "이 시대의 풍조를 본받지 말라"(롬 12:2)는 말씀이 우리 안에서 성취되었습니다. 또 주님은 즉시 그를 통해 "마음을 새롭게 함으로 변화를 받으라"라고 덧붙여 말씀하셨습니다. 그것은 마치 우리가 이웃의 경우를 모방하거나 더 훌륭한 사람들의 본을 따라 살아감으로써 갱신을 이루듯 "종류를 따라서" 이루어지는 것이 아닙니다. 주님은 "사람의 종류를 따라 사람을 만들자"라고 말씀하시지 않고, "우리의 형상을 따라 우리의 모양대로 사람을 만들자"(창 1:26)라고 말씀하셨습니다. 그러므로 우리는 주님의 뜻이 무엇인지 분별해야 합니다.

복음으로 자녀들을 낳은(고전 4:15) 주님의 사역자 바울은 성숙하지 못한 신자들에게 영원히 젖을 먹이기를 바라지 않았고(고전 3:12), 마치 유모처럼 계속해서 그들을 품고 돌보기를 바라지도 않았습니다(살전 2:7). 그렇기에 그는 "마음을 새롭게 함으로 변화를 받아서, 하나님의 선하시고 기뻐하시고 완전하신 뜻이 무엇인지를 분별하도록 하십시오"(롬 12:2)라고 말했습니다. 바로 이것이 주님이 "사람이 있으라"가 아니라 "우리가 사람을 만들자"라고 말씀하시고, 또한 "사람의 종류대로"가 아니라 "우리의 형상과 우리의 모양대로"라고 말씀하셨던 이유입니다.

그렇게 새롭게 되어 주님의 진리를 깊이 생각하고 이해하는 사람에게는 주님의 진리를 분별해 주고 자신의 모범을 따르게 해 주는 사람이 필요하지 않습니다. 오히려 그는 주님의 인도하심을 따라 주님이 기뻐하시는 선하고 온전한 뜻이 무엇인지를 스스로 분별합니다. 이제 그에게는 그런 능력이 있기에 주님은 그가 일체의 삼위와 삼위의 일체를 이해할 수 있도록 그를 가르치십니다. 하나님은 일체의 삼위이시고 또 삼위의 일체이시기에 "우리가 사람을 만들자"라는 말씀에서는 "우리"라는 복수가 나타나고, 그 다음에 나오는 "하나님이 자신의 형상대로 사람을 창조하셨다"라는 말씀에서는 "하나님"이라는 단수가 나오는 것입니다. 또 복수형인 "우리의 형상을 따라"라는 진술 후에 단수형인 "하나님의 형상대로"라는 진술이 등장하는 것입니다. 그러므로 사람은 그를 창조하신 하나님의 형상을 따를 때 하나님의 지식으로 새로워집니다(골 3:10). 사람은 영적으로 새롭게 되었기에 판단 받을 필요가 있는 모든 것들을 판단할 수 있습니다. 그러나 그 자신은 아무에게도 판단을 받지 않습니다(고전 2:15).

사람에게 주어진 판단의 능력

"그가 모든 것을 판단한다"(창 1:26, 어거스틴이 사용했던 구 라틴어역 성경에 그렇게 쓰여 있던 것으로 보인다—역주)는 말은 사람이 바다의 물고기, 공중의 새들, 온 땅 위의 가축들, 들짐승들, 그리고 땅 위에 기는 모든 것들을 다스릴 능력을 가졌다는 것을 의미합니다. 그는 이성의 능력으로 하나님의 성령의 일을 분별합니다(고전 2:14, 3:10) 그런데 사람은 그 명예로운 지위를 가졌으나 그것에 따르는 책임을 제대로 이해하지 못했고, 그로 인해 이성이 없는 짐승과 같이 되고 말았습니다(시 48:13). 오, 하나님, 주님의 교회 안에 있는 우리는 주님이 교회에 주신 은혜를 힘입어 선한 일을 하도록 새롭게 지음 받은 피조물입니다(엡 2:10). 따라서 우리 중 영적 지도자만 영적 판단을 내리는 것이 아니라, 지도자의 권위를 따르는 사람들도 그런 판단을 내릴 수 있습니다. 주님은 사람을 주님의 영적 은혜 안에서 동등한 남자와 여자로 만드셨습니다. 그렇기에 우리는, 유대인이나 헬라인이 없고 노예나 자유인이 없는 것처럼, 육체의 성을 따라 남자와 여자를 차별해서는 안 됩니다(갈 3:28). 그러므로 영적인 사람들은, 그들이 지도자이든 혹은 지도자의 권위를 따르는 사람이든 상관없이, 영적인 판단을 내립니다(고전 2:15).

그러나 그들은 창공에 빛나는 별들과 같은 영적 지혜를 판단해서는 안 됩니다. 그런 숭고한 권위를 판단하는 것은 부당한 일이 될 것입니다. 또 그들은 주님의 성경 안에 모호한 것이 있다 할지라도, 그것을 판단하는 자리에 앉아서는 안 됩니다. 우리는 우리의 지성을 주님의 성경에 복종시켜야 하며, 비록 성경의 말씀을 이해하지 못하더라도, 그 말씀이 옳고 참되다는 것을 확신해야 합니다. 또 우리는, 비록 우리가 우리를 창조하신 하나님의 형상을 따라 하나님의 지식으로 새롭게 되었다고 할지라도, 율법을 판단하는 자가 아니라 행하는 자가 되어야 합니다(약 4:11).

또 우리는 누가 영적이고 누가 육적인지 판단하지 말아야 합니다. 그것은 우리의 하나님이신 주님만이 아십니다. 우리로서는 그들을 그들의 행실의 열매들로 알 수 있을 뿐인데, 우리는 그 열매들을 아직 충분히 보지 못합니다. 그렇지만 주님, 주님은 이미 그들을 아시고 분별하셨습니다. 그리고 주님은 창공을 만드시기도 전에 그들을 은밀히 부르셨습니다. 또 영적인 사람은 이리 저리 휩쓸려 다니는 이 세상 사람들 역시 판단하지 말아야 합니다. 누가 이 세상으로부터 나와서 주님의 달콤한 은혜 안으로 들어갈지, 그리고 누가 하나님 없는 영원한 고통 가운데 남아 있을지 모르면서, 어떻게 우리가 교회 "밖에 있는 사람들"(고전 5:12)을 판단할 수 있겠습니까? 바로 그것이 사람이 주님의 형상을 따라 지음을 받았으면서도 하늘의 빛들이나 우리의 시야 너머에 있는 하늘, 혹은 하나님이 그 하늘을 세우시기 전에 존재하도록 불러내신 낮이나 밤, 혹은 바다라는 모인 물 등을 다스릴 권세를 얻지 못한 이유입니다.

그러나 사람은 바다의 고기, 공중의 새들, 모든 가축들, 그리고 땅과 땅위를 기는 모든 것을 다스릴 권세를 받았습니다. 사람은 주님이 많은 물 가운데서 자비로 찾아오신 사람들의 엄숙한 세례식에서든지, 경건한 흙(영적인 사람들 - 역주)의 양식(糧食)을 삼기 위해 깊은 바다에서 잡아 올린 물고기가 드려지는 성찬식에서든지, 또는 주님의 책의 권위에 복종하는 언어적 상징과 표현인 설교들에서든지 늘 옳고 그른 것을 판단합니다. 또한 영적인 사람은 자선을 베푸는 신자들의 행위—그것이 "열매 맺는 땅"의 의미입니다—와 관련해 옳은 것을 칭찬하고 잘못된 것을 질책합니다. 또한 그는 순결을 지키고, 금식하고, 육체적 감각에 의해 인식된 것들에 대해 반성하는 일을 통해 부드러워진 애정을 갖고서 모든 살아 있는 영들에 대해 판단합니다. 마지막으로 그는 그가 바로잡을 수 있는 문제들에 대해 판단합니다.

생육하고 번성하라!

그러나 그 다음 구절은 무엇에 관한 말씀입니까? 그것은 어떤 종류의 신비입니까? 주님, 주님은 인간에게 복을 주시면서 "생육하고 번성하여 땅에 충만하여라"(창 1:28) 하고 말씀하셨습니다. 어째서 주님은 주님이 낮이라고 부르신 해나 창공이나 수많은 별들이나 땅이나 바다에게는 그와 같은 복을 주지 않으셨습니까? 나의 빛과 진리가 되시는 하나님, 내가 무어라 말해야 합니까? 이 말씀에 특별한 뜻이 없다고 말해야 합니까? 경건한 자들의 아버지시여, 주님의 말씀의 종이 그런 말을 별 뜻 없이 했을 리가 없습니다. 나는 주님이 이 본문에서 의도하시는 것을 이해하는 데 실패할 지도 모릅니다. 그럴 경우 나보다 현명한 해석자들로 하여금 주님이 그들 각자에게 주신 이해의 은사에 따라 더 나은 해석을 제공하게 해 주십시오. 그러나 나는 내 고백 역시 주님을 기쁘게 해드리기를 바랍니다. 주님, 나는 주님이 아무 뜻 없이 그렇게 말씀하지는 않으셨다고 믿기에, 그 말씀을 읽을 때 내 마음에 떠오르는 해석을 숨길 수가 없습니다. 나는 그 말씀이 진리를 말하고 있다고 믿기에, 주님의 책을 풍유적으로 해석하는 데 아무런 구애도 받지 않습니다.

나는 사람이 마음으로는 동일하게 이해한 것을 육체적으로는 여러 가지로 표현할 수 있고, 반면에 육체적으로는 동일하게 표현한 것을 마음으로는 여러 가지로 이해할 수 있다는 것을 압니다. 예컨대, 하나님 사랑과 이웃 사랑이라는 개념은 얼마나 단순합니까! 그런데 그것은 육체적 수준에서는 여러 가지 수많은 거룩한 상징과 언어와 특별한 문구들을 통해 표현됩니다. 물에서 나온 어린 생명들은 그런 식으로 많아지고 번성합니다. 이 글을 읽는 누구든지 성경이 전하는 말씀에, 즉 그것이 "태초에 하나님이 천지를 창조하셨다"라고 오직 한 가지 방식으로 선언하고 있음에 주목하게 하십시오. 그럼에도 그 말씀은 그 어떤 오류나 속임수도 포함하지 않는 여러 가지 참된 의미로 해석되지 않습니까? 사람의 후손들도 이와 같이 생육하고 번성해 나갑니다.

창조의 선함

하나님, 주님은 손수 만드신 모든 것을 보신 후 "참 좋다"고 말씀하셨습니다(창 1:31). 그 모든 것은 우리에게도 참 좋아 보입니다. 주님은 주님이 종류대로 만드신 모든 개별적인 피조물을 보신 후 그것들을 좋게 여기셨습니다. 내가 세어 보니 주님은 주님이 지으신 것을 보시며 일곱 번 "좋다"라고 말씀하셨습니다.

그러나 **여덟 번째의 경우**(오늘 우리가 사용하는 성경에는 "좋다"라는 말이 모두 일곱 번 나오지만, 어거스틴이 사용했던 칠십인역LXX의 구 라틴어 역본에는 그 말이 여덟 번 나온다-역주) 주님은 그저 "좋다"라고 말씀하지 않으시고 마치 그 모든 것을 한 번에 보시며 말씀하시는 것처럼 "참 좋다"라고 하셨습니다. 이 진리는 몸의 아름다움에 의해서도 선포됩니다. 각각의 아름다운 지체들로 구성된 몸 전체는 그런 지체 하나 하나보다 더 아름답습니다. 몸 전체는 개별적으로도 아름다운 지체들이 잘 조화를 이룸으로써 이루어지기 때문입니다.

시간과 하나님의 말씀의 관계

나는 주님이 주님의 작품들을 보시며 "좋다"라고 말씀하시고 그것들이 주님을 기쁘게 해드린 것이 일곱 번인지 아니면 여덟 번인지 알아보기 위해 주의 깊게 성경을 살펴보았습니다. 그러나 나는 주님이 주님의 작품들을 몇 번 보셨는지 알 수가 없었습니다. 그래서 나는 주님께 말씀드렸습니다. "분명히 주님의 성경은 진실합니다. 진실하시고 진리 그 자체이신 주님이 그것을 낳으셨기 때문입니다. 그렇다면 어째서 주님은 내게 주님이 주님의 작품을 보시는 데는 시간이라는 요소가 존재하지 않는다고 말씀하시는 반면, 주님의 성경은 내게 주님이 매일 주님의 작품을 보시고 '좋다'라고 말씀하셨다고 전하는 것입니까? 또한 어째서 내가 주님이 몇 번 그렇게 하셨는지 헤아리게 하신 후 그 횟수를 알게 하신 것입니까?"

이와 관련해 주님은 내게 말씀하셨습니다. 나의 하나님이신 주님은 큰 소리로 주님의 종의 내면의 막힌 귀를 뚫으며 외치셨습니다. "오, 인간아, 성경이 말하는 뜻을 네게 말해 주겠다. 성경은 시간에 제한을 받는 언어를 통해 말하지만, 시간은 나와 함께 영원히 존재하는 내 말씀에 영향을 주지 않는다. 그러므로 나는 네가 내 영을 통해 말하는 것을 말하듯이, 네가 내 영을 통해서 보는 것을 본다. 그러나 너는 그것들을 시간 안에서 보지만, 나는 그것들을 시간 안에서 보지 않는다. 또 너는 그것들을 시간 안에서 말하지만, 나는 그것들을 시간 안에서 말하지 않는다."

그릇된 창조 신화를 질타함

주 나의 하나님이여, 나는 주님의 입에서 나오는 주님의 달콤한 진리를 들었고, 마셨고, 이해했습니다. 그런데 어떤 이들은 (마니교도-역주) 주님의 작품들을 싫어합니다. 그들은 주님이 그것들 전부가 아니라 단지 그것들 중 많은 것들을 창조하셨을 뿐이라고 말합니다. 그들은 다만 주님이 어떤 필요 때문에 하늘의 구조를 짜셨고 별들을 배열해 질서정연하게 움직이게 하셨을 뿐이라고 말합니다. 그들은 주님이 주님의 피조물을 주님 자신이 창조하신 질료로부터 만드신 게 아니라, 그 질료의 요소들은 이미 다른 곳에서 다른 힘에 의해서 창조되었던 것이며, 다만 주님은 그것들을 모으고 조립하고 구성하셨을 뿐이라고 말합니다. 그리고 그때 주님은 주님의 적들을 무찌르신 후 세상의 벽들을 쌓아올려 그 안에 그것들을 가둬서 다시는 주님께 대들 수 없게 하셨다고 말합니다. 또 그들은 주님이 몸을 가진 동물들과 모든 작은 벌레들과 땅에 뿌리를 박고 있는 모든 식물들을 창조하신 것도 아니고, 심지어 그것들을 모아서 조립하신 것도 아니라고 주장합니다. 그들은 그것들이 주님에 의해 창조된 것이 아니라, 주님께 대적하는 어떤 존재에 의해 주님께 대항하도록 세상의 가장 낮은 곳에서 적개심과 소외감에 의해 발생하거나 형성된 것이라고 주장합니다. 그들은 정신이 나갔기에 그렇게 말하는 것입니다. 그들은 주님의 피조물들을 주님의 성령의 도우심 없이 보기에 그것들을 통해 창조자이신 주님을 보지 못합니다.

성령을 통한 성경 해석

우리가 주님의 성령의 도우심을 받아 피조물을 볼 때, 우리 안에서 피조물을 보시는 분은 주님이십니다. 그러므로 우리가 피조물을 선하게 여길 때, 그것의 선함을 보시는 분은 주님이십니다. 무언가가 주님 때문에 우리를 기쁘게 하는 것은 사실은 주님이 그것들 안에서 우리를 기쁘게 하시는 것입니다. 그리고 주님의 성령의 도우심으로 우리를 기쁘게 하는 것들은 우리 안에서 주님을 기쁘게 해드립니다. 사람의 사정을 사람의 속에 있는 영 외에 누가 알겠습니까? 그처럼 하나님의 사정도 하나님의 영 외에는 아무도 모릅니다. 우리는 세상의 영을 받지 않고 오직 하나님의 영을 받았기에 하나님이 우리에게 주신 선물들을 알 수 있습니다(고전 2:11-12).

나는 주님께 다음과 같이 묻고 싶었습니다. "하나님의 영 외에는 아무도 하나님의 일을 모른다면, 우리는 어떻게 그 선물들이 하나님이 우리에게 주신 것임을 알 수 있는 것입니까?" 그 질문에 대한 대답은 다음과 같았습니다. "하나님의 영 외에는 아무도 모른다는 진술은 너희가 그 영의 도우심을 통해 아는 것에도 해당된다." 다시 말해, 우리가 "말하는 자는 너희가 아니요"(마 10:20)라는 말씀을 하나님의 영을 통해 말하는 이들에게 적용하는 것이 타당하듯이, 또한 우리가 "아는 자는 너희가 아니요"라는 말씀을 하나님의 영을 통해 아는 이들에게 적용하는 것도 타당하며, 또한 "보는 자는 너희가 아니요"라는 말씀을 하나님의 영을 통해 보는 이들에게 적용하는 것도 타당하다는 것입니다. 그러므로 그들이 하나님의 영을 통해 무엇이든 선하다고 볼 때, 그것을 선하다고 보는 이는 그들이 아니라 바로 하나님이십니다.

앞서 말씀드렸던 것처럼 선한 것을 악하다고 여기는 자들(마니교도—역주)이 있는 반면, 또한 주님의 피조물이 선하기에 그것을 기뻐하는 자들도 있습니다. 그러나 그때 그들은 피조물을 통해 주님을 기뻐하는 것이 아닙니다. 오히려 그들은 그들의 기쁨을 주님이 아닌 피조물 안에서 찾으려 할 뿐입니다.

또 우리는 어떤 이가 무언가 선한 것을 볼 때 그 사람 안에 계신 하나님이 그것의 선함을 보시는 경우에 대해서도 따져 보아야 합니다. 하나님은 손수 지으신 피조물 안에서 사랑을 받으시되, 그분이 주신 성령을 통하지 않고는 사랑을 받지 않으십니다. 왜냐하면 우리가 하나님을 사랑하는 것은 그 사랑이 우리에게 주어진 성령을 통해 우리 마음에 부어지기 때문입니다(롬 5:5). 성령을 통해 우리는 얼마간이라도 존재를 지닌 것은 모두 선하다는 것을 깨닫습니다. 왜냐하면 모든 존재는 존재 자체이시기에 단지 얼마간 존재하는 것에 불과한 분이 아니신 분으로부터 나오기 때문입니다.

창조에 대한 개관

주님, 감사드립니다! 우리는 "하늘과 땅"-그것들이 물질계의 높은 부분과 낮은 부분이든, 아니면 영적인 피조물과 물질적인 피조물이든 간에-을 봅니다. 또 우리는 그것들-그 안에 세상 전체 또는 모든 피조된 질서가 존재합니다-을 장식하기 위해 지음을 받고 어둠으로부터 나뉜 "빛"을 봅니다. 우리는 또 하늘의 "창공"을 봅니다. 그것은 상층의 영적인 물과 하층의 물질적인 물(세상에 존재했던 최초의 물질적 실체) 사이에 있는 혹은 역시 하늘이라고 불리는 공기가 점유하고 있는 공간입니다. "하늘의 새들"은 중기가 되어 위로 올라갔다가 청명한 밤에 이슬로 내리는 물과 무거워서 땅 위로 흐르는 물 사이를 날아다닙니다.

우리는 물이 한 곳으로 모여 이루어진 광대한 "바다"와, 헐벗었건 아니면 가시적이고 질서정연한 숲을 이루고 있건 간에 모든 식물과 나무들의 어머니가 되는 "마른 땅"의 아름다움을 봅니다. 우리는 하늘에서 "빛나는 것들"을 봅니다. 해는 낮을 위해 충분하고, 달과 별은 밤을 밝혀 격려합니다. 우리는 이 모든 이 모든 빛나는 것들을 통해 징조와 시간의 흐름을 파악합니다. 우리는 사방을 적시고 있는 "물"을 봅니다. 그것은 짐승들과 물고기와 새들을 위해 풍부한 먹을거리를 줍니다. 새들은 물의 증발로 농도가 짙어진 공기의 도움을 받으며 날아다닙니다. 우리는 땅의 표면이 "짐승들"과 "사람들"로 장식된 것을 봅니다. 우리가 이 모든 것을 볼 때, 그것들 하나하나가 다 좋습니다. 그리고 그것들이 모아진 전체는 "참" 좋습니다.

무로부터의 창조

주님의 피조물들이 주님을 찬양하는 것은 우리로 하여금 주님을 사랑하게 하기 위함이며, 우리가 주님을 사랑하는 것은 주님의 피조물들로 하여금 주님을 찬양하게 하기 위함입니다. 피조물은 시간 안에서 시작했다가 종말을 맞고, 번성했다가 쇠하고, 아름다웠다가 시들어버립니다. 피조물은 알게 모르게 교차

되는 아침과 저녁을 맞이합니다. 주님은 그것들을 무에서 창조해 내셨습니다. 그것들은 주님으로부터 나오지 않았고, 주님이 창조하셨거나 이미 존재하던 어떤 질료로 만들어지지도 않았습니다. 오히려 그것들은 그들과 함께 창조된 질료, 즉 형상과 동시에 창조된 질료로부터 주님에 의해 지음을 받았습니다. 주님이 형상이 없는 질료를 창조하신 것과 그 질료에 형상을 부여하신 것 사이에는 간격이 없었기에 그들은 동시에 창조되었다고 말할 수 있습니다. 하늘과 땅의 질료와 하늘과 땅의 아름다움은 서로 다릅니다. 주님은 그 질료를 절대무에서 창조하셨고, 그 무형의 질료에서 아름다운 세상을 창조하셨습니다. 그러나 그 두 가지 일은 동시에 진행되었으니, 그 어떤 멈춤이나 지연 없이 질료에 형상이 부여되었던 것입니다.

창조에 대한 풍유적 해석의 짧은 반복

우리는 피조물을 그런 특별한 순서대로 창조하시고, 그런 특별한 순서대로 기록하게 하신 주님의 뜻이 무엇인지 탐구했습니다. 그리고 피조물은 개별적으로도 좋지만 피조물 전체는 더욱 좋다는 것을 알게 되었습니다. 우리는 이 모든 것이 주님의 말씀―교회의 머리와 몸이신 주님의 아들―안에서 그리고 아침도 저녁도 없는 모든 시간 이전부터 예정되어 있었음을 보았습니다. 그러나 드디어 주님은 주님이 예정하셨던 일을 시간 안에서 이루시면서 감추어진 비밀을 드러내시고 우리의 무질서한 혼돈에 질서를 부여하기 시작하셨습니다. 우리는 우리 자신의 죄에 짓눌려 주님을 떠나 흑암의 심연 속에 빠져 있었습니다. 그런데 주님의 선하신 성령께서 알맞은 시간에 우리를 돕기 위해 그 심연 위로 운행하셨습니다.

주님은 경건하지 않은 자들을 의롭게 하셨고(롬 4:5), 그들을 사악한 자들과 구별하셨습니다. 주님은 성경에 권위를 부여하셨고, 그것을 주님께 순종하여 높은 권세를 얻은 자들과 그 권세에 순종하는 아랫사람들 사이에 두셨습니다. 주님은 한 가지 공통의 열망을 지닌 불신자들을 한데 모으셔서 신자들의 열심이 드러나게 하셨는데, 그것은 그들로 하여금 하늘의 보화를 얻기 위해 가난한 사람들에게 땅의 재물을 나눠 주는 일을 통해 주님을 위한 선한 일을 하게 하시기 위함이었습니다. 주님은 창공에 빛들을 밝히셨는데, 그것들은 생명의 말씀을 간직하고 사는 성도들로서(빌 2:16) 성령께서 은사로 주시는 숭고한 권세를 지니고 반짝입니다. 또 주님은 불신자들을 가르치시기 위해 물질적 질료로부터 창공으로 상징되는 "성례"와 눈으로 볼 수 있는 "이적"과 음성으로 전파되는 "성경 말씀"을 내셨는데, 신자들 역시 그것들 때문에 복을 얻습니다.

주님은 강한 절제로 욕심을 다스리는 신자들이라는 "생물"을 지으셨습니다. 그리고 그들이 사람의 권위를 따르지 않고 오직 주님께만 순종하게 하시기 위해 그들의 마음을 주님의 형상과 모양을 따라 새롭게 하셨습니다. 또 주님은 그 마음의 이성적 행위가, 마치 아내가 남편에게 순종하듯이, 숭고한 예지(叡智)에 순종하게 하셨습니다. 주님은 또 신자들이 이 세상에서 그들이 완전에 이르도록 돕는 모든 사역자들을 대접하고 그들에게 필요한 것들을 공급하기를 바라셨고, 그 자선에 대한 보상을 내세에서 받을 수 있게 하셨습니다. 우리가 이 모든 것들을 볼 때 "참" 좋아 보이는 까닭은 주님이 우리 안에서 그것들을 보시기 때문입니다. 또 주님이 우리에게 성령을 주셔서 우리가 그분을 통해 그것들을 보고 그것들 안에서 주님을 사랑하게 하시기 때문입니다.

안식에 대한 간구

오, 주 하나님, 우리에게 평안을 주십시오. 주님은 우리에게 모든 것을 주셨습니다. 이제 우리에게 휴식의 평안, 즉 저녁이 없는 안식일의 평안을 주십시오. 사물들의 이 아주 아름다운 질서는 그 경로를 다 마친 후 사라질 것입니다. 그것들에게는 아침과 저녁이 있기 때문입니다.

저녁이 없는 일곱째 날

그러나 일곱째 날에는 저녁도 없고 해가 지는 일도 없습니

다. 주님이 그날을 거룩하게 하사 영원히 지속되게 하셨기 때문입니다. 주님은 참 좋은 피조물들을 만드신 후—물론 주님은 그 모든 것을 계속 안식하시며 만드셨습니다—일곱째 날에 안식하셨습니다. 성경의 이 말씀은 우리에게 영원한 안식을 예고해 줍니다. 우리는 주님이 우리에게 선물로 주신 선한 일을 다 마친 후 주님 안에서 쉬면서 영생의 안식을 누릴 것입니다.

영원한 안식

주님은 지금 우리 안에서 일하시는 것처럼 그 영원한 안식일에 우리 안에서 쉬실 것입니다. 지금 우리가 하는 일이 사실은 주님이 우리를 통해 하시는 일인 것처럼 우리가 쉬는 것 역시 주님이 우리를 통해 쉬시는 것이 될 것입니다. 그런데 주님은 언제나 일하시며 언제나 쉬십니다. 주님은 시간 안에서 보시거나, 움직이시거나, 쉬시지 않습니다. 그러나 주님은, 시간에 속한 것들과 시간 자체를 만드신 것처럼, 시간 밖에 있는 쉼도 만드십니다.

하나님 안에서 안식하기를 간구함

우리가 사물을 볼 수 있는 것은 그것들이 존재하기 때문입니다. 그러나 그것들이 존재하는 것은 주님이 먼저 그것들을 보셨기 때문입니다. 우리는 그것들의 존재를 육신의 눈을 통해 보고, 그것들의 좋음을 마음의 눈을 통해 봅니다. 그러나 주님은 그것들을 만드는 것이 좋겠다고 생각하셨을 때 이미 그것들이 만들어진 모습을 보셨습니다.

언젠가 우리는 주님의 영을 통해 선한 일을 하려는 마음을 품었습니다. 하지만 그 전에 우리는 주님을 떠나 악을 행하려 했습니다. 그러나 유일하고 선한 하나님이신 주님은 선한 일을 멈추지 않으셨습니다. 그리고 우리는 주님의 은혜에 힘입어 얼마간 (비록 영원한 것은 아니지만) 선한 일을 해왔습니다. 우리는 그 일을 마친 후 주님의 큰 은혜 안에서 안식하기를 원합니다. 그러나 선 자체이시기에 다른 선이 필요하지 않으신 주님은 늘 안식하십니다. 그것은 주님 자신이 주님의 안식이시기 때문입니다.

누가 누구에게 이런 진리를 가르쳐 이해시키겠습니까? 어느 천사가 어느 천사에게 그것을 해석해 주겠습니까? 어느 천사가 사람에게 그 진리를 깨닫게 해 주겠습니까? 우리는 오직 주님으로부터만 그 진리를 얻을 수 있고, 오직 주님 안에서만 그 진리를 찾을 수 있고, 오직 주님의 문만을 두드릴 수 있을 뿐입니다. 그렇습니다. 참으로 우리는 그렇게 할 때만 그 진리를 받을 수 있고, 그 진리를 찾을 수 있고, 그 진리에 이르는 문을 열 수 있을 것입니다(마 7:7-8).

김광남

숭실대학교 영어영문학과를 졸업했다. 기독교 서적 편집자 시절에 『교회의 역사를 바꾼 9가지 신학 논쟁』(도날드 K. 맥킴)과 『키에르케고르의 기도』(페리 D. 르페브르) 등 50여권의 신학서적들을 기획하고 편집했다. 역서로 『핑크, 엘리야를 논하다』·『다윗의 생애』(아더 핑크), 『흔들리는 터전』·『새로운 존재』·『영원한 지금』(폴 틸리히), 『자유함』(닐 앤더슨), 『은혜 호흡』(해리 크라우스) 등이 있다.

현대인을 위한 어거스틴의 고백록

초판1쇄 발행일 | 2009년 8월 10일
초판2쇄 발행일 | 2014년 7월 28일

지은이 | 성 어거스틴
옮긴이 | 김광남
펴낸이 | 김학룡
펴낸곳 | 엔크리스토
마케팅 | 이동석, 오승호
관리부 | 김동인, 정동민, 신순영, 정재연, 한호연
북디자인 | 조현자
일러스트 | 이일선

출판등록 | 2004년 12월 8일 (제2004-116호)
주　소 | 경기도 고양시 일산동구 장대길 74-10
전　화 | (031) 906-9191
팩　스 | (0505) 365-9191
이메일 | 9191@korea.com
공급처 | 기독교출판유통

ISBN 978-89-92027-67 0　03230

● 잘못된 책은 바꾸어 드립니다.